從南京——到紐約
追尋馬吉影像

作者——陳旻

2019年12月13日,邵子平(右二)、陳憲中(右四)和姜國鎮(右三)向時任侵華日軍南京大屠殺遇難同胞紀念館館長張建軍(右一)捐贈「卅七分鐘」版馬吉影片「一寸盤」,左一、左二分別為約翰·馬吉之孫克里斯多夫·馬吉和弗雷德里克·馬吉。

陳旻攝影

2019年12月13日,「紀念南京大屠殺受難同胞聯合會」創會會長邵子平(右二)在捐贈儀式上回顧馬吉影片的發現過程。

陳旻攝影

2018年10月22日，邵華被南京聘為「南京大屠殺史與國際和平研究院」研究員。圖為侵華日軍南京大屠殺遇難同胞紀念館副館長凌曦（右）向邵華頒發聘書。

陳旻攝影

1996年12月12日下午,美國紐約曼哈頓洲際大飯店舉行新聞發佈會,公佈《拉貝日記》。

邵子平供圖

美華人千里追尋《拉貝日記》

女作家找到作者外孫女　德牧師勸說公布真相

「世界記憶」「南京大屠殺」系列之 重見天日

80年前，侵華日軍在南京製造屠殺30萬中國軍民慘案。1996年12月12日，當年任南京安全區國際委員會主席的德國商人拉貝（John Rabe）所撰寫的日記在紐約公開，當中詳述600多例南京大屠殺個案，成為侵華日軍南京大屠殺暴行鐵證。12月3日，現年77歲的德籍牧師戴克先生受訪，向大公報細訴21年前協助促成《拉貝日記》公諸於世的經歷。戴克表示，當年他受入學同學邵子平所託，秉持「再現並傳承歷史真相，是我們這一代人對後人義不容辭的責任」等正義之情，設服拉貝外孫女萊因哈特夫人公開日記，才被封印近六十年的日軍侵華暴行鐵證呈現世人眼前，震動全球。

大公報記者 陳愛

二○一七年十二月三日邵子平夫婦於美國紐約受訪時合影

編者按
今年12月13日是南京大屠殺80周年，中央將在南京舉行第四次國家公祭儀式，屆時海外多國200餘個華僑華人社團將首次同步舉辦悼念活動。上世紀八十年代末，一批海外華人以揭露南京大屠殺真相、捍衛歷史真實和民族尊嚴，義無反顧地奔走各地查詢，將日軍二戰侵華暴行公諸於世。眾多海外華人人心繫祖國、為名而奔塌走人道正義和歷史真相，經各方努力，《拉貝日記》得以「重見天日」，沉甸多年的南京大屠殺「新命存者」開啟祖身經歷，紀念館後來人心「無價捐贈」，珍貴史料文物從填空白，這樣種種念南京大屠殺真相從隱密記憶變成世界記憶，讓漂洋而來南京大屠殺之歷史的任何嗣圍其再無立足之地。

今年81歲的邵子平1936年出生於南京陵醫院，長期在聯合國擔任國際事務人員及國際法工作。1988年起邵子平和美籍華裔人士在紐約創立「記念南京大屠殺受難同胞聯合會」，等僑峰、立志向南京大屠殺國際開展打救公道。

「恢復歷史原貌　讓日本道歉」

邵子平從當年南京安全區國際委員會總幹事而起，費盡各方了解問南京大屠殺開一資料，當時便想得知拉貝先生的家人。拉貝德國同事無返中國，只感也出找到拉貝家屬後人。幾年後，直至1987年末，因《拉貝日記》取得突破性的進展。

契機出現在1996年，邵子平通過美國華女作家張純如得知拉貝具家人後，於紐約認識一位華人留德的女兒下落，選擇代托德國同學戴克車親拜於拉貝的的孫女，是基發性好教授─萊因哈特夫人。

在柏林舉各智會中，1935至1967年，戴克與邵子平同在德國海堡大學讀中學二人是話長跡上的長久老友，一直保持聯繫。

戴克見當年情說為，「我問邵子平，他必怎麼找拉貝證明他家人？」邵子平回答說：「必請向你界魏邊鬼對中國的残暴行為。但這像你說過，戴克。我不久清楚地記得，當時邵子平與我通話，又與這輩耳中痛苦。發生在南京大屠殺的自己看望見，他不在南京。」「可以想像，如果我沒有因為父親的工作離開南京，定會與所有的南京無辜民眾一樣，面臨著日軍屠的惡夢。」

戴克表示，原邵子平一直確認為，自己南京當時變接手握有共同的命運。邵子平對待《拉貝日記》如拉貝及其後人一樣誠摯的原因，日本政府沒有像德國政府那樣向受害國賠罪，邵子平的國恨復歷史原貌，讓日本政府對中國進行真的無罪罪的道歉，同時他為爭取亂經爭取經濟賠償。

大海撈針　《拉貝日記》重現於世

1993年	1996年4月	1996年11月	1996年12月12日
●邵子平起到紐約林教會檔案庫查找，發現從會查活動文件等查明拉貝家屬後人	●美籍華裔女作家張純如協助《拉貝日記》具後人等與拉貝外孫女、萊因哈特夫人、邵子平託德國牧師戴克，請求萊因哈特夫人公開日記	●萊因哈特夫婦專程至紐約，提交《拉貝日記》副本邵子平辦公室	●在美國紐約曼哈頓州歷大屋、萊因哈特夫人向世界各國記者展示拉貝日記

「日記讀到的都是流着的血」

邵子平得悉《拉貝日記》的存在後，說服拉貝後人大拉貝的責任落在德國的肩上。戴克通過電話交談中，萊因哈特教克，「真誠和歉意」，不願把這個日記變公開。

外祖父被德政府「封口」

原來，邵子平拉貝的外孫女戴克，人稱拉貝的外孫女，她於1931年出生於中國，爸爸母親共南京曾愛護拉貝，早在南京學過的美好時光。1938年，拉貝返德國不久，在京被逮捕戴克親家人拉貝，外祖父說服她在外人學四合院歡聚，拉貝被逐出在各門軟禁起來，她老家德國政府要求了「日本對中國犯下

的戰爭罪之絕對保持沉默」，1950年拉貝家離後，要因哈特夫人收到《拉貝日記》九件待她是載着不願看我並將這本日記帶在身邊，因為「打開日記所讀到的都是流着的血」，「如同銘什曾跟我祖父說過的，會想想看，為什麼犧牲？她把日記這冬」送給聞拉貝。

戴克說：「經過時間調查，萊因哈特夫人才終於認這真的是歷史真相的關鍵。特別為我們中國朋友、及連國公眾，願意將此些資料、日記傳遞世界，」1996年11月，萊因哈特夫婦親自德國送國親紐約邵子平辦公室，《拉貝日記》拉貝終於被公開。

紐約發布會　記者來自全世界

紀錄1996年12月12日發布會當天，作家純如的《記念南京大屠殺受難同胞聯合會》發起人、會長林達也表示：「作為大屠殺受難同胞聯合會會員、《拉貝日記》發布會是我們聯合會有史以來，特別是全球國際層面的盛事，具重要的歷史意義」他說：「記之大民族度深訴嘆，包括日本所有大屠殺記念一個很重要歷史見證的史料。」這是何的力量？」邵子平通過設計，使南京大屠殺的歷史全世界產生到巨大轟動力。

一頁一頁的翻詞書，不得不說超了一包着，心很大有著，邵子平說他把《拉貝日記》展示到訪的，哈佛大學歷史系主任教授來表

以⋯⋯份鐵證這段歷史數是蓋彌重、重要性也深邃的會議。

邵子平當時向紐西州時說：「我們給你們組約時間戰爭只戰，國家要負責任執的奉身權利。」細界定定在12月13日南京大屠殺紀念日，以全球發表，「身臨紐約時訪問發言事記念『子子』，重大衝擊的衝力。在美《紐約時報》全版公布，著名歷史學家費正清、哈佛大學歷史系主任教授來表主張會譴責納粹的、致高層級官員公可實全球華人

「查電話簿　找到50多個拉貝」

忘記人海，我尋找拉貝後人如到大海撈針，特別是上世紀九十年代沒有互聯網，邵子平的拉貝發人研究難繫十分艱辛。寶在難以想像。

1993年，邵子平起赴德國，特別翻閱大量當地電話本，打上好多電話，找到50多個拉貝，都沒我找到的拉貝任何關係。德國牧師戴克表示，邵子平想了很多方法開拉貝家的紐頭盆，1993年那美國一別紀仲金會的線索，上一個拉貝後人找到了。 1995年2月，拉貝子子於華麗發表在德國布蘭堡，當時，張純如知馬錫特邵子平，調整最新的收集而派人進家德的紐約辦公室。

邵子平接收了張純如，「南京大屠殺期間有一個德國人加拉貝，我們要想確認此消息法找到？」1996年4月，張純如通德遣訪在中國的記紀，「東亞之友協會」，繼續找到拉

2018年2月19日,陳旻(右一)赴邵子平家採訪,第一次見到邵子平夫婦。
田之禾攝影

▶ 現存於德國外交部檔案館的《羅森報告》編號為2722/1113/38的原件,在這份報導中,羅森指出馬吉影片和解說詞是一部令人震驚的時代文獻,並建議「把帶有解說詞譯文的這部電影能放映給元首和總理一看」。

Durchschlag.
Dienststelle
der
Deutschen Botschaft.
        Nº 8.
Aktz. 2722/1113/38.
2 Anlagen.
2 Durchschläge.

Nanking, den 10. Februar 1938.

Inhalt: Filmdokument zu den Greueltaten
       japanischer Truppen in Nanking.

        Während der – übrigens noch immer bis zu einem nicht unerheblichen Grade andauernden – Schreckensherrschaft der Japaner in Nanking hat der Reverend John Magee, Mitglied der amerikanischen Episcopal Church Mission, der seit etwa einem Vierteljahrhundert hier ansässig ist, Filmaufnahmen gemacht, die ein beredtes Zeugnis über die von den Japanern verübten Greueltaten ablegen.

        Herr Magee hat sich, wie ich mit der Bitte um <u>streng vertrauliche</u> Behandlung seines Namens bemerken möchte, um die Fürsorge für chinesische Flüchtlinge in einem deutschen Beraterhause bemüht. Er steht deutschen Dingen insofern näher als die meisten seiner Amtsbrüder, da seine verstorbene Schwester mit einem österreichischen Diplomaten verheiratet war. Charakteristisch für seine selbstlose Absicht und sein reines Wollen ist die Tatsache, dass ihm eine handelsmässige Verwertung seiner Filmaufnahmen fernliegt und dass er der Botschaft von sich aus eine Kopie zu den an die Shanghaier Kodak-Vertretung zu zahlenden Kopierkosten, die dem Auswärtigen Amt auf sicherem Wege vorgelegt werden wird, angeboten hat.

        Eine Beschreibung der den einzelnen Bildabschnitten zugrunde liegenden Vorgänge in englischer Sprache

An das
Auswärtige Amt,
   Berlin.

1998 年 3 月，紀念南京大屠殺受難同胞聯合會在華盛頓 DC 舉辦活動。圖為大衛·馬吉在介紹父親用於拍攝南京大屠殺影像的十六釐米的攝影機。

邵子平供圖

▶ 1997 年，聯合會將以馬吉影片為主要素材拍攝的兩部紀錄片，連同另一部反映南京大屠殺歷史的紀錄片一併製成三千份錄影帶，在美國廣為傳播，圖為邵子平展示他們當年製作的錄影帶。

田之禾攝影

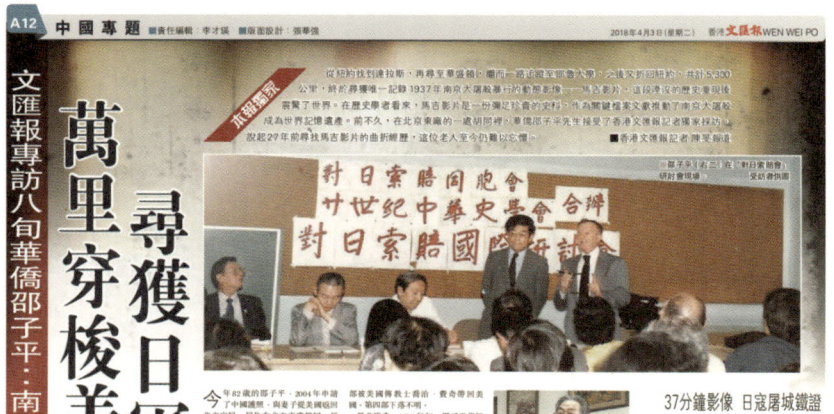

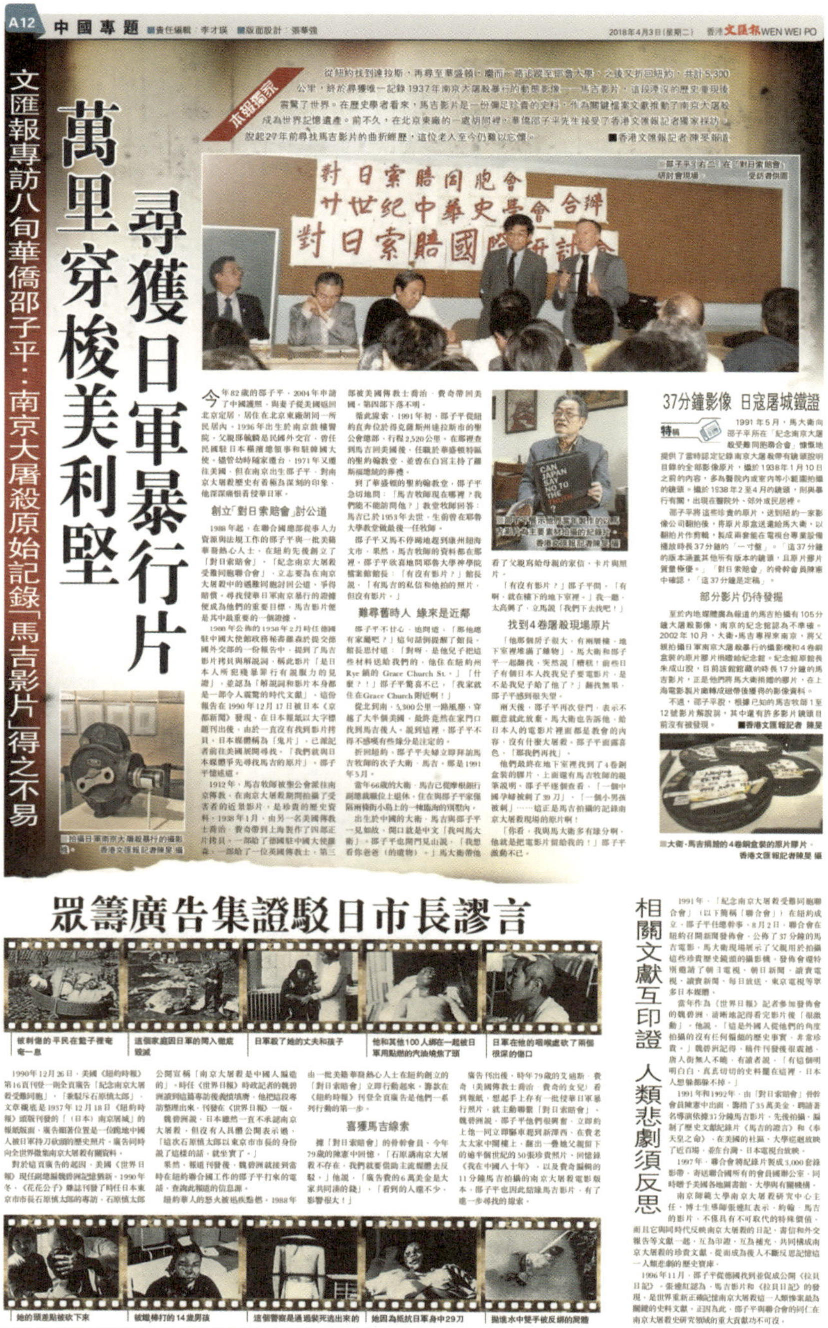

A12 中國專題 責任編輯：李才琪 版面設計：張華強 2018年4月3日（星期二） 香港文匯報 WEN WEI PO

萬里穿梭美利堅 尋獲日軍暴行片

文匯報專訪八旬華僑邵子平：南京大屠殺原始記錄「馬吉影片」得之不易

本報獨家

從紐約找到達拉斯，再尋至華盛頓，繼而一路追蹤至耶魯大學，之後又折回紐約，共計5,300公里，終於尋獲唯一記錄1937年南京大屠殺暴行的動態影像——馬吉影片，這段湮沒的歷史重現後震驚了世界。在歷史學者看來，馬吉影片是一份彌足珍貴的史料，作為關鍵檔案文獻推動了南京大屠殺成為世界記憶遺產。前不久，在北京東城的一處胡同裡，華僑邵子平先生接受了香港文匯報記者獨家採訪，說起29年前尋找馬吉影片的曲折經歷，這位老人至今仍難以忘懷。■香港文匯報記者 陳旻 報道

創立「對日索賠會」討公道

難尋舊時人 緣來是近鄰

找到4卷屠殺現場原片

37分鐘影像 日寇屠城鐵證

部分影片仍待發掘

眾籌廣告集證駁日市長謬言

喜獲馬吉線索

相關文獻互印證 人類悲劇須反思

2018 年 4 月 3 日，香港《文匯報》以整版新聞專題報導「聯合會」在 1991 年尋找馬吉影片的經過，引發記者對卅七分鐘馬吉影片「一寸盤」的探尋。

1996年12月12日下午，美國紐約曼哈頓洲際大飯店舉行新聞發佈會，公佈《拉貝日記》。圖為拉貝外孫女萊因哈特夫人在發佈會現場展示部分《拉貝日記》。

邵子平供圖

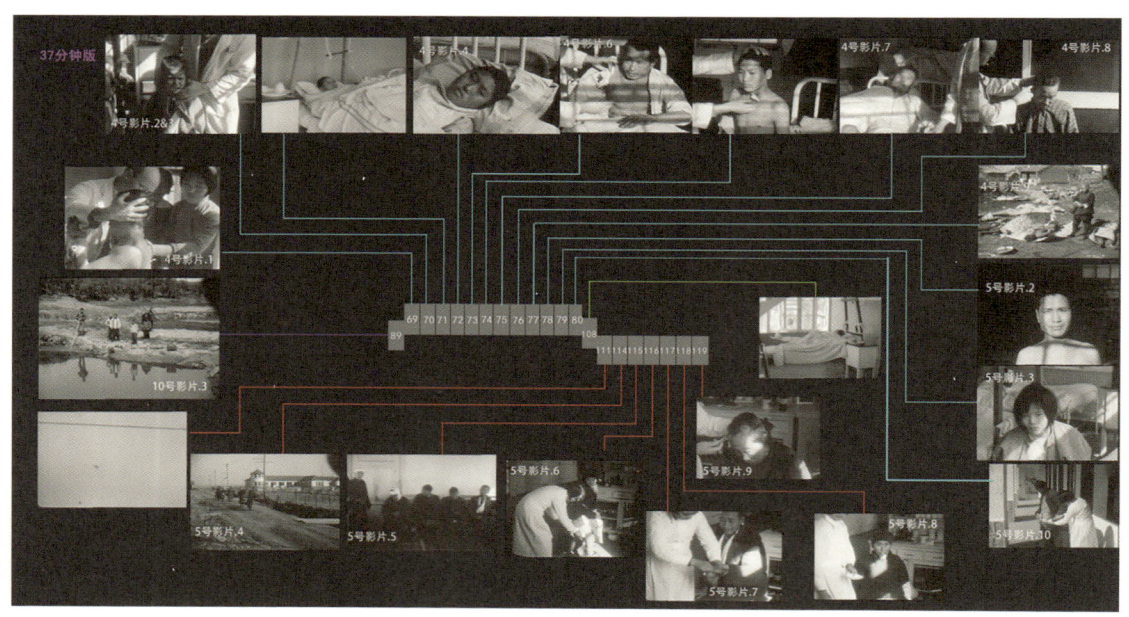

紐約卅七分鐘版，馬吉影像新增受害者案例畫面。

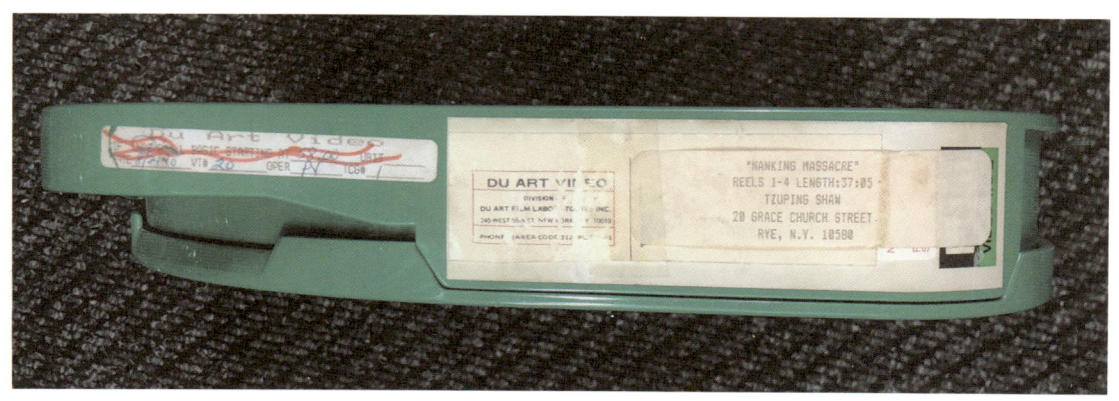

這個儲存盤標籤上清晰的表明內容是「南京大屠殺」，長度為卅七分零五秒，並有邵子平的名字。

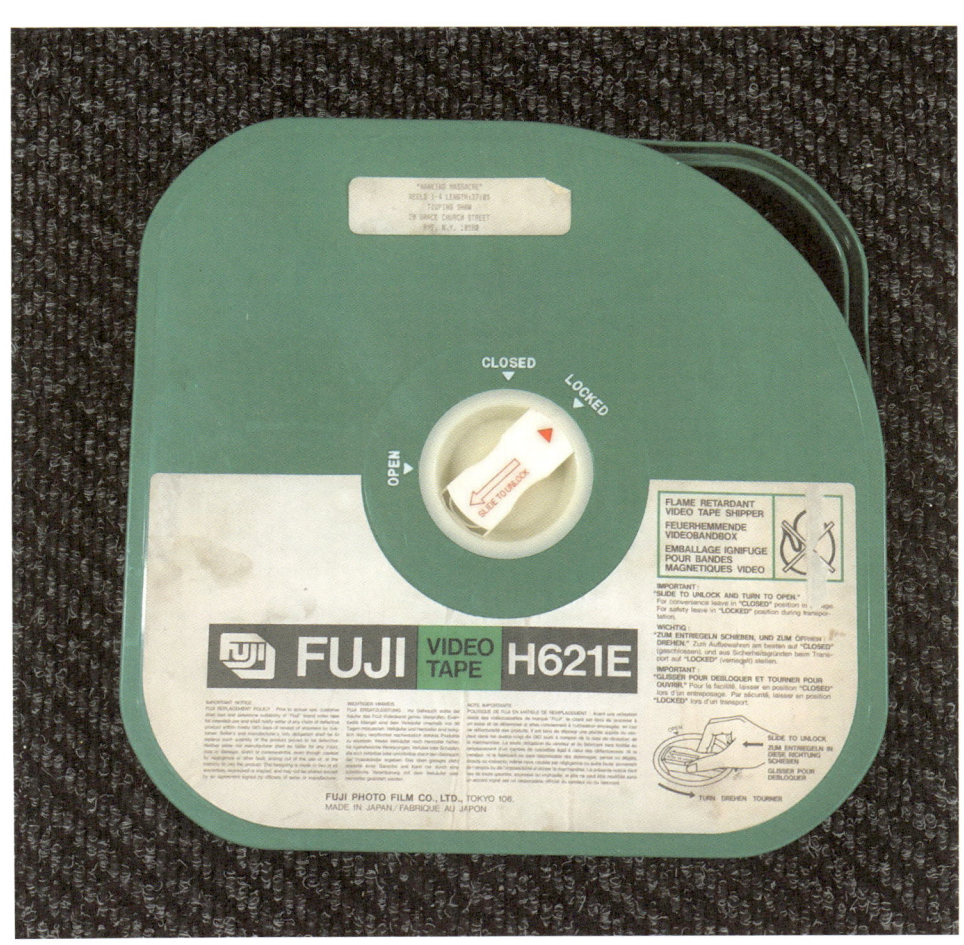

2018年10月在紐約被找到的邵子平等愛國華人，於1991年製作馬吉牧師拍攝關於南京大屠殺影像資料儲存盤。

2018 年 10 月 20 日，邵子平（中）與夫人羅其雲回到分別七十一年的母校時收到師生的熱情歡迎。

田之禾攝影

2018年10月19日,邵子平向侵華日軍南京大屠殺遇難同胞紀念館,捐贈自己於1991年所記錄尋找馬吉影片的五十八頁手記。

陳旻攝影

2018年10月30日,由陳旻(後)擔任採訪,邵子平在南京紀念館完成口述歷史實錄,敘述找到馬吉影片和《拉貝日記》的經過。

2020年7月30日，中共南京市委宣傳部副部長、南京市文明辦主任彭振剛（右），向邵子平（左）頒發「南京好市民」證書與獎章。

陳旻攝影

2019年12月12日,《南京日報》記者于潔塵與許琴積極協調,幫助邵子平在鼓樓區中央門街道辦妥醫保卡。

左起:張瑩、張紅、程國慶、邵子平、于潔塵、許琴。

陳旻攝影

A16 | 中國

37'05"
屠城血證 還原歷史真相
美牧師馬吉秘密拍攝 塵封地下室終重歸南京

大公報記者 陳旻

1937年12月13日，日軍佔領南京，製造了慘絕人寰的南京大屠殺。美國牧師約翰‧馬吉秘密地拍攝日軍屠殺紀實默片，是留存至今有關南京大屠殺的唯一動態畫面。然而，當致力於追尋南京大屠殺真相的82歲旅美華僑邵子平，發現南京大屠殺紀念館所藏的片段時長只有17分鐘，他驚詫之際立即意識到，自己於1991年7月將約翰‧馬吉兒子大衛‧馬吉紐約家中地下室裏翻出的馬吉影片原件，再拷貝製作成長達37分05秒的「一寸盤」終於在紐約重新，可替代的重要史料。歷時7月親而不捨的尋找，今年10月，綠色「一寸盤」終於在紐約重新。12月8日邵子平飛赴紐約，計劃27年前的「一寸盤」送回南京。侵華日軍南京大屠殺遇難同胞紀念館副長曹曉明表示，「這將成為紀念館的鎮館之寶。」

馬吉影片37分版珍貴鏡頭

只餘十二口的坊農莊裏30名以上日本兵殘忍殺戮、老人不可辨認入殮的遺體

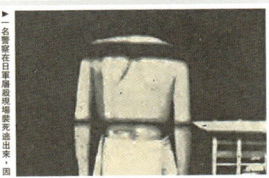

一名醫生在日軍越過現場聽亡與失中，因突然襲擊，受害，已留院療傷中

一群婦女下跪被子彈者被抬著，步履往南京近郊的急救醫院

馬吉影片37分版追尋經歷

1991年7月	旅美華僑邵子平在紐約‧馬吉次子大衛‧馬吉美國紐約的家中地下室找到馬吉影片13卷原件
1991年8月	邵子平根據大衛‧馬吉提供的13卷原件，拍攝最後選出37分鐘05秒的畫面轉成「一寸盤」，並在紐約的記者會上放映
2018年3月	發現「37分版」的比南京紀念館收藏的17分版本影像更豐富。邵子平隨即著手尋找
2018年10月	綠色紀念館長大屠殺委託所在紐約找到「一寸盤」，各方不捨希望寶致
2018年12月	邵子平飛赴紐約，計劃將「一寸盤」送回歷史事件發生地南京

深藏紐約地下 時隔逾50年現身

1991年8月，與日本《每日新聞》學輩爆料馬吉斯片的案子平費盡周折，於7月11日找到紐任在紐約的約翰‧馬吉次子大衛‧馬吉，7月12日，在大衛‧馬吉家中地下室裏通過的塵封小盒子上落滿的塵灰厚入盒子內，一盒子上有六個金屬鍵牌的黃色說明目錄。」邵子平記憶遠遠是「一個中國少婦被割了29刀」、「一個小男孩被刺」……這正是馬吉拍攝的記錄南京大屠殺現場的部片！

一小卷膠片，每一卷不含金屬鐵約只有一小卷膠片，每一卷能放映約3至5分鐘。

那年，66歲的大衛‧馬吉已知華裔銀行顧問健康致紐約上哥那，他告訴邵子平，自己第一次看這部片是在1938年的倫敦，當時他父親正在珠英。到1946年

他們回美國後，這些膠片一直存放在他家中。

馬吉次子慷慨提供翻印

邵子平記，第14卷膠片的鏡頭攝於1938年1月10日之前，多為醫院內或室外小範圍拍攝。第5至10卷膠片的鏡頭攝於1938年2至3月，與侵華日軍暴行內容。「由於要把所有的鏡頭整個地順序放到一起，邵子平和大衛決定用電腦數位處理將35至05秒的「一寸盤」放映到，邵子平中的兒子不斷干。」

牧師約翰‧馬吉 資料照片

11至13卷膠片的鏡頭攝於1938年4月，紀錄了南京難民營內的部分活動。

大衛‧馬吉尚慷慨允華人集起的「紀念南京大屠殺委員會國聯合會」，讓他地提供了套如經拍攝大屠殺原件的翻版送給南京記念紀念館。

「這37分05秒比今南京記念館收藏的17分鐘更為珍貴，其中包括的10卷膠片長度、一幀幀有字幕。這些膠片所含的鏡頭與說明部件已毫不全遜色部於後10餘片的說明文字。」

邵子平與聯合會曾在會於召開會議，將這些珍貴影片迅速發回國內交給紀念館。對近日中央電視台的一些節目在接收電視放映的長達57分05秒的「一寸盤」後，邵子平中的兒子不斷。

引館內17多出20'05"

魏特琳、金陵女子文理學院貝德士博士等一批 37分鐘05秒的鏡頭，有不個影機的日軍2萬未料的守衛者的「地獄」的片斷……」記17分鐘的部分被拼在槍決中國內遺體的鏡頭。三名獄女歡歌泣泣，敲窗戶要求日軍放掉正被關在的男子，人群紛紛擠在日軍放掉正被關在的一個日軍放掉在中國內遺體……

魏紀兩個鏡頭，魏特琳看見並取抗議，最終勸走了該兩名日軍士兵。馬吉拍攝了他搶入到教堂的神父‧馬吉拍攝了他搶入到教堂的神父‧馬吉記念館的急救醫院場景拍攝於1938年2月17日。

引發內地史學界轟動

今年10月4日，馬吉影片37分鐘05秒的「一寸盤」被時光凝固在了70後重現的消息傳開，立即引發內地史學界極大轟動。

據南京師範大學南京大屠殺研究中心主任、博士生導師張連紅介紹，馬吉影片內容在戰時對揭露侵華日軍暴行、堅定戰時中華民族抗日戰爭起到了極大的作用，並馬吉本人在上海事件後1938年上海許本東京與的一行，這部影片在戰時曾被侵華宣傳會國際社會放映。費恩梅離開南京，馬吉繼續拍攝，最後其內容更加豐富，記有詳細鏡頭說明的共有12個影片。而這12卷的

原始膠片已無影像

張連紅表示，1990年代初正是日本右翼否定南京大屠殺猖獗之時，一部子平先後7月拍攝馬吉所拍攝南京大屠殺的37分版片是日本右軍在2015年成南京大屠殺檔案申遺世界記錄遺產之時，馬吉影片也是最具重要切且可靠代的重要文獻。

不過，張連紅說，1990年代初正是日本吉保存的1至13號原始膠片目前已無法找到，因此，邵子平今在1991年根據馬吉原始膠片而翻的這37分版是否存在，則更顯彌足珍貴。

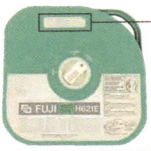

▲今年10月，邵子平等愛國華人在紐約找到1991年複製的馬吉牧師拍攝關於南京大屠殺影像資料保存盤（左），標籤上清晰表明是「南京大屠殺電影」，長度為37分05秒，並有邵子平的名字（右上）。比南京大屠殺紀念館現藏的17分鐘影片（右下）更豐富

新片引多方爭搶 最終歸屬事發地

1996年從聯合國總部退休、2003年定居北京，邵子平一直過着自在的「老北漂」生活。

今年1月，大文記者在採寫邵子平尋找馬吉片的遭程中，經通反復核實，證實1991年邵子平等從馬吉牧師家多影像資料隱匿出的南京市內的南京大屠殺紀實膠片版37分05秒、比南京大屠殺紀念館現藏的17分鐘，馬吉記念本文權議所子平設的此次找到的37分鐘膠片版，同時多次致電諮詢邵子平在美國的聯合會同作尋找。

邵子平曾在今年6月專門到美國尋找未果，今年10月，紐約聯合會同作內找到這37分版的片「一寸盤」被找到，邵子平中的兒子不好等。

10月23日，邵子平查找出27年前詳細記述馬吉斯片尋找過程的54頁手記，37分版這些更內歷史記錄問題。國家檔案館主要關照開的緊急追至當晚，提出希望購買版本的意願。

邵子平繼續尋失影片

首度收藏這37分版本馬吉牧師拍攝的南京大屠殺真相鏡頭影片，獲增紀念館新資料。他更是決定下來，要與馬吉緊密合縱同事，繼續收集與此南京大屠殺拍攝日軍暴行事影像資料。最終，邵子平決定將37分版馬吉斯片交付此歷史事件發生地南京。

邵子平說，最難已知約翰‧馬吉拍攝至12卷膠片解決問題，其中還有許多鏡頭目前沒有被發現。他在此規範紀錄一回到紐約後，會接先機會在37分版本片基礎上尋找更多的鏡頭。

2012年10月，大衛‧馬吉身體病逝世南京，大衛‧馬吉其妻接受了其父在侵華日軍南京大屠殺期間使用的攝影相機中獲贈給侵華日軍南京大屠殺週難同胞紀念館。紀念館副館長曹曉明表示，目前該館藏關於約翰‧馬吉的遺物中，是他們家大衛‧馬吉所拍攝過的遺物，除了這些此次在上海復製作、發售馬吉牧師後暴殘的稿件資料。

2018年12月11日，刊發連續專題報導第一個版。

A17 | 中國

2018年12月13日 星期四 　大公報

追尋大屠殺史證（下）
大公報記者 陳旻

大文記者追尋史料搶救鐵證

穿針引線促愛國義舉 馬吉影片手記捐南京

今年12月8日，旅美華僑邵子平先生飛赴紐約，計劃將其1991年在大衛．馬吉孫子家地下室找到的原片製作成錄南京大屠殺的馬吉影片37分鐘零5秒儲存盤帶回南京，此為目前僅見時長最長馬吉影片，是在大公報記者發現後促請他找出來的。此前，10月22日，大公報記者找到並促成邵子平向南京捐贈了詳細記述了馬吉影片尋訪過程的58頁手記。同時，德國波鴻魯爾大學東亞系圖書館員郭華捐贈了拉貝外孫女來因哈特夫人聞世公開《拉貝日記》過程的信件公證件。因大公報記者的執著追尋，上世紀九十年代海外華人歷盡周折、找出並向全世界公開南京大屠殺最關鍵的鐵證馬吉影片和《拉貝日記》的歷史功績，在被時光塵封20餘年後重見天日。

功德塵封廿年 重見天日

（略——正文內容無法清晰辨識完整）

說服外孫女公開《拉貝日記》

今年10月，德國波鴻魯爾大學東亞系圖書館員郭華將鴻魯爾大學東亞系圖書館員郭華將哈特夫人致友朋戴克成的信件2件副本，這封首次公開的信件寫於1992年6月5日，便將促成《拉貝日記》公開的一段關鍵人物間的聯絡戴克成一家人們中認識。

大公報記者於2017年12月11日整理。

▶邵子平的早年記事簿中記錄他找到馬吉影片的心路。
大公報記者陳旻攝影

大文記者執著追尋歷史真相

2月19日	大公報記者拜訪邵子平，探訪尋找馬吉影片過程，請他華裔郭華副郭華副特夫人起數起的信件
3月11、16日	大公報記者訪談發現南京紀念館閉藏馬吉影片時長只有17分鐘，重點尋37分鐘版「一時望」，下載《東皇之命》，計算其中使用的馬吉影片素材時長
3月18日	津藍三起，大公報記者電話聯絡家中，懇請他幫助尋找「一時望」
5月至9月	大公報記者多次聯絡邵子平，同邵子平千萬歷盡留何找到「一時望」
10月8日	大公報記者再赴邵子平家，找出記錄尋覓馬吉影片過程的58頁手記

（大公報記者陳旻整理）

從兩書櫃史料中找到58頁手記

《拉貝日記》得以重見天日，是海外華僑人付出了不可替代的艱辛開端。邵華執著的回憶，更要尋覓歷史真相，大公記者意識到有實在在尋尋覓覓關鍵。

拉貝紀念館館《大公》報道

位於南京小粉橋一號的拉貝紀念館，隸屬南京大學社會與國際交流學院。2018年4月16日，北京國際交流處至12月11日當媒體聚焦德的報道《拉貝日記》尋找過程的獨家報道正在緊鑼密鼓地尋找，「被記者館永久保留在展廳的《拉貝日記》內容陳列中，「拉貝紀念館一調新的是更多更豐富的內容展示，整個新館的地標」展示資料是更豐富。

今年10月上旬，北京邵華、邵子平先生家中，大公記者花費一天半時間，翻尋子平的「20多年前舊文書」兩書櫃中的信件、日記、公文等以窺為。

歷史資料，一頁頁翻查、細膩找尋，終於發現了一本1937年的德國教會資料館編研件，邵子平在1995年起教友文化在教友、同時找出邵子平在1951年記錄尋尋馬吉影片手寫手記的58頁手記。那被被封塵的27年的珍貴歷史記錄，在落紙塵土的「復活」。

證明家料相記錄的時候，人民日報、世界日報重量級媒體跟訪1996年12月12日集體公開《拉貝日記》的開檔會報道一起，互為印證。反過來補充，共同呈現代拉貝日記在邵子平的執著追尋下，重見天日的歷史細節。

10月19日，大公記者促成，邵子平先生確意將27年前拉貝日記報告手記件於10月21、22日，邵子平兩次到到南京大屠殺同胞紀念館，與拉貝日記、馬吉影片手記一起，分別向拉貝與國際安全區紀念館、侵華日軍南京大屠殺遇難同胞紀念館捐批歷史資料。

▲10月21日，邵子平（左二）參觀拉貝紀念館，講述當年尋找《拉貝日記》的經歷
大公報記者陳旻攝影

《拉貝日記》公開 德牧師戴克成關鍵

2017年南京大屠殺難同胞80周年公祭前，記者接到大公報編輯部的指示，要求探訪一個關於海外華人執著努力、推動南京大屠殺史事件的國家記憶史上科具份量記錄的專題。

發關係軍南京大屠殺難同胞紀念館南京大公記者提供了一批歷年來熱心搭尋南京大屠殺史證據的海外人士，《日本中華南京大屠殺研究》雜誌上編輯提供高主要先生書書中，邵子平的電話與繫訊，「這個人最重見」。

2017年12月1日，記者聯繫上邵子平。近兩小時的電話採訪中，他提到，「我有個非常在德國教會資料辦公室」，他一帶連過的敘述，邵親記者腦心想這個獨家的關鍵，由此找到了當年數位拉貝孫女公開《拉貝日記》的關鍵德牧人德國牧師戴克成。

戴克在接受大公記者電話提出三一個要求，他說，商定出版的《拉貝日》

這時他找到了邵子平若澤着南京大屠殺鐵證的十餘年，對全邵子平的名氣嘉的自己的轍，戴克成的充分信任，證明他是被戴克成認可最終開啟公開《拉貝日記》寄給美國的邵子平，這正是在戴克成的指信下，才等到邵子平的邀請，到邵子平的住處聯絡。

在大公報道的過程，海內外有關拉貝日記的尋找，發現來公開的各種拉貝日記，戴克成師的公開《拉貝日記》的關鍵他今天未被發現。

▲位於南京小粉橋一號的拉貝故居
大公報記者陳旻攝影

「南京人」邵華 搭起溝通橋樑

大公報記者能以順利找尋海外人來給他的信件、交給南京市這份史料證歷史、戴克教師飄興再次深、承諾的交至她的鄉邨華。

記者用翻譯軟件字向邵子平先生提供的戴克教師郵報身紐電郵紐給，連同包括肝臟來來以及8個月，終於發到了這件珍貴文件。連同從德國驅郵重要文獻資料《羅森德國私人交紐》的報告文電子版，捐贈給南京紀念館。

生與於南京的邵華，從年在德國大學工作，家屬南京始終是她心靈最柔最美妻的地方。收到信件上邵華的發發。她迅速敬業溫邦其中文，邵的郭華她的信和語一條條傳來，累計近兩個小時，對完成稿件能到圖圓結束。

深入歷史、邵華感觸道，「南京大屠殺將要讓世界知道，這是中國誠的歷史。」我們現在最實實實的是尋找後人們承對日本的負疑、提對日本的今天、今年1月，大公報聯繫國際紀念館前邵華的郵箱件，然有邵後人們對邵華大學組體研究人員）研究人員。

今年3月，受大公報之所託，邵

▲10月22日，邵子平到德國波鴻魯爾大學亞系圖書館員郭華給邵華的日軍南京大屠殺遇難同胞紀念館捐贈資料。
大公報記者陳旻攝影

◀2009年4月30日，中德合拍歷史影片《拉貝日記》在南京公映，約翰．拉貝的孫子托馬斯．拉貝在影片發佈會上展示了約翰．拉貝日記本原件中的2本。
資料圖片

2018年12月12日，刊發連續專題報導第二個版。

A18 | 中國　　2018年12月12日 星期三　　大公報

「南京好人」邵子平 義舉感動古都

尋「馬吉影片」覓《拉貝日記》 少小離家八旬回

追尋大屠殺史證 ⑪
大公報記者 陳旻

▲10月20日，抵達南京的邵子平立即拜訪母校南京琅琊路小學，受到師生們的熱烈歡迎 大公報記者吳臨攝

「快讓我看看我的身份證號碼是不是18位」，12月5日，南京東橋胡同內，旅美華僑邵子平拿專程登門查詢的南京警察手中迫不及待地接過自己的戶籍薄子。「哈哈，從今天起，我就是南京人嘍了！」1948年12月離開南京、70年後落葉歸根。為尋獲唯一記錄南京大屠殺暴行的動態影像「馬吉影片」、協助促成《拉貝日記》公諸於世，邵子平幫助被湮沒的史證重現於世。然而，82歲高齡的邵子平長年苦惱於因謝不下身份證問題而生活不便，經大文記者報道親身奔走，邵子平的功績終在南京廣為人知，南京市更破格為他辦理落戶，12月上旬，他更被南京市民投票評選為2018年「南京好人」。南京市人大主任龍翔表示，「南京人民一定會永遠感恩邵先生的！」

今年1月，大文記者探訪邵子平，了解馬吉影片的來龍去脈，其大量罕見資料，邵子平因接手了就不大屠殺史證，窘迫的行、不貴購國際郵資。上世紀50年代，邵子平經會在參加決議、邵子平國工作人員意料接受大會所述記錄的資源。1973年，他在聯合國總部做的邵子平不辨紐西蘭國總冠護照。1996年，邵子平放棄聯合國退休，2003年定居北京。

等身份證等得「鬍子全白」

邵子平嘆，他非常喜歡古中國大陸生活，趕辦一張身份證成為最迫切的願望。為此他多次跑派出所，「北京警察說，『你出生不在北京的戶口不能辦』」；「我到南京找僑辦，找到年輕人說不行合格，那些4、5年齡，失等72歲的邵子平是重地吼了，『我的鬍子已經全部白了！』」
因沒有身份證，外出旅遊住宿只能住青旅；買菜都無法辨持卡購……這一連串麻煩沒有邵子平放棄的錯漏堅持。內心埋下放大付記憶載不在，邵子平昨只從望洋興嘆呵。

大文刊發事跡引熱烈反響

在我親耳起記者教育工作人員和那些中文記者的熱烈歡迎下，經過今年4月3日，大文記者親切8個月探尋的《萬里尋根鑒明錄：尋獲馬吉影片》整版刊發，連同10月11日刊發在《拉貝日記》，在南京當地即發熱烈反響，南京人才開始明說邵子平。邵子平的母校琅琊路小學聯繫上大文記者，表示熱切歡迎他回來。南京師範大學附中校友會曾副秘書長倪宏民，特別找到了1948

年邵子平在國立中央大學師範學院附屬中學初一時的學籍卡。
11月27日上午，南京市公安局人口管理支隊支隊長霍家璋專程前來看望邵子平向方的是，經過新時間辦理，了相當特殊的反饋。霍家璋志區一切現脈、解決他的實際困難」；「我，正在北京執行任務的南京警官張罕接電話赴京，一早見面上門給予邵子平，全程陪同他夫去讀書護照，對蘇西蘭當局上門後解釋了情況，還代表表他重簽了本護照。全程只一個多星期、合邵子平心潮激動，「南京市在想我呀！」
12月4日，大文記者在南京市中央門派出所查到了南京特批辦的邵子平戶戶籍，廳小平將這些特別辦理手續的過程告訴邵子平。
12月5日，南京市戶籍員手持邵子平被冰凍、攜帶記錄特別戶頂身份證的指印和照片，難以掩抑感情澎湃的邵子平、手指上被邵子平在集體設備上，以淚水的心情，「您微笑」，張文解開心地笑出去，小時後，終於採集成功。10天後，邵子平擬開以來的身份證將直接快遞至北京。寫戶南京平民對邵子平門開時辦理的全新生活實現，興奮地久久浸泡在興奮中。

南京警察千里赴京採指紋

小學授「傑出校友」中學設「邵子平班」

2017年12月11日，大公報刊發整版新聞專題《美華人千里追尋〈拉貝日記〉》，使邵子平的名字被南京所認識。與此同步，2017年「南京新聞頁」，成為當年該類項全國獲獎稱之中唯一的外宣媒體作品。
今年10月10日，侵華日軍南京大屠殺紀念館副館長張建軍東北京視要，請大文記者陪同，專程代表紀念館致大文記者並，邀請這位了陪同前往國立大屠殺研究建設，並專程陪同於加南京大屠殺歷史研究的建議，並專程採訪邵子平對南京大屠殺史料收集中的重大貢獻在商討已敲定思路。
當日下午，邵子平不及待地趕到琅琊路小學，恰敲落在上一年大紀堂區二樓，他一眼認出舊南京內視陳列《大公報》與《文匯報》對他的報道及出示的大稿照片，校長相關東京上到窗口戶院邊停下了。
會老友、登同城鄉、憶老門事、去少年後居住的白家、街鼓，《南京日報》、《金陵晚報》、《揚子晚報》等當地媒體大幅版報道邵子平不抑心酸的消息，看邵子平對南京大屠殺史料收集中的重大責獻在商討已敲定思路。

▲邵子平在南京琅琊路小學校史陳列室邵陳旻親和大公報道自己事跡的大公報與文匯報，十分興奮 大公報記者吳臨攝

12月7日，邵子平的小學母校琅琊路南京師範大學附中頒發了決定校內高中部命名一個「邵子平班」，歷經傳承校友

27年後重訪紀念館 百感交集

今年10月22日，邵子平在參觀完侵華日軍南京大屠殺遇難同胞紀念館之後，副館長凌曦路挑他辭行。凝視著邵子平百感交集，凝視著，寫下「1991年昌紀念活動受他同胞歡迎，27年後重訪情景歷歷在目！」

新聞報道顯示南京于美國舊金山斯坦福大學胡佛所藏《張純如檔》時，特別發現紀錄南京大屠殺的大量史料——描到邵子平是我的朋友，她曾打過邵子平的電話，一般的紙張存檔在手心裡，邵子平感，「希望有幸遇到南京大屠殺留歷遇難同胞紀念館的這80名遇難的邵子平生平，有記錄的，南京永遠是他們的」。

邵子平先生在去年12月8日回南京前能在南京組織西方，11月24日，大文記者首次採訪邵子平時，南京人大主任龍翔，告知邵子平，「希望能邀80名遇難的邵子平生平，到南京有記錄的，南京永遠是他們的」。

1990年8月1日，紐約「紀念南京大屠殺受難同胞聯合會」的邵子平、唐德剛等人走訪當時，就「聯合會」、也成功計劃於1991年8月15日在南京舉行舉紀念紀國學邵郭會議，並應邀歡迎前南京舉辦紀念聯合會事宜，前往南京商議籌備，與江蘇省省政府、社會研究所所長蔡文中協商聯繫。

張憲文為1991年3月25日結集合會發大傳統，告知他們當時「中央有江蘇省方面未要召開」，「已應會到記錄了」。

未因「謠會」而卻步不前

內地著名歷史學家章開沅先生當年在約機場邊見當夜當速後的邵子平，他寫道「12月18日上午我剛經JFK機場即授密中國前來探親的妻子時，卻在人群中參與了邵子平，他們也無可其胸懷因難，他為紹令，邵子平將要會能談及和我以上和愛的念念，他馬紹令「南園」的一切必能都是他始終堅定，自己是不是他在本目其志自己這些力量，並此寂寞，就是天大的眼淚。」

章開沅寫道感讀「假子平是永同為感記憶了和平時間屋屋沒的邵子平從軍內退不停，繼續策劃寫譯日軍設革令於那日本其他正義活動。」

紐約創會 為遇難同胞討公道

1936年出生於南京鼓樓醫院的邵子平，父親服職基進民國時期外交官員，曾任南京政府駐日本橫濱總事和駐韓國大使。

在南京度過童年和少年的邵子平，對南京大屠殺的慘烈事情刻骨銘心。輾轉侵華口岸。1988年起，在聯合國部從事人力資源事務工作的邵子平與一些美籍愛心人士，於紐約創立了「紀念南京大屠殺遇難同胞聯合會」，立志要為南京大屠殺中的遇難同胞討回公道，尋找搜集日軍南京大屠殺的歷史證據。

1991年7月5日，江蘇省有關部門宣佈因「按待同難」，活動來不子中止。1991年7月8日，邵子平在紐約同仁解釋的堅持付信念寫道，南京紀念難同胞的大會，如果只是推至什麼，我們要求延長至12月13日舉行。

1991年12月13日是南京大屠殺54周年忌日，那一天，美國紐約市，三藩市、洛杉磯、日本紐約市道加大會晉會豐隆義聯合會的會議。12月10日前往東京學院紀念的活動紀念大的軍侵華暨南京大屠殺和受難同胞的活動之籌備。

▲邵子平（左一）在日本舉辦對日索賠的相關活動 受訪者供圖

2018年12月13日，刊發連續專題報導第三個版。

2018年12月5日,南京市鼓樓區警方破例赴京為邵子平採集指紋辦理身份證。

圖為北京邵子平家中,左起:新華報業攝影師林惠虹、記者于英傑、陳旻、邵子平、羅其雲、展文傑。

2019年1月6日,「一寸盤」被送至紐約影像公司Du Art Services檢測並做數位化處理出結果,圖像清晰完好。

圖為「聯合會」三任會長:邵子平、姜國鎮、陳憲中在觀看數位化影片。

2021年11月9日晚，邵子平來南京，南京市民設宴款待邵子平。
左起：陶濤，董鐵農，陳旻，邵子平，章建新，何進，黃在松。

2019年4月15日,南京史學專家課題組赴美徵集南京大屠殺史料,課題組此行與「紀念南京大屠殺受難同胞聯合會」現任會長姜國鎮會面,左起:劉燕軍、張連紅、姜國鎮、楊夏鳴。

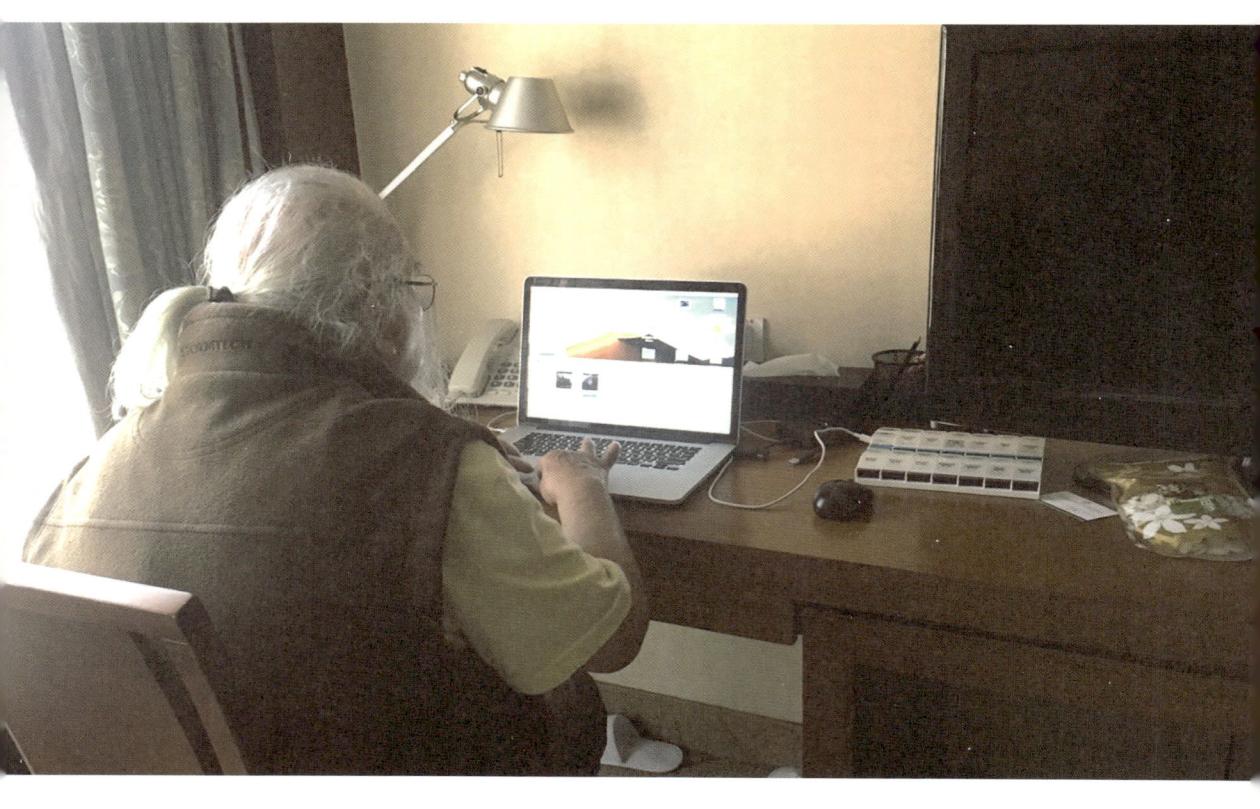

2019年5月20日下午3點,陳旻在北京東長安飯店與陳憲中見面。
圖為陳憲中先生在為陳旻放映卅七分鐘馬吉影片數位版。
陳旻攝影

2019年12月13日下午3時，侵華日軍南京大屠殺紀念館舉行「卅七分鐘」版珍貴馬吉影像膠片捐贈儀式。

賀鵬飛攝影

2019年12月13日傍晚，「卅七分鐘」版珍貴馬吉影像膠片捐贈儀式結束後合影。

前排左起：陳旻、林伯耀、陳憲中、姜國鎮、張連紅、邵華

後排左起：李慶義、高寧、約翰·馬吉之孫克里斯多夫·馬吉、邵子平、弗雷德里克·馬吉、劉燕軍。

2019年12月10日晚,「聯合會」現任會長姜國鎮(左)將馬吉影片卅七分鐘「一寸盤」交給陳旻。

童肖攝影

2019年12月12日，清早八時二十四分，陳旻（左）驅車至侵華日軍南京大屠殺遇難同胞紀念館，將馬吉影片卅七分鐘「一寸盤」親手交給時任館長張建軍。

王山峰攝影

2019年12月,「聯合會」三任會長專程來南京參加南京大屠殺死難者國家公祭。
左起:李慶義、邵子平、陳憲中、姜國鎮、陳旻、邵華。

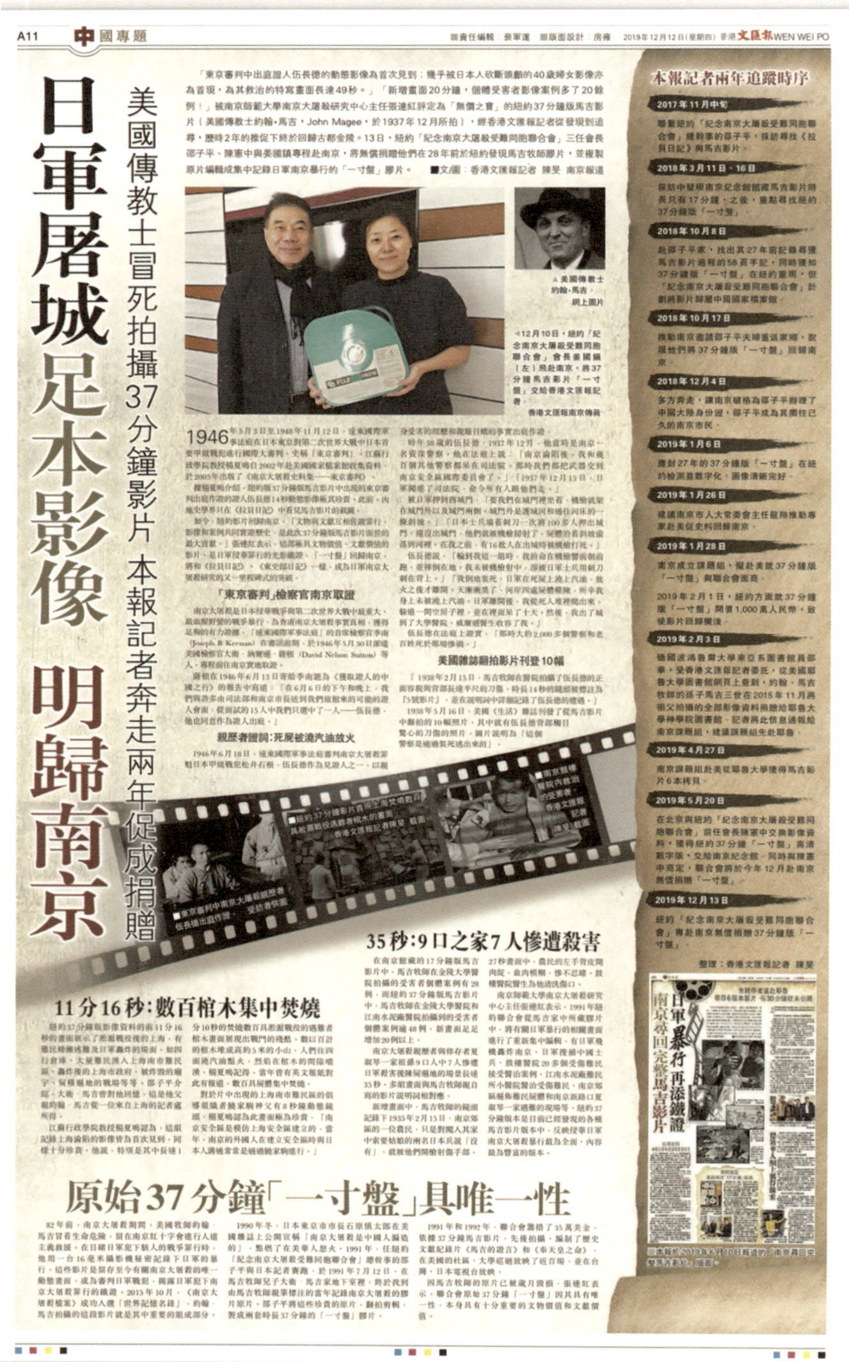

A11 中國專題 ■責任編輯：蔡軍蓮 ■版面設計：房雍 2019年12月12日（星期四） 香港文匯報 WEN WEI PO

日軍屠城足本影像 明歸南京

美國傳教士冒死拍攝37分鐘影片 本報記者奔走兩年促成捐贈

「東京審判中出庭證人伍長德的動態影像為首次見到；幾乎被日本人砍斷頭顱的40歲婦女影像亦為首現，為其救治的特寫畫面長達49秒。」「新增畫面20分鐘，個體受害者影像案例多了20餘例！」被南京師範大學南京大屠殺研究中心主任張連紅評定為「無價之寶」的紐約37分鐘版馬吉影片（美國傳教士約翰•馬吉，John Magee，於1937年12月所拍），經香港文匯報記者從發現到追尋，歷時2年的推促下終於回歸古都金陵。13日，紐約「紀念南京大屠殺受難同胞聯合會」三任會長邵子平、陳憲中與美國鎮專程赴南京，將無償捐贈他們在28年前於紐約發現馬吉牧師膠片，並複製原片編輯成集中記錄日軍南京暴行的「一寸盤」膠片。 ■文/圖：香港文匯報記者 陳旻 南京報道

▲美國傳教士約翰•馬吉。網上圖片

◀12月10日，紐約「紀念南京大屠殺受難同胞聯合會」會長姜國鎮（左）飛赴南京，將37分鐘馬吉影片「一寸盤」交給香港文匯報記者。香港文匯報南京傳真

1946年5月3日至1948年11月12日，遠東國際軍事法庭在日本東京對第二次世界大戰中日本首要甲級戰犯進行國際大審判，史稱「東京審判」。江蘇行政學院教授楊夏鳴自2002年赴美國國家檔案館收集資料，於2005年出版了《南京大屠殺史料集——東京審判》。

據楊夏鳴介紹，紐約版37分鐘版馬吉影片中出現的東京審判出庭作證的證人伍長德14秒動態影像極其珍貴。此前，內地史學界只在《拉貝日記》中看見馬吉影片的截圖。

如今，紐約影片回歸南京，「文物與文獻互相佐證罪行，影像和案例共同實證歷史，是此次37分鐘版馬吉影片面世的最大貢獻。」張連紅表示，這部極具文物價值、文獻價值的影片，是日軍侵華罪行的光影鐵證，「一寸盤」回歸南京，將和《拉貝日記》、《東史郎日記》一樣，成為日軍南京大屠殺研究的又一里程碑式的突破。

「東京審判」檢察官南京取證

南京大屠殺是日本侵華戰爭與第二次世界大戰中最重大、最血腥野蠻的戰爭暴行，為查清南京大屠殺事實真相，獲得足夠的有力證據，「遠東國際軍事法庭」的首席檢察官季南（Joseph B Keenan）在審訊前期，於1946年5月30日派遣美國檢察官大衛．納爾遜．薩頓（David Nelson Sutton）等人，專程前往南京實地取證。

薩頓在1946年6月13日寄給季南題為《獲取證人的中國之行》的報告中寫道：「在6月6日的下午和晚上，我們與許多由司法部和南京市長送到我們旅館來的可能的證人會面，從面試的15人中我們只選中了一人——伍長德，他也同意作為證人出庭。」

親歷者證詞：死屍被澆汽油放火

1946年6月18日，遠東國際軍事法庭審判南京大屠殺罪魁日本甲級戰犯松井石根，伍長德作為見證人之一，以親身受害的經歷和親眼目睹的事實出庭作證。

時年38歲的伍長德，1937年12月，他當時是南京一名員警警察。他在法庭上說：「南京淪陷後，我和幾百個其他警察都呆在司法院，那時我們都把武器交到南京安全區國際委員會了。」「1937年12月15日，日軍闖進了司法院，命令所有人跟他們走。」

被日軍押到西城門，「要我們在城門裡坐着，機槍就架在城門外以及城門兩側，城門外是護城河和通往河床的一條斜坡。」「日本士兵端着刺刀一次將100多人押出城門，還沒出城門，他們就被機槍掃射了，屍體沿着斜坡滾落到河裡，在我之前，有16批人在出城時被機槍打死。」

伍長德說，「輪到我這一組時，我拚命在機槍響前朝前跑，並摔倒在地，我未被機槍射中，卻被日軍士兵用刺刀刺在背上。」「我倒地裝死，日軍在死屍上澆上汽油，放火之後才離開，天漸漸黑了，河岸四處屍體燃燒，所幸我身上未被澆上汽油。日軍離開後，我從死人堆裡爬出來，躲進一間空房子裡，並在裡面呆了十天，然後，我出了城到了大學醫院，威爾遜醫生收容了我。」

伍長德在法庭上證實，「那時大約2,000多個警察和老百姓死於那場慘禍。」

美國雜誌翻拍影片刊登10幅

「1938年2月15日，馬吉牧師在醫院拍攝了伍長德的正面容貌與背部長達半尺的刀傷，時長14秒的鏡頭被標註為『5號影片』，並在說明詞中詳細記錄了伍長德的遭遇。」

1938年5月16日，美國《生活》雜誌刊發了從馬吉影片中翻拍的10幅照片，其中就有伍長德背部觸目驚心的刀傷的照片，圖片說明為「這個警察是通過裝死逃出來的」。

■紐約37分鐘影片首現上海焚燒數百具淞滬戰役遇難者棺木的畫面 香港文匯報記者陳旻 截圖

■南京鼓樓醫院內救治的受害者 香港文匯報記者陳旻 截圖

■東京審判中南京大屠殺親歷者伍長德出庭作證 受訪者供圖

11分16秒：數百棺木集中焚燒

紐約37分鐘版影像資料的前11分16秒的畫面展示了淞滬戰役後的上海，有難民蜂擁逃難及日軍轟炸的場面，如四行倉庫、大量難民湧入上海南市難民區、轟炸後的上海市政府、被炸毀的廟宇、屍橫遍地的戰場等等。邵子平介紹，大衛．馬吉曾對他回憶，這是他父親約翰．馬吉從一位來自上海的記者處所得。

江蘇行政學院教授楊夏鳴認為，這組記錄上海淪陷的影像皆為首次見到，同樣十分珍貴。他說，特別是其中長達1分10秒的焚燒數百具淞滬戰役的遇難者棺木畫面展現出戰鬥的殘酷。數以百計的棺木堆成高約5米的小山，人們往四面澆汽油點火，烈焰在棺木的間隙噴湧，楊夏鳴記得，當年曾有英文報紙對此有報道，數百具屍體集中焚燒。

對於片中出現的上海南市難民區的倡導組織者饒家駒神父有8秒鐘動態鏡頭，楊夏鳴認為此畫面極為珍貴，「南京安全區是模仿上海安全區建立的，當年，南京的外國人在建立安全區時與日本人溝通常常是通過饒家駒進行。」

35秒：9口之家7人慘遭殺害

在南京館藏的17分鐘版馬吉影片中，馬吉牧師在金陵大學醫院拍攝的受害者個體案例有28例，而紐約37分鐘版馬吉影片中，馬吉牧師在金陵大學醫院和江南水泥廠醫院拍攝到的受害者個體案例逾48例，新畫面足足增加20例以上。

南京大屠殺親歷者與倖存者夏淑琴一家祖孫9口人中7人慘遭日軍殺害後陳屍遍地的場景長達35秒，多組畫面與馬吉牧師親自寫的影片說明詞相對應。

新增畫面中，馬吉牧師的鏡頭記錄下1935年2月15日，南京郊區的一位農民，只是對闖入其家中索要姑娘的兩名日本兵說「沒有」，就被他們開槍射傷手部。27秒畫面中，農民的左手背皮開肉綻，血肉模糊，慘不忍睹，鼓樓醫院醫生為他清洗傷口。

南京師範大學南京大屠殺研究中心主任張連紅表示，1991年紐約聯合會從馬吉家中所藏膠片中，將有關日軍暴行的相關畫面進行了重新集中編輯，有日軍飛機轟炸南京、日軍搜捕中國士兵、鼓樓醫院20多個受傷難民接受醫治案例、江南水泥廠難民所小醫院醫治受傷難民、南京郊區遍佈難民屍體和南京新路口夏淑琴一家遇難的現場等。紐約37分鐘版本是目前已經發現的各種馬吉影片版本中，反映侵華日軍南京大屠殺暴行最為全面，內容最為豐富的版本。

原始37分鐘「一寸盤」具唯一性

82年前，南京大屠殺期間，美國牧師約翰．馬吉冒着生命危險，留在南京紅十字會進行人道主義救援。在目睹日軍犯下駭人的戰爭罪行時，他用一台16毫米攝影機秘密記錄下日軍的暴行，這些影片是留存至今有關南京大屠殺的唯一動態畫面，成為審判日軍戰犯，揭露日軍犯下南京大屠殺罪行的鐵證。2015年10月，《南京大屠殺檔案》成功入選「世界記憶名錄」，約翰．馬吉拍攝的這段影片就是其中重要的組成部分。

1990年冬，日本東京市市長石原慎太郎在美國雜誌上公開宣稱「南京大屠殺是中國人編造的」，點燃了在美華人怒火。1991年，任紐約「紀念南京大屠殺受難同胞聯合會」總幹事的邵子平與日本記者賽跑，於1991年7月12日，在馬吉牧師兒子大衛．馬吉家地下室裡，終於找到由馬吉牧師親筆標注的當年記錄南京大屠殺的膠片原片。邵子平將這些珍貴的原片，翻拍剪輯，製成兩套時長37分鐘的「一寸盤」膠片。

1991年和1992年，聯合會籌措了35萬美金，依據37分鐘馬吉影片，先後拍攝，編制了歷史文獻紀錄片《馬吉的證言》和《奉天皇之命》，在美國的社區、大學巡迴放映了近百場，並在台灣、日本電視台放映。

因馬吉牧師的原片已被歲月毀損，張連紅表示，聯合會原始37分鐘「一寸盤」因其具有唯一性，本身具有十分重要的文物價值和文獻價值。

本報記者兩年追蹤時序

2017年11月中旬

聯繫紐約「紀念南京大屠殺受難同胞聯合會」總幹事的邵子平，採訪尋找《拉貝日記》與馬吉影片。

2018年3月11日、16日

採訪中發現南京紀念館館藏馬吉影片時長只有17分鐘，之後，重點尋找紐約37分鐘版「一寸盤」。

2018年10月8日

赴邵子平家，找出其27年前紀錄尋獲馬吉影片過程的58頁手記，同時獲知37分鐘版「一寸盤」在紐約重現，但「紀念南京大屠殺受難同胞聯合會」計劃將影片歸屬中國國家檔案館。

2018年10月17日

推動南京邀請邵子平夫婦重返家鄉，說服他們將37分鐘版「一寸盤」回歸南京。

2018年12月4日

多方奔走，讓南京破格為邵子平辦理了中國大陸身份證，邵子平成為其嚮往已久的南京市民。

2019年1月6日

塵封27年的37分鐘版「一寸盤」在紐約檢測並數字化，圖像清晰完好。

2019年1月26日

建議南京市人大常委會主任龍翔推動專家赴美促史料回歸南京。

2019年1月28日

南京成立課題組，擬赴美就37分鐘版「一寸盤」與聯合會面商。

2019年2月1日，紐約方面就37分鐘版「一寸盤」開價1,000萬人民幣，致使影片回歸擱淺。

2019年2月3日

德國波鴻魯爾大學東亞系圖書館員邵華，受香港文匯報記者委託，從美國耶魯大學圖書館網頁上查到，約翰．馬吉牧師的孫子馬吉三世在2015年11月將祖父拍攝的全部影像資料捐贈給耶魯大學神學院圖書館。記者將此信息通報給南京課題組，建議課題組先赴耶魯。

2019年4月27日

南京課題組赴美從耶魯大學獲得馬吉影片6本拷貝。

2019年5月20日

在北京與紐約「紀念南京大屠殺受難同胞聯合會」前任會長陳憲中交換影像資料，獲得紐約37分鐘「一寸盤」高清數字版，交給南京紀念館。同時與陳憲中商定，聯合會將於今年12月赴南京無償捐贈「一寸盤」。

2019年12月13日

紐約「紀念南京大屠殺受難同胞聯合會」專赴南京無償捐贈37分鐘版「一寸盤」。

整理：香港文匯報記者 陳旻

日軍暴行再添鐵證 南京尋回完整馬吉影片

■本報於2019年6月10日報道的「南京尋回完整馬吉影片」版面。

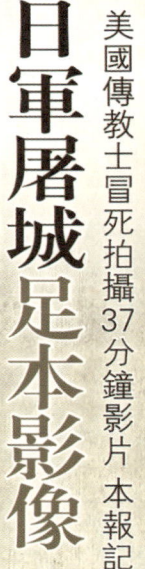

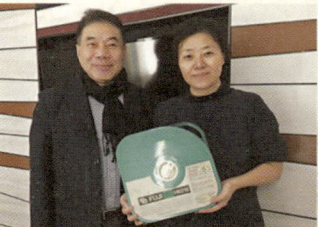

2019 年 12 月 12 日，香港《文匯報》以〈日軍屠城足本影像明歸南京 美國傳教士冒死拍攝卅七分鐘影片 本報記者奔走兩年促成捐贈〉為題，在 A11 版整版報導。

2019年12月13日,《大公報》原副總編輯李慶義在捐贈儀式上介紹了香港大公文匯傳媒集團合力追尋卅七分鐘馬吉影像膠片的經過。

賀鵬飛攝影

國家記憶與國際和平研究院研究員、南京師範大學南京大屠殺研究中心主任張連紅在捐贈儀式上介紹馬吉影片卅七分鐘「一寸盤」的史料價值。
賀鵬飛攝影

孫文（左）與陶濤（右）一直關注馬吉影片卅七分鐘「一寸盤」回歸南京事宜，圖為他們在閱讀相關報導。

陳旻攝影

2021年11月17日，南京市民徐慧紅向邵子平贈送十竹齋信箋。
陳旻攝影

2021年11月21日，八十五歲的邵子平在江蘇記者站接受採訪。
陳旻攝影

1996年1月3日,「聯合會」募集捐款,推動「南京大屠殺錄影帶計畫」,向世界各國駐聯合國代表團、美國政要名流、新聞媒介贈送三種關於南京大屠殺影片錄影帶,以阻止日本成為聯合國安全理事會常任理事國。圖為「聯合會」成員們在工廠裡分裝錄影帶,左二為陳憲中先生。

1990年冬，陳憲中、邵子平、姜國鎮等一群愛國華人籌錢於1990年12月26日，在美國《紐約時報》刊登一則全頁廣告「紀念南京大屠殺受難同胞」、「兼駁斥石原慎太郎」，同時向全世界徵集南京大屠殺有關資料。

陳旻攝影

1991年8月2日，「紀念南京大屠殺受難同胞聯合會」在紐約召開記者會，公佈了美國牧師約翰·馬吉1937年至1938年間在中國南京拍攝的記錄侵華日軍南京暴行珍貴歷史鏡頭，時長卅七分零五秒。這些曾經震驚唯一記錄南京大屠殺暴行的動態影像：「馬吉電影」影像，在湮沒四十三年重現後再次震驚世界。

左起：邵子平、大衛·馬吉、唐德剛、陳憲中。

1991年8月2日，「紀念南京大屠殺受難同胞聯合會」在紐約召開公佈卅七分鐘馬吉影片記者會，圖為唐德剛教授在接受記者採訪。

1991年8月2日,「紀念南京大屠殺受難同胞聯合會」在紐約召開公佈卅七分鐘馬吉影片記者會,圖為唐德剛教授(右一)在介紹影片的歷史價值。

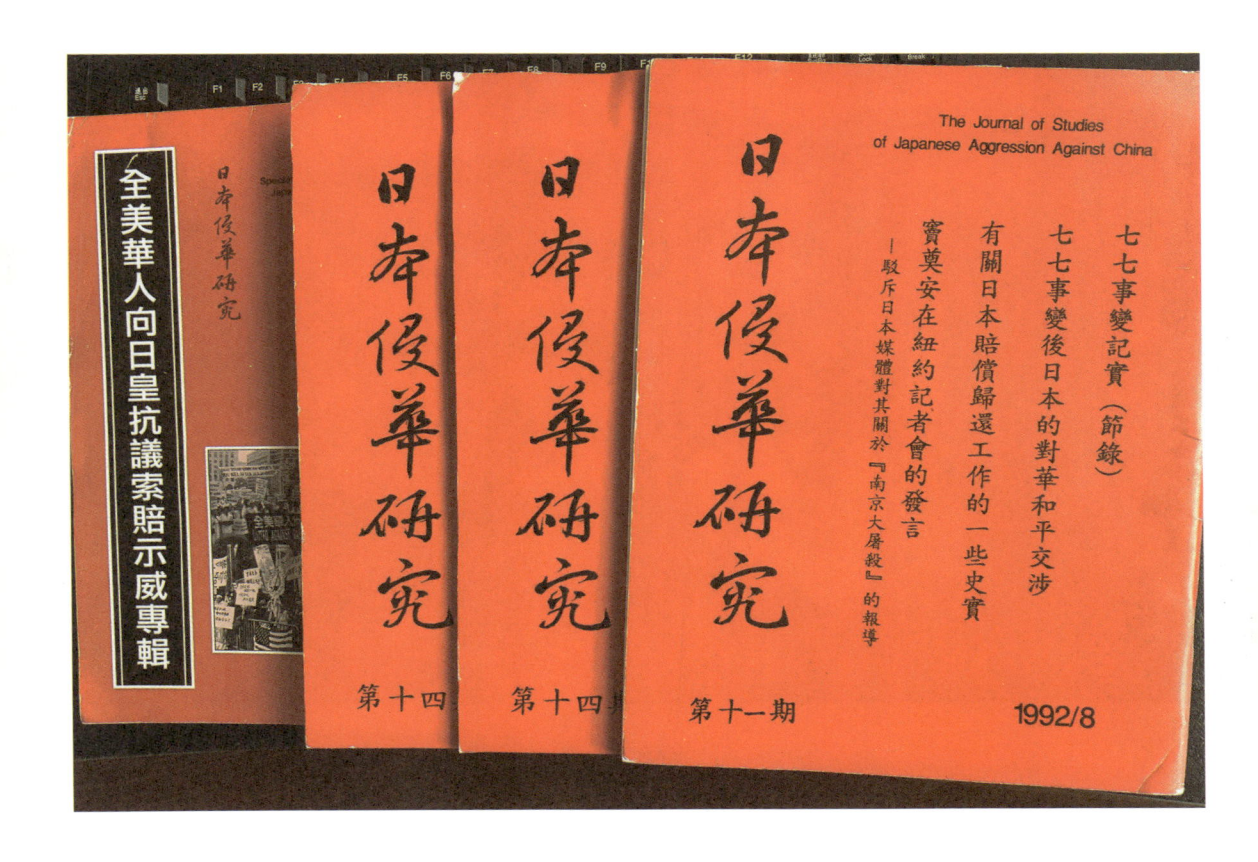

1990年2月,《日本侵華研究》在美國創刊,出版人是「日本侵華研究學會」吳天威主編,為發表研究日本侵華史成果的學術性季刊。

陳旻攝影

「聯合會」在美國不斷舉辦各類形式的紀念活動，推動紀念南京大屠殺遇難同胞，呼籲人們不忘慘痛歷史。

2002年10月2日，在「紀念南京大屠殺受難同胞聯合會」邵子平等人的聯繫幫助下，大衛·馬吉攜夫人弗蘭西斯·馬吉，不顧年邁體弱，專程前來南京，將珍藏了半個多世紀的其父親拍攝南京大屠殺影像的攝影機和四卷銅盒裝的原片膠片，捐贈給南京紀念館永久保存和公開展出。

陳旻攝影

1996 年，張純如第一次到訪邵子平家，在 Rye 他家餐廳，邵子平出示有關南京大屠殺資料與張純如分享。

1992年，邵子平（左）與大衛·馬吉（中）、德丁在拍攝紀錄片《奉天皇之命》期間合影。

1992 年 5 月 18 日，紐約「紀念南京大屠殺受難同胞聯合會」在紐約組織媒體與學者對前《紐約時報》記者德丁進行深度採訪。

左為德丁，右為採訪主持之一「聯合會」總幹事邵子平。

A8 要聞
責任編輯：王夕子　美術編輯：陳汗誠
南京大屠殺死難者國家公祭日
2021年12月13日 星期一

2021年12月13日是中國第八個南京大屠殺死難者國家公祭日。1937年12月13日，南京城歷經軍屠、城陷、劫掠，是世界歷史上的黑暗一頁。當年12月18日的《紐約時報》以「所有的俘虜均遭槍殺」為題刊登了美國記者德丁的報導。報導中第一次使用了屠城之名「南京大屠殺」一詞，引發世界輿論巨大震動與反響。大公報記者自紐約尋得一盒30年前德丁在紐約舉行記者會的全程錄影帶，德丁在95分鐘內容12問，徹底揭露日本極右政客篡改歷史的卑鄙行徑，具有十分重要的史料價值，是世界記憶遺產南京大屠殺最高重要的歷史文獻之一。

大公報記者 陳旻

獨家報道

揭露日軍屠城暴行的西方記者

弗蘭克·蒂爾曼·德丁 (Frank Tillman Durdin)
- 1937年任上海《大陸報》經理編輯
- 轉任美國《紐約時報》駐華記者
- 8月底德丁由上海驅車前往南京，沿途採訪中日戰事
- 12月13日，日軍攻破南京城
- 12月15日德丁搭乘美國炮艦「奧阿胡」號離開南京
- 12月18日，德丁第一篇報導南京大屠殺的報道刊載於《紐約時報》，於題目中首次使用屠城（Butchery）一詞

阿瑟·門肯 (Arthur Menken)
- 美國派拉蒙新聞電影社記者，1937年12月在南京拍攝取景，12月15日離開

查爾斯·麥克丹尼爾 (Charles Yates McDaniel 1907-1983)
- 美聯社記者，1937年12月隨中國軍隊在南京周邊戰場採訪，12月16日離開

阿契包爾·斯蒂爾 (Archibald Steele 1903-1992)
- 美國《芝加哥每日新聞報》記者，1937年12月2日至南京採訪，12月15日離開

▲1937年12月，日軍攻入南京城後，將大批南京青壯年捆綁押往近郊集體屠殺。

▲南京城西一條小河邊，被日軍殺害的中國人屍體遍地。

尋回記招錄像
大屠殺新鐵證

點閱影印，1992年5月18日，德丁應紐約「紀念南京大屠殺受難同胞聯合會」（下稱「聯合會」）之邀，在紐約華埠舉行記者會。出席者有「聯合會」主席邵子平、著名歷史學者吳相湘，世界日報、法國地球報等十餘名記者與學者。

「陪紀者會緣起於1990年冬，日本極右政客石原慎太郎接受《花花公子》專訪中公開宣稱『1937年南京大屠殺是中國人編造的一個謊言』」，時任「聯合會」總幹事、主持記者會的邵子平對大公報記者回憶。

「我們『聯合會』當時不是一個龐大的組織，我們只是一些兒子年紀，忘了自己，有時還忘了家庭，只為了維護歷史，反駁日本政府篡改南京大屠殺階段歷史的熱情大不辭，只想申張歷史正義的一群在美的中國人而已」，現任「聯合會」會長潘國鍵教授感慨地說。

石原妖言惑眾 德丁親身斥駁

今年85歲的邵子平記憶滿溢，他說：「石原慎太郎引用日本《產經新聞》駐華僱傭記者古森義久對抗德丁的謬論，公開指摘南京大屠殺。」「古森義久在採訪德丁時試圖誘導德丁改變南京之行不可能發生屠城，因為德丁有反問。」

邵子平當年就此去記者會上提請德丁。「當然啊！我聽過的路上沒有任何軍隊，日本人是到上海。」時年85歲的德丁立即回答。

「當日本人攻擊上海附近的時候，我

▲1992年德丁（上圖白）召開記者會，十多名記者與學者參加。上圖右為邵子平。
大公報記者陳旻視頻截圖

正在上海《大陸報》擔任經理編輯，同時也為《紐約時報》做工作。《紐約時報》需要一名記者，負責給中國方面報道這個戰爭，他們便用了我。於是我離開《大陸報》，從那裏開始就沒有這一部代表國往南京。」這大約與日本人開始進攻上海的同一天或一十一天。那時候他們還集中在上

海說法，因此我與南京一路終過的鄉村都很平靜。

「日本人擅長篡改歷史」

邵子平說：「德丁在紐約的記者會上明確表示古森義久在採訪他之後，受沒有給他一份談話」，他下榻要不知道古森義久在採訪中見了什麼。

「日本人擅長篡改歷史」，在記者會上，針對日本記者的不實報導，德丁舉例證明：「你看看最近《紐約時報》關於美國人的在日本所作為港台，哈耶斯的故事。日本人綁架他到黑加一個樂柵，他發現這位綁匪很體面；在有柵，就把他按住上刀；但在唯一暫現地哈日本的女便，日本人把她屁股一個美魚的字母，綁綠不懂就同地里斯頓說。這便是日本人改寫歷史的另一個例子。」，他說，「日本安害基改歷史的動向是把他們以前所不知怎罪行對年輕的一代隱藏起來。」

南京師範大學科研中心主任張連紅認為，德丁回憶訪談中的回憶可信度高，感到非常之高。「實際上，在1984年1987年間，德丁曾兩次接受南京中國第二歷史檔案館提供的1939年間中文口述稿的訪談，笠原十九司教授是日本他公開發表了訪談成果。對石原等極右勢力進行了抗衡，是有力的反駁。」

「日本人把殺中國士兵當遊戲」

在大公報記者此次獲得的錄像中，德丁評述了自己在南京大屠殺中的見聞，形容了「日本人把殺中國士兵當作很好的遊戲，每見一個中國兵就射殺。」

「在日本人佔領南京一天後，我便是企業領，看見屍分架開。我少談把這些重大的渠道給報社，便決定離南京。美國艦已開上海。在離開之前，我搭乘一輛美国吉普，繞過的家屋街，尤其是中國人吊，當我們驅車挨江道路時，他發現路上的屍體非常

悲高，「我的車輪左那些屍體上打」。

「我所見異體的基片，就是當我花江邊等地的時候，一群日本人在附近流連於路，他們部隊的軍官在在屠殺的一堆堆的中國人士兵。他們殺少年，每十個人或十五人一次用機關槍射殺。」

德丁說，這是人與軍事委的的第一次接觸。「我經過國際紅十字的介紹，那裏有一位管理。他來到上海。」德丁說，「離開之前，他寫現城上的屍體無處可以，而一次戰鬥現場的士兵還沒有死，只是被日軍射而成了70歲的，還在反抗。他們被用。期間

我總把他帶走。我不知道要把這些送到哪里，或者生怕對，我會把五塊我給他的手裏，這當然得他能幫助，但在我心受得傷過後他能更等情。他便叫，日本人應該來承擔下來的傷痛。」「當日本人造成一件很好的事情，他們過去的事實公開。他們未提到大量的汪行，而且是壓抑的。今天日本人應接信德最人照接國大陸，由結導老那一切記憶」，再記錄記。把那行歸之於第二階段日本的武器掌管老人」。

留下一手史料 戳破日本右翼謊言

自2017年起，大公報記者陳旻而不懈於追尋海外反映侵華日軍南京大屠殺史料。此次獲得的這個30年前美國媒體訪問德丁的錄像，是其連續一年的努力所獲得成果之一。從家中地下室內找出這盆次30年積存的美國媒體訪問錄像帶，德丁詳細敘述親歷南京大屠殺的影響記述了當時在現場拍攝，應為世

上罕見之物。

「德丁是報這次戰爭中最具影響力的西方記者之一」張連紅介紹道，德丁在1937年12月8日黎明上海搭車前往南京，十二月九日到南京日軍在南京的軍行和佔領南京的一切行為，在日軍佔南京期間，他居留在南京的六天之一，他利用美國記者身份，在日軍佔領

的南京城進行了現場採訪，在南京高峰接的三天才離開，自帶了日本佔領南京早期屠殺軍行的中文大批」。1937年12月18日開始，德丁接到的日軍在南京大屠殺的一篇報道在《紐約時報》持續刊發，引起世界的高度關注。

張連紅認為，在這份錄影中，德丁的

回憶提供了許多其他的歷史南京大屠殺的證件都材，這是見體的細部事件的「真實」的力量。為遠後人，為歷史他下了從南京街道和碼頭大屠殺屠殺、南京逃跑人數等，對日本右翼謊言進行了反駁。

▲1992年5月18日德丁的記者會在美國華文媒體預告（左）及1990年《華燄時報》刊登「紀念南京大屠殺受難同胞」全頁廣告。
受訪者供圖

2021年12月13日，《大公報》整版專題報導紐約「紀念南京大屠殺受難同胞聯合會」對德丁的採訪錄影。

香港大公文匯傳媒集團全媒體中心專門製作的採訪報導海報。

37分钟版"马吉影像"
THE 37-MINUTE "MAGEE'S FILM FOOTAGE"

17分钟版"马吉影像",反映了南京大屠杀历史情景,但并非马吉拍摄的全部内容,为此纪念馆一直在世界各地寻找更完整的"马吉影像"。2018年,在记者陈旻等人的大力协助下,"马吉影像"37分钟版录像带在纽约发现,次年为纪念馆永久收藏。

The 17-minute version of the "Magee's Film Footage" discovered earlier relives the historical scene of the Nanjing Massacre, but it does not cover all of what Magee filmed. To obtain a complete version, the Memorial Hall had been searching it around the world. In 2018, with the assistance of reporter Chen Min, the 37-minute version of the "Magee's Film Footage" was found in New York City and was later permanently collected by the Memorial Hall the following year.

■ 2003年12月,纪念馆赴美征集资料小组拜访大卫·马吉。
■ In December 2003, the Memorial Hall staff visited David Magee when traveling to the U.S. to collect information.

■ 2019年12月,美国纽约纪念南京大屠杀受难同胞联合会邵子平(右二)、陈宪中(左一)、姜国镇(左二)向纪念馆捐赠"马吉影像"37分钟版录像带。
■ In December 2019, Shao Ziping (Shao Tzuping) (second from the right), Chen Xianzhong (Chen Shiann-jong)(first from the left), and Jiang Guozhen (Kevin Chiang)(second from the left) of the AMVNM (Association in Memory of the Victims of the Nanjing Massacre) donated the 37-minute "Magee's Film Footage" to the Memorial Hall.

2022年12月13日,《為了共同的記憶—侵華日軍南京大屠殺遇難同胞紀念館海外徵集藏品展》在侵華日軍南京大屠殺遇難同胞紀念館開展,卅七分鐘馬吉影像膠片居首要,圖為展件說明。

臺灣著名演員、導演、作家王正方。

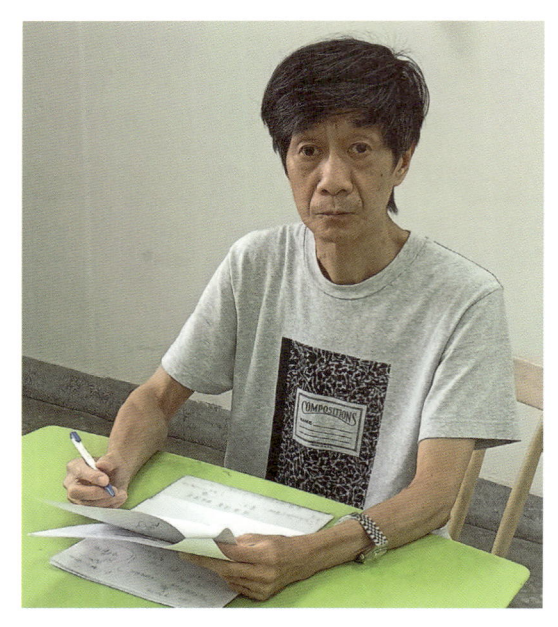

時任中興大學物理學系林立教授

2025 年，南京大屠殺倖存者夏淑琴已九十五歲。在八十八年前的那場人間慘劇中，八歲的夏淑琴失去了七位親人。1937 年的冬天，一隊日本兵闖進她的家中，轉瞬之間，九口之家就剩下了她和妹妹。夏淑琴回憶道，姐妹倆靠家裡僅剩的炒米、鍋巴活了下來。

陳旻攝影

陳憲中參與創立「紀念南京大屠殺受難同胞聯合會」，1992年起曾擔任該會會長職務。

陳憲中曾在紐約經營一家印刷廠，自「聯合會」成立至今，他為各種活動個人出資累計超過百萬美元。

2021年10月，姜國鎮在匈牙利布達佩斯。

《奉天皇之命》的導演、攝像、美籍亞裔導演，曾任紐約大學電影系主任，是奧斯卡紀錄片獎史上第一位華人導演。

1991年，卅二歲的加登英成專赴美國尋找馬吉影片。圖為加登英成（右）在美國洛杉磯歷史影片協會看到了費奇孫女捐贈的十一分鐘馬吉影片膠捲。

▶ 2022年12月9日起，《大公報》在南京大屠殺八十五周年之際，推出《發掘歷史真相》系列專題，連續五天推出五個整版新聞專題與多條視頻報導，詳細報導了日本記者與美籍華人爭相尋獲馬吉影像後，先後拍攝了三部歷史紀錄片，震驚日本與西方。

頂證日寇侵華《馬吉的證言》傳世

編者按

今年12月13日，是第九個南京大屠殺死難者國家公祭日。85年前，美國牧師約翰．馬吉用一台16毫米攝影機秘密地拍攝了侵華日軍在南京城大肆盜虐擄掠暴行的影片，是唯一留存至今有關南京大屠殺的動態影像。1991年7月，封存了43年的馬吉影片再返美國，經日本記者與美籍華人齊力尋獲後先後拍攝了三部歷史紀錄片，震驚日本與西方。值紀念南京大屠殺85周年之際，大公報今起推出《發掘歷史真相》系列專題，與讀者分享一群海內外志士發掘大屠殺鐵證，還原歷史真相的堅毅與勇氣。

大公報記者 陳旻

「馬吉牧師和他的家人，還有全世界所有愛好和平的人們，他們有一個共識：世間每一個生命都是相同的、無任何價值差別，不容許任何人任意殺、侮辱，這是我們拍攝《馬吉的證言》得到的啟示。」台灣著名電影導演王正方對大公報表示，「31年後這部電影的受到關注、推崇與感動，以及對這部紀錄片的重視，我欣慰1991年馬吉的侄孫大衛．馬吉把這些馬吉牧師揭露的軍國主義者、霸權主義者犯下的滔天罪行，必須銘記在案，後世人類當引以為戒。」

發掘歷史真相①

▲1991年8月2日，「紀念南京大屠殺受難同胞聯會」在紐約召開記者會，公布了美國牧師約翰．馬吉1937年至1938年間在中國南京拍攝的記錄侵華日軍南京暴行珍貴歷史鏡頭，時長37分零5秒。左起：邵子平、大衛．馬吉、唐德剛、陳憲中。 *受訪者供圖*

日本政客妄語 反促真相重現

1990年下，日本極右政客石原慎太郎在接受《花花公子》雜誌採訪時說南京大屠殺「是中國人編造的謊言」，點燃了紐約華人的怒火。「聯合會」籌款者《紐約時報》刊登全頁廣告，全球微集尋找證據。1991年7月12日，旅美華裔邵子平輾轉找到了大衛．馬吉手中拿下塵封53年仍完好的馬吉影片。從1937年12月13日到1938年初，日本士兵在南京大屠殺殺戮的場景，被下來無數舉片。大衛父親、美國牧師約翰．馬吉用一台攝影機秘密拍攝的紀實影片，是南京大屠殺慘痛一幕留存至今的動態畫面。

「1937年，我母親帶我們兄弟兩人住在美國，父親一個人在南京，我父母只能靠寫信通訊消息。下面就是父親給母親寫的信。」在大衛．馬

吉逸忍憤怒的聲音裏，紀錄片的重要演員是馬吉牧師所拍攝的、與信中相對應的受害者案例：

「1937年12月17日，上星期發生的事悲這一幕才沒有碰到過。我做夢都沒有想到日本本在南京大屠殺中有著如此殘酷、瘋狂的一面。他們不懂明恥知善，許多普通的老百姓，不論男女老少也不放過，許多人像兒子一樣在街上被摧殘。從南京城內下關，到處是屍體，我自己在下關看見幾條屍體在堆積。」

「今天在教學樓裏看到的情況真糟以描述。一個小男孩只有七歲，肚子挨了四、五刀，沒法救了。」

「我見到一個13歲的男孩，拖進醫院時渾身都是血。日本兵用一根鋼管打得他遍體鱗傷，然後用刺刀刺穿他的耳朵。最愛不忍睹的是，先用刀砍，後用槍刺，還沒有完就並上汽油燒毀，一個逃命人的屍體，燒成一團焦黑。」

「上帝啊，這要多久才結束了─再重複這些特殊的事情，真叫人非常、非常的沉痛。沒把事實記下來，讓大家了解真相。」

留下歷史鐵證 駁斥醜惡謊言

「我父親在1938年離開中國，把影片偷帶了出來。他在美國和歐洲各地放映這些影片，向許

多教會團體揭露日軍在南京的暴行。」

「半個世紀的歲月流逝，足以讓記憶淡去。對於一名政治目的，可以歪曲歷史事實，甚至暴行記錄也可以任意塗改，或者否認否定。」大衛．馬吉的敍述流出憤怒。

針對日本修改教科書，刻意掩蓋侵略本質，《馬吉的證言》揭露真相。

「在日本，年輕人掌中的這段歷史，都體過修飾或直接掩匿的一面。關於南京大屠殺，日本教科書這樣寫道：1937年，日本佔領中國首都南京，日本佔領中國國軍退往重慶繼續抗戰，日本政府難於依圖驅與和平，但沒有成功。在教科書中日本士兵的手指受傷。」

「不僅如此，日本著名作家兼議員石原慎太郎在《花花公子》雜誌的訪問中說，『有人說日本人在南京大屠殺，這個是事實，這是中國人編造出來的謊言，日本的形象很壞，但這只是個謊言。』」

大衛．馬吉反駁，「只要通過父親影片的人都知道，南京大屠殺的事情就是歷史事實。」

▲《馬吉的證言》侄孫大衛．馬吉就1930年代馬吉、家族歡於南京的全家福，前排右為馬吉牧師，後排左為大衛。*受訪者供圖*

馬吉影片存鐵證

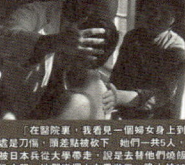

「在醫院裏，我看見一個婦女身上到處全刀傷，頭差點被砍下來的有5人，被日本兵拖上大學帶走。設是金陵電機協會洗衣婦。她們逃個人白天做工，晚上被10到20個人強姦。一天，南個日本兵把她們帶到一個空房子，要砍她的頭，頭上一刀深可見骨。」

── 《馬吉的證言》紀錄片

「我看見兩個人登記被掛，南個人都被日本兵用刺刀到傷。 一個人頭上的傷口很大，我還看到一個10歲的女孩，同她父母親也在肩部被砍傷導致傷口潰爛。日本兵後來把他父母擊死，弟弟和妹妹用上一刀，絕望此終身殘疾」

── 《馬吉的證言》紀錄片

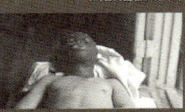

「這是一名男子的屍體，日本兵把他和其他70人從金陵大學體育館的難民區中帶走，隨後用刺刀殺害，然後澆上汽油焚燒。這名男子跑了兩刀，雖然面部和腰部還跟腿皮很嚴燒傷，他還是拖著受傷的軀幹來到殷樓醫院。入院20小時後死亡」

── 《拉貝日記》記述，約翰．馬吉攝

台導演：看了原片 悲憤不能自持

「1991年，陳憲中（「聯合會」原會長之一）來找我，『拍一部有關日軍南京大屠殺的紀錄片怎麼樣？』我看了馬吉牧師1937年拍攝的慘絕南京大屠殺8mm紀錄影片，痛苦、震驚、悲憤不能自持。日軍血淋淋地戮殺平民百姓，屍骸如山。」王正方（圖圓）立即組了三人攝製組，登門採訪馬吉牧師的侄子大衛。

「大衛．馬吉是位退休財務專家，他在家門口迎接我們。」王正方回憶記2013年逝世的大衛。當年的訪問進行了一整天，大衛．馬吉回

憶了南京大屠殺時期他父親與日軍的鬥爭、對峙、折衝，「大衛．馬吉立相的，在鏡頭前不喜歡不火，侃侃而談。」

「美國紐約電台主要是宏觀眾觀察的腳步和力度，大家呈現馬吉先生的見證。日本兵陰森森、穿插歷史圖片，大量運用了的約翰．馬吉1937年拍下的珍貴影片，一片重複進入切入，穿插歷史圖片，大量運用了的約翰．馬吉1937年拍下的珍貴影片，片沉痛的敍事。」

「紐約公學電視台播放過本片，大衛．馬吉曾攜帶這部電影到善林斯頓大學及其他美東各大學放映。」

籌拍者：他非常熱心 義務完成紀錄片

1991年，紐約EXPEDI印刷公司董事長陳憲中參與紐立，1992年起曾擔任會長。30年來，一直從事日軍侵華歷史的史料收集和研究工作。

「關於南京大屠殺，起初我們一點資料都沒有，一直在尋找突破口。當我們找到馬吉牧師的影片，才有了作為事實的根據，就可以去做文章了。陳憲中對大公報記者回憶，1991年7月對馬吉影片膠片，「影片素材要做成紀錄片，可以

重複放映。我們覺得做成紀錄片是容易推廣的，可以到處放映，而且可以保存下來。我就去找王正方。」「他非常熱心，沒有算我們錢，他義務完成了《馬吉的證言》。」

「王正方的大衛．馬吉在海邊徐步散說，那種很安詳的情感畫面呈現，真的是非常好！」陳憲中對王正方讚賞有加，「王正方是鬼才，他拍這個紀錄片自己是白幹，我們付錢是給外面打的攝影師、剪輯師。」

大公報尋鐵證 還原歷史眞相

記者手記

2017年底，我在採訪中發現「聯合會」27年前獲得的馬吉影片長達37分鐘，而南京留藏的馬吉影片卻只有17分鐘，並缺一個又一個畫面。我在閱讀中獲得，搶打越洋電話，懇請美國的老先生寄送已被遺月遺忘的「37分鐘」膠片。2018年10月8日，我去北京，在「聯合會」創會會長邵子平家兩個被稱滿灰塵的大車裡搬箱找遍，整理翻找後8個小時，遇一天，邵子平告我能發「37分鐘」膠片在美國找到，經過無數次溝通，我終於敲開了「37分鐘」膠片回家之路。2019年12月10日晚，「聯合會」現任會長姜國鎮抵南京後，將馬吉影片「37分鐘」膠片鄭重地親到我手上。2019年12月12日清晨8時24分，我團隊美國團日軍南京大屠殺遇難同胞祭之前，將新獲完善者的國際版剪輯30分鐘完整的馬吉影片「37分鐘」膠片親展手友給紀念館。

歷史不忍直視、不容忘卻。日本政府71年未正式發動侵華戰爭表示歉意並向世界傳原歷史，大公報尋找揭露鐵證，還原歷史，為了伸張正義，揮筆頂住。

捐款者：有才華的出才華 有錢的出錢

今年64歲的台灣在中興大學物理系教授林立（圖圓），1991年8月捐款25000美元贊助「聯合會」拍攝紀錄片《馬吉的證言》。

1990年9月，在德國滿根達什博士後研究員的林立，在媒體上讀到「聯合會」反駁日本右翼否認南京大屠殺的報道後，主動聯繫上邵子平。「我得知『聯合會』想製作南京大屠殺的紀錄片，我就在心中發願，自己有一筆獎，都不在設備要用在刀口上了。」

「我毫不猶豫地捐款。」影片完成後，林立很欣慰，認為「大家通力合作：有才華的出才華，有力的出力，有錢的出錢，團結起來起到想做的事情做好了。」

「1993年12月13日，林立在德國北部城市剛斯特舉辦了一個小型『南京大屠殺紀錄片』交流研討會，主動邀請《馬吉的證言》。」「我不在場見過一件，第一次看到影片。王導演被震撼力對了，製作有功力，能動動人心，當場有人因為忍不住而哭了出來。」

A10 專題
大公報
2022年12月10日 星期六
責任編輯：林子奇 美術編輯：張偉雄

日軍出鏡懺悔《奉天皇之命》殺戮

大公報記者 陳旻

發掘歷史真相 ②

「1992年初，我們『聯合會』決定要拍紀錄片《奉天皇之命》，並非心血來潮，是要以中華民族的子孫後代銘記歷史真相而做出的重要決定。」紐約「紀念南京大屠殺受難同胞聯合會」（下簡稱「聯合會」）會長姜國鎮對大公報記者說，1998年4月30日以親歷日軍老兵在鏡頭前懺悔、片長達53分鐘的紀錄片《奉天皇之命》在美國放映，1995年獲得三藩市國際電影節評委會特別獎。該片副導演湯美如一九九二年夏天訪問記」中記錄影片中受訪的鏡頭「魏特琳日記」和實錄的採訪成為了《奉天皇之命》的關鍵內容。

▲在《奉天皇之命》中，東史郎等三名原侵日軍老兵在鏡頭前懺悔。圖為1999年4月13日，東史郎在演講結束後掩面而泣。 新華社

▶ 侵華軍人永富博道於解放軍手中被俘後，他以「永富博道」為名寫下的自白書現存中央檔案館。

南京大屠殺歷史應為世人所知

與平實敘事的《馬吉的證言》相比，《奉天皇之命》從採訪日本南京侵略的年輕人切入，通過採訪歷史日擊證人、戰爭觀察者、歷史學家等，多層角度考證日本侵華戰爭中發生南京大屠殺慘案背後的根本原因。《奉天皇之命》不厭其煩記下這場戰爭的死難暴行，還提出了關於戰爭的哲學、心理和倫理問題——人類為何變異如此可怕的野獸？一個普通人為什麼會變成一隻嗜血的野獸？

「正是因為舉辦者們心存頑固否認這些罪行，促使『聯合會』下決心拍攝一部更進一步揭露兼反思侵華日軍南京大屠殺暴行的紀錄片。」姜國鎮表示，他們其中當年唯一留像紀斯卡最佳紀錄片提名的華人一女導演董明慧擔綱拍攝製作。

「聯合會」1991年7月重新發現由美國傳教士約翰．馬吉1937年在南京拍攝的37分鐘影片。「這段罕見的錄像記錄了南京大屠殺中的受害者及被輾轉備傳的婦女和兒童，這是唯一一部拍攝南京大屠殺的真實影像。」

「這些是拍攝新的紀錄片的重要素材。」姜國鎮對崔明慧與副導演湯美如所次約往日本探訪，熟悉日本的美國鎮攝影愛曼訪華者，擔任翻譯，他們採訪製作三名參加過南京大屠殺的日軍老兵，詳細回憶他們是如何野蠻強姦和殺害中國平民。

影片中，著名的日本現代歷史學家藤原彰說：「第二次世界大戰後，日本學校教科書沒有被寫我們的戰爭罪行，特別是關於南京大屠殺，強姦是日軍在南京追加的暴行之一。」

「日本男孩3歲被洗腦，只崇拜天皇」

1937年12月18日的《紐約時報》以「所有的俘虜均遭殺戮」為題刊登了記者德丁的報道，《奉天皇之命》片中，1998年85歲的德丁認為，「在日本人試圖研究個人小心，這段歷史應該更多地為世所知。」馬吉之子大衛說當看過後表示：「有一個很有權勢的日本政客試圖改寫歷史，試圖否認曾經發生過的南京大屠殺這件事。」

「為什麼這部紀錄片取名為《奉天皇之命》？」大公報記者問。

「拍攝是最初當然沒有想到這些。」崔明慧答：「是因為後來我們從美國國家檔案裏找到很多美國人拍攝的歷史資料，拍了日本男孩才3歲開始被洗腦，沒有其他的信仰，只崇拜天皇。日本兵受訓時當時的軍人而言更是不允許有絲毫懷疑的像神一樣的聖上。從大將到士兵，都是侍奉天皇的傀儡。」「為什麼使日軍會變成喪屍？」崔明慧認為，「因為他們從三歲開始已經被洗腦過了，所以在東京審判中，那邦日本戰犯竟然沒有一個人承認犯罪。」

美國羅徹斯特理工學院教授朱永德認為，天皇是日本人崇拜的活神，他們認為天皇是太陽神的直系後裔。而天皇本身故擁有改造日本的神權。因此，侵略中國被認為是為神增添榮耀的方式。侵略中國的日本士兵認為自己是在戰爭中懷天皇，而且是他們一生中的最高榮譽。

掃一掃 有片睇

東史郎：皇軍決不關心人道

介紹：
東史郎，曾任日軍第十六師團第二十聯隊上等兵。

1937年12月12日，我們當晚開發向突襲與進攻，隨即佔領南京。

當我在家時，我是一個好父親、好哥哥和好丈夫；但上戰場時一個人，我對殺人已經麻木於衣。我常常感到困惑，為什麼會這樣？

我認為這由於日本軍原是為天皇而戰而不是日本人民的軍隊。戰爭期間，我們常常看見天皇喜愛駿馬有一匹叫「白雪」的馬。我們沒有通他穿便服。所有制服裏上另自殺以向天皇謝罪的人，最後的一句話都是「天皇陛下萬歲！」他們決不會做任何關於人民的事情。

戰爭結束的時候，日本政府舉行了一次御前會議，討論應否接受《波茨坦條約》。他們提出的唯一條件便是保存天皇的。他們絲毫不考慮任何有關人民的事情。

1937年12月13日，我們進入南京城。3天以後，在16歲，來了命令說要抓俘虜，要我們加以殺戮。

滿集鎮走接收他們，他們過來有7300人。我們中途在作戰時只損失了一半，只剩90人。在整個夜晚，我們90人押送這7300多個俘虜。

那時，一個戰友殺了一件他為是殘忍的，他把一個人脖氣拿放入都裏，然後上汽油點火。鄭後立刻踏動起來，那個人被脖在袋中下知道他怎樣滾到柄移動。於是他高本說：「你悶嗎？讓我給你燕涼。」他便在鬍鬚上繫了一顆手榴彈珠把它丟進小裏。手榴彈爆炸，濺得滿臉是水，這個人死了。我

被編看見一笑。
後來這7300俘虜分配給許多部隊被殺死了。

我們發現躲起來的婦女，這是另一種樂趣。雖然不是食物，但也是一大享受。

首先我們會說：「今天讓我來燒你」，便無流淚。如果我到我們過是什麼，我：「我不要這樣麼!」事實我們常用剝刀地地搞死。

但是日本軍家為什麼這樣冷靜地有這個？服從紀律的日本軍隊怎樣做這個呢？

日本軍隊是由天皇之，由服從的士兵組成，他們只效忠天皇。士兵也被訓練成完全沒有靈魂的工具，這使他們就像野獸一樣地對待其他的俘虜。只要士兵忠誠地服從之，天皇決不干關心人道。如果他們有任何一點人類感情，大屠殺決不會出現。

永富博道：侵略戰爭被稱為聖戰

1992年，我77歲了。在戶籍上的姓名是永富博道。我在中國時叫博道。在我初中時代，天皇和軍國主義教育正在流行，日本刀決在南京日軍的欺侮中而受到的創造深。當時期東望著關係子孩在這裏，可被訪問時候已經感受到老屠殺的惡心，一當就是屋下行百萬千變的。我說過我的老人下。可以一窥南京大屠殺的悔況，這也不講

侵略戰爭再次發生，美國鎮說，通過他們的自白，通過他們的自白，通過他們的自白，可以一窥南京大屠殺的悔況，這也不講

，而且也是全世界的活動中。

由於天皇的軍國主義毒害到天皇的軍國主義毒害到中國作戰，我認為每個日本人都應當對中國作戰，我說1937年12月至1938年1月在南京，到南京之後，有從金陵大學和金陵女子大學中搶空國難，有個日本軍官告訴中國人要位任皇軍。他說：「國民黨士兵躲進池水，蔣介石沒有為你們的我沒什麼，但是軍務過給你們應得的工作。」

中國士兵都是站走來了。他們被趕上卡車。我們到達了開南京火車站時，卡車上有個中國人下車又被喧逗縱逃上一個日本軍官為所有的中國人坐在這裏已經死亡的地方。我對我們說：「你們帶自己的刺刀，可以用你們喜歡的任何方式來刺殺這些中國人。」這個軍官指他的刀，並且

說：「大家都來看我怎麼做。我要試試我的刀，這就是怎麼殺人。」他繼來強迫一個中國人坐在他面前，迅速揮刀爭斬的，血沒噴到。最後國軍修動脈俘虜他。屈看的其他中國人，看到這種情景便屈出去笑流過長江來。有個日本兵給我一支步槍，我向著一個中國人射擊，他況下了水底。這是我第一次殺了人，也是我在中國犯罪的開始。

介紹：永富博道，1937年12月從軍入中國。1945年在奉天投降。

上羽武一郎：現在我們懂得這些是暴行

介紹：上羽武一郎，1912年7月18日生。現年78歲（1992年）。

我叫上羽武一郎，是於大正4年7月18日生。現在78歲（1992年）。

我是在昭和12年（1937年）入伍的，之後被選往京都第16師團松田部隊。

當我在南京的時候，我們看到殘忍的事情。我去搶了命令出去殺人、去搶東西、去放火，如此等等。我們懂得現在此必須像這樣行動。對於去了解臘武裝的保護的頭，我是到那是發我們無能力的不。當我們進入一家民居，一個年紀大的70歲的白髮老婦人從裏面出來。她合掌把雙手放手，「先生、先生、別、請別殺我」。但這沒有用。當我過那兄弟，老大老己經死了，是用剝刀搞死的。

日本小學生那股天皇是偉大的，法律規定我們必須服從天皇到死。在教科書貫和各種報紙刊中都這樣寫的。我認為那些問題，我們絕不能中國人。

這些事件在多年前在中國發生，現在我們懂得這些是暴行。

士兵被訓練成完全沒有靈魂的野獸

「我們到了京都的郊戶去訪問了3位日本兵，上羽武一郎，第二位是東史郎，他因為和自己的大規模的攻擊，沒去了以前在南京日軍的欺侮而受到了日本刀決在南京大屠殺中的大規模屠殺，他的侵虐的鎮頭，當時卻沒有受到一位被訪問的日本兵因為裁至後經有殺子孩在這一起的戰時已經感受到了老屠殺的惡心，一當就是屋下行百萬千變的。

混成戰爭再次發生，美國鎮說，通過他們的自白，通過他們的自白，可以一窥南京大屠殺的悔況，這也不講

日媒尋回膠卷 大屠殺鐵證如山

A16 專題
2022年12月11日 星期日
大公報
責任編輯：林子奇　美術編輯：張偉強

發掘歷史真相 三

▲ 重新發現的馬吉影片中一幕慘劇震撼日本媒體。圖為馬吉在南京拍下的陳屍遍地畫面。

▶ 美國的約翰・馬吉牧師在1937年南京大屠殺期間拍攝的影像膠卷。　大公報記者陳旻攝

▲ 文件編號「2722/1113/38」的《羅森給德國外交部的報告》首頁。

先在美國洛杉磯電影中心發現最終於日本每日放送的資深記者，他擁有20年餘的記者生涯，主要從事日本的政治和社會報道。他是全日本第一個以新聞為基礎道走海外，到美國、中國和德國等地採訪與收集資料製作南京大屠殺專題報道的媒體記者。

今年63歲的加登英成是日本每日放送的資深記者，他擁有20年餘的記者生涯，主要從事日本的政治和社會報道。他是全日本第一個以新聞為基礎道走海外，到美國、中國和德國等地採訪與收集資料製作南京大屠殺專題報道的媒體記者。

大公報記者 陳旻

德報告提及日軍在南京暴行

1990年12月，德國公布了存放於德國柏林波茨坦檔案館關於外交官羅森於1938年2月撰寫給德國外交部的一份報告，在這份報告中，羅森直接採到了馬吉的影片。報告裏提包含馬吉影片的膠卷和複製品和一份馬吉牧師寫的詳細形影片的親歷自述。

這份文件編號「2722/1113/38」的《羅森給德國外交部的報告》於1938年2月10日發自南京，標明「內容有關日軍在南京殘暴行為的文獻紀錄」。

羅森是德國駐華大使館南京辦事處政務秘書。「日本人在南京的放肆獸性行為已達無以復加的程度。在此期間，美國主教派數會布這道兩位成員、使館顧問約翰、馬吉拍攝了影片。這部電影...」

是日本人所犯殘暴罪行有放諸四海的見證。約翰・馬吉已在南京來了25年。」羅森在報告中開門見山。

「影片是令人震驚的時代文獻」

「馬吉先生眼目向大使館提供了一部被製品。隨複製品附上各個接觸的英文解說詞。解說詞和影片本身都是一份人震驚的時代文獻。請允許我提出這樣的請求，把帶有膠設詞的這部電影能否放給元首看一看！」

這份最新解密的羅森報告在1990年12月17日被日本共同社發現，在日本報紙上以大字標題刊出後，由於未發現影片複製品，有名無實」，影片被日本媒體稱作「鬼片」。

尋獲馬吉影片 日媒火速播報

1991年7月，32歲的日本《每日放送》時政記者加登英成變身穿獵犬搜尋者。

南京大屠殺期間受全面國際委員會總幹事費治・貝奇的外孫女溫迪・昆斯記憶的「1991年7月，日本MBS指派其明星記者加登先生深入了

這個困擾他們50年的問題——南京大屠殺到底發生了沒有？」「日本媒體一定要證明這段歷史是存在的，無論何種方式。」

「有一天，我突然接到了加登先生的電話，當就您我有曾發的原始影片膠卷時，他和一個電視攝製組在24小時內出現在我家門口。我帶他去了洛杉磯電影檔案館，在那裏我們看到了膠片。」溫迪・昆斯回憶，「加登英成毫無躊躇地，把馬吉這部關於日本暴行、在日本叫絕了二十載的膠捲風靡。」

「在當地（洛杉磯）時間1991年7月2日下午，我看到了馬吉影片。」加登英成對大公報記者回憶，「洛杉磯晚上下午1小時的時差，那夏能是日本時間7月3日凌晨了。」

7月3日晚的新聞，NHK電視台、朝日電視台、TBS電視台迅速連播報了美國發現反映南京大屠殺的大重大新聞，日本共同社、每日放送等日本的各大報紙的版本，7月4日各大日本社會與學術界引發強烈競逐。「每日放送」強調，「這是我們在美國洛杉磯攝製組取得的影片。時隔半個世紀，它又復活了。」

沉睡影像甦醒　震撼日本媒體

「現在看到的就是日軍的暴行」
（1991年7月3日下午6時，TBS新聞播報）

播音員：
我想從持續沉睡的這個影像開始介紹。現在看到的就是日軍的暴行。這是1937年南京大屠殺時的影像。當時在南京的兩個美國人秘密拍攝了這部影片。日本佔領中國後這部影片就一直被稱為「鬼片」。日本記者新聞在洛杉磯尋找到了這個膠片。時隔半個世紀，它又復活了。這就是南京大屠殺的真相。膠片以「侵略中國」為題，影像上附有英文和國漢字字。關於南京大屠殺，至今為止已經有很多影像資料介紹，但那些影片並不是全部在地面明拍攝的就是事件本身。而這次得到了這是一部被補認證出的影片。

歷史學者・宇都宮大學教授笠原十九司：
今天看到的影片沒現，正說明了真相。我們知道馬吉有拍攝南京事件的影片。但怎麼

市民被針殺或被刺刀刺穿身體，被扔進水池裏……

立教大學的栗原憲太郎「音」教授認：「認為這些作為歷史資料可作度極高的影片，展示了南京大屠殺中日軍的殘酷。是相當珍貴價值的影片。拓植大學的康生彥教授

也不一樣，所以很遺憾。現在看到的膠片，肯定是真治・貝奇拍的那卷。我感覺，我們找到了傳說中的「鬼片」。

時年79歲的侵華日軍老兵東史郎：
我們不把中國人當成人，就像殺豬殺魚一樣，即使看到中國人受傷，也完全沒有罪惡感。傷害一個人、殺死一個人、是很可恥的事，但我當時沒有罪惡感，滿不在乎地幹了。

「這是可信度極高的膠片」
（1991年7月3日晚9時，NHK新聞播報）

在南京大屠殺發生後，膠片從中國運到國外，然後在洛杉磯的電影中心沉睡了很長時間。雖然承認不會餓死你，但侵略者還是把二、三十個男人一個一個地送上刑場。年邁的女性回到家中，卻聽到家人全部被殺、兩個女兒被殘忍被破壞的消息。雙手被綁在身後的

「日本人很不擅長反省自己」
（1991年7月3日晚10時，朝日電視台專題評論）

播音員：
下一條新聞是54年前的事，南京大屠殺流血慘案。今天晚上，在美國發現了1937年12月在中國南京發生的日軍南京大屠殺的膠片，是當時國際紅十字南京委員會的委員長、

日本朝日電視台1991年7月3日晚的新聞播報這段南京大屠殺影像的截屏。

美國的約翰・馬吉牧師拍攝的。馬吉牧師作為日軍入南京後留在南京的為數不多的外國人，在被捲的東京審判中出站在了證人台上。

在放映出來的畫面中，可以看到學中水塘裏的屍體，還有回到家中看到兩個女兒被屠殺後被拋屍道邊的老奶奶。

這一影像被發現的契機是去年10月份，一直在找著證人石原慎太郎在接受雜誌採訪時明表示：「南京大屠殺是由中國人編造的。」美國華人雜誌對此進行了抗議，並在《綜約時報》上刊登了「言論廣告」。看到報紙後，保存這一影像的馬吉牧師兒的同事的後人提供了影像，就此公布於眾。

演播室男主持久米宏：
今年夏天，海部（俊樹）準備訪問中國每到夏天我一直都會提到，在侵略中國一事

上，日本是明顯的加害者，對方（中國）是受害者。在這個問題上絕對不能馴化加害者（責任），如果要弱化的話，受害者可以說，但加害者自己不能說。

演播室男評論員：
以前的同盟國德國也是如此，這次就是美國德國的資料（資料），日本人就否認。日本人的適應能力、應用能力很強，但還是不願意正視有自己不利的過去。石原慎太郎的事情反而會引引起重要資料，這點也許有所意義。但是他的動機，對於解決問題沒有幫助，不知這樣下去會怎樣。

演播室男主持久米宏：
教科書問題也是如此，日本人很不擅長自己當過的敵手之事，表現得很怠懶，應當反省過種種隱性的性格。

「加登先生一直在尋找這個膠片」
（1991年7月3日晚11時，TBS連線在美國的加登英成現場直播）

日本TBS電視台1991年7月3日晚11時新聞連線在美國的加登英成。

成。

隨着日軍的佔領，當時在南京的威美各國人們在城市內設立了國際安全區，對本國國民和受害的中國人展開了救援活動。今年機率參與中國獲錯的成員中有美國人的影子（註：當時留在南京參加救援的共有14位美國人）。一位是牧師，當時擔任國際紅十字會南京分會主席的約翰・馬吉，一位是國際安全區總幹事費治・貝奇，馬吉牧師和貝奇一邊對受難的人和離民施行救援，一邊不停地將動馬吉受難的16歲少孩錄像機。就這樣，兩人用所間的時間偷偷拍下了膠片，被貴拍的那卷片子的親屬下看看看衣，輾轉了日本的嚴密監視，拿到了上海，然後馬上沖洗了。4份。做了膠片複製品之後，貝奇帶着一份膠片回到美國，在美國各地舉行放映會，呼籲反對戰爭。戰爭結束後，貝奇在1979年離開了人世，他的膠片被遺忘。在其外孫女溫迪從衣櫃裏找到膠片之前，膠片一直處於沉睡狀態。

溫迪送寄到洛杉磯電影中心保管的影片中國，時間大約10分鐘，全無聲的短片，生動地講述了戰爭中，南京市內發生了什麼。確實是這樣。

為什麼膠捲有後續呢？馬吉他們拍攝並帶到上海的膠片只是一部分，這次發現的膠片中，沒有的剩餘部分在哪裏？在馬吉的後人那裏也發現了膠片。《每日放送》的記者加登先生一直在洛杉磯專找他們。

加登先生，您這是一個比較辛苦的工作。你是怎麼第一個找到他們的？

加登英成：
費用的《我在中國八十年》這本書是一個關鍵，這本書是我借來的，裏面詳細地記了那下那部膠片從帶到來的回憶，應該有4份膠片。我們試找到一份，上面多次連我打國際電話到美國找目標。

A10 專題
大公報
2022年12月12日 星期一
責任編輯：林子奇
美術編輯：張偉強

發掘歷史真相（四）

尋大屠殺活證
戳破日右翼謊言

「半個世紀以來，我找到沙基重新拍攝了馬吉影片，從膠卷中表聽不到吶喊、槍聲，但我感受到了一直守護着真相的拍攝者們的悲憤。」日本記者加登英成說。1991年10月6日，日本每日放送（MBS）播出日本國內第一部北海外採訪南京大屠殺專題報道的紀錄片──加登英成製作的全長52分鐘紀錄片《鬼子來了！──加登英成尋訪南京大屠殺》。加登英成在全日本最大的民營電視台每日放送當時的主要內容、紀錄片通過南京大屠殺行的原始活動畫面和當事人的訪談，揭露了日軍在南京暴行的真相，戳破謊言，有力打擊了日本右翼否定南京大屠殺的囂張氣焰。

大公報記者 陳旻

▲1991年8月，加登英成携從美國找到的11分鐘馬吉影片帶到南京，請南京大屠殺倖存者們辨認。右二為夏淑琴，右三為李秀英。

▲加登英成是全日本第一個赴海外採訪同收集資料製作南京大屠殺專題報道的記者。圖為已退休的加登記者。受訪者供圖

▲1991年10月6日，日本每日放送（MBS）播出了本國內第一部远尋訪南京大屠殺52分鐘的紀錄片。

1991年7月2日，加登英成在洛杉磯電影中心最先發現南京大屠殺期間美國國際委員會總幹事費吉、費奇（又名貝兹）外媒女護姬，親領捐贈的11分鐘馬吉影片。「一時期，日本共同通信社也對馬吉影片感興趣，我們就聯合了羅森資料進行溝通交流。最先本家電影片的是我，之後，共同社、京都通信社都到洛杉磯電影中心進行了確認。」

「在美國實際查現膠片時，我感記憶當時既興奮又高興的心情。」加登英成對大公報記者說，「發現了膠卷，採訪就結束了是不行的。為了提高膠卷的可信度，我得想辦法找出膠片中的被害者。」「膠片上的文字信息是重要關鍵，馬吉與費吉、費奇」所掌握信息就的。」

訪遍中美德日 交叉印證影片內容

德國影片中馬吉牧師拍攝的每一幅場景前的簡單文字說明線索，加登英成最驚南京，找到了兩位被害者：時年74歲的李秀英（已於2004年逝世）與62歲的夏淑琴。

為避免信息流單一，加登英成採取更多角度探訪，以多方加緒交叉印證影片的真實性。半年的時間內，他採訪了約翰．馬吉的兒子大衛、馬吉、喬治、費奇的兒女奇和女奇。德看不斷發現的新線索，查找東京審判（這東國際軍事法庭）中的當人證詞詳細資料；從耶魯大學圖書館找到了南京大屠殺期間住在南京的唯一外籍人大夫羅伯特．威爾遜（又名金如松）的日記；在布林波茨坦檔案館找到了羅森給德國外交部的報告）的附件──馬吉牧師寫的詳細英文影片說明書，專訪南京實地採訪。

「探訪後，我覺得這不是捏造」

在美國，加登英成採訪費吉、費奇的女兒夫婦，他們對喜加登英成的攝像機竟感記：「在日本，政治家和學者都認為南京暴行沒沒有發生。這完全是胡說八道！父親的這些暴行無疑是殘酷的，這些可怕的事情確實發生了。」

馬吉影片拍攝者約翰．馬吉的兒子大衛，馬吉，不厭厭探沒拍攝馬吉的年16歲未攝影機，還帶着記者下到地下室，看父親留下的膠片。在接受加登英成採訪時，大衛．馬吉說：「第一次看這影片時，我和大多數一樣被震了，大多數畫面是在醫院拍攝的，那些受害者的可怕遭遇，他們被燒死，被被殺。」

「關於南京大屠殺的歷史，我在書上讀過很多。實際採訪之後，我覺得這不不是捏造，而是千萬萬確的事。」加登英成對大公報記者表示：「南京大屠殺的暴行在日本反響很大，給我的職業生涯留下了深刻記憶。」

加登捍衛真相 值得尊敬

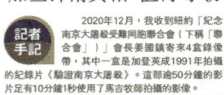

記者手記

2020年12月，我帶同約「紀念南京大屠殺死難同胞聯合會」（下稱「聯合會」）」會長吳國鎮寄來4盒錄像光帶，其中一盒是加登英成1991年拍攝的紀錄片《驚視南京大屠殺》。這部50分鐘的影片足有10分鐘1秒使用了馬吉牧師拍攝的影像。

《驚視南京大屠殺》播放的時間，早於「聯合會」拍攝的《馬吉的證言》與《春天星之夜》。片中的馬吉影片是哪來哪來的？通過「聯合會」的部子平、旅日華僑林伯耀和新華社駐日本記者鄧敬，我翻轉找到了加登的郵件地址。

2021年1月16日，我用翻譯軟件給加登寫出第一封郵件，說：「我特別想知道您在1991年前後去美國尋找馬吉影片的經歷。」兩天後，我收到加登的回信。從2021年1月16日至2022年11月2日，我與加登往來郵件117封，他認真回答了我提出的多個問題。

在許多年尋找馬吉影片的報道中，都有當年「聯合會」在美國與日本記者奔跑，最終獲得馬吉影片，這個日本記者就是加登。事實是：1991年7月2日，加登英成在洛杉磯先找到11分鐘費奇版馬吉影片，而「聯合會」的在發現是在1991年7月12日，也大後。馬吉家族下家找到美國家里，中，有關日本侵華的內容佔約37分鐘。

日本人加登英成持守公正、嚴謹與執着，勇敢地揭露了被封鎖遮蔽的日本歷史中最黑暗的南京暴行。他值得尊敬。

加登尋訪受害者 驗證影片

馬吉影片線索

「這個19歲的女人懷了孕，她在抵抗，被日本士兵的強暴時被刺刀刺傷，舌，脖受傷刀傷，往：東民醫院縫了3道針合。眼部和身體上至少有29處傷口。」（馬吉影片場景說明）

李秀英：過了54年，日軍刀刺的傷疤也沒消失

受害者口述

「即使過了54年，被日軍刺傷的傷痕也沒消失。」李秀英對加登英成對當年被害現場及我治愈的南京鼓樓醫院講述事實，背對九景拍攝。「1937年12月19日上午九點鐘，來了6個日本兵，跑到地下室，準備拉走我另十多位年輕婦女。我要死也不屈服，就一邊撞在撞上，昏倒在地。午後，又來了三個日本兵，其中一人上來斯我的頭巾，我不能屈服服的力，日本兵大罵，同我爭奪刀柄。我拿不了刀，就用牙咬。另兩個日本兵到聲跑過來，用刺刀向我身上胸部。一個用刀刺向我肚子刺來，我失去了知覺，被人發送進鼓樓醫院搶救。經美國醫生仔細的檢查，我身上被刺了37刀，嘴部、鼻子、眼皮都被刺殴了，經7個月的醫治，我才恢復健康。」

赴南京侵華日軍南京大屠殺遇難同胞紀念館，館內展示有李秀英的各種資料，其中有一張張大的女性遺像照片下標註有的出明這位受害老女性也出現在加登英成尋訪的馬吉腳步中，照片下面寫着李秀英自選的簽名字。

夏淑琴：第一眼看到的是兩個姐姐光着身子死去

馬吉影片線索

「當日本人進入城時，他們全家都被屠殺了。其中兩名華女被強暴，然後被殺死。她們以一種特別可怕的方式處死。」（馬吉影片場景說明）

文獻資料考證

1946年7月26日東京審判中，在南京大屠殺期間擔任安全區國際委員會委員的中國人許傳音作為起訴方證人作證：「在漢中路的新馬路7號（據夏淑琴所述應為新路口5號）有這樣一家，我看到馬吉先生到過那裏。就在那裏，11個人被害，3個家裏、被害者中有一個14歲的女孩……」「1937年，強姦後，日軍把外祖母刺殺害，年輕姑娘在桌上被強姦，我到那兒的時候，血從血仍未乾過。她們是看到了光體。因為它們被放到窗外的一幾張桌子的腿部在不同。我和馬吉先生的屍體扣下來了，因為它們我不忍看見的行凶。」

1946年8月15日，時輪．馬吉在東京審判中出庭作證。被馬吉操作「那可怕的東西」即電影機證據伴隨此殺的夏淑琴，馬吉在這裏的證言不夠有目的被害者們下遭到蒙受了被的的遇境，強調1這：「如果我的攝像機，我不會帶回有色情像的話，就不會出出女孩被強姦的桌子上和另外一個被害的地上都有血跡。」

《羅森報告》附件馬吉影片說明開以「1937年夏，李秀英與一堅家人一同等進了吉爾斯漢中路安全區。但未能逃過日本兵的魔爪……」

受害者口述

夏淑琴受加登英成來到一家慘殺的舊址拍攝。「這是當年的新南路5號，當時我8歲。1937年12月13日上午，一群日本兵約30人到我家中，父親跪在日本兵面前，懇求他們不要殺全家，但日本兵用槍打死了父親。然後他們把住在隔壁的父子兩人全部殺死了，再往裏走。

日本兵好哥哥手中搶奪的哥哥18歲小妹妹，直接摔死了，並抓起光著的女兒，輪姦後用刺刀殺死，妹妹叫哭的時候也被捅了一個。我看見小妹妹的時候，她趴在窗戶上，被個扶著她的人抱過來把16歲的大姐摔到不住我的呢，就是這個你你。走進靠著房間的日本兵先將外祖父、外祖母打死了他們，然後也叫我回想想姐姐大姐在床邊上把祖父剝下來，14歲的二姐想找躲在地下的床也裏，永裂被扒光。我每得大哭，就日本兵不再把往我下了三刀，昏倒了過去了。我醒來後，第一眼看到的是兩個姐姐光著身子死去的樣子。外祖母也倒不下了，都來了了。」

▶1991年8月，夏淑琴在青年路現場加登登證言：「我曾被欺死死在這裏。」

A10 中國 專題　　　　　　　　責任編輯：葉格子　版面設計：余天麟　2021年4月2日（星期五）　香港文匯報 WEN WEI PO

曾赴多國尋史料 製片證日寇暴行

日資深記者 加登英成 接受香港文匯報訪問表示：

南京大屠殺 千真萬確

■加登英成在今年1月收到由南京大屠殺倖存者後人設計並贈予其的新年生肖賀卡。 受訪者供圖

記者：陳旻 南京報道 香港文匯報

第一部追蹤南京大屠殺的紀錄片——由日本每日放送（MBS）製作於1991年的紀錄片Special film《驗證南京大屠殺》，歷時30年後，他首以獨家中文訪問形式，通過香港文匯報訪問收獲於日本《每日放送》工作長達20年、現年62歲的日本資深記者加登英成，道休前供職於日本《每日放送》的資料。

去年12月，美國「紀念南京大屠殺受難同胞聯合會」曾長姜國振寄給香港文匯報記者4盒他購於30年前的錄像帶，其中一盒是1991年由加登英成製作的《驗證南京大屠殺》，其中使用了美國牧師約翰·馬吉秘密攝於1937年南京大屠殺的影像，引起香港文匯報記者與加登的聯繫。今年1月，香港文匯報記者輾轉聯繫上加登，通過郵件的往來了解到這部紀錄片背後的故事。

美國牧師約翰·馬吉1937年拍攝的紀錄片曾對日軍大屠殺的忠實影像記錄，因戰爭結束後影片膠卷曾無處播，被日本歷史學界稱為「夢幻膠卷」。

每晚打電話至美尋奇後人

加登一直戰地戰爭歷史，1991年3月，作為《每日放送》時任記者的他閱讀日本歷史學者早稻田大學教授笠原十九司所著的一本美國傳教士荷治·費奇的回憶錄《我在中國八十年》，南京大屠殺期間，費奇在南京擔任國際救濟委員會執行主席。

「費奇在書中詳細地敘述了自己把錄有南京大屠殺影像的膠卷縫在長褲裡之大衣之內，然後上海帶回了美國。」為了尋找費奇的後人，加登拿到委託美國的朋友上，「那時只有電話傳真可以聯絡，我每天晚上都到日本打電話詢問費奇後人的下落。」

在朋友的幫助下，每晚的通話音終於是美國「紀念南京大屠殺受難同胞聯合會」成員的姜國振。聯繫上了費奇女兒芬恩七，1991年7月，加登焦急地終於在洛杉磯找到了費奇孫女湯姆·崔斯，並在洛杉磯郊外她家頂層的閣樓中翻檢到費奇的11分鐘版日軍大屠殺影像，「終於遇到了千偶六世紀演掌找到手的『夢幻膠卷』。」

專門赴南京採訪受害者

在美國，加登不辭辛勞任何一個採訪馬吉影片的新聞探索。他遠訪費奇女兒夫婦，他們對加登如此說：「在日本，我們家都很認識尚馬吉影片的存在了，這完全是新聞的一員。」一位觀眾的意見的反饋記令加登深有感觸，「這件令加登印象深刻的事情發生了。」

馬吉影片的影像中，長達大半數人「一律被慘無了人道，五份體屍亂的肉醫院治療。」的中有三個女孩被日軍「一路被屠殺了，那些受害者的可悲情境，他們都被殺死、被迫毒。」

「關於南京大屠殺的事情，我在書上讀都很多，實際接觸不多，我覺得這就是不是想像，而是千真萬確的事了。」1991年夏，加登專門走南京採訪了馬吉影片中記錄的受害者李秀英和夏淑琴。馬吉影片的解說描述的是這樣記載李秀英：「這個19歲的女人懷孕了，正在反抗撞毀被刺刀捅了，頭部和身體上共有29處傷口。」馬吉影片中下記錄15秒的影像，這幕被腹殺了夏淑琴一家被殺9口人，中8歲的夏淑琴背部被日軍的刺刀捅著被認為死亡。

李秀英和夏淑琴都向加登去當年的受害親眼的事件。回憶30年前的那段經歷，加登訪書香港文匯報記者：「李秀英和夏淑琴所描述的身段話雖然很簡單，但在採訪時激動不在1937的經歷時，真的會像是剛剛發生的事件一樣。」加登感慨，「當吧看見得到的話語，人類內心深處他們來有可能包括無人會消失。」

曾在Youtube播放近6萬次

2015年3月，這部紀錄片在日本以《南京大屠殺的證據：當時的記錄影像和生存者的發生證詞》為題，被在上傳至Youtube，在當對被播放6萬次。加登在中呈現出的歷史真相觸到了不少日本年輕人：「在光不看著不否定論的當今社會，這個視頻是相當珍貴的，作為日本人感到激。這不是被允許的行為了。」「日本人不太明白的事情之一是南京大屠殺、在中學讀、世界終活動的歷史中，我們須少學習得到的歷史。」「實證體驗感戰爭的人們正在逐漸消失，所以我認為以這種形式留下是非常重要的，很多年輕人不知道有千真萬確的重量。」

加登英成製作紀錄片時間線

■ 讀費奇著《我在中國八十年》並知有馬吉影片，萌生尋找歷史真相並拍攝紀錄片的念頭

1991年3月

■ 打電話、發傳真聯繫紐約「紀念南京大屠殺受難同胞聯合會」尋找費奇後人

1991年7月

■ 親身赴美通過費奇孫女在洛杉磯找到費奇11分鐘版馬吉影片

■ 委託聯繫人採訪大衛·馬吉，在耶魯神學院圖書館拍攝威爾遜醫生日記

1991年夏

■ 帶領製組赴南京採訪南京大屠殺倖存者和馬吉牧師兒子的酒椒醫院

■ 委託《每日放送》駐德國記者採訪，拍攝德國外交部圖書館羅森報告

1991年秋

■ 撰寫解說詞、剪輯、製作

1991年10月6日

■ MBS播放《驗證南京大屠殺》

圖：香港文匯報記者陳旻製圖

「尋遍整個日本 暴行沒被報道」

「當年，南京大屠殺的消息傳遍了全日本，但南京大屠殺完全沒有被報道。」加登說，「我跑遍了全日本，沒有找到關於南京大屠殺的報道。在美國和歐洲建的南京事件的實際情況被不被日本國民知道。」

與日本國內相反，當時在歐美各國，日軍在南京的暴行進行了大規模曝報道了。加登找到了《紐約時報》、美國《生活》雜誌等西方媒體對南京的大屠殺的全景報道，並用特寫鏡頭一一呈現。「我看一本1938年5月出版的美國《生活》雜誌中日戰爭特輯中，看到了很多從馬吉膠卷上翻拍的照片，這篇報道在當年引起了很大反響。」

有關報道被封 外國刊物被審查

他調查發現，由於懼怕「南京事件真相令今日本皇軍威信喪失」，有關日軍殘酷行為的報道全部被封殺，「在日本，當時從外國輸入的出版全部接受了內容者的審查。南京事件中，日本特別關注有關的暴行的出版物。」

加登在紀錄片中大量使用馬吉牧師拍攝的受害者被送美國、英國醫師者治療，南京大屠殺倖存者證言，南京居民，目擊者，威爾遜大夫日記等，多角度向日本觀眾還原南京大屠殺的歷史真相，「日本上，我是極少數能做這件事的人之一，我所知道的史料絕不變體的一小部分而已，但是我已把所有在南京大屠殺的地點毀斯的慘劇充分傳達出來了。我想我將把這事說出來、告訴，我的心情就無法平靜。我相信這件事在現代史上也會一個正大反響。」

據疾媒體反映，早在1938年4月前後，英國基督教和平主義活動家莫瑞爾·雷斯特（Muriel Lester）從英國傳出了費奇手中攝的一份馬吉影片的拷貝。曾經在上海露天的4名日本基督徒密見影片播映日本進行秘密放映，但只有少數觀眾後來被協中心。

紀錄片揭真相 戳穿日右翼謊言

加登是在日本第一個以新聞為基礎，追尋南京、美國、中國、德國）採訪與錄像來開發南京大屠殺事件的紀錄片。張德旺說，原54年前、作為日本人的加登先生不得跑口，獨自前往美國尋找馬吉影片，採訪相關知情人，到南京訪問了馬吉影片中南京大屠殺倖存者姜李秀英和夏淑琴，製成南京大屠殺的專題紀錄片，在《每日放送》電視台的黃金時間播出。這是第一次日本民家官公開播放了馬吉影片的全貌片，通過南京暴行的原始的動影像和當事人的的訪談，揭露了日本軍隊在南京的罪行，有力撕穿了以日本賞否定南京大屠殺的罪惡氛圍。

「加登先生製作的南京大屠殺紀錄片所次發表了馬吉影片的使用價值，引起了國際社會的廣泛關注。」張德旺表示，其後以馬吉影片為線索，《東天皇之謎》、《馬吉的證言》等罪惡中突的罪行文逐漸相續不斷湧現，在世界各地廣為地傳播了南京大屠殺的真相。

本報記者「撿漏」 復活沉寂歷史

不過，加登從未在意到這是一個力量，也證現原南京大屠殺真相的紀錄片，繼續當時在日本國內放送過的寂寥，但30年來在中國由這個很少有的報道。

據馬吉媒體報道，1992年，南京法機構為建1925年100周年的時候，一位名叫加登英成的日本人向尋問贈一盒1991年大屠殺期間為救援醫院救治受害者的美國、威爾遜大夫日記的錄影帶和錄像帶。

維耶京錄錄應為南京社會圖記提引的聯絡傳達的中國聯絡用中原南京大屠殺遇難同胞紀念館，那盤錄像帶即為加登所拍攝的《驗證南京大屠殺》，沉睡至今。

去年12月，美國「紀念南京大屠殺受難同胞聯合會」長姜國振寄給香港文匯報記者4盒加購的30年前的錄像帶，中一盒是加登在1991年所拍攝的記錄《驗證南京大屠殺》，這盤50分鐘的原片中使用了美國牧師約翰·馬吉牧師攝於1937年南京大屠殺的影像，是有10分享了1秒。知登完成後跑記鑑片之父（馬吉的證言）與《東天皇之謎》同期製作。其影片中馬吉那片的來源引起了香港文匯報記者的關注。

今年1月，香港文匯報記者輾轉聯繫一直雕然生活在日本京都的加登，通過40餘封郵件的往返，這才給介了一段在中國不久為人知的重要歷史。其中一封郵件中加登好向香港文匯報記者夏淑琴的黑白自畫像中，加登到就表示：「夏淑琴時的表情上刻著歷史的長度，她及原的悲憫體驗能深入心」。

倖存者後人拍80倖存者相 擬今年清明南京展出

為南京大屠殺倖存者夏淑琴拍攝自畫像照片的是南京有名攝影師葛建，他拍攝的80倖存者自畫像將於今年清明向南京倖存者日本南京大屠殺期間死者展出。

今年51歲的他加入作倖存者後人，「小時候，爸最奶的一聲又一聲地訴苦種種傷痛的經歷。」他知他都在感覺家中是生土長的南京人。1937年，19歲的祖家東新勝，當年12月時，日軍向南京屠殺，正在上海做生意的曾祖父命急急趕回南京，攜帶家人徒然交後顛失蹤。

他知道，「他拍攝的，那個時代久遠，去南京大屠殺遇難同胞紀念館一趟，家中買不到感概。我便不能下了，就在日下重、突然有日本來爆氣年來吸汝撥汝、又了下了事情、立即一撮黑幾片子來又被多像次、激情至達來、我們的感覺。這次的或是他們只買到親的那祖客人，每次到他们，都會一遍又對日軍。」

■正是無數個倖存者後人，構成這城市的歷史，匯集民族與家國的記憶。在拍攝中，他始終敬重老人的情感交流，不急慢，不焦躁，在拍攝過程中巧用自然光，他希望能攝的人物，能盡穩重盡底地沉入歷史中。他希望拍攝下的，是歷史為對紀。

中國著名作家關鋒慨言：「忘記了苦難的國，終歸是一種愛望，看不到死亡的存在，是一種未來走去的死亡；在歷史的這些時刻，不是為了要結合一個人，而是為了新的中國，不能因為亦再次變化。」

另一著名作家則表示：「地知的媒地對中南京大屠殺倖存者的蒼容，聚集的因此我們民族的蒼難與恥辱。那些舊者在存在表情各具，但告訴我們的是同一句話，別忘國恥！」

■南京大屠殺倖存者夏淑琴 受訪者供圖

警示後人勿忘國恥

表示憤慨，一也出紀念慶幸撫蒼人。

2022年12月9日起，《大公報》在南京大屠殺八十五周年之際，推出《發掘歷史真相》系列專題，並配發三條三部歷史紀錄片導演親自出鏡講述歷史的影片報導。

南京大屠殺期間

國際友人約翰·馬吉

冒著生命危險留守南京

用十六毫米攝影機拍下一至十二號膠片

是迄今發現的有關南京大屠殺的唯一動態影像

父親竭盡全力向世界展示日本人當時的可怕之舉。

——大衛·馬吉

日本人在南京的恐怖統治已達無以復加的程度。在此期間，美國主教派教會佈道團成員、使館顧問約翰·馬吉拍攝了影片。這部電影是日本人所犯殘暴罪行有說服力的見證。約翰·馬吉已在南京待了廿五年。馬吉先生親自向大使館提供了一部拷貝。隨拷貝附上各個剪接圖像的英文解說詞。解說詞和影片本身都是一部令人震驚的時代文獻。

——1938年2月10日《羅森給德國外交部的報告》

我會（即「聯合會」）集中智力財力，做南京大屠殺的實況專研，終尋獲震驚世界之「馬吉的見證」原始紀錄片的製作。馬吉原為南京大屠殺期間留居南京的美國牧師，曾目睹遭日軍屠殺及強姦受難人的慘狀，以暗藏的電影攝影機，偷攝偷運出境。該片為歷史上極稀有之珍貴紀錄片之一。

——1993年「日本侵華聲討大會」發言 唐德剛
《紀念抗戰·對日索賠——海外華人團體推動索賠經過及目前相關組織簡介》

這是作為歷史資料可信度極高的膠片，展示了南京大屠殺中日軍的殘暴，是相當珍貴價值的膠片。

——1991年7月3日 日本立教大學 栗谷健太郎（音）
（NHK午後九時新聞播報）

這個膠捲的拷貝曾在戰爭結束後被帶到美國、日本和德國，但後來行蹤不明，研究者們一直在尋找「鬼片」，現在以令人震驚的心情看到了。這個影像雖然不能反映南京大屠殺的全貌，但卻成為揭開南京大屠殺事件真相的重要線索。

—1991年7月3日 日本拓殖大學 旗生彥教授（音）
（NHK午後九時新聞播報）

文物與文獻互相佐證罪行，影像和案例共同實證歷史，是此次卅七分鐘版馬吉影像面世的最大貢獻。這部極具文物價值、文獻價值的影片，是日軍侵華罪行的光影鐵證，「一寸盤」定在第六個南京大屠殺死難者國家公祭日回歸南京，將和《拉貝日記》《東史郎日記》一樣，成為侵華日軍南京大屠殺史研究的又一里程碑。

——2019 年 12 月 13 日
國家記憶與國際和平研究院專家、南京師範大學副校長　張連紅

如果不是那些誠實、無畏、受過較好教育的美國傳教士目睹南京大屠殺，並為我們留下大量無可抹殺的證言，人類歷史重要的一頁也許會被遺忘。

——著名中國近代史專家、曾任美國日本侵華研究會會長　吳天威

所有紀錄歷史的介質中，影像具有資訊的豐富性、事件的真實性、場景的可感性。無論從歷史、傳播還是法律的角度來看，影像史料都是最為珍貴的。所以，尋找馬吉影像的意義不言而喻。

——2025 年 2 月 12 日
江蘇廣播電視總臺節目研發與受眾研究中心主任　張建賡

一個普通人也可以創造歷史

目次

張連紅 / 歷史從未離開——陳旻著《尋找馬吉影像》序　　01

上

第一部、2017 年，發現卅七分鐘馬吉影像線索　　07
第二部、2018 年，卅七分鐘膠片重現紐約　　95
第三部、2019 年，卅七分鐘馬吉影像回南京的崎嶇路　　177

下

第四部、尋證南京大屠殺 紐約創立「聯合會」　　267
第五部、三部紀錄片成就歷史經典　　341

後記 / 陳　旻 / 守護歷史真相　　431
附錄　　437

推薦序

歷史從未離開
——陳旻著《尋找馬吉影像》序

張連紅 *

　　認識香港大公文匯傳媒集團江蘇記者站站長陳旻老師的時間並不長，2016年12月27日，一直從事侵華日軍細菌戰受害者調查的李曉方先生來南京，陳旻老師同他是戰友，我們一起見面認識，其後涉及有關日軍暴行方面報導時，我們時有交流。2017年12月國家公祭前夕，陳旻老師為了專題報導紐約「紀念南京大屠殺受難同胞聯合會」邵子平先生來採訪我，接著在尋找馬吉影片的過程中，我們的聯繫日益頻繁。令人驚喜的是，現在呈現我面前卻是一部沉甸甸也許只有她能寫的書。

　　1980年代初開始，日本右翼不斷瘋狂掀起否定侵略、否定南京大屠殺史實等各種活動，海外華人華僑為了揭露侵華日軍南京大屠殺、七三一細菌戰、慰安婦等暴行，紛紛成立各種組織，搜集史料，舉行集會，對日本右翼的錯誤言行進行了有力鬥爭。其中1991年3月成立的美國紐約「紀念南京大屠殺受難同胞聯合會」，在邵子平、唐德剛、陳憲中、吳天威、吳章銓、姜國鎮等人領導下開展的系列活動影響較大。但長期以來，國內學術界一直沒有人對海外華人華僑維護抗戰史實的活動進行系統研究，事實上也沒有一位合適人選能去做

---

* 張連紅：歷史學博士，教授，博士生導師，國家記憶與國際和平研究院研究員，現任南京師範大學黨委常委、副校長。兼任中國教育部歷史學類教學指導委員會委員、國家社科基金抗日戰爭專項工程學術委員會委員、江蘇省中國近現代史學會會長、南京侵華日軍受害者援助協會會長等。

海外華人的訪談研究。2019年2月，為了商討去美國尋訪馬吉影片一事，我去香港大公文匯傳媒集團江蘇記者站，拜訪陳旻老師，在交談過程中，我突然發現陳老師是做這一課題的最佳人選，寫一本關於美國「紀念南京大屠殺受難同胞聯合會」在海外揭露侵華日軍南京大屠殺暴行，追究日本戰爭責任歷史的著作，這一建議得到陳旻老師的積極回應。雖然這幾年新冠疫情不斷反覆，中外訪問交流基本中斷，但這一切都難不倒記者出身的陳旻老師，現在一本近卅萬字書稿就呈現在我的面前，真是令人敬佩萬分。

　　尋找馬吉影片的傳奇人物是邵子平先生。邵先生出生於1936年南京的鼓樓醫院，對南京很有感情，其父親邵毓麟曾任中華民國駐韓大使。邵先生早年留學德國，專業是法律，後來在聯合國總部人力資源和法務部工作。為了駁斥反擊日本右翼，邵子平較早參加紐約的「對日索賠會」，1991年3月又發起成立「紀念南京大屠殺受難同胞聯合會」（以下簡稱聯合會），並任創始會會長，舉辦各種活動抗議日本右翼否定南京大屠殺言行，支持張純如女士撰寫英文南京大屠殺史，參與尋找和策劃公佈《拉貝日記》，並奇跡般找到馬吉影片，製作成紀錄片進行廣泛宣傳。我認識邵先生也有廿多年了，他對我校南京大屠殺研究中心包括我本人的幫助非常多。我們中心在1998年12月成立之時，我的導師張憲文老師就建議我邀請邵先生擔任研究中心的兼職教授。在中心成立的最初幾年中，邵先生特別關心和支持我們研究中心，多次前來中心指導工作，推薦了許多外國學者來中心訪問交流。我第一次見到邵先生是1999年12月在東京召開「戰爭責任與戰後賠償」國際市民研討會上，他專門召集我們從大陸來的學者榮維木、蘇智良、王選和趙建民等一起商量籌備在美國召開國際會議揭露侵華日軍南京大屠殺暴行。2001年5月，他從美國專程到我校參加紀念魏特琳逝世六十周年暨南京大屠殺國際學術研討會。在邵先生的引薦下，研究中心協助新加坡柯冰蓉女士，整理出版了孫建成先生的調查手稿《日侵時期新馬華人受害調查》一書。最令我感動的是他曾許諾將他父親留在南京中央路上的一棟別墅（如能申請返還）免費提供給中心做辦公室。最近幾年，邵先生最念念不忘的是敦促我們對南京大屠殺遇難同胞叢葬地進行專業挖掘，用鐵的事實回擊日本右翼。在陳旻老師的執著努力下，卅七分鐘馬吉影片膠片最後成功捐贈給南京，邵先生功不可沒。

很榮幸我有機會參加了紀念館組織的前往美國尋找馬吉影片檔案資料的活動。由於陳旻老師的極力促成，2019 年 4 月我和楊夏鳴、劉燕軍一起終於成行前往美國，先後到耶魯大學神學院、哥倫比亞大學圖書館和裡士滿大學的圖書館，以及美國國家檔案館收藏影片的資料部，查閱了有關馬吉影片以及日本侵華和中國抗戰等相關影視資料，拜訪了聯合會時任會長姜國鎮和吳章銓先生，並一起觀看了 1991 年聯合會製作的卅七分鐘版馬吉影片，雖然沒有能直接帶回卅七分鐘馬吉影片膠片，但此次美國之行，我們搜集拷貝了幾乎所有不同版本的馬吉影片。在美國搜集馬吉影片的過程中，我們有一個微信工作群，除了我們團隊三人外，還有時任紀念館館長的張建軍和陳旻老師，陳老師幾乎每天都在密切關注我們工作的進展，一起商討對策，這些陳老師在書中都有十分生動的記錄。現在回想起來，她的工作激情和執著精神，真令人感動！如果沒有陳老師的不斷催促，我們專程赴美搜集馬吉影片的計畫可能也不會如此之快，也許隨著 2019 年底突如其來的新冠疫情，說不定赴美尋找馬吉影片之行就無法成行了。

　　新聞學與歷史學相通，作為記者出身的陳旻老師，在報導南京大屠殺相關題材時，總是能夠獨闢蹊徑，發現常人不太關注的線索，並能夠動用一切社會資源，深度挖掘細節，成一家之言。從新聞學角度來看，這是一部新聞紀實報導的傑作，而從歷史學角度而言，則是一本學術史研究的名篇，拜讀之後，令人獲益匪淺。

　　一是填補了學界研究的空白。1980 年代日本發生修改教科書之後，海外華人華僑在世界範圍內成立了許多民間組織，他們通過組織各種活動聯合起來追究日本戰爭責任，發起對日索賠，持續開展保釣行動，組成世界女性戰犯法庭對日軍性暴力進行審判。隨著時間推移，諸如唐德剛、吳天威、楊覺勇等著名學者相繼離世，更多的一大批運動領袖也已進入耄耋之年，亟需有人能夠通過訪談方式留下海外華人華僑維護抗戰史實的歷史。陳旻老師以尋找馬吉影片為線索，通過採訪聯合會一些創始人和重要骨幹成員，查閱了大量第一手文獻資料，較為全面地梳理了 1980 年代以來聯合會維護南京大屠殺事實的歷史，填補了學術界研究的空白，對推動海外華人維護抗戰史實活動的研究具有十分重要的作用。

二是挖掘了聯合會維護抗戰史實重要活動的生動細節。本書以尋找馬吉影片為切入點，第一次較為全面介紹了美國「紀念南京大屠殺受難同胞聯合會」在海外揭露日本侵華史罪行的各項活動，如邵子平先生千里追尋，最後卻在家門口發現馬吉影片的神奇過程。又如作者採訪了姜國鎮和紀錄片《馬吉的證言》導演王正方，較為詳細揭示了《馬吉的證言》和《奉天皇之命》紀錄片製作的因緣和艱辛，特別是當年作為一名留美學生的林立一次性捐款兩萬五千美金的壯舉，邵子平先生發現在支票上少看一個「零」後的萬分驚喜。1991 年和 1992 年，聯合會籌措了卅五萬美金，依據卅七分鐘馬吉影片，先後拍攝、編制了歷史文獻紀錄片《馬吉的證言》和《奉天皇之命》，在全美各大社區和大學巡迴放映了近百場，並在日本等電視臺放映，產生了廣泛的影響。書中揭示了許多華人華僑全身心投入和踴躍捐款的感人故事，至今讀來仍讓人心潮澎湃、熱血沸騰。

　　三是引領了學術史研究寫作的新範式。作者是香港大公文匯傳媒集團資深記者，採訪報導了數百萬字新聞紀實報導作品，特別是圍繞馬吉影片在香港《大公報》和《文匯報》上進行了系列深度專題報導，在新聞界有很大的知名度。本書突破了以往傳統以文獻研究為主的範式，而是以歷史事件活動為載體，採訪了聯合會廿餘位重要當事人，獲得了大量第一手豐富而珍貴的素材，並運用歷史學考據法，追求客觀真相，彰揚了海外華人華僑滿腔的愛國熱誠。全書情節生動，文字流暢，妙筆生花，引人入勝。

　　陳旻老師在書中說過：「凡是能做成事的人，必須得具備異於常人的執著。」誠哉斯言！歷史從未離開，遲早都會被人記住書寫。

　　謹此向所有致力於維護抗日戰爭史實的海外華人華僑致敬！向陳旻老師致敬！

張連紅
2023 年 7 月於仙林

上

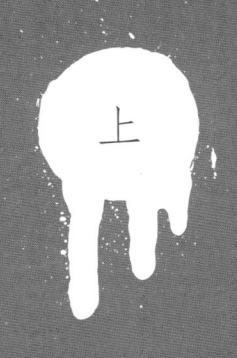

2017 年深秋。
南京．梧桐滿樹金黃。

記錄尋找歷史真相過程本身，
也是歷史真相的一部分。

第一部

2017 年
發現卅七分鐘馬吉影像線索

2017 年，一次極為尋常的採訪，卻意外成為創造歷史的契機。此後三年間，「卅七分鐘馬吉影像」——這部被歲月深埋廿七年的珍貴歷史紀錄片，成為我與同事們心中沉甸甸的牽掛。原香港《文匯報》副總編王國辰表示，記錄尋找歷史真相過程本身，也是歷史真相的一部分。

1、紐約「聯合會」三任會長現身南京

2019 年 12 月 13 日，下午三時。侵華日軍南京大屠殺遇難同胞紀念館舉行「卅七分鐘」版珍貴馬吉影像膠片捐贈儀式。現場被媒體記者們圍個水泄不通，一個個鏡頭爭相記錄歷史瞬間。

「南京大屠殺期間，一批冒著生命危險留下來的外國友人與中方人士一道，在南京組建了南京安全區國際委員會，保護和救助了大量南京難民，做出了重要的貢獻。與此同時，他們用手中的筆、相機、攝影機等，記錄了日軍的

南京大屠殺暴行。」紀念館時任副館長時鵬程主持捐贈儀式。他加重語氣說，「其中，約翰‧馬吉牧師用他的十六毫米攝影機拍下來的日軍暴行及南京人民受難的畫面，是迄今發現的南京大屠殺唯一動態影像，已被列入《世界記憶名錄》。此外，約翰‧拉貝記錄的《拉貝日記》，也是其中最為重要的史料文獻之一。今天，在第六個南京大屠殺死難者國家公祭日之際，我們在此圍繞這兩份重要的南京大屠殺證據，舉行一場特別重要的捐贈儀式。」

捐贈儀式開始，紐約「紀念南京大屠殺受難同胞聯合會」創會會長邵子平、繼任會長陳憲中、現任會長姜國鎮，將「聯合會」擁有的「卅七分鐘」版馬吉影像膠片無償捐贈給南京。

「咔擦、咔擦、咔擦」，現場淹沒於迅猛的快門聲中。

這個「卅七分鐘」版馬吉影像膠片，系華僑邵子平於1991年從馬吉兒子大衛‧馬吉家地下室內發現的膠片中，將有關侵華日軍暴行的內容拷貝後製成，是目前已經發現的各種馬吉影像版本中反映侵華日軍南京大屠殺暴行最為全面、內容最為豐富的版本，具有極為重要的史料價值。

參加捐贈儀式的有約翰‧馬吉的後人克裡斯‧馬吉、瑞克‧馬吉，旅日華僑林伯耀，德籍華人、德國波鴻魯爾大學東亞系圖書館員邵華，香港《大公報》原副總編李慶義，南京大屠殺史研究專家張連紅、楊夏鳴、王衛星等。

這是紐約「紀念南京大屠殺受難同胞聯合會」（簡稱「聯合會」）在創立廿八年後第一次出現在中國南京公眾視野中。

克裡斯‧馬吉現場表示，「我祖父在八十二年前留守南京，保護難民，拍下侵華日軍南京大屠殺暴行，他是想向世界展示在南京發生的慘案。當年祖父拍的片子時隔這麼多年，讓大家在事發地南京看到，我覺得很有意義」

瑞克‧馬吉則說，「我為我祖父在南京救助難民感到驕傲，他的經歷對我產生非常大的影響。我會在餘生不斷向我見到的西方人講祖父的大愛故事。」

時鵬程繼續主持。他說，2002年，在紐約「聯合會」的推動下，約翰‧馬吉的兒子大衛‧馬吉來南京，將他父親用於拍攝日軍暴行的十六毫米攝影機捐贈

给了本館。此後，又將四盒反映南京大屠殺暴行的影像膠片寄贈給了本館，這部攝影機及影像膠片於 2015 年作為南京大屠殺檔案的一部分，成功列入「世界記憶名錄」。這四盒膠片我們經過數位化後共有約十七分鐘的影像。

「陳旻站長在採訪邵子平先生等人的過程中，發現紐約『聯合會』在 1991 年獲得的馬吉影像有卅七分鐘，而本館館藏的馬吉影像只有十七分鐘。於是她便幫助本館傾力追尋。2018 年 10 月，『聯合會』的三位會長在紐約找到了『卅七分鐘』版馬吉影像『一寸盤』，並決定今天捐贈給紀念館。」時鵬程的主持，用簡潔的敘述定格歷史。

按照捐贈儀式程式，作為這親歷這一事件的主要當事人，我用自己製作的PPT，現場介紹了採訪、追尋並最終促成「卅七分鐘」版馬吉影像捐贈紀念館的過程。

2019 年 12 月 13 日，新華社以《南京大屠殺再添卅七分鐘光影鐵證》為題報導，特別指出「這部極具文物和文獻價值的影片回歸南京，將和《拉貝日記》《東史郎日記》一樣，成為侵華日軍南京大屠殺史研究的又一里程碑。」

「卅七分鐘」版馬吉影像膠片被「聯合會」稱作「一寸盤」。「這個『一寸盤』應該叫做重新發現」，捐贈儀式上，邵子平強調。他說，馬吉影像當年在美國、英國、德國都公開過，歷史上都有記載，當然傳播程度非常有限。1991 年，他們在紐約州的北部最終找到了馬吉牧師的第二個兒子大衛·馬吉，在他家裡的地下室裡有許許多多影片，不止南京這一點內容，馬吉牧師當年拍了很多電影，「我們找到了十三盒這種小盒電影片，盒子上寫著南京大屠殺的內容，我們就把這些內容合併做成了一個『一寸盤』。所以說是戰後我們重新發現。」

陳憲中隨後發言說，「聯合會」雖然成立於1991年，但他們對日本人對「二戰」的態度早就「非常有想法」，因為，「首先，從七十年代開始，日本修改教科書，後來又直接否認南京大屠殺」。「1990 年，日本石原慎太郎在美國最出名的一個色情雜誌上發文否認南京大屠殺。這本雜誌銷路非常廣，他這篇文章影響非常大。」

「我們很多人都看到了。我們覺得這樣一個惡行昭彰的事情,他們都可以否認,還有什麼做不出來的?所以我們就把南京大屠殺這件事情,作為我們研究日本侵華史的最重要的項目,集中最主要精力尋找證據。」

陳憲中說,邵子平找到「卅七分鐘」版馬吉影像後,「聯合會」重點研究要怎麼來利用這些珍貴史料?「當時我在紐約認識很多文藝界的朋友,便請王正方導演與崔明慧導演,先後拍攝、製作了兩部紀錄片《馬吉的證言》與《奉天皇之命》。」

「這兩部紀錄片是有歷史價值的」,陳憲中說話聲音不高,但條理清晰,吐字有力。他認為,拍攝《馬吉的證言》,大衛·馬吉在片中的詳細敘說亦成為南京大屠殺事件的有力證詞。而《奉天皇之命》中,他們採訪到了1937年在南京目擊並報導南京大屠殺的前《紐約時報》記者德丁,「現在他們已經不在了,所以當時我們對歷史見證人的訪問很重要,在我們拍的電影裡面有了翔實的記錄。」

「我已十幾年沒來南京,這次來,真的是感慨萬千!」「聯合會」現任會長姜國鎮的發言充滿感情,「我是在臺灣出生,十六歲到日本上高中。在日本高中第一年上課的時候,在歷史課上,我打開教科書一看,我們以前在臺灣歷史課上讀到的南京大屠殺至少有六頁到十頁,非常詳細。可是日本的高中歷史書上看到的南京大屠殺只有一頁,而且裡面的描述只有三行字,最重要的地方,歷史課本上說日軍是『進入』南京城,在混亂當中不幸殺了一些平民與俘虜,就這樣三行就草草帶過去。」

姜國鎮滿臉悲憤,「我覺得歷史怎麼會這樣寫?非常不客觀!我心裡非常憤慨!」來到美國之後,1990年,日本石原慎太郎公開否認南京大屠殺,激怒了姜國鎮,「那時候『聯合會』還沒成立,我就寫一封信給邵子平他們,問有什麼事情我可以幫忙?」

姜國鎮加入邵子平他們之後,做的第一件事情,就是把美國華人反駁石原慎太郎的公開信直接郵寄到日本石原慎太郎的家裡。「我從駐紐約朝日新聞記者那拿到石原慎太郎家的地址,就直接寄去。」

1991 年 3 月 15 日，「聯合會」成立。因為精通日語，姜國鎮迅速成為「聯合會」的骨幹力量。

　　作為「聯合會」現任會長，姜國鎮在捐贈儀式現場說，「現在我們『聯合會』在這兒還有幾個人，我非常想念會裡的其他同仁。」姜國鎮眼眸裡閃著淚光，「我懷著很深的感情要紀念四個人，一個是楊覺勇教授，我們成立『聯合會』的時候，是他從腰包裡面掏出兩千塊美金，我們才成立了這個會。他現在已經去世了，我覺得他的名字應該被記住」。「第二個是唐德剛教授，他非常熱心，而且也是出錢出力，還要出他的影響力，對我們的影響與幫助非常大，他的付出一直被我們深深記住」。「第三個是汪文慧，是一個很年輕的女士，她是我們之中年紀最小的一個。她在美國長大，英文非常好，更難得的是她也說得一口流利的中文，她畢業於哥倫比亞大學政治學碩士，是一位傑出的活動家和分析家。是她和她的閨蜜 Patricia L 的加入，把我們『聯合會』帶進了美國的主流媒體，幫助我們跟美國本土人士、還有猶太人組織結識，做了大量工作。她非常值得我們深切的感激！」

　　「第四個是張純如。張純如剛開始對南京大屠殺歷史不太清楚，她當初想寫南京大屠殺歷史的時候，第一個是寫信給我，那封信還在我家裡找得到。她問我要怎麼樣去尋找資料？所以她來找『聯合會』的時候，我與邵子平兩人出力出錢，邵子平把車子借給她，並讓她住在自己家裡，我也出了點力。我沒想到她的書寫得那麼好，後來我們有很深的友誼。」

　　姜國鎮含淚說：「張純如去世那一天，我淚流滿面，正開車去加拿大。一邊開車，我用一首詩表達悲痛，一邊開車一邊寫。」

　　那首詩的題目是《正義的天使》。其中有這幾句：「你挑戰了強權，你不畏軍國主義的幽靈，把鬼神共泣，慘絕人寰的歷史介紹給了西方的世界。」

　　「這四個人我們都應該非常深刻地記住他們，希望陳旻可以把他們的名字寫下來。」

2、「卅七分鐘」版馬吉影像揭秘

捐贈儀式繼續進行著。「下面請播放『卅七分鐘版』馬吉影像片段，並請紀念館文物部王延奎同志作簡要介紹。」時鵬程話音剛落，現場的電子螢幕上播放出黑白畫面，全場屏息斂聲。

「我們將此次捐贈的約翰·馬吉拍攝影像與2002年10月大衛·馬吉捐贈的十七分鐘版本影像進行了初步分析。」王延奎在操作影片播放同時，向大家解釋影像鑒定結果。

「首先我們將這兩段影像進行了場景拆分，十七分鐘版本影像有五十七個場景，卅七分鐘版本影像有一百廿一個場景。通過專家鑒定，卅七分鐘版本影像在十一分廿二秒後是約翰·馬吉拍攝的南京部分的鏡頭，也就是說第五十場之後的七十一個場景都是南京。」

據專家考證，「卅七分鐘」版「一寸盤」中所拍攝與南京相關的畫面，時長為廿五分卅一秒。「卅七分鐘」具體包括三部分內容：

1. 前十一分廿二秒反映了淞滬會戰後上海的情況。
2. 日軍佔領南京前的畫面，時長大約一分廿三秒，主要包括日機轟炸南京和南京難民逃難等。
3. 日軍佔領南京後製造暴行的內容，包括在上海路日軍搜捕青壯年的畫面、鼓樓醫院醫護人員救治日軍暴行受害者的影像、江南水泥廠難民營診所內傷病員的情況，以及倖存者伍長德的鏡頭等。

專家們認為，與紀念館現館藏「十七分鐘」版影像相比較，「卅七分鐘」版有三個方面的特點：

從時長來看,「卅七分鐘」版影像去除十一分廿二秒上海的畫面,去除與「十七分鐘」版影像重複的畫面,實際反映南京的畫面比「十七分鐘」版影像大約多九分鐘內容。

　　從空間範圍來看,現館藏「十七分鐘」版影像的主要鏡頭大多集中在南京安全區範圍內,只有少量棲霞寺等南京郊區的鏡頭。「卅七分鐘」版的畫面超出了南京安全區範圍,城外一帶日軍暴行的鏡頭也進入了馬吉影像。據史料記載,1938年2月16日至17日,馬吉曾前往南京東郊的棲霞寺和江南水泥廠難民營,「卅七分鐘」版裡就出現了抬傷患到江南水泥廠診所的鏡頭,以及診所內傷患的鏡頭,這些比「十七分鐘」版影像更為豐富。

　　從場景範圍來看,「卅七分鐘」版影像中,在鼓樓醫院就拍攝了卅餘位受害者場景,有十一個受害者是「十七分鐘」版裡沒有的。比如倖存者伍長德的畫面,還有在鼓樓醫院裡,一位女性同胞頸部被砍,坐著由羅伯特·威爾遜醫生檢查,威爾遜扭她的頭要她轉身,她的面部顯出極度痛苦狀。

　　「我們發現卅七分鐘版本裡新增廿一個場景」。王延奎清晰地介紹道:「在這廿一個新增場景中,其中廿個畫面中都有人物。結合約翰·馬吉撰寫的影片場記和當時的南京地圖,我們發現這廿個場景主要分佈在四個區域,最多的是在鼓樓醫院和南京郊外的棲霞寺、江南水泥廠難民營附近。」

　　「第三個區域是位於南門的新路口五號,也就是夏淑琴家人遇害地。馬吉牧師在場記裡詳細描述了夏淑琴一家的悲慘遭遇」。在時長卅七分鐘的馬吉影像中,南京大屠殺倖存者夏淑琴一家祖孫九口人中七人慘遭日軍殺害,鄰居四人同時遇害,陳屍遍地的慘景長達卅五秒。高度清晰的黑白畫面再現八十二年前侵華日軍血洗南京城、血腥屠殺平民的殘暴。現場記者們在不停地拍攝。

　　卅七分鐘馬吉影像中出現被馬吉標注為五號影片的大量鏡頭。

　　「第五號影片第二個,拍攝的是中國員警伍長德受傷後在鼓樓醫院救治的情況。」

東京審判前期，美國檢察官大衛·納爾遜·薩頓（David Nelson Sutton）專赴南京挑選的出庭證人中國員警伍長德的動態影像是首次見到。馬吉牧師在1938年2月15日拍攝了伍長德，並在標注為「五號影片」的說明詞中詳細記錄了伍長德被捕後在日軍集體屠殺中僥倖逃生的經歷。

　　「第五號影片第六個，這個影片拍攝的是在江南水泥廠附近的診所裡，一位農民接受救治的情形。據馬吉牧師場記單裡介紹，1938年2月15日，兩名日本兵闖入他家索要姑娘，他說『沒有』，他們將其手部射傷，當時他去醫院治療，其傷勢非常嚴重。」

　　王延奎簡要分析之後，時鵬程請國家記憶與國際和平研究院研究員、國家社科基金抗日戰爭專項工程學術委員會委員、江蘇省中國近現代史學會會長、歷史學家張連紅教授對「卅七分鐘」版約翰·馬吉影像進行評析。

　　「影像的力量比文字更為強大，珍貴的歷史鏡頭多一秒，價值都非常重要！」張連紅感慨地說：「因為影像直觀，能直接讓人理解到戰爭對普通民眾的殘酷傷害。剛才大家在看到影片中血腥畫面的時候，我看到很多女士都把眼睛蒙住。」

　　「在廿世紀九十年代初，我們能瞭解南京大屠殺歷史的核心資料非常少。廿世紀九十年代初，馬吉影像在美國被發現在當時是一個爆炸性的新聞，針對日本右翼否定南京大屠殺，影片成為反擊日本右翼的最重要的武器。」張連紅說：「目前為止，在我們所看到的所有有關南京大屠殺的原始影片內容，約翰·馬吉影像『卅七分鐘』版本是內容最為豐富、最為全面、最為系統的一版，史料價值非常巨大，同時還具有文物價值與社會價值。」

3、八十一歲老人，廿六年的委屈

「卅七分鐘」版馬吉影像膠片現已成為侵華日軍南京大屠殺遇難同胞紀念館的鎮館之寶。

南京紀念館藏的十七分鐘馬吉影像，來自約翰·馬吉的兒子大衛·馬吉於 2002 年來南京捐贈的四盒記錄南京大屠殺暴行的影像膠片。

紐約「紀念南京大屠殺受難同胞聯合會」擁有的卅七分鐘馬吉影像是從何得來？又有著怎樣的故事？

自 2017 年起，香港大公文匯傳媒集團為能使此件珍貴文物史料回歸南京，歷經幾番曲折，執著不懈追尋，聯合南京社會各界合力，付出了整整兩年的艱辛努力。

2024 年 12 月，時任《文匯報》副總編王國辰表示，記錄尋找歷史真相過程本身，也是歷史真相的一部分。

這時，距離 2019 年「聯合會」向南京捐贈「卅七分鐘」版珍貴馬吉影像已經過去了五年。那些發生於「卅七分鐘」版馬吉影像的曲折故事已經匯入歷史。

我希望我的敘述，不只是對歷史事件的表面記錄，而是透過歷史事件呈現背後敢於擔當、勇於作為的民族精神，讀者能從我的文字中聽得見歷史悠長的回聲。

2017 年 12 月 11 日，《大公報》在 A6 要聞版刊出——南京大屠殺「世界記憶」一組系列報導的第一個整版新聞專題《美華人千里追尋拉貝日記》，拉開南京大屠殺八十周年專題報導的序幕。

《大公報》編輯部在「編者按」中寫道：

> 今年12月13日是南京大屠殺八十周年,中央將在南京舉行第四次國家公祭儀式,屆時海外多國二百餘個華僑華人社團將首次同步開展悼念活動。廿世紀八十年代起,一批海外華人為揭露南京大屠殺真相、捍衛歷史真實和民族尊嚴,義無反顧地奔走各地搜證,將日軍二戰侵華暴行公諸於世。眾多海外華人心系祖國,與之攜手維護人道正義和歷史真相,經各方努力,《拉貝日記》得以「重見天日」,沉默多年的南京大屠殺「新倖存者」開腔挺身指證,紀念館獲有心人「無償捐贈」珍貴史料文物填補空白,這種種令南京大屠殺真相從國家記憶變成世界記憶,意圖漂白南京大屠殺歷史的任何砌詞狡辯再無立足之地。

誰也沒有想到,正是這一組報導,猶如無意間觸碰到一個隱匿在時間深處的神秘開關,悄無聲息地掀開了歷史的一角。

我的工作經歷與歷史並無特殊交集。我曾在原南京軍區南京總醫院政治部任宣傳科長,中校軍銜。2002年轉業後成為職業記者。2005年4月起,我被聘任為香港《大公報》江蘇辦事處主任、《大公報》駐江蘇首席記者,2016年被聘任為香港大公文匯傳媒集團江蘇記者站站長。

2016年1月,香港《大公報》與香港《文匯報》合併,成立香港大公文匯傳媒集團,聘任我為集團駐江蘇記者站站長,工作重點是以加強新聞策劃,採寫具有獨家深度和特色的新聞作品,提升報導品質。

南京大屠殺遇難同胞八十周年國家公祭前,時任《大公報》編輯部副總編李慶義提前部署專題報導,他要求江蘇記者站採寫一組關於海外華人執著努力,推動南京大屠殺歷史事件從國家記憶上升為世界記憶的新聞專題。

李慶義在《大公報》主管中國新聞和國際新聞。他出生在東北,那裡是經受日寇鐵蹄蹂躪時間最長、抗戰條件最為艱苦的地方。1995年,李慶義參加了所在《中國青年報》紀念抗戰勝利五十周年的專題報導,歷時十餘天遍訪這片黑土地,採訪了多位尚在人世的東北抗日聯軍老兵,首次在中央媒體報導了有「亞洲馬其諾防線」之稱的東寧要塞、勞工墳及日本在華遺孤問題,所做的有

關日本遺棄在華化學武器問題的報導曾在日本引起強烈反響。自此，他與抗戰報導結下了不解之緣。

「《大公報》是香港一家綜合性大報，也是中國發行時間最長的中文報紙，至 2019 年已走過一百一十七年歷程。」2019 年 12 月 13 日，剛卸任《大公報》副總編的李慶義先生在南京卅七分鐘馬吉影像膠片捐贈儀式上發言表示，抗戰時期，《大公報》視「明恥教戰」為己任，宣傳抗日，警策國民。七七事變之後，《大公報》義不屈辱，六遷其址，努力以深入戰區的報導和清醒睿察的言論，發出抗日最強音。「日本投降矣」五個超大號字，力透紙背，既說出了全國軍民浴血抗戰最後勝利的苦澀歡欣，也浸透了《大公報》人以筆抗戰輾轉棘途的感慨，成為中國新聞史上的經典版面。自國家公祭日確定之後，相關的現場報導及對抗戰史料的深度挖掘一直是《大公報》的工作重點。

總結《大公報》近幾年關於南京大屠殺死難者國家公祭日的報導，李慶義認為，雖然每年的報導篇幅大、內容多，但絕大多數僅限於程式性報導，採訪的人物也多是老面孔，鮮見有深度、有新意的文章面世。

2017 年 11 月 4 日，李慶義對江蘇記者站提出建議，希望記者開闊思路，深入挖掘海外華人推動中國記憶成世界記憶的事例，包括侵華日軍南京大屠殺遇難同胞紀念館的對外交流。李慶義對江蘇記者站強調：南京大屠殺事件不僅僅是中國記憶，更是世界記憶，只有讓世界更多的人記住這場人間浩劫，才能形成強大的國際壓力，迫使日本深刻反省，才能防止歷史悲劇重演。

深秋的南京，行道樹沿街直立成行。歲月摩挲，梧桐樹幹挺拔沉靜，金黃的梧桐樹葉隨風飄曳。

1985 年 8 月 15 日建成開放侵華日軍南京大屠殺遇難同胞紀念館，位於南京市水西門大街四百一十八號。自 2014 年 12 月 13 日起，紀念館成為南京大屠殺死難者國家公祭儀式的固定舉辦地。

2017 年 11 月 20 日下午，在侵華日軍南京大屠殺遇難同胞紀念館，我見到了新任副館長凌曦女士。凌曦剛從南京報業集團調來。人到中年的她，溫婉端莊，說話不疾不徐，條理清晰，屬於典型的江南女子。

凌曦非常重視此次採訪，她特別請來館裡資深同事劉燕軍與艾德林一道參加。

「為推動南京大屠殺成為世界記憶，有哪些海外華人貢獻突出？」介紹了《大公報》編輯部的採訪要求後，我直接問道。

「邵子平，Number one！」劉燕軍不假思索地說。「他對南京大屠殺歷史研究貢獻很大，1991年在《抗日戰爭研究》上發表過關於馬吉影像的文章，是學者型人物。江蘇衛視去美國拍攝《外國人眼中的南京大屠殺》專題片，到大衛·馬吉家中採訪，都是邵子平幫忙聯繫安排的」。在劉燕軍心目中，邵子平的分量很重。

劉燕軍說：「據說他手上還有我們沒掌握的電影片」。「真的啊！」凌曦低聲驚呼。「但據說是放不出來了」，劉燕軍趕緊補充。他坦陳：「紀念館給很多人頒發特殊貢獻獎，很多貢獻遠不如他的人都獲了獎，特殊貢獻獎首先絕對應該頒發給邵子平，但卻沒有他。」劉燕軍情不自禁地為邵子平鳴不平。

「那可以補啊」。凌曦語辭急切。

劉燕軍是到紀念館工作的第一個大學生，被專注南京大屠殺歷史研究的學者們視為紀念館的「活資料庫」，時任館內編輯部負責人。聽了他的介紹，我對邵子平產生了好奇。

我從劉燕軍的手機位址簿裡抄來的邵子平手機號碼歸屬地是北京。回到位於廿一樓的辦公室，夕陽低垂，暮色蒼蒼。落地窗外，直插雲霄的紫峰大廈浸在激灩的霞光裡，與我遙遙相望。我按下辦公室座機免提鍵，撥通了邵子平的電話。「嘟－嘟－」，回鈴音一直響，直至結束，無人接聽。

抬頭遠眺，餘霞成綺。正值下班高峰期，樓下蜿蜒的上海路上，人流熙攘，車流如潮。我決定先回家，明天再聯繫。記者站門外，長長的走廊時光沉寂，左鄰右舍都已關門下班。就在我鎖門的瞬間，室內傳出電話響鈴聲。我沖進門，快速拿起話筒，果然，是邵子平回的電話。

我用簡潔的語言向邵子平自我介紹，說明意圖。「《大公報》記者要採訪

我？」邵子平十分意外，一個勁地追問我是如何得到他的手機號碼。我們約好當晚七點半再通電話細聊。

回到家，草草應付晚餐。我坐在寫字臺前，攤開採訪本，準備好手機、錄音筆，按照約定的時間撥通了邵子平的電話，我們開始了採訪。我點開手機的免提鍵，同步錄音。

「我小時候看過《大公報》。」邵子平對接受《大公報》記者的採訪態度積極，沒有任何過渡，他直接選擇了信任我。

「我是1936年出生於南京鼓樓醫院」，邵子平如竹筒倒豆子，詳細回憶了自己的家世、身世與個人成長經歷，重點敘述了他們於廿世紀九十年代在美國與德國先後尋獲馬吉影像與《拉貝日記》的傳奇經歷。

這個電話一口氣足足打了兩個半小時。

一邊敘述，一邊不時地提醒我「要錄音」，邵子平強調這些往事的回顧非常重要，他說自己記憶力日漸衰退，一些重要的歷史細節，這次能想起來，下一次說不定就忘了。他聲音高亢，接近卅年前的往事一段一段重現。邵子平陷入回憶，流暢的敘述中，時間順序上有些凌亂，但細節清晰，顯然是傍晚時分與我通話後，他做過一番準備。

昔日時光一幕幕重播，廿七年前經歷的人與事，邵子平娓娓道來。說著說著，他還突然會一遍遍感慨發問：「我怎麼一下說這麼多？我為什麼這麼信任你？」不知道他是問自己，還是問我？時年八十一歲的邵子平為自己竟然能對一個未曾謀面的記者推心置腹而不可思議。

其間，邵子平用了很長的篇幅訴說了自己在1991年來南京時遭受的委屈，含冤負屈的情緒在廿六年的歲月碾磨中不但沒有遞減，而是與日俱增，呼啦啦一個勁地從手機聽筒裡真切地傳給我。我耐心傾聽，沒有打斷他，也沒有轉移話題。

結束這個採訪後，我很不平靜。我沒有想到馬吉影像與《拉貝日記》的主要發現者竟然都是邵子平。

馬吉影像和《拉貝日記》是世界重新正確記憶南京大屠殺這一人類慘案最為重要的史料文獻之一。史學界關於馬吉影像和《拉貝日記》這兩件史料文獻的研究已經有很多。

侵華日軍南京大屠殺遇難同胞紀念館展廳內，迴圈播放的馬吉影像片段，吸引了一批又一批觀眾駐足，人們被馬吉牧師拍攝於1937年12月的那些真實的血腥場景所震撼。兩千餘頁《拉貝日記》原件影印於2017年12月出版，共六卷，日記裡有多幅取自馬吉影像的受害者畫面。

數十年間，海內外社會公眾與學者們的目光焦點集中在馬吉影像和《拉貝日記》史料價值，卻忽略了這兩件重大史料尋獲貢獻者邵子平與紐約「紀念南京大屠殺受難同胞聯合會」。

採訪時，距離當年12月13日公祭日只有半個多月時間。邵子平說，他將於11月下旬去美國，他希望我能在他赴美之前去趟北京當面細聊，但我已經約好11月21日去南通海門採訪「兩岸交流三十年」專題，那個專題交稿日期逼近。

見我不能立即去北京採訪他，邵子平非常擔心我半途而廢，一個勁的以言語激將，如「你是南京方面第一個採訪我的記者，南京對我不怎麼樣，我要看你敢不敢來。」

打完電話，稍稍梳理。「馬吉影像」與《拉貝日記》都非常重要，必須單獨做專題報導，不能浪費這些珍貴的採訪收穫。面對豐富的採訪內容，我斟酌再三，決定先做尋獲《拉貝日記》新聞專題。

4、專題報導尋獲《拉貝日記》

時光回眸,我追尋馬吉影像的曲折之路其實是從報導《拉貝日記》起步,只不過當時無知無覺。之所以選擇先做尋獲《拉貝日記》新聞專題,是因為邵子平在電話採訪中敘述尋找與公佈《拉貝日記》的細節更多。

2002年,我從原南京軍區南京總醫院(現東部戰區總醫院)政治部轉業後成為職業新聞記者。十五年的新聞職場歷練,我要求自己在新聞報導採寫中努力做到不重複別人,更不重複自己。

尋獲《拉貝日記》不是新聞,自1996年《拉貝日記》在美國現身後,至2017年的廿一年間,海內外早已報導無數。

南京入冬往往在一夜之間。2017年11月下旬,南京轉眼初冬,風一陣陣撲面,打在臉上竟微微疼痛。街頭滿目枯黃的梧桐樹葉,不時被冷風野蠻地掀起、翻轉、揉撚,再無情地拋落。人行道上,層層疊疊的梧桐殘葉、碎片橫陳,裹著臃腫羽絨衣的行人步履匆匆。

手上壓著好幾個待寫的新聞專題,都需要大量採訪,我不由自主地焦慮,無暇顧及感官。

靜下心來,仔細重聽採訪錄音,梳理筆記,我試圖尋找專題報導的切入口。我那時使用的是在香港買的奧林巴斯錄音筆,錄音效果很好,但沒有錄音轉文字功能,得一句一句來回聽,確認,再敲擊鍵盤記錄有價值的內容,耗時費力。

上網查閱能搜到的關於《拉貝日記》的所有報導,對比邵子平的敘述,我細心梳理出未曾被報導的內容。

兩個多小時的電話採訪錄音,在回憶勸說拉貝外孫女萊茵哈特夫人公開《拉貝日記》遭到拒絕後,邵子平提到,「我有個同學在德國教會裡做牧師,他成了關鍵」。這句一帶而過的話,採訪當時並沒有在意,重聽時被我細心地捕捉到。我細細查證,在所有關於《拉貝日記》得以公開的報導中,從未出現過德國牧師戴克(Gerd Decke),而在邵子平的回憶中,這位他在德國留學時

期的老同學卻是力勸拉貝外孫女公開《拉貝日記》的關鍵當事人。

這個發現令我興奮，我將戴克鎖定為重點採訪對象，決定以他為突破口。點開微信，我向邵子平索要戴克牧師的聯繫方式。

邵子平積極配合。2017 年 11 月 30 日，邵子平給戴克發出郵件，同步抄送給我：

> 親愛的 Gerd：
>
> 我是用英文寫這封信的，因為香港《大公報》的陳女士也需要知道。陳旻是一名調查記者，她想和你核實一些歷史事實。《大公報》是一份歷史悠久、廣受歡迎的日報，前身是上海的報紙。陳旻很想知道拉貝的日記是如何發現的。我請拉貝的孫女幫助《紐約時報》將此事公佈於眾，你很努力地幫我說服萊茵哈特夫人同意出版，這很重要，然後幫她複印、打包，航空郵寄到紐約等等。
>
> 請給她你的電話號碼和電子郵寄地址，這樣她或她說德語的朋友可以在你的同意下，談論歷史。

戴克牧師是邵子平在 1963 至 1968 年間就讀海德堡大學時結識的老校友，他們多年來關係密切，邵子平夫婦去德國會與戴克會面，而戴克數次曾去美國旅行，都得到邵子平全家熱情款待。

邵子平說，他給拉貝外孫女萊茵哈特夫人打過多次電話勸說其公開《拉貝日記》，均被明確拒絕。萊茵哈特夫人回覆他，外祖父拉貝當時是將日記直接交給萊茵哈特夫人保存，並特別交代，讓她保管好留給後世，不要讓日記消失。「但只能把日記留在自己家裡，不要公之於眾。」那麼，戴克牧師是如何找到萊茵哈特夫人？又用什麼樣的理由說動她？公開《拉貝日記》的過程有哪些重要細節？將日記逐頁複印、傳真與郵寄到美國，這些費用出自哪裡？

由於這篇關於海外華人尋獲《拉貝日記》的新聞專題稿得趕在 12 月 13 日南京大屠殺遇難同胞國家公祭儀式期間刊發，時間極為緊迫。

2017 年 12 月 1 日，我心急火燎地用翻譯軟體向邵子平給我的戴克郵箱位址發出郵件。我寫道：

尊敬的 Gerd 先生您好！

我是中國《大公報》記者，我在採寫關於邵子平先生當年發現拉貝日記的經過。邵子平先生告訴我，當年他請他的好朋友，也就是您，幫助勸說拉貝的外孫女公開日記內容，並且說明複印和郵寄。

麻煩您將此經過寫信告訴我，我用在新聞稿件中。謝謝您！

我只會中文，不會英文，這封郵件是用翻譯軟體寫的，如果有意思表達不準確的地方，請您多原諒。

因為新聞稿件要在一周後刊出，因此拜託您儘快回覆我。

《大公報》創刊於 1902 年，有一百一十五年的歷史，是迄今仍在出版的最悠久的中文報章，也是中國最具影響力的媒體之一。

謝謝您的幫助！

2017 年 12 月 1 日，戴克收到我的郵件，當日同步回覆邵子平與我。他爽快地回覆「沒有問題」，「我很高興能夠參與這個具有歷史意義的事情」，同時發來他的手機號碼與家裡的座機號碼。

戴克牧師迅速回覆的郵件，令我長舒一口氣。但是，要完成整篇新聞專題，我需要採訪到大量的細節，僅憑翻譯軟體以郵件往來溝通，在時間上就不允許。

我想起在德國的朋友邵華。

邵華出生於廿世紀六十年代後期，從南京外國語學校高中畢業考入北京外國語學院。大學畢業後，一直在德國工作與生活。她是我先生同事的妹妹，我們相識於 2005 年。

軍人家庭出身的邵華，善良率真，是德國波鴻魯爾大學東亞研究學院圖書館員，至 2017 年，她在這所大學已工作了十六年。

波鴻魯爾大學—RUB（Ruhr-Universität Bochum）建立於 1962 年，位於德國魯爾河北岸、波鴻市南郊，是二戰後聯邦德國建立的第一所新大學，對德國的高校教育產生了開創性作用。1965 年，波鴻魯爾大學成立東亞研究學院，學術研究和教學覆蓋了中國、日本、韓國和中亞的地理區域。

2017 年 12 月 1 日，我再度用微信聯繫邵華，請她幫忙打電話採訪戴克牧師。

我把採訪提綱發給邵華時，她正病假在家。分明是麻煩她的事，但我卻理直氣壯。我說：「儘量去挖掘細節，就像我們平時談論具體事一樣，越細越好，因為呈現新聞事件是需要依靠大量真實細節來支撐。」

「南京大屠殺需要讓世界知道，這是不可磨滅的歷史。日本政府理應反省和考慮賠償。張純如的書我們圖書館有不同語言的館存。」2017 年 12 月 3 日，正直、善良的邵華在郵件中對我說：

「我們還原真實歷史的最終目的不是要向後代人傳承對日本的仇恨，而是要反省非人性的行為及其根源，預防人間災難的再現。因為日本的民眾並非是當政者的同類，右翼還是少數，但是他們是掌握黨派的國家權力和命脈的人。日軍慘無人道的行為基於民粹主義下的民族優越感，狹隘的『愛國主義』，所以殺人者眼中的中國百姓根本不是人。因此尊重理解包容，放下病態的自尊，才能和平共處。」

邵華按照我給她列出的採訪提綱幫我採訪了戴克牧師。為了獲得最重要的細節，我特別叮嚀邵華，「問得一定要細，要有場景、有對話、有來龍去脈」。2017 年 12 月 3 日，她用微信語音一條一條將獲得的採訪內容詳細複述給我。

邵華驚人的記憶力令我佩服。

邵華告訴我：戴克名字是：Gerd Decke（蓋爾德·戴克）。當年邵子平是德國海德堡大學法學系博士生，戴克是基督教新教神學系學生。他們在 1963 年建立的一個學生組裡認識，1963 年至 1966 年間兩人建立了友誼。

戴克原為柏林福音教會副會長，是南部非洲、非洲之角、韓國和日本處負責人，已退休數年。

看到蘋果 iPad 上邵華連續發來一條一條接近六十秒的微信語音，我知道邵華成功地完成了「任務」。一條一條聽著，我眼眶潮濕，找不到語言表達我對她的感謝。

我將每一條語音轉成文字，再複製到文檔裡，接近七千五百字。邵華還發來戴克牧師提供的萊茵哈特夫人在 1997 年 6 月 5 日寫給他的郵件，信中敘述了她最終同意公開《拉貝日記》的原因與過程。

> 「陳旻，我希望你需要的細節都在這裡面，因為德國人是不善於感情表述的民族。所以他們的講述通常是歷史的事實，都是實在的內容，在感情起伏方面的表露會很少。昨天的一個多小時，戴克先生的陳述，也都是非常的平靜，沒有一點一點生動地去渲染。」

邵華加重語氣說：「陳旻，還有一個事情就是：戴克在他給邵子平的郵件中提到南京出版的《拉貝傳》裡，對《拉貝日記》被發現與公開的真相記錄中隻字未提他的付出，令戴克先生大失所望，他希望在《拉貝傳》再版時，能把他說服萊茵哈特夫人公開日記的事實加進去。我不知道你有沒有可能與出版社或者是作者聯繫？我覺得戴克先生真的是很不簡單，他做了很多的工作，花費了很多很多的時間啊，是值得的一提的，而且他是整個事情發展延續下去的關鍵人物。也許不用長篇大論，但是我覺得還是應該實事求是的在書裡提一下啊，謝謝。」

2017 年 12 月 3 日，邵華發來郵件：

陳旻，還有兩點補充一下：

Reinhardt 夫人原來是遺物的所有人。後來她把日記送給了舅舅 Otto Rabe，拉貝之子，因此舅舅就成為遺物的繼承人而獲得所有權，之後由其子 Thomas Rabe 繼承。因此，在《拉貝日記》出版時，舅舅還在。在出版過程中，她出力做了很多工作，包括版權，都鮮為人知，她自己沒有獲得任何經濟上的利益。

Decke 先生提到信中的兩句話 "Auch mußte ich erst wieder hineinwachsen in ein seit Jahrzehnten verborgenes Leben. Die parallele Erinnerung an die Ereignisse in China und Deutschland waren für mich sehr schlimm." 翻成中文是：我也得重新面對已經隱去數十年的生活經歷。對中國和德國所發生的事件於我而言是無比痛苦的平行的雙重記憶。（即六歲時的南京大屠殺和十四歲時蘇軍佔據柏林後的暴行）

Decke 的理解是，在南京，萊茵哈特夫人是見證人，而在柏林，她也許是受難人。這點沒有考證，只是感覺而已，因為很多人將創痛深深埋在心底，割斷記憶而重新生活。這點德國人和中國人非常不同。這些於你的報導也許沒有直接關係，但可以提供一些背景。

在邵華的幫助下，我順利完成了這一個整版新聞專題。稿件於 2017 年 12 月 11 日刊發在《大公報》A6 版。

作為回報，2018 年初，我聯繫南京侵華日軍南京大屠殺遇難同胞紀念館向邵華所在大學圖書館寄贈了《南京大屠殺史研究與文獻系列叢書》第一至卅卷、第卅五卷，《南京大屠殺詞典（上、下）》、《被改變的人生：南京大屠殺倖存者口述生活史》、《日本侵華史研究合訂本（2015、2016）》等一批書籍。

5、找回《拉貝日記》 德國牧師的回憶

1937年12月，侵華日軍在南京製造了屠殺卅多萬中國軍民的慘案。1996年12月12日，塵封了五十景年的時任南京安全區國際委員會主席《拉貝日記》在紐約公開，舉世震驚。《拉貝日記》中詳細記述了四百七十例南京大屠殺個案，其中多例與其他史料互為佐證，成為南京大屠殺最翔實有力的證據之一。找到與公佈《拉貝日記》，是「紀念南京大屠殺受難同胞聯合會」繼1991年尋獲馬吉影像之後對南京大屠殺史料發掘與研究的又一里程碑式的貢獻。

2017年12月3日，時年七十七歲的德國牧師戴克先生（Gerd Decke）接受《大公報》採訪，獨家回憶其在廿一年前幫助促成《拉貝日記》公諸於世的特殊經歷，戴克表示，當年他受大學同學邵子平委託，用「再現並傳承歷史真相，是我們這一代人對後人義不容辭的責任」、「有了這些證據，才有可能迫使日本政府向中國受難者道歉」的理由，歷時二至三個月的力勸，才最終說服了拉貝外孫女萊茵哈特夫人「同意把日記拿出來公開」。

張純如找到拉貝後人

生活在德國柏林的戴克先生，為基督教新教牧師，在柏林福音教會（Berliner Missionswerk）工作。2006年退休後，一直作為義務志願牧師工作和參與柏林福音教會工作。

1963年至1967年，戴克與邵子平同在德國海德堡大學求學，當時邵子平是法學系博士生，戴克是基督教新教神學系學生。「邵子平博士是我在1963至1968年間就讀海德堡大學時結識的老校友，我與他多年來一直保持著聯繫。1996年，邵子平懇請我幫他聯繫拉貝的外孫女萊茵哈特夫人（Ursula Reinhardt）。他不想自己直接去聯繫她，因為他覺得一名基督教牧師在其眼中肯定是非常值得信賴的人，她會願意向我展示祖父約翰·拉貝的日記或許還會同意我複印日記，而不是他，一個素不相識的中國人。」戴克接受採訪時對《大公報》表示。

1936 年出生於南京鼓樓醫院的邵子平，父親邵毓麟是民國外交官，曾任民國駐日本橫濱總領事和駐韓國大使。在南京度過童年與少年的邵子平，對南京大屠殺歷史印象極為深刻，痛恨侵華日軍。

　　1988 年起，在聯合國總部從事人力資源與法規工作的邵子平與一批美籍華裔熱心人士，在紐約先後創立了「對日索賠同胞會」、「紀念南京大屠殺受難同胞聯合會」，立志要為在南京大屠殺中的遇難同胞討回公道、爭得賠償。

　　尋找侵華日軍南京暴行的證據便成為他們的重要目標。邵子平從當年南京安全區國際委員會總幹事喬治·費奇的著作《我在中國八十年》中瞭解到，侵華日軍南京大屠殺期間，在南京保護難民的外籍人士中，拉貝的地位格外突出。

　　邵子平說：「當時德國是日本的盟軍，拉貝是商會會長，又是南京安全區國際委員會主席」。他就把尋找拉貝作為搜尋南京大屠殺證據的突破口。

　　1993 年，邵子平專赴德國，找尋拉貝的線索。他說：「我在柏林查電話本，打了好多電話，找到五十幾個拉貝，都跟我要找的拉貝沒有任何關係。」邵子平說自己在德國柏林，「簡直是大海撈針，亂沖亂撞。」

　　邵子平的回憶得到戴克的證實。戴克說：「邵博士當時在美國紐約聯合國人力資源部任要職，多年來一直擔任『紀念南京大屠殺受難同胞聯合會』主席。他曾在 1993-1995 年期間來柏林找過我，並在柏林基督教福音教會的檔案館查找拉貝在中國活動的相關資料，但查詢未果。」

　　1994 年 12 月，美籍華裔女作家張純如聯繫邵子平，請他幫助收集南京大屠殺的史料。邵子平很高興，他回憶當時，「我說：『好啊，現在就需要用英文把南京大屠殺的事說出來。』」1995 年 1 月，張純如在紐約的三周時間內，就住在邵子平家裡，每天開他的車往返耶魯大學圖書館查詢資料。

　　「在抗日戰爭歷史研究方面，我們『聯合會』在美國東部做得比較寬闊、深入」，邵子平說：「因為我們會裡有三個非常重要的史學家、老教授，他們是對抗戰歷史有親身經歷的學者，他們是楊覺勇、吳天威、唐德剛。」

　　「最有名的唐德剛先生在美國紐約州立大學任教，楊覺勇先生是大學教

授,最早年是駐日本的中國外交官,日語非常流利。吳天威在伊利諾州大學任教,他常常到我們東部來,他主編的《日本侵華研究》雜誌都送給我們。他很辛苦,都是自己動手,組稿、主編兼送郵發信,都是親力親為。」

「這三位老先生只有楊覺勇的日文與英文比較流利,但是真正要動手用英文寫書那是另外一回事情。」

邵子平回憶,「聯合會」認為南京大屠殺這麼重大的歷史事件,在西方既沒有看見一本專門介紹的書,也沒有看見詳細的系列報導,「紐約的報紙上天天有人追究納粹的事情,講猶太人大劫難,為什麼東方的大屠殺沒有見諸於世?」「我們非常苦惱,就不斷鼓勵這三位教授來寫,可是他們都覺得有困難。」

「在西方為英語世界溝通,話語權首先不掌握在我們東方人手裡,媒體熱衷發表的多半都是事關猶太人的問題,而不是在東方。」

「我們那個時候非常希望有年輕人能夠用美國人所理解的語言來寫南京大屠殺」,邵子平說:「我們大家看到張純如來,都很興奮。理由是第一她年輕,第二她有朝氣。第三,她是一個有深度的調查型記者。」

邵子平理解的調查型記者,不是僅能做普通採訪、只能寫小故事的記者,而是能深入一個專題去研究,最後以正式出版的形式發表有價值的歷史故事。

邵子平特別提示張純如,「南京大屠殺期間,有一個德國人叫拉貝,這個人很突出,我們要想辦法找到這個人。」

「張純如是個出色的調查記者」,邵子平由衷地稱讚道,他說,1996年4月,「她通過德國在華僑民組織『東亞之友協會』輾轉找到拉貝的外孫女萊茵哈特夫人」,「這是張純如的功勞!」

邵子平循跡追蹤《拉貝日記》

「那麼,我也通過老朋友戴克到教會和留華的德僑中去問,都是無功而

返。」邵子平感慨，「那些年，我像瘋了似的！」

2021年11月5日，邵子平來南京住了近一個月。因為是我去車站接他，又幫他跑前跑後聯繫當地各種事宜。邵子平認為他欠了我「人情」，作為「回報」，12月1日，他專程來記者站，對我詳細回憶了尋找《拉貝日記》的經歷。「西方有一句話叫：鬼就鬼在細節裡面。很多事情在細節裡面，你只要不發生錯誤，或許就有運氣就找到寶。」邵子平捋了把大鬍子，語氣玄妙地說。

那天，邵子平的回憶持續了一個多小時，一些關鍵的細節他都印象深刻。「我記得很清楚，1996年9月，我從德國回來，在中文報紙上看見一篇很小的新聞，說是找到了拉貝後人。我非常驚奇，我說怎麼會這麼巧就找到拉貝的後人了！」

一打聽是張純如找到的，「我馬上打電話給美國舊金山西部的張純如」，邵子平問她，「你怎麼找到了？恭喜你，非常好，你講講細節看。」

張純如把萊茵哈特夫人從德國寄來的部分資料轉寄給邵子平，約有三四十頁，大部分是德文材料，其中有幾份簡報與書信。張純如對邵子平說：「我收到的這些檔，我不會德文沒有辦法讀，你是留學德國的，你的德文很好，你能應該能讀懂。」邵子平強調，「張純如非常大氣，非常願意的就把這些資料立刻用快遞送到我們美國東部來。」

「我一看，這裡面有些內容引起了我的特別注意。」陷入回憶的邵子平眼睛閃亮，「第一個就是裡面有一句話，拉貝說這些日記是留給子孫的，叮囑家人這些日記只能在我們自己眼皮底下看，不要外傳，如果要外傳，必須要得到德國政府的許可。」

接著，邵子平從張純如轉寄來的德文資料中，發現一篇拉貝在寫給家人的文字中，提到自己關於南京大屠殺上書給希特勒的一份報告，報告中說「如果你（指希特勒）不相信的話，可以看我的日記。」就這一個「日記」的字眼，讓邵子平眼前猛一亮，他立即致電萊茵哈特夫人，問《拉貝日記》的記載時間。萊茵哈特夫人告訴他，日記是從1936年9月寫到1938年4月，「老天啊！這就是南京大屠殺的整個時期，這實在太重要了！」邵子平激動難抑，急切地請

求萊茵哈特夫人「日記能不能給我？」被萊茵哈特夫人拒絕。

拉貝在 1938 年 6 月 8 日致希特勒報告書的有附件二百五十九頁。針對日記，拉貝寫道：「很遺憾，我不可能向您詳細描述我最近六個月在南京的所見所聞。對此用廿四小時也是講不完的。我只能向您呈送我所經歷的事彙編中的一部分——我的日記共有二千五百頁。」

回憶起那些刻骨銘心的過往，邵子平表情生動。

一再被萊茵哈特夫人所拒，不得已，邵子平求助於德國老同學戴克。

戴克回憶道，邵博士有意借 1937 年 12 月發生的南京大屠殺六十周年之機，公開《拉貝日記》。邵博士從張純如那裡得知約翰·拉貝的外孫女烏蘇拉·萊茵哈特夫人（Ursula Reinhardt，大約 1931 年生）生活在柏林，是一所文理中學的歷史老師。

戴克說：「我問邵子平，你為什麼要找這些東西？」邵子平回答他：必須向世界揭露日本對中國的殘暴行為。但是要揭露得有證據，自己就必須要得到《拉貝日記》。

戴克又問邵子平，「你為什麼會對揭露日本南京大屠殺感興趣？」

邵子平告訴戴克，做這些事的目的，就是為了讓日本政府對中國遇難的無辜百姓道歉。

戴克至今還清楚地記得，當時邵子平對他坦陳，自己 1936 年出生於南京，父親是駐日外交官，南京大屠殺發生的時候，他是嬰兒，人不在南京。但他認為，「可以想像，如果我沒有因為父親的工作離開南京，而是身在南京，會跟其他所有的南京無辜民眾一樣，面臨著被日軍屠殺的危險。」當年，邵子平有在南京的家人與朋友遭到日軍屠戮。

「邵子平雖然躲過了劫難，但一直認為自己與南京當時的受難民眾擁有共同的命運。」戴克表示，戰後德國已經做到了戰爭賠償，但日本政府卻對南京大屠殺死難者沒有道歉。為此憤恨難平的邵子平希望讓歷史恢復本來面目，為

所有遇難者追討公正。

戴克認為，邵子平對得到《拉貝日記》的執著還有一個很重要的原因，即邵子平認為日本政府沒有像德國政府這樣深刻反省侵略歷史，繼而對於犧牲者做出應有的道歉與賠償。戴克說，「這是驅使他做這件事的重要動機。」

戴克力勸　促日記公開

「1996 年 9 月，邵子平找到了我，要求我聯繫約翰·拉貝的外孫女萊茵哈特夫人（Ursula Reinhardt），提供並允許複製她的祖父拉貝（John Rabe）的日記。」戴克說：「因為邵子平相信，一位新教牧師在萊茵哈特夫人的眼中當然是非常值得信賴的人。」

戴克記得，邵子平曾經邀請他去紐約看了他找到的美國牧師馬吉在南京大屠殺期間拍攝的紀錄片，「非常的震撼」，邵子平認為有必要公開記錄南京大屠殺的史實日記，「讓所有的人面對歷史」。戴克非常願意幫助邵子平來完成這項特殊的工作。

戴克與萊茵哈特夫人都生活在柏林。他說，當時沒有互聯網，也不存在電子郵件，「只有唯一的一個很簡單的方法，就是到公共電話號碼簿去尋找這個名字。」戴克很快從電話簿上找到萊茵哈特夫人的電話號碼，聯繫上了她，向她介紹自己的身份，問萊茵哈特夫人「日記還在不在？」萊茵哈特夫人直接回答他：日記是有的。外祖父當時是把日記直接交給自己保存，叮囑她留給後世，不要讓它消失。

萊茵哈特夫人是位歷史老師。戴克回憶道，最初他是打電話勸說萊茵哈特夫人，歷時兩至三個月。在電話中，萊茵哈特夫人一直表現出「畏懼和顧忌」，她表示不願意去再去回憶這段歷史、去提這些日記，因為她說「日記中流著的都是中國人的血」。

戴克對她說，歷史是需要真實的再現，傳承下去留給後人，就像德國納粹歷史，德國做了很多反省，並公之於後代，讓後人吸取歷史教訓。他誠懇地說：

「你自己是學歷史的人，你可以很真實的、生動的描述這段歷史，這是對後人義不容辭的責任。」

戴克反覆對萊茵哈特夫人強調，「真實地再現歷史真相，是我們這一代人對後人義不容辭的責任，因為你是時代的見證者，是歷史事件的見證者。歷史一開始不可能是所有的證據都會有，在人們不斷研究歷史的過程中，不斷出現新的證據，那麼才使整個歷史變得越來越完整」。「我們學過歷史的人是知道正是這些歷史見證還原真相。為了讓真實歷史能傳承下去，為了受難人和他們的家人，我們應該盡自己的力量。」

「有了這些歷史和它的憑據、證人，重現歷史真相，我們才有可能迫使日本政府向中國的受難者道歉，以至於給予賠償。就像德國這樣。」

戴克表示，他正是用這些論點終於說服了萊茵哈特夫人，萊茵哈特夫人認同日本政府應該向德國政府這樣，去面對歷史，無愧於後人，「她終於同意去把日記拿出來。」

萊茵哈特夫人：「打開日記所讀到的都是流著的血」

經過多次懇切的電話交流，戴克終於獲得了萊茵哈特夫人的信任，她同意與戴克接觸。她與丈夫一道來到戴克工作的柏林福音教會，與戴克見面。

「萊茵哈特夫人與先生一起來到我們柏林基督教福音教會。見面後，我介紹自己是邵子平博士的老友，多年前就知道他要公正地面對1937年12月發生的南京慘案的想法，而且他於1994年在紐約向我展示過美國傳教士馬吉牧師拍攝的日軍殘酷掠殺慘景的原片。那時我第一次聽說曾任南京安全區國際委員會主席的約翰·拉貝這個人，並瞭解到他拯救了數十萬中國人生命的事蹟（大概多達廿多萬人）。」

「萊茵哈特夫人真的對我產生了信任感，向我講述了她六歲時在南京的生活經歷以及她於1938-1950年間在柏林與外祖父共處的時光。」戴克說：「經過長時間的猶豫，萊茵哈特夫人終於確信這段歷史對於國際，特別是中國和日

本來說,而且德國公眾是非常重要的原始文件。」

「她告訴我自己是外公最喜歡的外孫女,聽他講述了許多他在中國和之後在納粹德國以及戰後德國的生活經歷。外公告訴她自己曾就南京慘案和日本人犯下的罪行做過演講,並曾致信時任德意志帝國總理和領袖的阿道夫·希特勒,請求他讓德國政府出面要求盟國日本人道地對待中國人。他還告訴外孫女蓋世太保曾威脅他必須停止就此公開發表演講,否則他將遇到很大的麻煩。」

萊茵哈特夫人告訴戴克,外祖父拉貝回到德國後遭受了很多痛苦,被德國政府要求對「日本對中國犯下的戰爭罪必須保持沉默」。他失去了在西門子公司的重要職位,做小職員,從事無足輕重的工作,且窮困潦倒。

回到德國,拉貝曾長期與女兒即萊茵哈特夫人的母親一家一同生活。萊茵哈特夫人對戴克說,自己1931年出生在中國,常隨母親去南京看望拉貝,「曾在南京目睹過可怕的事情」。她是家族中唯一對拉貝的歷史感興趣的孫子輩。1938年,拉貝返回德國後,把自己在南京的經歷「更多、更細地」講給她聽。萊茵哈特夫人十四歲那年,蘇軍佔領德國,與日軍侵佔中國一樣,燒殺擄掠,無惡不作,對萊茵哈特夫人又是一重精神的摧殘。這段歷史和日本在中國的血腥罪行,這兩段平行的歷史,致使萊茵哈特夫人「心靈深處在流血」,不願意回憶從前。

1950年,拉貝在臨終前將裝訂成九卷題為「轟炸南京,一位活菩薩的日記」作為遺物交給了萊茵哈特夫人。萊茵哈特夫人對戴克吐露,但在其後的幾年裡,她不能夠把這些日記留在自己家裡,戰後的困境令她無法忍受在自己的家裡看到這些文卷。因為她「打開日記所讀到的都是流著的血」,「如果跟日記在一起生活,我會窒息。」萊茵哈特夫人無法也不想講述兒時在南京的可怕經歷。她的心靈滿是創痛,不願意再「揭開這個流血的傷疤」。為了心靈的平靜,她把這些日記託付給舅舅奧托·拉貝,即約翰·拉貝之子,舅舅應該還保存著日記。數十年來萊茵哈特夫人沒有再看一眼日記。

據戴克介紹,拉貝回到柏林後曾發表演講揭露日軍暴行,希望引起社會關注,又向希特勒上書,希望他對日本施加壓力,抑制日本軍隊在中國的殘暴行

徑和避免發生更多屠戮，卻因此被蓋世太保投入監獄。出獄後雖然希特勒政權允許他保留日記，但禁止他講演和公開任何資料。戰後，拉貝要求獲得非納粹定論，但因其納粹黨員身份和曾有過對希特勒的追隨，被聯軍拒絕，並丟了工作，在窮苦中度日。拉貝再次上訴，終因他在南京的人道救助獲得成功，得以重新進入西門子工作，但此時的拉貝已身心疲憊不堪。

萊茵哈特夫人告訴戴克，外公因必須對日軍違反戰爭法規對中國百姓所犯下的罪行保持沉默而十分苦悶。二戰結束後，德國民眾心驚膽戰，無家可歸，陷入絕望。因此幾乎無人關心日本佔領軍在中國的暴行。約翰·拉貝為營救數十萬人中國老百姓所起的作用沒有引起廣大公眾的共鳴，他們的關注完全淹沒於德國所犯下的令人髮指的罪行以及二戰末期德國百姓所遭受的暴掠之中。

戴克分析，拉貝的納粹身份問題應該也是萊茵哈特夫人當時的顧慮之一，因為日記中有很多頌揚希特勒的章節。

經過一段時間的躊躇不決，萊茵哈特夫人最終被戴克說服，認為向國際公眾，特別是中國、日本以及德國公眾公開這些不尋常的原始檔有極其重大的意義。

「經我不斷地請求，她同意借一次度假之機去德國南方看望已年滿八十的舅舅奧托·拉貝並請求他交還日記。」1996年11月，萊茵哈特夫人與丈夫特別利用休假去德國南部說服舅舅並取回了日記，送到戴克的辦公室。

「1996年11月19日，我和妻子用私人影印機複印了日記前三卷，共九百頁以上，直接寄至紐約交給邵子平。」戴克說，其他的六卷日記則由萊茵哈特夫人和她的丈夫在一家複印店複製後寄到紐約給邵子平。邵子平為此專門寄支票給戴克，支付萊茵哈特夫人的複印與郵寄費用。

「這些日記，手寫的有一千多頁，還有一千多頁是打字機打出來的。」萊茵哈特夫人告訴戴克，拉貝在德國一度失去工作後心情沮喪，有很多的時間，他就把這個時間用來整理列印自己的日記。

紐約開記者會向全世界公佈《拉貝日記》

時至今日，說起尋獲與公開《拉貝日記》，邵子平依然興奮。他說：「文字稿兩千一百一十七頁、圖片六十餘幅的《拉貝日記》，一頁一頁複印出來，印了五百張就打一包寄到紐約」，「我一看，太有價值了！」作為紐約「紀念南京大屠殺受難同胞聯合會」創會會長，邵子平當時請來哈佛大學歷史系主任和哥倫比亞大學東亞歷史系教授鑑定這批日記。哈佛大學歷史系主任說，他從未見過一份披露這段歷史數量這麼大、重要性這麼高的資料。哥倫比亞大學東亞歷史系教授認為，「這個事情非常重要，對日本將是很大衝擊。」

2025年2月5日，我在收到的美國華裔歷史學家吳章銓教授收集整理的九公斤有關「聯合會」資料中，看見一份哈佛大學歷史系主任、東亞研究委員會主席威廉·C·柯比（William C. Kirby）於1996年12月11日發給邵子平的英文傳真件。

「非常感謝您給我寄來約翰拉貝日記的大量摘錄。」威廉·C·柯比（William C. Kirby）專門將自己讀了《拉貝日記》之後的重要聲明用傳真發給邵子平。他在這份聲明中寫道：

> 非常感謝您寄給我約翰·拉貝日記的大量摘錄。很遺憾，我在哈佛的教學安排使我無法參加在紐約舉行的記者會，但我願意向您陳述我對這份文獻重要性的看法。
>
> 1937年日本對當時中國首都南京的洗劫是一場可怕的事件。大規模處決士兵，以及對數以萬計平民的屠殺、凌辱和強姦，這一切都違反了所有戰爭規則。令人震驚的是，這是一場蓄意的暴行，旨在恐嚇。它是在無視像拉貝先生這樣的國際觀察家的觀點的情況下發生的，而且這不是一時的紀律失控，而是持續了七周之久。
>
> 拉貝先生是那些讓世界瞭解南京大屠殺的人之一，因為如果像其他人那樣，這些資訊可能會在戰後被提交給遠東國際軍事法庭。因此，南京大

屠殺的廣泛情況現在已廣為人知，並被納入了除日本之外的大多數國家的標準歷史教科書。但拉貝先生的日記無疑是一份極其重要的歷史文獻。在其中，讀者可以逐日、有時甚至逐小時地瞭解這場悲劇的發展進程。它以其他任何文字都無法企及的方式，展現了南京居民在面對日軍瘋狂進攻時的恐懼與驚恐。這是一個令人毛骨悚然的故事，為這段悲慘的歷史賦予了生命。

這本書也是一份重要的文獻，因為它還講述了另一個鮮為人知的故事：拉貝先生和一群外國人建立南京安全區國際委員會，保護了數十萬人。

它也是一份重要的檔，因為它講述了一個不太好的故事。

我記得：拉貝先生和一群外國人建立了南京安全區國際委員會，成千上萬的中國人在那裡尋求和找到了避難所。當城市被燒毀，居民遭到襲擊；當日本人關閉醫院，屍體填滿停屍房；當混亂在他們周圍肆虐，這個委員會無私的英雄主義行為值得被銘記。

拉貝先生是一位德國商人，也是一位納粹黨員。在德國與中國和日本都保持著良好關係的時期，他沒有選擇置身事外，而是致力於阻止中日戰爭的災難。他還試圖向希特勒揭露南京的真相。為此，他付出了沉重的代價。但南京的真相最終還是大白於天下，如今這位國際英雄的故事可以完整地講述出來。拉貝先生值得這樣的紀念。

邵子平回憶：收到傳真後，我們立即去紐約時報。我們說：「請你們的總編輯來看看兩個教授的評價，我們給你們紐約時報獨家刊載、獨家發表這個大新聞的專有權利」。紐約時報決定在 12 月 13 日南京大屠殺歷史紀念日，擬全頁發表。「但紐約時報說媒體界有個『君子協定』，即重大新聞得大家共用，所以，「聯合會」決定邀請世界各國記者召開記者招待會發佈《拉貝日記》。」

邵子平特別通過戴克邀請了萊茵哈特夫婦來紐約參加記者招待會，「聯合會」承擔了他們夫婦的往返機票等費用。

「邵博士非常重視請萊茵哈特夫人作為證人到紐約親自參加於 1996 年 12 月 12 日的南京大屠殺五十九周年紀念活動。她要求同意與先生一同去紐約。於是兩人成行。」戴克證實。

邵子平夫人羅其雲說，「萊茵哈特夫婦提前三天到紐約，我們家就把主臥室讓給他們，到最高級的百貨公司買了全新的床單鋪上。」

1996 年 12 月 9 日，拉貝的外孫女萊茵哈特夫婦攜帶外祖父《拉貝日記》的部分原件和影印件於從德國柏林來到紐約。

1996 年 12 月 12 日下午，美國紐約曼哈頓洲際大飯店雲集了世界各國的記者和學術界人士。二時整，在與五十九年前南京城淪陷的同一時刻，記者招待會開始，拉貝的外孫女、六十五歲的萊茵哈特夫人向世界各國記者展示了她外祖父當時所記錄的戰時日記。即刻引爆全球媒體。

「場面得體面啊。我們掏出錢，六百美元在曼哈頓地區的高檔酒店洲際大飯店租會場。租了二個小時。」邵子平說：「六百美金啊，那時候我一個月工資不過兩、三千美金。」

原華中師範大學校長、歷史學家章開沅說，「紀念南京大屠殺受難同胞聯合會」成員，都是自願出錢出力盡義務。

憶及 1996 年記者會的盛況，邵子平迄今歷歷在目，他說「記者大批地趕來採訪，包括所有的日本、韓國大報記者」，「德意志通訊社記者還向我抱怨『這件事為什麼不早告訴我，跟我們德國人有關，我們可以幫你在德國去調查。』我說：『對不起，我沒有時間告訴你個人』」。「公佈《拉貝日記》記者會經過我們精心設計，使得南京大屠殺歷史在全世界產生前所未有的巨大衝擊力。」

召開記者會後的第二、三天，「很多記者都分散到外國各個地方去收集與這段歷史相關的材料，因為他們的報導已經是遠遠落後於紐約時報對這個新聞的獨家佔有，所以他們需要增加週邊採訪。」

新華社的記者在記者會當天現場採訪之後，第二天給邵子平打來電話，一

定要再面對面採訪他，「他說把這個新聞當天採寫傳給總部後，馬上得到總部的指令，新華社命令他要親自來我們家裡面訪問，而且要上升做一個詳細的專題報導」。「我住在紐約的鄉下，新華社記者專門坐火車到紐約鄉下來採訪我。我們談了很久，前前後後的過程，每一個細節，他很重視，都做了詳細的記錄。」

紐約時報對《拉貝日記》的公開經過與史料價值，在記者會召開當日搶先半天提前報導後，繼續做連續報導，還特別將《拉貝日記》從德文翻譯成英文，連載《拉貝日記》摘錄，「都是很大的整版整版的篇幅，影響很大！」邵子平記憶猶新。

「商人約翰·拉貝（John Rabe）保存了一份一千二百頁的日記，為南京暴行提供了罕見的協力廠商記錄」。《紐約時報》等不及記者招待會召開，在1996年12月12日記者會當日晨即刊發題為《南京大屠殺：一個拯救生命的納粹》，率先報導了《拉貝日記》被發現。

報導中寫道：「學者們表示，《拉貝日記》的價值並不在於揭示了新的歷史事實，而是因為它提供了一個德國目擊者對一個被認為是歷史上最殘酷的事件的異常詳細和個人的描述。他們相信這本日記是真實的，因為與拉貝同時代的在華美國傳教士知道他的行為，並提供了類似的暴行描述。」

「這份日記還為一些日本官員的說法提供了一個制衡，這些官員長期以來既否認南京大屠殺的存在，也否認其規模。」《紐約時報》在這篇報導中特別寫道：「哈佛大學（Harvard University）中國近代史教授威廉·C·柯比（William C.Kirby）說，這是一個令人難以置信的扣人心弦和令人沮喪的敘述，非常仔細地運用了大量的細節和戲劇性，他讀過日記的部分德語版本。這將以一種非常重要的方式重新審理此案，因為人們可以通過每天的記錄，在眾所周知的案例中增加一百到二百個故事。」

吳章銓對紐約公佈《拉貝日記》記者招待會後各國媒體刊發報道做了部分收集匯總：

關於約翰·拉貝日記在媒體上宣傳程度的調查（摘要）

報紙／期刊：

1. 英文：美聯社、《波士頓環球報》、《中國日報》（北京）、《紐約時報》（1996 年 12 月 12 日整版、15 日）、路透社、《華盛頓郵報》以及眾多小型報紙和雜誌，使用美聯社和路透社的報導。

2. 德文：《柏林摩根郵報》、《世界報》、《美因茨新聞》、《法蘭克福彙報》（1997 年 1 月 25 日出版）、《斯普林格》等。

3. 日文：《朝日新聞》（1996 年 12 月 9 日、13 日）、共同社、《每日新聞》。

4. 中文：中國大陸：《人民日報》（五篇報導，每篇約四分之一版面）及其地方版（眾多報導）、新華社、《南方日報》、南京地方報紙、《瞭望》雜誌、《北京晚報》。

5. 臺灣：所有主要報紙。

6. 海外：北美：《世界日報》（1996 年 12 月 10 日（第二版國際新聞）、11 日、12 日、15 日）、《中國日報》（紐約，12 月 7 日、11 日、13 日）、《星島日報》（12 月 7 日）、《聯合日報》（12 月 7 日、11 日（社論））、《新民晚報》（上海），洛杉磯版，12 月。

7. 香港：《亞洲週刊》（中文版）以及主要報紙。

電視：

1. 英文：美國廣播公司（ABC）、全國廣播公司（NBC）、有線電視新聞網（CNN）、加拿大廣播公司（CBC）、WPIX（第 11 頻道）。

2. 德文：ARD 第一電視臺在其「對比」節目中播出，1997 年 2 月 11 日和 13 日，晚上九點。

3. 日文：日本電視臺、日本廣播協會（NHK）。

4. 韓文：韓國國家電視臺。

5. 中文：臺灣電視臺、傳聲電視臺、北美衛星電視臺。

6. 大陸（未知）。

廣播：

波士頓廣播電臺。

在這張統計資訊頁的末端，吳章銓還特別注明：

> 附言：由於我們掌握的資訊有限，如果您知道除上述之外的其他宣傳資料，請幫我們提供一份影本，至少要注明來源、日期和頁碼等。

6、上書南京官方　守護真實歷史

　　說話輕聲細語，表情大方溫和，從不做作的邵華與性格外向的我，很自然地成為相互信任的朋友。有了微信之後，更是家長裡短，日常聯繫不斷。因為幫忙採訪與共同追尋史料，我們幾乎每天聯繫，我發現，為人和善的邵華其實性格剛直。

　　2017年12月11日，《大公報》A6整版刊發「南京大屠殺八十周年祭」新聞專題《美華人千里追尋《拉貝日記》》，報導還原了邵子平先生等一批海外愛國華僑歷盡艱辛，終於找到並最終促成《拉貝日記》向全世界公開的經過。其中，首次採訪、報導了戴克牧師受邵子平之托，歷時二至三個月的力勸，才最終說服了拉貝外孫女萊茵哈特夫人「同意把日記拿出來公開」，並且是在戴克牧師的擔保下，萊茵哈特夫人才答應邵子平的邀請，親自赴紐約作為證人出席新聞發佈會。

　　我採寫的報導，使得促成《拉貝日記》公開的關鍵人物德國牧師戴克第一次被世人所知曉。在《大公報》報導之前，海內外所有關於《拉貝日記》尋找、發現與公開的各種報導中，戴克牧師在公開《拉貝日記》中的關鍵作用從未被發現。

　　戴克牧師在接受邵華替我對他的採訪時提出一個要求：南京出版的《拉貝傳》中隻字未提他對《拉貝日記》公開付出的艱苦努力。為詳盡記錄歷史，戴克希望如果《拉貝傳》再版，能將他為公開《拉貝日記》的辛苦付出與貢獻補充進去。

　　我當然認為這個要求不過分，認為對補充歷史也很重要，就一口答應下來。完成對戴克牧師的採訪後，邵華特別鄭重其事地提醒過我。

　　2017年的南京大屠殺死難者國家公祭的專題報導，我做了三個整版專題，形成系列專題報導，《美華人千里追尋《拉貝日記》》是這個系列報導中的壓軸。知道李慶義副總編對這組專題報導很滿意，我則鬆了口氣。

　　2018年1月，我著手兌現對邵華的承諾。我從在江蘇省檔案館工作的戰友

那裡要來《拉貝傳》作者的聯繫方式，按照工作習慣，在與該作者聯繫之前，我先上網查詢與其相關的背景資料。卻意外發現關於《拉貝日記》的尋找，出現了一個與我的報導內容完全不同的版本。

2013年10月26日，該作者在個人新浪博客中轉載了一篇接受記者專訪的報導，題目竟然是《是她讓拉貝日記重見天日》。

我很驚訝，南京市檔案館一位原工作人員在民國歷史檔案中發現了與拉貝有關的資料，1988年12月，在《南京史志》上發表了題為《南京淪陷期間一位德國友人拉比》[01]的文章。1995年6月22日，以《一個可敬的德國人與南京的生死緣》題為題，在《揚子晚報》上發表了介紹拉貝的文章。

報導中，該工作人員對採訪她的某省廣播電臺記者說：「寫了文章以後，後來張純如到南京來知道了這個之後，就找到了他（拉貝）的家屬，他的家屬就決定把這個日記公開。」

《拉貝日記》的重現已經完全成為其個人的功勞。

接通該作者的手機電話，我首先轉告了德國戴克先生的建議，儘量以平和的語氣指出，其在個人博客中轉載的接受記者採訪的表述與我採訪到的歷史事實不符合。但其卻固執地認為當年張純如來南京，時任侵華日軍南京大屠殺遇難同胞紀念館館長朱成山「應該會」將發表在《揚子晚報》上提到《拉貝日記》的文章提供給張純如。她認為張純如正是從自己的文章裡獲取《拉貝日記》的線索，從而去尋找拉貝後人。

1995年，邵子平提示張純如尋找拉貝

歷史是由一個個真實的細節拼接組成。歷史真相在不斷出現新的細節補充下越來越清晰。

01　《南京史志》1988年（總第31期），《南京淪陷期間一位德國友人拉比》，頁10-11。

2023 年 5 月，邵子平整理舊物發現幾封張純如與他的往來電子郵件列印件，直接寄給我。我將這些英文郵件逐頁掃描，再翻譯成中文。

　　對比邵子平的回憶，1994 年 12 月，美籍華裔女作家張純如聯繫他，請他幫助收集南京大屠殺的史料。

　　「尊敬的邵先生：感謝你寄給我南京大屠殺中文和日文文獻來源的副本。你知道我如何能獲得中國大陸、臺灣和美國的倖存者名單嗎？」1994 年 12 月 7 日凌晨一點十二分，張純如向邵子平發送郵件，她寫道：「我也很好奇，想知道南京大屠殺的肇事者中是否還有人活著？對前日本士兵的採訪可以為南京大屠殺的歷史增添新的維度。我不會讀日語，所以我不知道是否有日本學者已經研究過南京事件的資料？你知道關於這個主題最好的日本學術著作有哪些好的英文翻譯嗎？」

　　對張純如為寫書記錄南京大屠殺史而求助「聯合會」，邵子平分外熱情。他對我說：「我們多次建議唐德剛、吳章銓等歷史學家能將南京大屠殺歷史事件用英文敘事寫書記錄，但他們實在精力不濟。一聽張純如要來做，我們當然高興，非常歡迎！」

　　1994 年 12 月 22 日，張純如在郵件中給邵子平發去自己準備去華盛頓及紐約查閱有關南京大屠殺歷史的資料行程計畫，計畫中的旅行時間安排集中在 1995 年 1 月。張純如寫道：「如果你有任何朋友可以在華盛頓、紐約或紐哈芬市（最好是在國家檔案館和耶魯大學附近）為我提供客房，請儘快告訴我。」

　　「Dear Iris（張純如的英文名），總的來說，我欣賞你的主動接近我們的想法。我和我們『聯合會』談過了，我們很高興你能在南京大屠殺歷史研究上與我們合作。」邵子平在 1994 年 12 月 23 日回覆張純如的郵件中寫道，「崔明慧是一個非常有趣的人，她是紐約大學電影研究生院主任，我們的導演，但她沒有從事文獻研究。主要是湯美如積極尋找美國傳教士的檔。我們『聯合會』的吳章銓博士（哥倫比亞大學）研究了哈佛燕京圖書館和耶魯大學圖書館的資料。一些參考資料和材料是在耶魯大學，耶魯神學院圖書館不僅僅有貝茨、福斯特等，威爾遜博士的檔案也在，湯美如和吳博士都沒有用盡。我們有一個關

於南京國際安全區的資料清單，是傳教士的參考資料，你可以根據清單親自去查閱。因此你的行程可能會改變。我會為你尋找住宿。」

「謝謝你的兩封郵件。我們欣賞你的想法和努力，因為到目前為止，你似乎是第一個對這段歷史感興趣的年輕一代作家，即抗日戰爭：1931-1945 年，特別是南京大屠殺。大多數老一輩歷史學家來自冷戰時期，他們專門研究中華人民共和國或舊中國。」1994 年 12 月 28 日，邵子平發郵件回覆張純如。他積極提供幫助，寫道：「你有南京國際安全區委員會成員傳教士的名單嗎？如果你需要，我可以傳真給你。我擔心你的財務狀況，因為你要飛來飛去獲取資訊，我們會嘗試從華盛頓的朋友和耶魯大學那裡找到住宿機會。」

1994 年 12 月 29 日，張純如回覆郵件給邵子平：「尊敬的邵先生，我沒有南京國際安全區傳教士的名單，如果你能傳真給我，我會很感激。關於我的財務狀況：不要為這次旅行的機票擔心，因為我已經積累了大量的飛行里程，所以這次旅行機票是免費的，唯一緊迫的事情是在紐約、華盛頓、紐黑文獲得住房。如果你能找到願意接納我的人，我可以在出發前通過電話與他們聯繫。」

張純如母親張盈盈在 2006 年 5 月 12 日寫給邵子平的郵件中說，「尊敬的子平，我清楚地記得 Iris 告訴我關於你的事。Iris 還告訴我，你是如何幫助她的，讓她住在你的家裡，讓她用你的車去耶魯圖書館，以及你們倆是如何討論南京大屠殺的，等等。」

1995 年 1 月，張純如在紐約的三周時間內，就住在邵子平家裡，每天開他的車往返耶魯大學圖書館查詢資料。邵子平特別提示張純如，「南京大屠殺期間有一個德國人叫拉貝，我們要想辦法找到這個人。」

1991 年 7 月 12 日，邵子平在紐約馬吉牧師的兒子大衛·馬吉家中地下室找到了馬吉牧師的電影片膠片。「我們把默片都看了一遍，盒子上寫了跟南京大屠殺有關係的 [02] 我們就放到一邊，跟他宗教活動有關係的我們就擺在外面，和南京大屠殺有關的部分加起來總共大約卅七分鐘。」

02　包括後來在南京大屠殺難民區裡面舉行宗教活動的部分。

邵子平在馬吉牧師的遺物中發現了約翰·拉貝的線索。「在整理約翰·馬吉的遺物時，我們發現了馬吉與約翰·拉貝有關的來往信件。因為這一線索，大約在 1993 年，我獨自去歐洲旅行，特地去德國北部調查過約翰·拉貝的下落，但是沒什麼頭緒。我還找來德國柏林的電話本想碰碰運氣，一看有五六十個拉貝，就亂打了幾個電話，沒有什麼用處，也不曉得到底哪個拉貝是我們想找的，所以這是不得已的方法。」

邵子平說，張純如在 1995 年 1 月來他家之前並不知道拉貝。

2022 年 3 月 6 日，我特別請教了 1995 年陪同張純如在南京採訪廿餘天的江蘇行政學院教授楊夏鳴老師，他告訴我，張純如的中文水準很弱，只能說最簡單的句子，複雜的都需要用英文表達，她基本不能閱讀中文文字。「張純如在南京時多次提到魏特琳的英文姓名，當時我第一次聽說。她也提到拉貝。」而張純如自己在《南京浩劫：被遺忘的大屠殺》書中關於獲知《拉貝日記》線索的敘述裡，沒有提及有絲毫來自南京的資訊。

為穩妥起見，在 2018 年 2 月 28 日，我就此專門發微信向侵華日軍南京大屠殺遇難同胞紀念館原館長朱成山核實，開門見山地詢問他是否在張純如來南京時將南京刊登報導拉貝的揚子晚報提供給張純如。朱成山明確回覆：「我並沒有將揚子晚報交給張純如。」

而在回憶自己在美國紐約參加邵子平等華僑舉辦的「日本證人訪美代表團」報告會上見到張純如時，大陸著名史學大家章開沅老師在其 2003 年出版的著作《從耶魯到東京》書中（五十七頁至五十八頁）[03]寫道：

「純如到耶魯神學院查閱有關南京大屠殺原始檔案期間，就住在邵家並且開著子平的車到耶魯工作。所以純如每次演講，都表示對子平的感謝。事實並非如國內個別人所說的那樣，張純如是經他們介紹以後才知道拉貝及其日記。純如與拉貝外孫女萊茵哈特夫人的聯絡，也經常得到子平的幫助，因為她不懂德文而後者英語又不地道，難以互通電話。子平在德國留學多年，又長期在聯

03　《從耶魯到東京》，2003 年，章開沅，頁 57-58。

合國工作，所以正好成為她們之間的傳媒。」

　　章開沅老師的這段敘述更印證了張純如是從邵子平這裡獲得拉貝的線索。

　　讀章開沅老師的其他文章，其中一些觀點印象很深。

　　《史學的品格》：史學的可貴品格首先是誠實，也就是人們常說的「求實存真」，離開實與真史學就失去其存在的價值。[04]

　　《參與的史學與史學的參與》[05]：真實性是歷史的生命，正如馬魯所言：「當歷史具有真實性的時候，其真實性是雙重的，既包括往事的真實性，又包括歷史學家提供的證據的真實性。」

　　《走進歷史原生態》[06]：史學的價值及其品格首先就表現為要認真看原始材料，僅僅依靠或主要靠別人利用過的「二手貨」，是難以獲致真正有價值的學術成果的。

　　「離開實與真，史學就失去其存在的價值」。為了嚴謹、細緻地還原歷史，我決定搜集、查找原始材料。我從「孔夫子舊書網」上買到了 1988 年 12 月《南京史志》總第卅一期，又欣喜地在書櫥裡發現自己不知什麼時候買的《拉貝傳》。

　　我一字一句仔細閱讀《拉貝傳》，推敲相關章節，試圖在多條線索中分析查找，以尋求客觀公正的結果。

　　1988 年 12 月，《南京史志》總第卅一期上發表了題為《南京淪陷期間一位德國友人拉比》，重點敘述民國政府援助回國後窮困潦倒的拉貝史實，文中在大陸首次提到拉貝有日記。此後，於 1995 年分別在《上海檔案》、《揚子晚報》上刊文，文中也提到拉貝有日記。

04　《尋夢無痕：史學的遠航》，2011 年，章開沅，《史學的品格》，頁 8。
05　《尋夢無痕：史學的遠航》，2011 年，章開沅，《參與的史學與史學的參與》，頁 17。
06　《尋夢無痕：史學的遠航》，2011 年，章開沅，《走進歷史原生態》，頁 18。

該作者在 2002 年 12 月出版的《拉貝傳》第十章「永遠的回聲」第三四二頁[07]中寫張純如是於 1996 年 4 月在耶魯大學查找當年在華教會資料時，發現拉貝。這個細節明顯有誤，根據張純如著《南京浩劫——被遺忘的大屠殺》第九章「倖存者的命運」[08]中記錄：令我吃驚的是，馬沙·比奇曼立刻就回信了，在經歷了一連串的好運後，她已經找到了拉貝的家人。「我很高興，我能幫助你，這並非非常困難，」她在 1996 年 4 月 26 日寫道：「首先我給巴伐利亞的米勒（Muller）牧師寫信，他收集了所有曾在中國的德國人的下落。幾天前，他打電話給我，告訴我約翰·拉貝之子奧托·拉貝博士（Otto Rabe）和他的妹妹馬格雷特的名字。」馬沙·比奇曼在信中還附了拉貝在柏林的外孫女耳舒拉·萊因哈特（Ursula Reinhardt）寫給我的短信。

1996 年 4 月，張純如已經找到了拉貝外孫女萊茵哈特夫人，而非在《拉貝傳》中認為的張純如「於 1996 年 4 月在耶魯大學查找當年在華教會資料時，發現拉貝。」

在《拉貝傳》第三百四十一頁上，作者清楚地寫著「介紹拉貝文章發表後，似乎並未引起國內外人士關注」，「雖然《揚子晚報》發行量高達一百萬份，《上海檔案》在美國《讀者文摘》上備有摘要和索引，但未必引起人們注意而去追蹤《拉貝日記》的下落。」[09]

2018 年 2 月 19 日，我在北京採訪邵子平先生時，再度核實此事。邵子平先生明確說，他不知道《南京史志》，也沒有看到《上海檔案》，根本沒有從相關文章中獲取有關《拉貝日記》的線索。

我致電南京市檔案館相關部門瞭解，對方卻強硬表示「你自己去考證」。

歷史真相究竟是什麼樣？與南京市檔案局的溝通路徑顯然已經走不通，我理所當然地將守護歷史真相視作記者的社會責任擔當。無奈之下，2018 年 3 月

07　《拉貝傳》，2002 年 12 月，第十章「永遠的回聲」，頁 342。
08　張純如著，楊夏鳴譯：《南京浩劫——被遺忘大屠殺》，北京：東方出版社 2007 年版，頁 250。
09　《拉貝傳》，2002 年 12 月，第十章「永遠的回聲」，頁 341。

2日，我給時任中共南京市委主要官員寫情況反映，期待對方能「撥亂反正」。我在報告中列舉了自己查找到的所有事實，圖文並茂地寫道：

「南京市相關人士自2013年起，將自己視作《拉貝日記》被發現的關鍵因素，不僅據此接受媒體採訪時不符合事實的突出自己，還多次撰文公開發表，違背了歷史真相，請南京市委予以關注並糾正。」

「經多方瞭解、核實，我們認為，《拉貝日記》能重見天日，海外愛國華人為此付出了不可替代的卓越貢獻，應尊重他們的付出，更要尊重歷史原貌。」

這份報告雖有南京市委批示，但最終不了了之。

我也認真地向南京一些歷史學者反映，希望他們能站出來還歷史真相。但遺憾的是，他們都避而不答。

我無奈地發現，自己已被「逼上梁山」，如果要證明張純如是從邵子平處獲得拉貝的線索，並非是從南京得《揚子晚報》上獲得拉貝的資訊，僅僅有戴克牧師的公證書證明還不夠（南京檔案局不認），我需要找到更有力的證據。

7、邵子平：我太想要大陸身份證

2024 年 7 月 20 日，我回北京休假。恰巧，臺灣學者林深靖與鐘秀梅夫婦也在北京，我們約好一同前往位於昌平的泰康之家·燕園，看望邵子平先生。

還真是「他鄉遇故知」，邵子平見到臺灣來的老朋友格外興奮，神采飛揚地對深靖夫婦描述自己的旅遊計畫。他說：「想去新疆旅行」，又說：「也想去西藏看看。」

而在六年前，邵子平第一次見到我，就滿臉無奈地訴說，因沒有大陸身份證，在中國大陸旅行，買高鐵票得去高鐵站排長隊，住宿只能選價格昂貴的涉外酒店。

時間倒回至 2018 年初。完成了《大公報》報導尋獲與公開《拉貝日記》的新聞專題，我猶豫是否採寫關於尋獲馬吉影像的稿，因為同類報導早已鋪天蓋地。但不論如何，我得見一見邵子平。

2018 年春節很快來臨，電視新聞裡，全國各地車站、機場裡，心急火燎回家過年的人們擁擠在螢屏上。我回到北京家中，與已從美國回到北京的邵子平約好在 2 月 19 日見面。

邵子平居住在北京東城區東廠胡同東廠北巷的一棟居民樓裡，是絕對的黃金地段。2018 年 2 月 19 日上午，兒子田之禾提著一大盒山野珍品，跟著我專程去拜年。

邵子平家在一層。按響門鈴後，來開門的正是邵子平。雖然與邵子平是第一次見面，但我們已經有過多次電話、微信與郵件的往來，也看到他的照片，沒有陌生感，我們直接進入熟人模式。

時年八十二歲的邵子平除了聽力下降，要用助聽器之外，身體硬朗，腰板筆直，嗓音洪亮。他身穿一件深灰色西服，西服內是黃格子襯衣套一件淺灰色羊毛開衫，下巴上蓄了一圈鬍子。

他夫人羅其雲特意為我們現榨了兩杯沙棘汁，不住地問「酸不酸？」她說

沒放糖，因為要保證「原汁原味」。

夫妻倆拿出一摞數十年前在美國的舊照片，一張張解釋著。「這是唐德剛，大歷史學家，他是我們『聯合會』的精神導師」。「這張有張純如，那個時候，張純如多漂亮，意氣奮發！」

那天上午，邵子平用三個小時對我們詳細敘述了卅年前他與在美國的夥伴們尋找馬吉影像的往事。他特意找出 1991 年他們在美國找到馬吉影像後拍攝成兩部成紀錄片的錄影帶，展示給我們看，田之禾用專門攜帶的相機不停地抓拍邵子平講述的鏡頭，其中一張照片後來被多家媒體採用。

1988 年 5 月，唐德剛、楊覺勇、吳天威、邵子平、陳憲中、姜國鎮一批華裔熱心人士在紐約籌備創立了「對日索賠同胞會」，立志要為被侵華日軍殺害與傷害的無辜同胞向日本政府討回公道。

「這是我們的第一個會（『對日索賠同胞』）。在我們開會的時候，有位老華僑問我們『你們是誰啊？你們怎麼可以來索賠？』然後說：『你們要問日本要多少錢吶？那錢拿到的時候是怎麼分啊？』」邵子平一邊說，一邊無奈地搖搖頭。「我們被他們問得不耐煩了，就想算了，別叫『索賠會』了，而且『索賠會』題目太大了，我們具體一點，後來就改成『紀念南京大屠殺受難同胞聯合會』」

我特意帶去了 2017 年 12 月 11 日刊發尋找《拉貝日記》新聞專題的《大公報》送給邵子平。邵子平展開報紙，一邊看一邊說：「公開《拉貝日記》，可以說是戴克跟我兩個人共同努力，我從美國給他打長途電話打了多少個啊！」邵子平感慨道：「戴克是牧師，他與拉貝的外孫女更好對話，⋯⋯戴克在給我的郵件中用德文寫過一句話，就是邵子平想了一招，送機票把萊茵哈特夫婦倆從德國請到紐約來，要向全世界的媒體公開這個事情。」邵子平顯然很滿意自己當年的出色安排，「萊茵哈特夫婦從來沒有來過紐約，這對他們也是很新奇的事情。」

1996 年 12 月，應「紀念南京大屠殺受難同胞聯合會」的邀請，萊茵哈特夫婦抵達紐約，住在邵子平家裡。羅其雲補充道，「我特別去商店裡買了全新

的床單被套，全家很隆重地招待他們。」

「德國人非常重感情。後來，我們過一年後去柏林，萊茵哈特夫人就安排我們住她家，給我們訂好柏林交響樂團的票。吃飯、住宿全都安排好，晚上送我們去聽音樂會」。「他們是把我們當成朋友了。觀看柏林交響樂團演出，真不錯！我們的座位排在那麼前，可你就坐在那打呼嚕，真不好意思！他太累了。」羅其雲回憶著，數落邵子平在劇院裡睡覺。

「那些日子我實在太累」，邵子平哈哈笑著解釋說：「萊茵哈特夫婦去美國參加了記者會，他們認為是做了一件很有意義的事情，那段時間跟我們這邊非常配合。」羅其雲評說：「有人說西方人很寡情，其實不是。他們按照認定的原則在做事情，一旦把道德的相互認同建立好之後，就會這樣走下去。他們離開紐約後，我們一直有聯繫。」

我特別向他們說起南京檔案館發表在1988年12月《南京史志》、1995年《上海檔案》、《揚子晚報》上關於提到《拉貝日記》的文章，邵子平明確表示他完全不知道這些雜誌與報紙，也沒有看到過這些文章。

我將《南京史志》的那篇文章裡關於《拉貝日記》的句子念給邵子平聽：「拉比每天奔走向日本領事館抗議，提交日軍暴行的詳確報告，呼籲制止暴行。他還秘密將日軍種種暴行攝入影片，將所見所聞詳細記載於日記中。」

「這幾篇文章主要是講民國政府對拉貝一家的贊助，並沒有重點突出日記」，邵子平仔細讀完全文後認為，「包括《拉貝日記》，包括馬吉牧師影片，我們都只能說是重新發現。為什麼？因為曾經有關於拉貝的事情，民國政府後來送奶油麵包給拉貝，那個報導早就有了。」邵子平認真地分析，「對拉貝在南京所做的事情，那個時候是不是知道有日記？即使知道有日記，只是很簡單的二句話、五句話、八句話記一天？而不是現在他在日記裡面一天就記了兩、三頁，四、五頁了，還那麼詳細地畫了圖。」

「大部頭的日記是我們在紐約第一個看到。當然了，萊茵哈特夫人是知道的，但他們在德國沒有傳播過。萊茵哈特夫人說了，她外祖父特別交代過，這些日記只能給家裡人看，不要給外人看。」

三個小時的時間裡，我重點採訪了關於馬吉影像尋找過程的細節。

接近中午，邵子平用手機接聽了一個電話，是銀行打來的，通知他憑中國護照辦不了銀行卡。

邵子平顯然是火爆性子。他「呼」地站起身，拔高音量，將手機緊貼在耳畔，與對方激烈辯論，在屋裡疾步來回。掛掉電話後，原本溫和的氣氛驟然轉寒。

邵子平氣呼呼地對我解釋，他母親有一筆遺產，想捐贈給家鄉浙江的教育事業，可他因為沒有中國大陸的身份證，只有護照，無法辦理銀行卡，已經先後跑過多家銀行，都沒有辦法辦卡，致使他迄今無法完成母親的遺願。

「昨天還在銀行跟人吵架」，沒有身份證，交通出行、就醫看病困難重重，連「支付寶也用不了」。坐在沙發上的羅其雲滿面愁雲。

1973年，在聯合國總部工作的邵子平從中國駐紐約總領館申領了中華人民共和國護照。1996年，邵子平從聯合國退休，2003年定居北京。

邵子平說，他非常喜歡在中國大陸生活，辦理一張中華人民共和國居民身份證成為他最迫切的嚮往，為此他多次跑派出所、僑辦。「北京員警說：『你出生在南京，得去江蘇辦』」，「我到南京找僑辦，找公安局，卻說我不符合條件」，「前後試了四、五年」都沒辦成，失望令耄耋之年的邵子平重重地歎息：「我的鬍子已經全都白了！」

因為沒有身份證，外出旅遊住酒店「只能住貴的」，「買火車票得去車站排長隊⋯⋯」，邵子平一一細數沒有身份證帶來的磕磕絆絆。大陸的商場、菜場、飯館等日常生活消費，電子支付已經無處不在，邵子平卻只能望洋興嘆，錢包裡得塞現金。

這個場景深深觸動了我。我想，這樣一位可敬的老人，南京大屠殺最關鍵的證據「馬吉影像」與《拉貝日記》都是他一個人找到的，對歷史有這麼大的貢獻，可是卻連中國大陸普通公民的生活便利都沒有。

就在那一瞬，我決定竭盡全力為邵子平辦理中國大陸公民身份證。

8、香港《《文匯報》》王國辰的信任

「2018 年 3 月的一天，晚飯後我正在散步，接到陳旻電話，說有一個獨家報導的專題跟我講一下，是關於南京大屠殺《拉貝日記》的發現者尋找大屠殺直接證據《馬吉影像》過程的。接著她較詳細談了大致內容和報導設想，問我《文匯報》是否可以做。我當即回答，可以！」時任香港《文匯報》中國新聞編輯部主任王國辰清晰地記得尋找馬吉影像發生的初始細節。

2016 年 1 月，我供職了十二年的香港《大公報》與香港《文匯報》合併為香港大公文匯傳媒集團，當年 5 月，大陸機構完成合併，作為集團駐地記者站，我們同時承擔向香港《大公報》和香港《文匯報》供稿的工作任務。這兩張報紙受眾定位各異，對稿件的要求與文字風格亦不盡相同。同時為這兩張具國際影響力的綜合性大報供稿，於我是全新的挑戰。

日常頻繁的稿件往來，香港《文匯報》編輯部與江蘇記者站很快建立了相互信任。

至 2024 年，集團成立已經整整八年，王國辰已升任為香港《文匯報》副總編，正是他對我的信任在為南京追回「馬吉影像」卅七分鐘「一寸盤」的過程中也起到了關鍵作用。

怎麼樣才有可能為邵子平辦理南京身份證？我想，已經有了《大公報》報導邵子平找到《拉貝日記》的貢獻，我再寫他尋找馬吉影像的新聞專題，我拿著這兩張報紙去找南京市官員，豈不更有說服力？

我將自己的設想與王國辰主任溝通，希望這篇「馬吉影像」的新聞專題能在清明節前刊發。

2018 年 3 月 12 日，我給《文匯報》總編室發去新聞專題申報：

《美國傳教士馬吉影像湮沒四十三年被愛國華人追尋重現卅七分鐘影像重現南京大屠殺（標題暫定）》（一個全版）

執行、策劃：陳旻

連絡人：陳旻

交稿時間：3月下旬。計畫在今年清明前夕配合南京大屠殺倖存者家祭報導時刊出。

擬申請：中國新聞專題

擬採訪的對象：華僑邵子平、陳憲中、世界日報魏碧洲，侵華日軍南京大屠殺遇難同胞紀念館、南京日報記者等。

簡要說明：

1937年12月，美國牧師約翰·馬吉在南京拍攝了侵華日軍南京大屠殺受害者們的近景影片，這些膠片成為留存至今的唯一記錄南京大屠殺的動態畫面。1948年，由於冷戰期間美國的政策需要有利於日本重建，南京大屠殺真相被完全封凍。

1988年，美國一批愛國華人先後成立「對日索賠同胞會」和「紀念南京大屠殺受難同胞聯合會」，在西方徵集南京大屠殺有關資料。

在「紀念南京大屠殺受難同胞聯合會」創會會長邵子平先生的輾轉執著追尋下，1991年7月，他在馬吉牧師的次子大衛·馬吉從家中地下室裡存放的父親遺物中，找到了其父當年拍攝的膠片和那臺十六毫米攝影機，使得記錄日軍南京大屠殺暴行的唯一動態影像的原始膠片及其拍攝工具被發現，這成為南京大屠殺證據搜集歷史上的一個里程碑。

在目前所有的新聞報導中，對1991年海外華人是如何追蹤並發現馬吉電影原片的歷史過程未曾有過任何報導，而對馬吉電影中有關南京大屠殺的內容放映長度達一百零五分鐘的報導（紀念館認為一百零五分鐘不實，因為南京獲贈的馬吉膠片只能放映十七分鐘。但目前仍被媒體引用。）與真實情況並不相符。

目前，侵華日軍南京大屠殺遇難同胞紀念館保存的馬吉電影放映時長為

十七分鐘。

記者在採訪中，發現不僅重現當年找到馬吉電影的歷史過程值得獨家報導，同時，積極鼓勵與協助當事人找出當年篩選後製作成的卅七分鐘內容保存檔或錄音帶，捐贈給南京紀念館。

迄今的一個月內，已採訪了邵子平先生、南京日報記者、南京紀念館等，正在設法聯繫採訪在美國的「紀念南京大屠殺受難同胞聯合會」第二任會長陳憲中先生等知情者。聯繫美國世界日報找到了當年的報導。

擬通過紮實的採訪，盡可能詳盡還原廿七年前海外華人重新發現南京大屠殺關鍵性鐵證的歷史，以及馬吉電影被重新發現的曲折過程。

主稿：（標題未定） 內容：一千字

配稿1：與日本記者賽跑 （標題暫定）七百字

配稿2：據馬吉膠片拍攝三部電影送聯合國外交代表團每人一份 震撼歐美（標題暫定）七百字

配稿3：日媒「每日放送」重金購買遭拒（標題暫定） 六百字

配稿4：馬大衛成為「聯合會」鐵杆盟友 揭大屠殺真相 五百字

圖片：八至十張，有1938年5月美國《生活》雜誌刊登的截至馬吉電影中的南京大屠殺受害者畫面、美國紀念南京大屠殺受難同胞聯合會舉辦活動的資料照片、紀念館展出的馬吉當年使用的攝影機與膠片等。

注明：尚未完成全部採訪，會特別注重報導未曾披露的新聞事實。

2022年3月9日，我在北京江蘇大廈，順著回憶，寫到這部分時，我找出當時發給香港《文匯報》的新聞專題申報，粗粗瀏覽了一遍，忍不住驚訝，

我撥通邵子平的電話，我們共同回憶那些日子。

我說，那個時候，我在專題申報中就寫了「目前，侵華日軍南京大屠殺遇難同胞紀念館保存的馬吉電影放映時長為十七分鐘。」我一字一句讀給他聽：

「記者在採訪中，發現不僅當年重現找到馬吉電影的歷史過程值得獨家報導，同時，積極鼓勵與協助當事人找出當年篩選後製作成的卅七分鐘內容保存檔或錄音帶，捐贈給南京紀念館。」

「我還真是高瞻遠矚啊」，我向邵子平自誇道。如今，卅七分鐘馬吉影像「一寸盤」真的被找到而且已在 2019 年被捐贈給南京。我對邵子平說：「其實，那時，我對能否找到卅七分鐘膠片或錄音帶一點把握都沒有，專題申報之所以這麼寫，是希望能得到編輯部的重視，同意刊發這個新聞專題。」馬吉影像被發現已事隔廿七年，不能算是新聞。我當時的目的就是單純地想能為邵子平辦下身份證增加「籌碼」。

可是，王國辰卻不假思索，直接完全信任了我。「尋找卅七分鐘馬吉影像已不屬於記者職業工作範圍，但是其價值和意義，要遠遠大於一個通常意義上的記者工作的價值。」王國辰熱情鼓勵我：「歷史就這樣被你一點點打撈起來。」

2018 年 3 月 13 日，我收到香港《文匯報》發回的專題批復：

同意此專題申報，做一個版「中國專題」。來稿字數請控制於三千五百字內。此專題由中國新聞部跟進，請直接與中國新聞部對接。

來稿請注明「專供《文匯報》」。

總編室　2018 年 3 月 13 日

「我便毫不猶疑地答應了，讓她儘快按流程提交專題申報。她的申報件發來後，我們第一時間作了批復，同意她做一個整版的專題報導。報導於清明節

前 4 月 3 日刊出後，我們跟陳旻講，此後關於卅七分鐘馬吉影片的一切進展，都要做跟蹤報導。」2024 年 12 月 13 日，王國辰回顧敘述道：

有這樣兩點考慮：

其一，日本國內一直有一些政客否認侵華歷史，特別是近十幾年來隨著極右勢力崛起，軍國主義死灰復燃，他們通過修改教科書等手段，不斷篡改、歪曲、抹殺歷史真相，拒不承認南京大屠殺，甚至美化日冠的侵略罪行，可謂是濁浪排空，甚囂塵上！在這樣的背景下，尋找更多的日冠屠城鐵證，捍衛歷史真相更顯得意義重大。邵子平老先生等人做了這樣的事，找到了關於南京大屠殺的唯一動態影像證據馬吉影片，我們作為愛國愛港媒體，便有責任把尋找者的故事報導出來，傳播出去。我們認為，記錄尋找歷史真相過程本身，也是歷史真相的一部分。

其二，陳旻談到，她希望通過我們報紙報導邵子平的事蹟，鼓勵並協助邵先生找出卅七分鐘的馬吉影片並促成其捐給南京遇難同胞紀念館，這件事情更是於國於民於南京功莫大焉。我們的記者都有這樣的正義感、責任感，編輯部又有何理由不支持呢！

9、發現「馬吉影像」卅七分鐘線索

我是在什麼時候發現紐約曾存在馬吉影像卅七分鐘膠片，而南京現有的馬吉影像時長只有十七分鐘？

這是一個關鍵性問題。

時至今日，對此，邵子平還是會不住地反覆感慨：「我真沒有想到南京只有十七分鐘（馬吉影像）！我一直以為我們當年的發現（卅七分鐘馬吉影像），南京早就有了！」1991 年 7 月 12 日，邵子平從大衛·馬吉家的地下室裡找到十三本馬吉影像小卷膠片後，同年 8 月 2 日，「聯合會」在紐約召開了新聞發佈會。之後，「聯合會」以卅七分鐘馬吉影像為素材，籌款拍了兩部歷史紀錄片《馬吉的證言》和《奉天皇之命》。邵子平以為，當年，他們找到的與南京大屠殺相關的馬吉影像全部畫面早已大白於天下。

2017 年 11 月 21 日，劉燕軍發給我兩個檔，一個是章開沅老師的著作《從耶魯到東京》一書的 PDF 版，還有一篇是邵子平的學術論文《約翰·馬吉拍攝的南京大屠殺紀錄片》。

邵子平撰寫的這篇論文刊登在中國《抗日戰爭研究》1992 年第四期。中國學者翻譯的這篇文章成為我瞭解馬吉影像的重要線索。

在這篇文章裡，邵子平粗線條地記錄了自 1990 年 12 月下旬起，「聯合會」在美國尋找「馬吉影像」的經過，在「馬吉的家庭影片拷貝」這段，他寫道：

「大衛·馬吉給聯合會提供了有價值的帶有鏡頭說明目錄的十三本家用拷貝。……這些膠片通長卅七分鐘，比其他所有版本都長——例如，費奇的版本只有十一分鐘。儘管已有五十三年歷史，但品質極優。可以肯定地說，在其他所有版本中的所有鏡頭都可以在馬吉的家用版本中找到。」

這段敘述成為我確定 1991 年邵子平在大衛·馬吉家中找到的馬吉影像有卅七分鐘的關鍵依據。

2018 年春節拜訪了邵子平夫婦之後，我就投入精力完成關於尋找馬吉影像

新聞專題的採訪。邵子平積極配合，他將「聯合會」的前任會長陳憲中、現任會長姜國鎮的手機號碼與微信都發給我。

魏碧洲在 1991 年是美國《世界日報》紐約時政記者，他曾深度介入並積極追蹤，連續大量報導「聯合會」尋找馬吉影像的成果，如今他已成為《世界日報》的副總編。我們約好了電話採訪時間。

2018 年 3 月 7 日，我發微信詢問劉燕軍：

> 劉老師，您好！
>
> 有個問題請教您：目前紀念館收藏的馬吉影像有幾部？分別時長？來源？
>
> 邵老師對何時找到馬吉影像的時間已經忘記，我們正在艱難地回憶，他也在聯繫《世界日報》尋找當年的報導。

劉燕軍當即回覆：時長十七分鐘吧

他兒子（大衛·馬吉）帶來四盒，未經核實，時長對的。

但是劉燕軍同時又說：「邵先生找到片子應該是九十年代初期，邵先生手頭的影像據說達到廿多分鐘。不過又聽說查不到放不出來了。」

我告訴他：「邵老師當年找到的時長卅七分鐘。」

「卅七分鐘都能放出來嗎？」

「劉老師，您好！下午諮詢邵先生了，他說卅七分鐘都是能放映的。」

關於目前海內外有公開記錄的與南京大屠殺相關的馬吉影像總時長，出現幾個不同的版本：

1. 2014年12月11日，《南京日報》刊發題為《南京日報記者說服大衛·馬吉捐贈攝影機和膠片的幕後》的報導中寫道：七十七年前侵略者在南京大屠殺期間，一位名叫約翰·馬吉的美國傳教士，參與救援了面臨被屠殺的中國人的國際行動，並冒險用這臺攝影機拍攝了一百零五分鐘膠片。這些真實的鏡頭，是留存至今的有關侵華日軍南京大屠殺的唯一動態畫面，也為遠東國際軍事法庭審判日本戰犯提供了最有力的證據。

2. 美國《世界日報》1991年8月3日刊發的《南京屠城 鐵證加一　美國傳教士拍下日軍暴行 馬吉約翰版本紀錄影片重現》報導中，記者魏碧洲寫道：致力於收集彙編日軍戰時暴行的「紀念南京大屠殺受難同胞聯合會」，二日在紐約舉行記者會，正式介紹由當年中國傳教士馬吉約翰（John Magee）親手拍攝的一千零廿呎珍貴紀錄片。……這卷長達一小時的錄影帶是馬吉約翰當年所拍攝的四卷膠片之一，經聯合會與馬大衛接洽後翻拍而成。

3. 邵子平在《約翰·馬吉拍攝的南京大屠殺紀錄片》文章中記載的「這些膠片通長卅七分鐘」。

4. 據邵子平在《約翰·馬吉拍攝的南京大屠殺紀錄片》論文中記載：1938年1月，南京安全區委員會的總幹事喬治·費奇冒著極大的危險把馬吉教士的膠片的第一部分從南京偷帶到上海，製作了四部正片拷貝，時長十一分鐘。

中國大陸很多媒體關於馬吉影像的報導中，廣泛採信了一百零五分鐘，如2014年12月11日《南京日報》的報導《南京日報記者說服大衛·馬吉捐贈攝影機和膠片》中：「馬吉在南京期間，用十六毫米家用攝影機秘密地將日寇在南京的暴行拍攝下來。他先後拍攝了四盤膠片，總時間約一百零五分鐘。」

再如，2017年12月12日，《北京日報》刊發的題為《南京血證：約翰·馬吉和他記錄日軍暴行的真實影片》報導中的敘述是：

「2017年12月12日從1937年9月最早的空襲鏡頭算起，到1938年4月，

馬吉一共在南京拍攝了一百零五分鐘的影片。其中大部分都拍攝自安全區內，特別是1938年1月之前，大大小小近卅個案例，幾乎都是在金陵大學醫院拍攝的。」

不過，《北京日報》在這篇報導裡同時表示，「幾乎在邵子平發現馬吉膠片的同時，《羅森報告》中曾被蔑稱為「鬼片」的影片拷貝，也在波茨坦檔案館最終被發現。不過，在不同地方發現的幾個版本的影片，都不是完整的一百零五分鐘，將影片與馬吉的解說詞一一對比，也可以發現影片並不完整。邵子平在《約翰·馬吉拍攝的南京大屠殺紀錄片》一文中寫道，費奇的版本只有十一分鐘，而馬吉家發現的膠片通長卅七分鐘，比其他所有版本都長。」

從南京紀念館獲知，「一百零五分鐘」的源頭出自《南京日報》。

2018年3月初，我請在南京報業集團人事處工作的同學沈怡幫忙，在該集團資料室裡找出2000年7月20日刊發於《南京日報》的新聞通訊《屠城血證在紐約》報紙，她將影本交給我。

2018年3月12日下午，我打電話向《南京日報》採寫報導《屠城血證在紐約》記者丁邦傑請教「這一百零五分鐘是怎麼來的？」丁邦傑告訴我，「一百零五分鐘」是大衛·馬吉親口對他說的。曾專赴美國採訪的丁邦傑說：「我們到他家去，他把地下室的東西（攝影機與膠片）拿出來，我們詳細問他：『膠片時間有多長？』他告訴我們『一百零五分鐘』。我用英文在採訪本上寫下他的話，再次向他本人確認，因為這是採訪中的關鍵細節。」

丁邦傑說，他特別把自己採訪本上的紀錄給大衛·馬吉看，反覆確認「一百零五分鐘」的真實性，大衛·馬吉看了說「Yes」。「我們還不放心，在華盛頓又採訪了美國獨立製片人陸達路。」丁邦傑具體介紹道，美國人陸達路專門製作歷史片，在美國很有聲譽，「陸達路在華盛頓的一家酒店接受我們採訪時說，他曾與大衛·馬吉交流，製作了歷史紀錄片《南京大屠殺》，陸達路跟我確認南京大屠殺馬吉影像有一百零五分鐘，因為他做紀錄片的基本素材是以大衛·馬吉提供的馬吉影像膠片內容為基礎的」。「他翻錄過膠片，明確告訴我們現存膠片的放映長度可達一百零五分鐘，他的採訪應該比我們更為深入。」丁邦傑表示。

採訪身在紐約的魏碧洲有點麻煩，身為報社副總編，他長年累月上夜班，每天中午一進入編輯部就得投入緊張的工作，確定報導選題、落實採訪記者、審閱稿件、看版樣等，不可能有整段時間接受採訪。

　　約了好幾回，終於，魏碧洲確定在結束夜班後接受我的採訪。他是為我考慮，因為他的凌晨是我的中午。

　　我給他發去採訪提綱：

魏副總編，您好！

我此次採訪是想在今年清明節時刊發一期關於重新發現馬吉電影的歷史經過，將海外華人為尋找南京大屠殺證據所付出的努力介紹給海內外讀者。

我把我想瞭解的問題梳理一下，列給您。謝謝！

1. 您在《南京屠殺 鐵證加一》新聞稿子裡寫道的「長達一小時的錄影帶」資訊來源是哪裡？當時的資訊來源是聯合會的新聞發佈嗎？

2. 請您回憶一下，當時在參訪過程中印象深刻的細節。謝謝！

3. 麻煩請將您當年刊發的稿件《南京屠城 鐵證加一》看稿報紙的下半部分、《南京大屠殺日本罪行錄影帶製作完成》刊稿報紙左側展開部分，以及關於《拉貝日記》紐約新聞發佈會的兩篇用稿報紙部分完整拍攝圖片發我，現在圖片只有部分，稿件不完整。謝謝！！！

4. 請您談一談對邵子平先生、陳憲中先生等熱心搜集侵華日軍南京大屠殺真相的美國華裔人士的印象，及對他們做付出努力的感受。

5. 請您回憶一下當年參加馬吉電影新聞發佈會的情況，已經報紙刊發稿件後的社會影響。

您是資深新聞人，還請多多指教！添麻煩了！

本週六中午，我恭候您。您完成工作後，請微信告知，我打您的電話。

謝謝！！！

對於1991年7月在紐約重現的馬吉影像，美國《世界日報》副總編魏碧洲記憶猶新。2018年3月18日中午十二點，他在半個小時的採訪中逐一回答了我的問題：

1991年8月2日，魏碧洲作為《世界日報》駐紐約的時政記者，參加「紀念南京大屠殺受難同胞聯合會」召開的記者會。時任聯合會會長的邵子平向記者們正式介紹他們剛找到的約翰·馬吉親手拍攝的珍貴紀錄片，並現場放映。大衛·馬吉在現場展示了父親用於拍攝這些珍貴歷史鏡頭的攝影機。

魏碧洲說，全場記者屏息觀看，放映的影片裡有半個頭顱遭日軍刀劈未死的中國百姓、後頸被日軍刀砍未斷的婦女、有十一歲、七歲遭日軍蹂躪的幼女、一名幼嬰遭日軍火燒復以刺刀戳穿、浮滿中國人屍體的池塘、面容浮腫斷腿的婦女……

「尤其引人悲憤的是，約翰·馬吉在室內遠遠拍攝到在一群人牆前，三名婦女撲跪在地，苦苦哀求日軍放掉正被帶走的男子，人牆後是日軍在槍決中國人。」

魏碧洲的回憶清晰準確，他採寫的稿件刊發後震撼美國社會，紐約唐人街無人不曉。有讀者拿著刊稿報紙說：「有這個明明白白、真真切切的史料擺在這裡，日本人想躲都躲不掉。」

「長達一小時的錄影帶」，「我如果沒有記錯的話，應該是那天記者會上在放的，但是也沒有放全一小時。邵子平說他們大概有一小時的影像，裡面也有一些教會的活動場景，但都是在中國拍攝的。」

魏碧洲確認，1991年8月2日，他在紐約的記者會上看到的，就是邵子

平他們從大衛·馬吉家的地下室裡找到的紀錄南京大屠殺的膠片彙集，他判斷「應該就是他們製作的卅七分鐘版本」。

關於侵華日軍南京大屠殺遇難同胞紀念館收藏的馬吉影像膠片來源，該館這樣記載道：

1953 年約翰·馬吉逝世後，其兒子大衛·馬吉繼承了父親遺留的拍攝日軍暴行所用的「貝爾」拍攝影機及四盤原始膠片拷貝，並將其珍藏在自己家中的地下室裡。

2002 年 9 月美國東部紀念南京大屠殺受難同胞聯合會致函本館，告知美國大衛·馬吉夫婦及該會王渝中先生一行三人，將於 10 月 1 日至 7 日赴南京，專程向本館贈送其父約翰·馬吉先生在南京大屠殺期間用以拍攝日軍大屠殺暴行的攝影機一臺，並在南京市第十二中學舉行「馬吉圖書館」命名典禮等活動。紀念館獲知情況後，立即向上級部門進行請示，組織了捐贈儀式等活動，並給予接待禮遇。

2002 年 10 月，在美東紀念南京大屠殺受難同胞聯合會邵子平先生等人的聯繫幫助下，大衛·馬吉攜夫人弗蘭西斯·馬吉，不顧年邁體弱，專程前來南京，將其父親珍藏了半個多世紀的攝影機捐贈給本館永久保存和公開展出。

10 月 2 日，在本館舉行捐贈儀式上，時任市委常委、宣傳部長王燕文出席捐贈儀式並講話，影片中南京大屠殺的倖存者李秀英、夏淑琴，與大衛·馬吉及其夫人親切會面。

10 月 3 日，安排大衛·馬吉夫婦參觀南京第十二中學，並參加該校圖書館命名為「馬吉圖書館」典禮。

應紀念館的再三懇請，2002 年 11 月，大衛·馬吉夫婦回美國後，又寄贈了保存在他家達六十多年之久的四盤南京大屠殺內容的原版電影膠片。

紀念館收到電影膠片後，委託專業機構對膠片進行維護保養，實現了影像膠轉磁。

2003 年 10 月 17 日，本館組織專家會，邀請孫宅巍、楊宗仁等一批知名史學專家，觀看並考證了這一珍貴的史料。

2007 年紀念館三期展覽改造時，約翰·馬吉十六毫米攝影機及膠片盒被展出，同時，約翰·馬吉的兒子大衛·馬吉回憶父親的紀錄片《馬吉的證言》在展廳觀影區中進行迴圈播放。

2015 年 10 月，聯合國教科文組織的世界記憶工程諮詢委員會阿布達比會議，正式確認將南京大屠殺相關檔案資料列入《世界記憶名錄》。這些檔案資料中，就包括約翰·馬吉拍攝的有關南京大屠殺的原始膠片及攝影機。

曾任侵華日軍南京大屠殺遇難同胞紀念館館長的朱成山 2018 年 3 月親口對我證實：目前該館館藏的時長十七分鐘的馬吉影像，正是他們將馬大衛捐贈的膠片，「在上海電影製片廠膠片轉成磁帶後獲得的全部影像資料」。

10、績學之士張連紅老師

在歷時兩年尋回馬吉影像卅七分鐘膠片整件事件中，國家記憶與國際和平研究院研究員、南京師範大學副校長張連紅老師的作用舉足輕重，貫穿始終。

與張連紅老師的結識，回想起來多少有點故事性。

2016 年，時任《大公報》編輯部副總編李慶義策劃了一個新聞專題，要求北京、東北與江蘇的駐地機構記者聯動，共同採寫以揭露侵華日軍在中國開展細菌戰與生化戰罪行為主題的系列新聞專題。進入採訪，我才知道，原來自己曾經工作過的原南京軍區南京總醫院竟然是侵華日軍細菌戰罪惡的歷史見證。

廿世紀九十年代初期，我在南京軍區南京總醫院政治部宣傳科任新聞幹事，時任政治部副主任楊維克在政治部會議上偶爾會提及醫院裡有「七三一部隊」（七三一部隊是日軍於日本以外領土從事生物戰細菌戰研究和人體試驗相關研究的秘密軍事醫療部隊的代稱）遺址，我們也追問過他。從他的言辭間，我們以為現在醫院裡的專修科樓當年被侵華日軍做過細菌實驗，但具體情況，沒人能說清楚。

翻閱 1994 年版《南京軍區南京總醫院院志》，在表述 1937 年至 1945 年「淪陷時期」醫院歷史時，記錄道：1937 年 11 月 25 日，中央醫院獲得分配卡車十輛和指定江輪一部分艙位，於驚惶匆遽中，將工作人員，庫存藥品器材及重要文卷開始西運。原院址由指派自願留守的事務員二人，帶同員警十人駐院留守。

該版本《院志》對以中央醫院院址為本部駐紮南京六年之久的侵華日軍秘密細菌部隊榮字一六四四部隊隻字未提。

1939 年 4 月 18 日，日本細菌戰犯石井四郎親自建立起番號為南京榮字一六四四部隊，對外公開名稱是「中支那防疫給水部」，又稱「多摩部隊」，它是侵華日軍在中國同時期建立的華北、華中和華南三大細菌部隊之一。

南京市中山東路三百零五號，是民國時期的國民政府中央醫院大門。主樓

由中國建築大師楊廷寶於 1931 年設計，建華營造廠建造，建築面積七千多平方米，是卅年代「新民族形式建築」的代表作之一。

這座大門裡面的民國建築醫院主樓，就是南京榮字一六四四部隊本部所在地，侵華日軍細菌戰實戰基地。

1996 年 7 月 31 日，廿三名日本民間愛好和平人士組成的日軍細菌戰情況調查團抵達南京，就鮮為人知的日軍榮字一六四四部隊實施細菌戰的情況進行調查取證。

7 月 31 日下午，調查團一行來到南京軍區南京總醫院進行實地取證。

南京中山東路三百零五號。走近臨街的這幢「井」字形民國建築時，看到華表、傳達室、門廊一如當年，面對眼前熟悉的場景，三名日軍老兵中的深野利雄心情再不平靜。他終於開口對跟隨採訪的南京電視臺記者說：「當時一六四四部隊總部就在這裡，我就是從這幢樓裡出入，我的工作主要是做傳染病的化驗，為日本士兵服務。」南京報業集團副總編陳正榮是當時侵華日軍老兵指認這一幕的見證者。

醫院內現在的院機關辦公樓當年是日軍榮字一六四四部隊的人體活體試驗樓。

1995 年 11 月 29 日，上海《文匯報》刊出《讓歷史事實公之於世——曾在一六四四部隊服務的美術兵石田甚太郎的證詞》，成為迄今關於榮字一六四四部隊最重要、最為詳細的證詞，也是目前關於南京榮字一六四四部隊研究的重要歷史資料。

另據日本女記者西裡扶甬子的調查，對比七三一部隊，其他細菌部隊的實況幾乎沒有查明，尤其是 1940 年以後日軍細菌武器在中國投入了實戰，南京一六四四部隊是起著細菌戰實戰基地的作用，這些情況也只是從七三一部隊派遣隊員的證言中提及。

1940 年起，侵華日軍在華中地區實施三次大規模細菌戰，即 1940 年在浙東寧波、衢縣、金華、義烏、東陽的鼠疫戰，1941 年湖南常德的鼠疫戰，

1942年浙贛鐵路線的混合細菌戰。這三大細菌戰都是由南京榮字一六四四細菌部隊主力配合哈爾濱第七三一部隊實施，由石井四郎親自指揮。浙江義烏崇山村在日軍細菌戰中遭受了毀滅性打擊。

1940年至1942年9月初，榮字一六四四部隊積極配合七三一部隊共同實施細菌戰浙贛戰役，並提供鼠疫帶菌跳蚤一公斤，在金華、衢州一帶實施了慘絕人寰的細菌戰，義烏崇山村一帶也被侵華日軍散佈鼠疫跳蚤。

1942年10月，崇山村鼠疫爆發蔓延，全村一千二百餘人在不到兩個月的時間內死亡四百零八人，四百廿一間房屋被日軍燒毀。資料顯示，正是日軍南京榮字一六四四部隊擔任了這次細菌戰的先鋒。

1997年11月5日，中國浙江、湖南兩省日軍細菌戰受害者及其遺屬108人向日本政府提出傷害損失賠償訴訟。2000年3月18日，兩省又有部分受害者加入追究日本國家戰爭犯罪的行列，要求日本政府對戰爭時期的非人道罪行予以公開道歉、謝罪和賠償。

兩起訴訟案原告的總人數為一百八十人。日本東京地方法院將這兩起訴訟並為一案，經過廿七次開庭審理後，於2002年8月27日作出一審判決，以「國家無答責」、「個人無申訴權」、「超過時效」三條理由，宣告遭受日軍細菌戰毒害的原告方敗訴。

但在證據確鑿的事實面前，東京法庭也不得不認定原告方控訴的日軍人體實驗、活體解剖以及在中國戰場實施細菌戰的戰爭罪行。

2016年9月，我專程去浙江義烏崇山村採訪了十多位侵華日軍細菌戰倖存者及其後人。

2016年9月1日下午，時年七十八歲的浙江義烏市崇山村民王基旭在村裡老祠堂接受了我的採訪，在這裡，由他祖孫三代自費籌辦的「侵華日軍細菌戰受害者專題圖片展」開展，作為「展廳管理員」，王基旭一早去打開圖文展板燈箱，打掃衛生，接待參觀者。

2005年，王基旭與崇山村的幾個老人一起，參與民間籌建「侵華日軍細菌

戰義烏展覽館」，去各個鎮一戶一戶調查細菌戰受害者，收集圖片、實物等證據，積累資料。

展覽館設在臨近崇山村的江灣上田村清代王氏宗祠內，王基旭與崇山村其他5位倖存者老人，輪流在展覽館值班。

在展廳隔壁的辦公室裡，挨牆立著一排資料櫃，玻璃櫃門全都上著鎖。我看到裡面放滿了與侵華日軍細菌戰研究相關的書，覺得對採訪會有重要幫助，迫切地提出借閱。可王基旭卻遲疑著，滿臉不捨得，支吾著說「鎖打不開了」。

我一眼瞄到一大串鑰匙就掛在他的褲腰帶上，就賠著笑臉直截了當地請他把那串鑰匙給我，「我來開」。

王基旭不好意思拒絕，很不情願地慢吞吞地把鑰匙從腰帶上取下來給我。我在他目光緊盯下，一把一把鑰匙試著開鎖，還真的逐一打開了櫃子。

其實，每一本資料書都有七、八本甚至十多本重樣的，可即便如此，王基旭還是捨不得借給我。那一刻，我內心頗不平靜，因為強烈地感受到，在這些老人心目中，他們多年收集的記錄侵華日軍細菌戰罪惡的書籍資料至關重要，是這個飽受侵華日軍細菌戰殘害的村莊最重要的歷史見證。

我再三保證用完後全部寄還給他，就差發毒誓了，王基旭才勉強點頭同意。

從崇山村借來的那一摞與侵華日軍細菌戰相關的書籍，其中一本《泣血控訴：侵華日軍細菌戰炭疽、鼻疽受害倖存者實錄》作者是李曉方。

在從義烏回南京的高鐵上，我翻開這本2005年出版的《泣血控訴：侵華日軍細菌戰炭疽、鼻疽受害倖存者實錄》，這是中國第一部專門反映侵華日軍細菌戰受害倖存者慘狀的畫冊，李曉方用了六年的業餘時間，在浙贛兩省的八百多個村莊，尋訪到了二百多位爛腿老人，寫下病歷，拍攝圖片。

李曉方做了大量細菌戰受害者的調查，填補了研究侵華日軍細菌戰炭疽、鼻疽攻擊的歷史空白。這本畫冊被日本國會圖書館收藏。

曾經多次到中國實地調查細菌戰的馬丁·弗曼斯基博士把該畫冊帶回美國。

馬丁·弗曼斯基博士為此專門撰文表示，「根據日本方面的資料，1942 年炭疽從日本的細菌武器工廠運到浙江用於細菌武器攻擊。畫冊中的照片記錄了六十多年前發生的一場反人類的醫學犯罪，很長時間以來這一罪行只有它的受害者記得。」「書中的照片是『爛腳村』一部分『爛腳病』倖存者的照片，帶來『爛腳村』名字的兩種疾病是皮膚炭疽和鼻疽。這兩種疾病的發生無疑是由細菌武器攻擊造成的。倖存者使人們看到了生化武器攻擊對人可能造成的傷害，而且為攻擊本身提供了新的證明材料。」

在作者介紹中，我發現李曉方與我曾同在原南京軍區後勤部服役，很驚訝，不過那時候我們並不相識，他在杭州療養院，我在南京總醫院，但共同的大單位（原南京軍區後勤部）卻使我們有許多共同的熟人。看到他在書中鳴謝的兩位戰友竟然都是我的老朋友，心中一喜。我當即聯繫其中已轉業在上海的葛克友，要到了李曉方的手機號碼，在高鐵上就加上了李曉方的微信。

近廿年裡，李曉方自費開展田野調查，尋訪侵華日軍實施的細菌戰、化學武器攻擊、慰安婦制度、擄日勞工、無差別大轟炸等各種罪行的受害倖存者。

奔波是他的常態。我納悶，他哪來那麼大的勁頭？完全的單兵作戰，背後沒有組織這座強大的靠山，那麼他憑什麼堅持？

這些事，都大大超出我的想像。如今，大部分當年的戰友都在安逸度日。

在我看來，李曉方已經走火入魔。不過也是，凡是能做成事的人，必須得具備異於常人的執著。

李曉方對我說，調查中他發現有許多侵華日軍細菌戰，南京大屠殺，重慶、四川大轟炸，擄日勞工等受害者和慰安婦被疾病折磨，生活在貧困之中。「他們都是弱者。戰爭中是弱者，戰爭後依然是弱者。」李曉方說：「我最後發現，如果說我的所作所為有什麼意義，最大的意義便是讓這些受難者的痛苦被更多的人知道。」

2016 年底，李曉方來南京，請我陪他一道去南京師範大學拜訪時任學校宣傳部長張連紅。「張連紅是研究南京大屠殺歷史的專家，不僅學術態度嚴謹，

更重要的是，他特別願意幫助人。」李曉方是這麼對我介紹張連紅。我想，南京大屠殺歷史研究是我們每年採訪報導的重點，迫切需要得到更多歷史專家的指導與支援。

那天中午，張連紅在南京師範大學仙林校區餐廳一個小包間內招待李曉方與我。張連紅的真誠與隨和印證了李曉方的介紹。我直覺，他對李曉方這樣一個沒有背景、沒有經濟實力的抗日戰爭調查「個體戶」都能這麼真誠，人品一定差不了。

此後，只要遇到與南京大屠殺史相關的問題，我順理成章地就請教張連紅老師。

在追尋紐約馬吉影像卅七分鐘膠片的整整兩年中，張連紅老師不僅是我最堅定的支持者，更是全程緊密合作的「同盟軍」。

11、南京僅有十七分鐘馬吉影像

2018年春節在邵子平家裡採訪時，我看見一張拍攝於2000年的照片，邵子平在南京與一群歷史學者合影，那時的張連紅臉上的笑容透著青澀。張連紅說，那次是他們學校邀請邵子平來南京參加學術會議。

張連紅對邵子平格外敬重，他多次對我說，馬吉影像和《拉貝日記》的發現，是記錄見證南京大屠殺這一人類慘案最為關鍵的史料文獻。正因為此，邵子平與「聯合會」同仁在南京大屠殺史研究領域的重大貢獻功不可沒。

2018年3月11日，確認了侵華日軍南京大屠殺遇難同胞紀念館館藏馬吉影像僅有十七分鐘的現實，邵子平和我十分意外。在請教南京日報記者丁邦傑、世界日報副總編魏碧洲等人，初步瞭解了他們的稿件中馬吉影像時長「一百零五分鐘」和「一個多小時」的由來，我們面臨的是否需要追索紐約的「卅七分鐘」？

連日的採訪，我已經深陷進去。在對馬吉影像內容幾乎一無所知的狀況下，我想了個笨辦法。

首先，將南京館藏的十七分鐘馬吉影像騰訊視頻連結發給邵子平。我把鏡頭內容逐一分解，分別計算出時間，請他在看視頻時回憶並以一對比。

南京館藏馬吉影像十七分鐘內容：

1. 城牆邊，房屋，飛機轟炸，濃煙。四十九秒
2. 被轟炸的房屋，列隊行進的日軍（邵注：應該是），遠處的城門，有飛機墜落（邵注：沒印象）。一分鐘
3. 從窗內拍攝，窗外，日軍將南京市民集合排成幾排。廿七秒
4. 續上，日軍驅趕著南京市民集合。十八秒

5. 市民被驅趕離開，天空有日軍飛機群飛過。卅二秒

6. 南京市民們席地而坐，一個身穿白色袍子的傳教士在演講。廿三秒

7. 滿街的難民，醫院裡，躺在床上被日軍打傷的病員，傷口特寫；外國醫生將一位年輕傷患轉身，展示其身體傷處；一個女孩在醫院裡看鏡頭扭頭一笑；街頭雪地裡的難民，有插有日本國旗的日軍車隊駛過；醫院裡的女性傷患、骨折被固定在病床上的傷患、兩個醫生在轉動一個右胳膊受傷的傷患。三分鐘

8. 醫院裡，一名婦女抱著受傷的孩子，護士在查看傷情；護士在給一位男傷患換藥；水塘裡，浮起的遺體，路旁遇難者遺體；田頭遇難者遺體；逃難的難民住簡易帳篷裡；聚集的難民；難民營裡，難民在吃飯。二分四十四秒

9. 難民營，遠景，有零星難民走過；南京街頭，民居，教堂，教會活動。三分鐘

10. 醫院裡，失去一條腿的女難民，面部特寫。卅三秒

11. 面部腫脹的李秀英躺在病床上，醫院在檢查她的傷口。卅秒

12. 病床上一位脖子有傷口的傷患。十三秒

13. 醫院病床上左胳膊受傷的小女孩，表情要哭。十五秒

14. 一個身體僵硬的小男孩的遺體。十一秒

15. 醫院裡一位裸露右胳膊和右胸的男病人，醫生表示他的臉部、頸部、身體有傷；一位整個頭部燒焦的病人；醫生為一頭部受傷的病人處理傷口。五十二秒

16. 一個右胸受傷的男病人。十四秒

17. 醫院病床上一位臉部受傷的男病人，一個身體多處燒傷的男病人；

　　　　一位頭部受傷的男病人。四十四秒

18. 一個臉部腫脹、頭上包塊紗布的男孩；病床上一個悲憤的男人胸部受傷；一位扒開衣服展示腹部傷處的病人；一位女病人右隔壁受傷，護士在操作；一位低頭露出頸背部傷口的男病人；醫生再檢查頸部受傷的病人；醫生在檢查背部受傷的病人。一分十四秒

　　　　邵子平仔細觀看視頻，回覆我：十七分鐘片大體都看過，片前部（入城前）和中間部（多個傳教士和平民）有些沒印象。對比南京紀念館館藏的十七分鐘馬吉影像內容，邵子平說，紐約「卅七分鐘」裡自己印象比較清楚而南京片中所沒有的鏡頭有：

　　　　一位老太太站在院中，她身旁地上排放著幾具席子包裹著的受害者遺體；

　　　　一個中年人頸部被砍，由外國醫生檢查，醫生扭她的頭要她轉身，中年人的面部顯極度痛苦狀；

　　　　一群鄉下人挑著傷患疾步運往南京近郊的急救醫院的情景。邵子平特別記得影片中馬吉拍攝記錄夏淑琴一家被殺場景的鏡頭較長，比南京現存的僅有6秒的畫面要豐富很多。

　　　　然後，我上網搜索、下載了「聯合會」在廿世紀九十年代用馬吉影像素材拍攝、製作的兩部紀錄片《馬吉的證言》和《奉天皇之命》。我把這兩部紀錄片中使用的馬吉影像素材一秒一秒的計算，相加，算出其中使用的馬吉影像素材加起來時長一共為五分廿秒。

　　　　下載的過程並不順暢，尤其是尋找《奉天皇之命》，我記得是花費好多時間，好不容易找到一個網站，是付費後只能限時觀看，不讓下載。

　　　　關於當時確定紐約的「卅七分鐘」是否值得追尋？事後，我曾在微信裡這樣對江蘇新華報業記者于英傑敘說：

　　　　「這個『卅七分鐘』到底有沒有價值？萬一費很大勁，找出來以後，卻全

部都是已知的、重複的內容呢？」

「我在家裡梳理當時的採訪資料，因為那時候想證實『卅七分鐘』的片子究竟有沒有價值去追尋？我把『聯合會』拍攝的《奉天皇之命》和《馬吉的證言》兩部影片找出來，從頭到尾仔細看了。」

「不只是看了一遍，是反復看！然後把其中用到的馬吉牧師拍攝的畫面，全部加起來是五分廿秒。我是一秒一秒計算出來的，那麼，再加上南京現有的十七分鐘，五分廿秒加十七分，也就是廿幾分鐘。而卅七分鐘，就比這多了十幾分鐘，整個計算了以後，覺得還是有那麼大的空間！我確定：有必要把『卅七分鐘』追出來。」

「所以才開始去追『卅七分鐘』，拚命地去找的！」

「馬吉影像畫面多一秒都是珍貴的！」我固執地認為，邵子平回憶出的那些南京十七分鐘裡沒有的畫面很重要。另，這五分廿秒加上南京的十七分鐘，才是廿二分廿秒。去掉廿二分廿秒，而卅七分鐘裡還有接近十五分鐘的內容，那也不得了啊！

我把這些想法告訴邵子平，他認同：「如果紀念館十七分鐘加上美國「聯合會」的那兩部紀錄片裡用到的素材畫面，加不到卅七分鐘，那麼你現在的追查就有意義，不過這主要應該是紀念館或學術界的責任。」

事實上，這個時候，邵子平已經清晰意識到他們當年在美國找到的馬吉影像卅七分鐘版對於南京的重要價值。

「南京居然沒有人來要紐約的卅七分鐘！」他覺得很不可思議，認為「這是南京的一大失誤。」

2018 年 3 月 18 日，邵子平微信通知美國的「聯合會」老夥伴們：

「因《大公報》記者陳旻查詢我們紐約當年找到馬吉牧師紀錄片原片的問題，我重新回憶比較了一些資料，得到幾點。事關重要，特請參考。如果暫且不論費奇版紀錄片，如果這個 https：//v.qq.com/x/page/m0142otxkq2.

html？就是國內現藏所有馬吉紀錄片之全部，那麼按我個人記憶，(1) 我個人鄭重認為這本紀念館藏記錄片要比我們紐約紀念南京大屠殺受難同胞會從馬吉牧師次子大衛家中收集整理編輯的原片要少。我至少記得幾個鏡頭是這個館藏片所沒有的。（一個婦女被砍頭，頸背部缺一三角而醫生用手要扭過她的頭來，她必定疼痛不堪）。(2) 我個人鄭重呼籲，學術界和有關單位珍視這些大屠殺唯一現存紀錄片資料、綜合比對各種資料記載、查明幾種有關長度和內容的不同、查明幾種版本的來龍去脈，何以出現版本的誇張長度一百零五分鐘和較短的幾種版本問題、設法找出其他還有的記錄原片。這些問題至遲在 2000 年就完全顯露出來了，而我們沒有反應過來。查清後，我們要把它們當做珍本善本保存起來。」

同時，他發微信告訴張連紅。2018 年 3 月 21 日，邵子平轉發給我張連紅的回覆：

張連紅來信：關於馬吉影像事，我最早知道此事是在抗日戰爭研究上拜讀到您的大作才知道，這一影片的價值十分巨大，從馬吉留下的一至十二號影片解說詞來看，內容十分豐富，但是國內目前能看到的影片內容卻很少，如能獲得完整的影片，則是一巨大功勞。

前幾天《大公報》陳站長也聯繫我，告知她最近在專題報導此事。期待有好的進展！

感佩邵先生早年為了南京大屠殺遇難同胞四處奔走呼號！貢獻巨大！

張連紅老師還特別與我分享了部分關於馬吉影像的研究資訊：

戰時馬吉影像製作成拷貝後「1」，深受各方面的歡迎，大大出乎馬吉本人的預料。同馬吉一起的傳教士福斯特在 1938 年 2 月 12 日寫給妻子的信中說：「馬吉的影片效果這麼好，真把他樂壞了。使館好幾個人都想要拷貝。羅森也要了一套打算送給希特勒看。」「2」《拉貝日記》中也有記載，並且詳細收錄了馬吉關於影片的解說詞「3」。拉貝回國時也帶了一份馬吉影像。

「1」關於馬吉影像的版本，根據筆者所掌握的材料，戰時馬吉影像可能只是包括一至四號影片的內容，其後馬吉又繼續拍攝了許多關於南京大屠殺的影片鏡頭，其包含一至十二號影片，但後來應該沒有被製成拷貝廣泛放映。

「2」《福斯特致妻子函（1937年11月23日—1938年2月13日）》，張憲文主編：《南京大屠殺史料集》第四冊，章開沅編譯：《美國傳教士的日記與書信》，江蘇人民出版社2005年，第129頁。

「3」《拉貝日記》，第612-638頁。但需要指出的是中文版翻譯時插入了許多圖片，而一些圖片並不是一至四號影片的說明，有些是2月11日之後拍攝的畫面。

12、解密《羅森報告》

「因為身處國外，我們能看到很多外文的報導。」1988 年起，邵子平與一批美籍華裔熱心人士在紐約創立「對日索賠同胞會」，開始關注南京大屠殺歷史研究。

「1990 年，德國外交部公佈了《羅森報告》[10]。日本人最先開始研究，說《羅森報告》中還特別說明附有影片，是美國牧師約翰·馬吉[11]在南京拍的，但因為有影片說明詞而實際上找不到電影片，所以日本人稱之為『鬼片』。我們注意到這個事情，就開始找。」邵子平回憶。

1990 年 12 月，德國公佈了存放於德國柏林波茨坦檔案館前外交官羅森於 1938 年 2 月提交給德國外交部的一份報告，在這份報告裡，羅森直接談到了馬吉的影像，報告裡還包含馬吉影像的膠片拷貝和一份馬吉牧師寫的詳細英文影片鏡頭目錄。

這份最新解密的《羅森報告》在 1990 年 12 月 17 日被日本京都新聞發現，在日本報紙以大字標題刊出後，由於未發現影片拷貝，「有名無實」，影片被日本媒體稱作「鬼片」，日本「每日放送」記者加登英成為此專程去美國展開尋找。

我把國內媒體報導中提到的關於《羅森報告》的內容發給邵子平：

> 「幾乎在邵子平發現馬吉膠片的同時，《羅森報告》中曾被蔑稱為「鬼片」的影片拷貝，也在波茨坦檔案館最終被發現。不過，在不同地方發現的幾個版本的影片，都不是完整的一百零五分鐘，將影片與馬吉的解

10　全稱《羅森給德國外交部的報告》，是揭露日軍南京大屠殺的重要資料，由當時德國駐華大使館南京辦事處政務秘書喬治·羅森所寫，南京大屠殺期間，喬治·羅森幫助組建南京安全區，並將德國大使館的官邸作為安全區國際委員會總部辦公場所。

11　約翰·馬吉（1884-1953）：美國傳教士。1912 年作為牧師被美國聖公會派往中國傳教。到達中國後，他在美國聖公會的南京道勝堂作傳教士。1937 年 12 月，侵華日軍在南京進行慘絕人寰的大屠殺期間，馬吉擔任了國際紅十字會南京委員會主席和南京安全區國際委員會委員，設立難民傷兵醫院，參與救援了廿多萬面臨被屠殺的中國人，與廿多位堅持留在南京的西方人士一起，譜寫了一曲動人的人道主義樂章。

> 說詞一一對比，也可以發現影片並不完整。邵子平在《約翰·馬吉拍攝的南京大屠殺紀錄片》一文中寫道，費奇的版本只有十一分鐘，而馬吉家發現的膠片通長卅七分鐘，比其他所有版本都長。」（2017年12月12日《北京日報》）

「《羅森報告》裡附的馬吉影像解說詞列出哪些內容條目？」邵子平提出，先從《羅森報告》入手，他想知道羅森提交給德國外交部的那份馬吉影像有什麼樣的內容？他在廿世紀九十年代初一直想去德國查找，但未能如願，這已成為他多年的心結。當然，邵子平更想證實「聯合會」所擁有的馬吉影像卅七分鐘是不是真的是現存馬吉影像不同版本中最長的。

為了更深入地瞭解《羅森報告》與馬吉影像，我從孔夫子舊書網上買了章開沅老師的著作《天理難容》、《南京大屠殺的歷史見證》、《從耶魯到東京：為南京大屠殺取證》、《南京大屠殺史料集》等一摞書籍。

一行行細讀，《天理難容》裡，我在福斯特於1938年2月12日給妻子的信中發現有羅森及馬吉影像的資訊，他寫道：

「馬吉的影片效果這麼好，真把他樂壞了。使館好幾個人都想要拷貝。羅森也要了一套打算送給希特勒看[12]。」

《天理難容》有完整的馬吉牧師寫的影片一至十二號解說詞，在影片解說詞文末特別注明：此件背後有手書的「請歸還上海Jespeed路九百九十號福斯特夫人」字樣。

1895年生於美國賓州的福斯特，作為聖公會傳教士，1937年，在南京淪陷前，夫婦一同從揚州移居南京，在聖保羅聖公會教堂服務。1937年11月底，妻子克拉麗莎從南京撤退到漢口，1938年1月中旬經過香港到達上海。福斯特與另一位聖公會牧師約翰·馬吉，留在南京度過大屠殺的全部歲月。

12　《天理難容 美國傳教士眼中的南京大屠殺（1937-1938）》，章開沅，頁167。

我將這些細節告訴邵子平，用紅筆把《天理難容》書中的這些內容劃上線，再寄給他，請他斟酌推敲。

那些日子，我每天與邵子平先生電話聯繫，一條一條分析梳理不斷獲得的線索與資訊。在微信上密集交流，從細節入手，一點一點還原他們當年尋找馬吉影像所下的工夫。邵子平的治學嚴謹，和對歷史細節的高度敏感令我受益。

邵子平的最新分析，被我用微信即時告訴德國的邵華。邵華因為採訪了邵子平的朋友戴克牧師，也順理成章地與加上了我推給她的邵子平微信，相互建立了聯繫。

邵華從聯繫戴克的過程中無意看到《羅森報告》裡提到馬吉影像，頓生好奇，覺得可以在德國查找。她查到《羅森報告》收藏在波茨坦的德國聯邦檔案館，便想試試是否可以索取檔的複製本，因為德國的公共資訊資料庫都可以免費提供給研究人員使用。

根據聯邦檔案館網頁上的資訊，該檔案館已遷入柏林。2018年3月初，邵華以學校圖書館的名義通過電子郵件向他們詢問1938年2月10日的《羅森報告》。3月14日收到檔案館的回覆，告知《羅森報告》這批資料目前存放在外交部的政治檔案館，成為他們的長期借藏物，並給了她外交部政治檔案館在柏林的詳細位址和聯繫方式。

第二天，邵華聯繫外交部政治檔案館，他們當天找到檔，把PDF版的複製文本附在郵件裡發來。

2018年3月19日，我收到邵華的郵件：

陳旻，邵先生，你們好！

今天收到外交部檔案館提供的pdf檔，是兩份關於南京大屠殺時期蘿森報告。可惜其中沒有關於馬吉牧師影片長短的記載，但也報告內容仍然是歷史的佐證。現將兩份文檔作為附件寄給你們。

當日，邵華又給我單獨發來郵件，特別叮囑將將《羅森報告》PDF 電子版交給南京紀念館。

陳旻，你好！

剛剛寄出給你們的兩份《羅森報告》。這樣看來羅森在華期間定期向德國外交部提交報告，關於南京的也可能還有更多。我是以我們圖書館的名義向德國檔案館查詢，為贈書我館的南京檔案館尋找這些資料。所以等你們忙完這些後，應該將資料送給南京的紀念館收藏。

邵華發來兩份《羅森報告》的 PDF 版，其中一份《羅森給德國外交部的報告》，是德國大使館辦事處檔複本第八號，這份文件編號「2722/1113/38」的報告於 1938 年 2 月 10 日發自南京，標明「內容有關日軍在南京殘暴行為的文獻記錄片」。

羅森是德國駐華大使館南京辦事處政務秘書。日軍進城前夕他去南京江面英國軍艦上避難。中間在日本軍艦的護送下去了上海，1938 年 1 月 9 日回到南京。

「日本人在南京的恐怖統治已達無以復加的程度。在此期間，美國主教派教會佈道團成員、使館顧問約翰・馬吉拍攝了影片。這部電影是日本人所犯殘暴罪行有說服力的見證。約翰・馬吉已在南京待了廿五年。」羅森在報告中開門見山。

「馬吉先生曾努力關照待在德國顧問處的中國難民。我想請你們對他的名字嚴格保密。他比佈道團的多數同仁更關心德國使館的事務，因為他死去的姐姐是一位奧地利外交官的妻子。表明他無私意圖和純正願望的典型事例，是他對他的影片沒有采取商業性辦法處理，他親自向大使館提供了一部拷貝。我們

只需向上海柯達公司支付印片費。這部拷貝將通過安全途徑送往外交部[13]。」

「隨拷貝附上各個剪接圖像的英文解說詞。解說詞和影片本身都是一部令人震驚的時代文獻。請允許我提出這樣的請求,把帶有解說詞譯文的這部電影能放映給元首和總理一看。」[14]

為了證實馬吉牧師所拍攝影片的真實性,嚴謹的羅森專門到實地考察。他在報告中敘述了自己的考察:

「另外,我也親自去了現場,察看了最近這個星期日日本一系列英雄行為之一的四個犧牲者。在那裡看到一位老人,背著兩把椅子,被一個日本兵毫無顧忌地用槍擊傷。他妹妹在日本人到來時藏在附近,並叫來了兩個熟人。這兩個人利用一扇門、兩個竹竿和一些粗繩捆紮成一副擔架。他們準備把這位受重傷的老人抬走。日本人見狀把這四人全部槍殺:受傷老人、老人的妹妹和兩個抬擔架者。拉貝先生(國社黨官員)星期一(1938年2月7日)到現場時,這四位犧牲者原封未動地躺在那裡。老人妹妹的女兒抱怨說,她媽媽的全部家當十元錢也被拿走。她把十元錢藏在裹腳布裡—這是通常藏錢的地方。拉貝先生送給她十元錢,以表安慰。星期二我和拉貝先生再次去現場時,我只看到一大灘血和那副擔架。四具屍體已用草席卷好,等待在附近一個小山丘上安葬[15]。……」

羅森在這份報告的最後說明:「獲得這部影片的費用將由駐漢口大使館支付並出具證明,有關這份報告的證明也由漢口大使館發出。由於同漢口的郵政聯絡很差,所以我把這份報告直接發往外交部。駐漢口和東京大使館以及駐上海總領館將通過可靠途徑得到這份報告的複件。」[16]

13　《抗日戰爭研究》,1991-07月-022,《德國檔案館中有關侵華日軍南京大屠殺的檔案資料》,頁174。

14　《抗日戰爭研究》,1991-07月-022,《德國檔案館中有關侵華日軍南京大屠殺的檔案資料》,頁174。

15　《抗日戰爭研究》,1991-07月-022,《德國檔案館中有關侵華日軍南京大屠殺的檔案資料》,頁174。

16　《抗日戰爭研究》,1991-07月-022,《德國檔案館中有關侵華日軍南京大屠殺的檔案資料》,頁175。

這份報告表明羅森確實曾獲得了一份馬吉影像的拷貝，並且通過安全途徑送往德國外交部。

邵子平看了《羅森報告》後很興奮，3月20日，他覆信給邵華與我：

非常感謝邵華：你送來的《羅森報告》拷貝應該很有用。

陳旻請首先查明這份報告同張憲文資料集裡的是否相同？包括下面幾點。

不論是否相同，從你來的拷貝裡可以看出不少東西。陳旻請先告訴你是否看到二份附件的全部？能否列印出來？我昨晚未能看見，今早看到第一份附件2208（內部編號為2722/1113/38。特別是其中的第一份附件，裡面敘述到四部影片及每部影片的分節和分節的描寫（從原文文一百四十一至一百五十四頁，裡面對夏淑琴家的描寫特別動人和詳盡），請及早查明這份附件是否收集？是否已經翻譯出來？

2208說裡面有二份附件，怎麼只有這一件？2208上面寫的是no.8，表示德國使館羅森應該還有一至七的報告，特別裡面說明的還有關於日本軍官天谷直次郎的第七份報告。可否陳旻今天就現查明，如果中國南京沒有收集，那麼，邵華和我們就找到一個寶，請你繼續去查德方檔案館，他們應該還有。

《羅森報告》全文是德文，我當然看不明白，就請教劉燕軍，他告訴我南京大學歷史系在幾年前已經將《羅森報告》翻譯出書在《南京大屠殺史料集》中。但南京紀念館尚未擁有《羅森報告》的影印件，尤其是PDF高清晰度格式，這種格式是近年中才出現。

事實也如此，南京大學歷史學院的教授獲知我有《羅森報告》的PDF版後，不止一次地表示希望我發給他，說他們當年得到的是照片版，清晰度要低很多。

這當然也說明瞭邵華的付出是有價值的。

邵華獲得的這份編號「2722/1113/38」的《羅森報告》還有一份英文附件，是馬吉影像解說詞。邵子平據此回憶、對比，從中發現紐約卅七分鐘馬吉影像並非馬吉牧師拍攝的與南京大屠殺相關內容的全部。

他在給我的微信中寫道：

> 再讀《羅森報告》英文附件一至四號影片，我實在沒有印象，也完全不記得其故事的，可能是三號影片（8），四號影片（2+3，5，6，7，）。這些很可能不準確，但先記下，作為參考。
>
> 我看了五至十二號影片後，將作同樣記錄，也做參考。如果很多，我就可以確定，這目錄裡的影片確實比我們紐約的卅七分鐘要多。

邵子平推測，也許羅森提交給德國外交部的馬吉影像會有更多內容，包含目前海內外尚未發現馬吉影像的其餘部分，若能重新發現，對於歷史真相的呈現依然具有重要價值。

另一份編號為「2722/1896/38」的《羅森報告》於 1938 年 3 月 4 日發自南京，內容為《南京的形勢》。報告總結了 1938 年 2 月南京及周圍的形勢，「日本人的暴行在數量上已有減少，但在性質上沒有變化」。「槍殺無辜、強姦婦女和掠奪錢財的消息不斷傳來。現在日本人也把被強姦婦女的子女賀其他家庭成員當成污辱對象。日本人用手無寸鐵的活人練習拼刺的犧牲者被送進美國教會醫院的屢見不鮮。例如，一位婦女被刺刀從後背穿到前身，被送進醫院五分鐘就死掉了[17]。」

「紅十字會在為埋葬眾多屍體而慢慢努力」。「郊區小港口下關尚有三萬具屍體，這都是大恐怖時期集體處決的。紅卍字會每天埋葬屍體五百至六百具[18]。」

「龍潭—南京三角地帶的負責人說，這一地區原有三千頭牛，目前還剩三百頭。謹慎地估計，僅用人力只能種植目前稻田的三分之一。即使在地裡有

17　《南京大屠殺史料集 6》，頁 430。
18　《南京大屠殺史料集 6》，頁 430。

時能看到一些人，多數也是饑餓的外地人，他們在雜草叢生的田地裡尋找最後殘存的胡蘿蔔，耕種田地的人極為罕見[19]。」

「直到我動筆寫信的這一天（3月4日，去年12月13日南京被佔領），在首都還看不到一家中國商店！中國人只在街上或簡陋的小木棚裡做些生意。除日本人開辦的餐廳外，被劫掠的中國商店多數都由來自上海的真正日本小商販經營。日本人挑肥揀瘦扮演寄生蟲角色的理想正在變為現實[20]。」

3月21日，邵子平同時給邵華與我用郵件發來新的「工作指令」：

看了邵華的第二份報告，也即 aktz.2722/1896/38，又可稱廿二號報告。裡面內容均有價值。裡面又提到1月15日羅森的報告 2722/1002/38 關於日軍裡 hirota 大佐的事。

對我們現在目的（找馬吉影像），沒有多少資訊。

不過，陳旻今天先去查明，有無《羅森報告》中文翻譯，但必須查明是否只有這兩份報告和附件？

邵華前面查考的之外，還是可以這份廿二號報告之前的幾份（也即八至廿二號報告）是否同南京大屠殺有關？或甚至廿三號以後的報告，是否有之？

陳旻今天去查南京收集翻譯的《資料全集》，看裡面是否有上述內容，她查考了之後，再告訴邵華如何繼續。

我們被邵子平指揮著推進資料查找的方向。3月22日，我寫信給邵華：

邵華：

你好！

19　《南京大屠殺史料集6》，頁430-431。
20　《南京大屠殺史料集6》，頁431。

知道你特別忙，工作、孩子、家務等，每次佔用你的珍貴時間，心中都會有特別的歉意。

你從德國外交部檔案局找到的這兩份《羅森報告》原件的 PDF 版非常珍貴，邵先生很珍視，他仔細閱讀。他說，其中一份中說有兩個小附件，但是只看到其中一個附件，不知道另一個附件是否能查到？

另外，在中國的歷史學家的書中（《天理難容》）記錄了德國檔案館還藏有兩份馬吉電影的四卷影片，我在今天上午分別詢問了南京大屠殺研究的學者和南京紀念館，他們都明確表示沒有羅森影片資料，不知道這兩份四卷影片在德國外交部的檔案館裡是否依然成為其館藏？如果有，可否提供數位影像資料？

實在抱歉，解決了一個未知，又繼續出現新的未知。懇請幫忙再詢問檔案館這些問題。謝謝！！！

或者，請邵先生看完所有目錄後，將需要諮詢德國檔案館的問題全部集中後，再告知你。

邵先生今天中午收到《天理難容》書後，立即放棄午休，在根據五至十二馬吉影像解說詞查詢、回憶。我力勸他先休息，因為他已過八十歲，雖然看起來他依然年富力強、風度翩翩。

感謝支持！覺得說再多感謝的話都不足以表達內心的感激之情！

祝好！

陳旻 3 月 22 日

順利獲得兩份珍貴的《羅森報告》，使得邵子平格外看重邵華的能力。他不止一次對我說，「邵華會電腦，是圖書館專業，能從網路上在全世界尋找史料的線索。不像我，沒有電腦技術，只會到處打電話亂找。」邵華一躍而成邵子平延續自己未盡事業的重要希望，他期待邵華能在德國找到羅森發給外交

部的馬吉影像，在德國或美國找到福斯特收藏的馬吉影像。

「福斯特是馬吉牧師的小老弟，也許有可能馬吉拍攝的南京大屠殺影片給了福斯特一套」，「否則，福斯特夫人擁有馬吉牧師的影片解說詞又該作如何解釋？」邵子平合理想像著。「馬吉牧師的影片解說詞中仍然有相當一部分沒有找到對應的畫面，如果能找到福斯特收藏的馬吉影像，應該有八十多分鐘。」邵子平推測道。

「馬吉牧師五至十二卷解說詞說得那麼清楚，所以是一定有這樣的默片的。這麼多的東西是不容易丟失的。」2018 年 10 月 21 日下午，在南京拉貝紀念館的院子裡，邵子平指著牆上的福斯特照片，對邵華說：「如果你能找到福斯特手上的馬吉影像，最少應該有八十分鐘，南京就該給你磕頭了！」

我當然期待邵華能帶來更多的奇跡，羅森寄給德國外交部的馬吉影像只有文字記錄，影片拷貝膠片卻始終未見蹤影，去向成謎。

2018 年 5 月 15 日，邵華為此發來郵件：

> 邵先生，陳旻，你們好！
>
> 聯邦檔案館回覆我，沒有找到馬吉影像檔案，看來真是鬼片了！他們的 Filmarchiv 影像檔案部的工作人員在查找的同時發現有下列涉及日軍佔領南京的資料，如果需要可以提供使用。我將此信轉給你們，包括掛件中的使用須知及申請表文檔。他們提供付費服務。
>
> 「《羅森報告》裡清楚地寫著，這份報告有兩個附件，一個是馬吉影像的膠片拷貝，另一個是馬吉牧師寫的影片解說詞，有檔案標號」，邵華對這份 1938 年 2 月 10 日的《羅森報告》作進一步解讀：「這份文字報告是用複寫紙複寫了兩份，加上原件，一共應有三份。同時還有抄送本，分別抄送給漢口、東京和上海。一份複寫件應該是羅森自己留底，在南京存檔。一份原件應是寄德國外交部，另一份複寫件寄德國大使館。」

>「複寫副本是用打字機寫的，放兩張複寫紙可以一次寫出三份，原件正本加二件複寫本。抄送本是按原件重新打字抄錄的副本。這兩種副本在德文裡有不同的名稱。」

2015 年，邵子平曾經委託熟人在德國外交部檔案館尋查《羅森報告》的資訊。據檔案館提供，羅森於 1938 年 2 月 10 日從南京向德國外交部遞交了報告與附件馬吉電影拷貝及影片說明詞。

漢口德國大使館收到這份文字報告的時間是 2 月 21 日。德國外交部則是在 3 月 21 日收到，比漢口整整晚了一個月，這是因為從中國到柏林的長途需要更長時間。

柏林收到的這份特別提到馬吉影像的《羅森報告》在當時德國似乎並沒有引發反響。1943 年，德國外交部政治檔案館將館藏檔案資料疏散到 Harz 山區的幾個城堡和豪宅乾燥的地下室保存，也有部分在地上的室內，防止毀於戰爭。美軍很快找到了地上部分，但地下的部分卻不能很快找到。之後，蘇軍接管，將找到的檔案資料送入東德的檔案館。美軍找到的檔案資料於 1948 年送往英國整理，1959 年送歸德國。

「對此有專文闡述。」邵華猜測，「二戰時很多未移出的檔案（1930-1943）損失於戰火或銷毀命令，其中也許就有我們說的羅森提交的馬吉影像膠片拷貝？」

羅森帶到德國的馬吉影像拷貝膠片下落？福斯特是否有可能擁有的馬吉影像膠片拷貝？成為待解之謎。

邵華已確定將於 2018 年 10 月回國探望父母，與邵子平約定屆時在南京碰面，具體商量如何繼續在海外挖掘南京大屠殺史料。

我也滿心期待著邵華回南京，因為我請她將拉貝外孫女萊茵哈特夫人寫給戴克牧師那封披露自己公開《拉貝日記》前後的經過與心情的重要信件，做成具有法律證據效力的公證件，計畫將此珍貴史料捐贈給南京拉貝紀念館。

「戴克牧師雖然已退休，但他似乎格外忙碌」，邵華為此只能不斷聯繫戴克牧師，逢年過節寄贈巧樂力、賀卡等禮物祝福問候，長達半年多，才艱難地完成了這項「使命」。

13、一個個凌晨，越洋電話追至紐約

2018年，八十二歲的邵子平雖然思維敏捷，但記憶力已明顯下降，尤其是對從前尋找馬吉影像的時間節點經常想不起來，更加劇了我尋找紐約馬吉影像卅七分鐘版膠片的緊迫感。

「圓圓的，綠色的」，這個在邵子平口中反覆提到的廿七年前「一寸盤」是否真的存在？

廿世紀九十年代，紐約「聯合會」的第二任會長陳憲中開印刷廠，有個倉庫，「聯合會」的資料物品都堆放在他廠裡的倉庫裡。據此，邵子平斷定，「『一寸盤』極有可能在陳憲中那裡」。

於是，陳憲中廠裡的倉庫成為我最熱切的嚮往。我把尋找馬吉影像卅七分鐘「一寸盤」的突破口鎖定於紐約的陳憲中。可是，聯繫陳憲中卻是天下最難的事！我每天給他發微信，送去熱情的問候，再點上三朵紅花。他無動於衷，不回覆。

我就直接撥打國際長途──陳憲中的手機號碼。先算好時間，在紐約時間上午十點、下午三點、晚上九點等多個時間段打電話到紐約。電話接通，「嘟，嘟」，撥號聲一聲一聲，有節奏地持續著，直至自動掛斷。陳憲中不接電話，我就每天打。

現在回想起來，很不可思議，那時候勁頭怎麼那麼大！常常，夜晚，我在睡覺前定好手機鬧鐘，沉沉黑夜，夜半驚鈴，沉睡中猛醒。我一掃睡意，披衣起床，坐在書桌前，準備好錄音筆、採訪本，開始撥打國際長途。電話撥通的鈴聲一遍遍響著，每一次都是從頭響到尾，陳憲中不接聽。我不死心，就再打，連續打至少3次以上，直到確認他真的不會接電話，才無奈暫停。換一天，繼續打。

2019年12月，我與陳憲中在南京見面，他說：「我都怕了你了！」

終於，在2018年3月14日，他第一次接聽了我的電話，那次，我這裡是

北京時間凌晨三時。

「『一寸盤』應該在，已經轉了錄影帶了。」陳憲中直截了當地回答我。他說，他搬過家，「工廠關了，倉庫就等於沒有了。有些東西就搬出來分開放。」不過，「『一寸盤』應該是不會丟的，但是放哪裡不知道。」陳憲中說話不拖泥帶水。他答應我在家裡儘量翻找「一寸盤」。

3月16日，我在北京時間凌晨時分再次打通了陳憲中的電話，他認真地向我介紹了「聯合會」在找到馬吉影像後，先後籌款拍攝了兩部紀錄片，到社區、大學去放映，在美國廣泛傳播南京大屠殺的經歷。

我認定「一寸盤」應該在陳憲中家裡，緊盯不放。

3月18日，我忍不住又發微信給陳憲中：馬吉影像的卅七分鐘一寸盤還得麻煩您抽空找一找，現在侵華日軍南京大屠殺遇難同胞紀念館只有十七分鐘時長。如果能找到卅七分鐘，對豐富南京大屠殺的珍貴史料給常重要。給您添麻煩了，謝謝！！！

3月20日，陳憲中微信回覆：今天又找了一下午，只找到《馬吉的證言》一寸盤，內容我沒辦法看。抱歉了！

他發來四盒灰色錄影帶的照片。

我微信寫給他：邵先生說應該是圓圓的、綠色的塑膠保護的盤，直徑有1英尺，裡面是電影片。

陳憲中回覆：找不到我也變不出來了！

陳憲中在電話中告訴我，為催促他找「卅七分鐘」「一寸盤」的事，邵子平「已經跟我講了一、廿次了！」

見他已經把話說到這個程度，我也實在不好意思再窮追不捨了。好在邵子平要在當年6月赴美國，我跟說好了赴美辦理其中一件重要的事情就是去找「卅七分鐘一寸盤」。

2018 年 11 月，我對于英傑回憶這段經歷時，是這麼說的：

「其實我寫邵先生發現馬吉影像的那篇稿子花了三個月時間，寫得比較艱苦。艱苦是因為很多知情人、當事人都在美國，我都是凌晨三、四點起來去打電話採訪。」

「他們美國人也好奇怪，早早、晚晚，都不接電話，你不知道他們是什麼生活規律。我試過很多時間段，在凌晨三、四點的時候，那是他們的下午，有時這時才能找到人。就這樣，一點一點核實每一個細節，然後去拼接，這個過程非常耗時。所以在完成海外華人如何找到《拉貝日記》和馬吉影像這兩篇新聞專題之後，被我採訪過的海外華人對我都比較信任，因為他們可能從中感受我到對工作的細緻和嚴謹，所以邵先生說我是研究型記者。」

「但是研究還談不上，因為我覺得這個題材本身不是新聞，我搜了所有關於馬吉影像的報導，網上能找到的全都看了，我就知道哪些有，哪些沒有，而我要寫那些沒有的內容，就得下功夫去挖。做新聞，如果是你把人家有過的內容再重抄一遍，一點意思也沒有，我們並不是為發稿而發稿。」

2018 年 4 月 3 日，我耗時三個月採寫的《專訪八旬華僑邵子平：南京大屠殺原始記錄「馬吉影像」得之不易 萬裡穿梭美利堅 尋獲日軍暴行片》在香港《文匯報》整版刊發，連同 2017 年 12 月 11 日刊發在《大公報》上的《美華人千里追尋〈拉貝日記〉》，我覺得憑尋獲這兩件重磅史料對南京重要貢獻的翔實報導，我可以有條件著手努力為邵子平辦理南京身份證。

第二部

2018 年
卅七分鐘膠片重現紐約

2018 年 10 月 8 日深夜，在北京意外確認美國「聯合會」終於在紐約找到馬吉影像卅七分鐘膠片。將邵子平送至二環，再回到位於四季青的家中，已近凌晨一時。我不再掩飾心情的激動，在家裡疾步走了幾個來回。拎起廚房餐桌上的半瓶冰酒，拔掉瓶塞，全部倒進玻璃杯中，一仰脖子一飲而盡。

14、《五十八頁手記》揭秘重新發現馬吉影像全過程

2024 年 12 月 22 日，邵子平收到「2024 年南京公共外交協會『梧桐獎』頒獎儀式邀請函」。自 2024 年 10 月中旬起的兩個月間，經過提名、公示投票與專家評審等程式，邵子平在 2018 年 12 月 4 日如願成為南京市民後，他對家鄉的熱情呈井噴狀態，積極向美國、德國等海外的同學、朋友傳揚南京，此次獲得南京公共外交協會第九屆「梧桐獎」中重要獎項「友好交流使者獎」。

而在 2018 年 10 月之前，在南京，除了零星歷史學者和紀念館個別資深工

作人員，邵子平的名字鮮為人知。

完成邵子平找到馬吉影像的專題報導後，擺在我面前的是：一、為邵子平辦理中國公民身份證；二、尋找馬吉影像卅七分鐘「一寸盤」。三、尋找能證明紐約「聯合會」發現《拉貝日記》的證據，澄清歷史真相。

其實，這三件事都不在我的工作職責範圍內。

這三件事都十分重要，但也都不輕鬆，可以說是困難重重。我可以做，也可以不做。但是，沒有猶豫，我選擇了繼續。因為我深知，若我不做，就不一定會有其他人去做。

可是，怎麼樣才能辦到身份證呢？雖然無從著手，但我卻有信心，因為我認為邵子平對南京這座城市的貢獻重大，完全值得南京記住並報答他。

按的我的原計劃，是從先推薦邵子平參加「感動南京」年度人物的評選著手。

江蘇省省會南京，是中國東部地區重要的中心城市、是長江三角洲唯一的特大城市，第七次全國人口普查確定這座城市裡的常住人口有九百卅一萬人。

「感動南京」年度人物，每年全南京市只選出十人，頒獎儀式十分隆重，南京電視臺全程直播，當地所有媒體都會採訪報導，具有無可替代的社會影響力。

邵子平如果能當選「感動南京」年度人物，南京市領導就自然就會認識他，知道了他的事蹟後，「特事特辦」才有可能。

什麼樣的人物能「感動南京」？

「感動南京」年度人物的推薦標準要求中有被推薦人長期致力於某件事情，引起社會廣泛關注。其事蹟有「感動性」，具有巨大的正能量，引發情感共鳴；有「持續性」，能長年累月地堅持並得到群眾的普遍公認；有「親切性」，平凡而樸素的人做出不平凡的事等。

平心而論，這幾條標準，邵子平都符合。在長達 7 年的時間裡，他在海外追尋南京大屠殺史料，出錢出力，鍥而不捨，先後找到「馬吉影像」與《拉貝日記》這麼珍貴的史料。「邵子平完全應該當選『感動南京』人物」，張連紅老師評價他：「邵子平對歷史的貢獻無可取代！如果沒有邵子平與『聯合會』早年做了這麼多事情，國內歷史學界後面對南京大屠殺的歷史研究很難開展。」

　　在 2017 年邵子平尋找《拉貝日記》的報導在《大公報》刊出後，我曾向侵華日軍南京大屠殺遇難同胞紀念館方認真介紹過他，館方立即建議邀請邵子平來南京紀念館做口述史。

　　那麼，待邵子平十月份來南京時，請他去紀念館做口述史，不失為一個恰當的時機。

　　有了初步打算，推邵子平參評「感動南京」人物算是有了著力點。而邵子平已確定 2018 年 6 月赴美，說好了會去紐約找卅七分鐘「一寸盤」，第二件事也算有進展。只剩下考證發現與促成公開《拉貝日記》的功勞究竟該歸誰？這第三件事，令我愁眉不展。

　　「你覺得什麼是真相？如果你覺得她（《拉貝傳》作者）講的不對，你自己考證去！你用你考證來的事實去推翻她的論斷。」無疑，南京市檔案館研究員的這聲音尖銳的逼問把我逼上梁山。

　　我這麼一個不是歷史學專業、半路出家的記者，被迫直面來自專業機構的挑戰。

　　2018 年 5 月，在與邵子平電話聯繫時，絞盡腦汁的我突然一個激靈，「你有沒有日記啊？」

　　「有啊，都在北京呢。」邵子平從美國退休時，把美國的家直接搬到北京，「快廿年沒碰過。」

　　我又驚又喜，連忙說，那我就來北京，從你的日記中也許能找到反駁南京市檔案館的重要證據。

「我警告你啊」，邵子平提高了音量，「我的東西很多，你幾個月都理不完！」

原來是這樣的警告，不正說明資料完整嘛。猶如突然發現一座帝王陵墓，而這個陵墓從未被盜，全部珍寶完好無損。意外驚喜令我心情大好。

當即與邵子平約好國慶假期後去北京。

我根據「聯合會」尋找「馬吉影像」的時間段做了個時間軸《邵子平先生尋找馬吉影像與《拉貝日記》時間表》，計畫從邵子平廿年的資料堆中重點查閱 1990 年至 1997 年時間段。

關於馬吉電影被重新發現及《拉貝日記》發現時間

一、馬吉影像

1. 1990 年 12 月下旬，《紐約時報》刊登了關於徵集南京大屠殺有關資料的公告，費奇的女兒提供了父親的遺物。「紀念南京大屠殺受難同胞聯合會」在她的引導下，獲得費奇的回憶錄和他編輯的影片版本，繼而引發聯合會與日本「每日放送」爭相尋找馬吉原片。

2. 邵老師沒有記清楚自己在什麼時間段找到馬吉的兒子，進而找到馬吉的原片。目前從現有資料分析，應為 1991 年，幾月不詳。

3. 邵子平老師在《約翰·馬吉拍攝的南京大屠殺紀錄片》中記錄：1991 年 8 月，邵老師帶著馬吉原片的一寸盤，到大陸南京，聯繫電視臺播放，遭拒。

   北京日報《南京血證：約翰馬吉和他記錄日軍暴行的真實影片》中表述：1991 年 8 月，在他（邵子平）的推動下，大衛·馬吉從家中地下室裡存放的父親遺物中，找到了父親當年拍攝的膠片拷貝和那臺十六毫米攝影機。膠片已有五十多年歷史，但品質很好，依然可以播放。就這樣，記錄日軍南京大屠殺暴行的唯一動態影像的原始膠片及其拍攝工

具被發現，這成了南京大屠殺證據搜集歷史上的一個里程碑。

注意：這裡出現的 1991 年 8 月，為找到馬吉影像原片和到大陸尋求播放。請邵老師回憶，找到原片後用了多長時間轉成一寸盤，以後之後相隔多久去日本和中國大陸。

4. 另有報導：美國「紀念南京大屠殺受難同胞聯合會」會長、聯合國華裔官員邵子平博士 1991 年曾到上海尋訪、支持民間對日索賠團體，結果被驅逐出境。

二、《拉貝日記》

1. 1993 年，邵子平專赴德國，試圖從教會尋找拉貝線索。他說：「我在柏林查電話本，打了好多電話，找到五十幾個拉貝，都跟我要找的拉貝沒有任何關係。」

2. 1994 年 12 月，美籍華裔女作家張純如聯繫邵子平，請他幫助收集南京大屠殺的史料。1995 年 1 月，張純如住在邵子平家，每日往返耶魯大學查找資料。邵子平特別提示張純如，「南京大屠殺期間有一個德國人叫拉貝，我們要想辦法找到這個人。」

3. 1996 年 4 月，張純如輾轉找到拉貝的外孫女萊茵哈特夫人。1996 年 9 月，邵子平從張純如自萊茵哈特夫人處得到的德文資料中，發現拉貝在給希特勒的一份報告中寫著「如果你（指希特勒）不相信的話，可以看我的日記」。「日記」，邵子平眼前猛一亮，他立即致電萊茵哈特夫人，證實存在日記的事實。

4. 1996 年 9 月，邵子平先生數度寫信給萊茵哈特夫人，請求其將《拉貝日記》交給「聯合會」，遭到拒絕後，委託德國的同學戴克牧師幫忙勸說萊茵哈特夫人。

5. 1996 年 11 月，萊茵哈特夫人夫婦特別利用休假去德國南部說服舅舅

取來了日記，送到戴克的辦公室。他們開始複印日記，共計兩千多頁，分次寄往紐約。

6. 1996 年 12 月 12 日二時整，美國紐約曼哈頓洲際大飯店裡，記者招待會開始。拉貝的外孫女、六十五歲的萊茵哈特夫人向世界各國記者展示了她外祖父當時所記的戰時日記，即刻引爆全球媒體。

　　因為有萊茵哈特夫人給戴克牧師的郵件以及戴克牧師自己在當時的記錄報告，所以，關於《拉貝日記》的時間點線條要細一些。

　　2018 年 7 月，邵子平從美國返回北京，在美國期間，尋遍老友，未找到馬吉影像卅七分鐘「一寸盤」，抱憾而歸。

　　2018 年 10 月，我赴北京的行程確定後，我告訴邵子平「星期一去，星期五回」。

　　「才這麼幾天？你可能夠嗆！」

　　屈指計算，德國的邵華要在 10 月 17 日回國，我必須要在她回來之前先抓緊找出一部分資料。

　　2018 年 10 月 8 日上午，我乘高鐵去北京。中午一點廿三分在北京南站下車後，北京的朋友張立國開車接了我，驅車七十八公里，直接送我去懷柔，下午不到三點到達「水岸庭院」。

　　「水岸庭院」是位於懷柔九渡河鎮團泉村的別墅群，緊鄰懷九河，灰牆朱門，紅柱遊廊，幽靜怡人。邵子平夫婦在這裡擁有一套兩層樓的獨棟別墅，壹佰多平米的庭院裡，種植了蔬菜瓜果，枝繁葉茂，一派豐收景象。

　　邵子平妻子羅其雲進城裡去逛國貿大廈，邵子平在家裡等我。一進門，我省去寒暄，直接跟著邵子平上了樓上的書房。果然，倚牆的兩個大書櫥堆得滿滿當當，一排排各種書籍與一摞摞塞滿信件、日記、公文的資料夾。

　　時間緊，任務重，我把衣袖一卷，直接開始翻找。哎呦，還真是「起碼廿年沒動過」，邵子平一點都沒有誇張。

我先搬出一摞，一頁一頁翻看時間，把不在我劃定時間軸內的資料集中一旁放置。

沉寂了數十年的資料每一個縫隙裡都集滿了歲月的塵埃，一頁頁翻動時，細密的灰塵飄浮揚起，紙張間竟然還有不止一隻被壓扁的陳年臭蟲，乾癟臭蟲屍體暈散的汙漬，透黃了上下毗鄰的好幾層紙。

搬出一大摞邵子平的日記，有五十年代、六十年代、七十年代。我沒有時間細看，粗翻，發現越往前寫得越多。比如，五十年代的日記本，一大本一大本，每一本都是厚厚的，每一頁都密密麻麻寫滿了字。我一目十行，印象中並沒有什麼特別的大事，年輕的邵子平內心纖細敏感，在平淡的時光裡盡情抒發各種感慨。

到了八十年代，邵子平已經不用筆記本寫日記了，改用使用過的 A4 紙背面的空白記事，一頁一頁，基本按時間順序疊放。內容也不再是長篇大論，將每天重要的事變成簡潔的「關鍵字」，佈局凌亂，應該只有他自己能看明白。

邵子平精通三國語言，中文、英文、德文，粗通法文、日文。那些零散記事的紙面上，有英文，也有德文，還有零星法文，我根本看不懂，好在日期都是用阿拉伯數字記錄。我細細梳理出時間軸內可能有價值的資料單獨放在一邊。

不知不覺間，天色擦黑。資料太多，尤其是零散，八十年代之後，基本沒有記錄本，一頁頁的紙張，每一頁都不能漏看。

自下午三時許進門後，我就沒有停過。我請邵先生在一旁休息，待我把全部資料過一遍手之後，篩選出來的部分再請他過目。

將兩個書櫥的書籍資料全部過手查看一遍之後，已經是晚上七點半，天已黑透。邵子平餓了，他說這個村裡沒有飯館，得去隔壁村，但距離有點遠。邵子平說，他請我晚餐，不過他的腰腿都不利索。

雖然事先我的計畫是我請他晚餐，但覺得要步行至隔壁村，來回再加上就餐，時間最短也會超過一個半小時。

我們就決定在他家裡下麵條充饑。

下樓走進廚房，我大吃一驚！廚房裡那個髒、亂、差，簡直沒法形容。成摞的髒碗堆滿在水池裡，餐桌上調料、乾果、帶有汙漬的髒碗，擠滿整個桌面。髒碗與瓶瓶罐罐的狹窄間隙，扔著一張張皺巴巴用過的白色紙巾，醒目扎眼。

我把衣袖往胳膊上推到底，先收拾桌面的垃圾，將紙巾撿出來丟進垃圾桶。再清理桌面，把髒碗歸類，放入水池。然後擰開自來水龍頭，逐一洗淨一水池的碗。

邵子平有點過意不去，自告奮勇去下麵條。抓起一把麵條就要放進一個有積水明顯未清洗的鐵鍋裡，被我眼疾手快地一把攔住。

「我來吧，我不會燒菜，但下麵條還是會的。」將鐵鍋洗淨，換上乾淨的水，打開煤氣灶點火開關。水燒開後，我麻利地放入麵條，換小火煮。一會兒，兩晚熱氣騰騰的麵條端上桌。邵子平用妻子做的素菜醬拌麵，「呼啦呼啦」吃了一大碗。

餐後收拾好廚房，我們上樓繼續工作。

這時候，輪到邵子平唱主角了。我把一摞按我需要的時間段整理出來的資料按順序遞給他，請他逐一過目。

窗外夜幕深沉，屋內書桌的檯燈下，邵子平已全神貫注，一頁一頁，掀開塵封的往事。

「來了！來了！」突然，他的聲音提高，激動人心的時刻還真來了！「找到了！」邵子平手中拿著的那疊A4紙，正是1991年7月的工作記錄。

自1991年7月1日起，邵子平全力以赴在美國尋找馬吉影像，緊張忙碌的間隙，他以「關鍵字」在紙上記錄了每天的工作要點和重要進展。

1991年7月1日，查紐約聖公會馬吉在何處？

1991年7月2日，查美南德克薩斯聖公會總部，詢問馬吉牧師下落；

1991 年 7 月 7 日，匯總各方面提供的關於馬吉牧師的材料，找到馬吉牧師所在的聖公會總會電話，追查至耶魯大學和華盛頓特區教會；

1991 年 7 月 9 日，獲得大衛·馬吉的電話號碼，「與我竟住在同一村莊，巧！」

1991 年 7 月 11 日，邵子平寫下：「專訪馬大衛家」。

這一天中午十二時卅分，邵子平聯繫上了馬吉牧師的兒子大衛·馬吉，被告知他家中地址，邵子平當日就登門拜訪，「馬大衛提到十三卷默片」。當日未找到與南京大屠殺相關的影片，以為膠片被大衛·馬吉的兒子馬吉三世送給了當時同樣在美國尋找馬吉影像的日本記者加登英成。

7 月 12 日，邵子平不甘心，再度登門，在大衛·馬吉家中地下室仔細查找，終於在四個銅盒裡發現了十三個小方盒，每個小方盒裡盛放著一小卷膠片。小方盒上有馬吉牧師親筆標注的膠片內容。這就是馬吉牧師當年記錄南京大屠殺的 13 本膠片原片。

第一至四本膠片的鏡頭攝於 1938 年 1 月 10 日以前，並和《羅森報告》中的未署名目錄相符。

第五至十本膠片的鏡頭攝於 1938 年 2-3 月，也是與暴行有關，由於屠殺的高潮大致已經過去，許多鏡頭攝於醫院之外。

最後第十一至十三本膠片的鏡頭攝於 1938 年 4 月，紀錄了難民營內的宗教活動。

大衛·馬吉將這些拷貝中有關南京大屠殺的十本膠片慷慨地交給了「聯合會」。

此後，幾乎每一天，邵子平用簡潔的關鍵字記錄了他們在找到馬吉影像後所做的尋找高品質的攝影製作公司複製膠片，複製與南京大屠殺相關的膠片內容，做成可用作電影放映的「一寸盤」膠片版，時長卅七分鐘零五秒；聯繫哈佛大學歷史教授等美國著名歷史學者考證、評估；籌備組織新聞發佈會；商議

和擬定充分使用這些鐵證固定侵華日軍的罪行等具體事宜。

那些被時光封存廿七年的珍貴歷史細節，在滿紙塵土中「復活」。

我將邵子平圍繞發現馬吉影像前後全過程所記錄的零散資料整理出五十八頁，命名為《邵子平先生於1991年尋找馬吉影像完整手記》，簡稱為《五十八頁手記》，時間跨度從1991年7月1日至1992年1月15日。

在此之前，馬吉影像被發現的時間，現有的所有媒體報導中都不準確，有的說8月，有的是5月。因為年代久遠，甚至連當事人邵子平與「聯合會」的陳憲中等親歷者亦記憶模糊。

這批手記的面世，確定了1991年馬吉影像在紐約被重新發現的準確時間，記錄了邵子平等一批海外華人為尋找南京大屠殺關鍵史實證據所付出的堅韌努力。

15、卅七分鐘「一寸盤」現紐約

此行赴京，我的目的是尋找邵子平與發現《拉貝日記》有關的史料證據。

在成堆的資料中，我找到一本 1937 年印製的德國教會資料彙編原件，上面有 1993 年起邵子平數次赴德國，尋訪多個教會的記錄字跡。顯然，邵子平期待能從教會使用中的檔案裡發現關於拉貝及其後人的線索，時間段比《拉貝傳》作者自稱其 1995 年發表的文章使拉貝進入海外華人視野的時間整整提早了兩年。

邵子平說，這本 1937 年的德國教會資料彙編，是其德國校友戴克牧師相贈。

如獲至寶，我終於可以用自己考證來的事實去推翻南京那位作者的結論。

遺憾的是，1996 年前後，邵子平與「聯合會」忙於用馬吉影像的素材拍攝紀錄片，並在美國社區、大學等到處放映，在為尋找與公開《拉貝日記》努力的那些日子裡，卻沒有再以「關鍵字」逐日記錄每日工作重點。

不過，關於這部分歷史，有萊茵哈特夫人於 1997 年 6 月 5 日寫給戴克牧師的郵件以及戴克牧師親述的題為《找回拉貝日記》的報告，足以證明海外華人發現與力促公開《拉貝日記》與南京檔案館無絲毫關聯。

2018 年 10 月 8 日，在懷柔自下午到晚間連續不斷專心梳理資料的過程中，有一個極為重要的片段。

傍晚，也許是看我連續作戰，連水都沒喝上一口，邵子平動了「惻隱之心」。晚上六點四十分，邵子平突然對我說：「你不要告訴任何人啊，『卅七分鐘一寸盤』可能是找到了」。說著，他站到我身邊，劃開手機螢幕，給我看一個微信群，群裡，他與另外一個熟人對話，對方告訴他找到「卅七分鐘版一寸盤」了。「但不能白給」，看到這句話我心一拎，表面不動聲色。

「你不要告訴任何人」，邵子平再度強調，「現在還不確定『一寸盤』裡面裝的內容是不是完好」，「國家檔案館在跟我要」。

輕輕放下手裡的資料，我快速給張連紅連發了五條微信：

「在邵先生懷柔的家中，一頁頁查看他的日記」

「馬吉影像卅七分鐘盤已在美國找到了」

「邵先生 12 月回美國去帶回來」

「目前我只告訴您」

「邵先生這幾個月一直托美國當年的朋友在尋找」

我順手將下午發現的 1991 年大衛·馬吉寫給「聯合會」的馬吉影像使用授權書草稿拍照發給張連紅，授權書中清清楚楚地寫著「我證明這四卷卅七分鐘十六毫米膠片，是我父親約翰.馬吉在 1937 年末南京大屠殺期間拍的」。我繼續發微信告訴張連紅：

「這個就證明瞭馬吉影像有卅七分鐘」

「與大屠殺內容相關的內容有卅七分鐘」

十九點零四分，張連紅回覆：「太好了！」連發了三個豎大拇指的表情符號。

當時，因為還有大量的資料沒有看完，我沒有停滯，而是繼續翻閱整理。

邵子平告訴我，國家檔案館想購買卅七分鐘「一寸盤」，他們相互已經有了初步的協商。

「還是應該給南京啊」，八字還沒一撇，當時我還沒有看到「一寸盤」的確切消息，心想，就算真有，膠片還在美國，尚不知內容是否完整？品質如何？距離較真的時刻尚遠。

　　「反正都會在中國」，邵子平支吾了一下。

　　這次赴北京出差，我申請了一周的假期，準備下功夫篩選邵子平廿多年的資料。沒想到僅花費了短短六個小時，我們就取得重要收穫。

　　邵子平和我都很興奮。

　　晚上九點半，張立國來懷柔接我。邵子平說，他的中國護照已經過期，他要進城辦理護照延期，問，「我能不能跟你的車到城裡去？」邵子平在北京二環的東廠胡同裡有住房，我去過兩次。

　　我說「沒問題」。他又絮絮叨叨，擔心自己額外增加的行程影響到小張回家。

　　我捧著梳理出的重要資料原件先上了大門外的車。我已經與邵子平商量好，我將這些珍貴資料帶回南京，全部掃描做成電子文檔。「你把這些原件都給我，我回去掃描，掃描完了之後，原件給你，影本我給你列印一套，以後你給人家看，就給影本。我再列印一套影本，給南京紀念館，這次你去南京，算是給紀念館的見面禮」。聽著我對這些資料的保管安排計畫，邵子平很滿意。

　　經過這次資料梳理，我發現邵子平的史料意識淡薄，大堆資料雖然沒有扔掉，隨搬家自紐約帶到北京，卻沒有做過任何分類整理的保管工作。

　　我疲憊地靠在車後排座位上，看著張立國細心地幫助邵子平仔細地檢查了電源開關、廚房煤氣，再一道一道關閉、鎖好所有的門窗。最後，張立國用手機作電筒打著光，幫助邵子平鎖上院子大門。

　　我們當然先送邵子平去東廠胡同。沉沉黑夜裡，我困倦交加，邵子平則情緒飽滿。

　　我嘮嘮叨叨對他說，等他10月下旬到南京後，先去母校南京琅琊路小學

懷舊，然後去拉貝紀念館和侵華日軍南京大屠殺遇難同胞紀念館參觀和完成口述歷史，捐贈一套「五十八頁手記」影本給南京，我會跟紀念館商量，請館裡出具捐贈證書，等等。「這些協調溝通的事情都由我來做。」

「你的仔細和嚴謹適合做研究，再下一步就是學者。寫出論文來，把精確考證的歷史報導到學術界與廣大讀者」，邵子平鼓勵我，「你已經轉型了，這很不容易。」

這時，邵子平忽然又跟我說，「小陳，我告訴你，你不要跟別人講！這個，馬吉影像的卅七分鐘盤找到了。」

這話下午他已經說過了呀。因為這趟沒有白跑，我很滿足，心情一放鬆，就格外疲倦，反應遲鈍，以為他這是車軲轆話來回說。心想，他已經告訴過我了，老人翻來覆去講是可能的。

我沒有打斷他。

「這次倒真是我們南京的那個片子，就是馬吉牧師的那個片子。哎，我這裡應該給你看一看。」邵子平拿起手機，亮起的手機螢幕上，我看見他打開的是郵件，而下午他給我看的是微信。

本來我是半眯著眼睛靠著椅背，呈半休息狀態，這時不由得坐直了身子，瞪大了眼睛盯牢他的手機螢幕。

「但是國家檔案館買了的話，他們應該會給南京一份拷貝，我相信。」也許是網路原因，邵子平手機裡打開郵件的速度特別慢。

深夜裡，懷柔那一帶，公路兩旁沒亮路燈，仿佛僅憑汽車的車燈刺開一條路面。汽車在暗夜裡平穩地行進，偶爾傳來遠遠的汽車鳴笛聲。

我幾乎是屏息等待，一秒一秒覺得時間漫長，一身的疲憊瞬間一掃而空。

「諾，就是這個！」邵子平打開的一封郵件附件有兩張圖片，正文頁面上，我一眼看到「尋找買家」，脫口問他「怎麼還尋找買家？」

「我叫他趕快告訴我這裡面是什麼東西，因為這上面看不清楚。我叫他聯繫買家。」邵子平說著，用手指放大附件裡的圖片，「哎呀，你看這個現在放大出來看見了——是南京大屠殺第一卷到第四卷嘛，卅七分零五秒！我的名字在上面，馬大衛住的那個小村的地址也在上面」。「馬吉影像就是裝在裡面的，只要這個裡面不壞，內容應該就有。」

　　「您把這個照片發給我。」這下可是眼見為實了。我儘量用平靜的口吻，強行按捺住內心的狂喜，避免「打草驚蛇」。

　　「選擇圖片的壓縮大小，你選哪一個？」「選最大的！實際大小。」邵子平爽快地將郵件轉發給我。親眼見他點了發送，我才轉回身子，趕緊一遍遍刷新自己的郵箱。

　　「我現在要他去查，這個裡面的片子好壞怎麼樣？」邵子平顯然是第一次查看這封郵件裡的附件圖片，他用手指繼續放大圖片細細端詳著，同時還不忘問我「郵件來了沒有？」

　　「沒有啊」，我有點氣短，懇請他再發一遍。邵子平慷慨地又發了一次。見我還沒有收到，他安慰我，「你這個郵箱是不是南京的？郵件肯定要從南京繞一下，再到北京，是需要一點時間的。」

　　「這又不是快遞員投遞郵件」，我心裡嘀咕著，沒去辯解。用手機拍下他手機上郵件附件的兩張「一寸盤」圖片，先有個墊底。

　　把邵子平送到二環，再回到位於四季青的家中，已近凌晨一時。我不再掩飾心情的激動，在家裡疾步走了幾個來回。拎起廚房餐桌上的半瓶冰酒，拔掉瓶塞，全部倒進玻璃杯中，一仰脖子一飲而盡。

　　自 2018 年 3 月在採訪中發現了卅七分鐘「一寸盤」的價值後，與邵子平一起竭盡全力想找回來，為南京補充史料。可畢竟廿七年過去了，能否找到實在沒有把握。現在真的找到了，七個月的努力沒有白費！

16、領南京館長夜訪懷柔

真正意識到自己撞上了好運，已經是兩天之後。

2018年10月5日，姜國鎮發郵件告訴邵子平找到了卅七分鐘「一寸盤」，10月8日，渾然不知的我就登門懷柔，在邵子平家裡大動干戈翻找史料，卻意外獲悉卅七分鐘「一寸盤」現身紐約，這才產生了動員各方力量全力推動卅七分鐘「一寸盤」歸屬南京的一系列計畫。

2018年10月10日，我的郵箱裡終於出現了邵子平轉發來的郵件。這封向邵子平透露找到馬吉影像卅七分鐘「一寸盤」的重要郵件，寄件者是紐約「紀念南京大屠殺受難同胞紀念館」現任館長姜國鎮，發件時間是10月5日，文字內容只有一句話：「這是你需要的嗎？」

10月6日，邵子平回覆姜國鎮：

看起來很像我們以前擁有的東西。富士（膠片品牌）也是複製電影的合適品牌。我希望這不是王正方的電影。

非常感謝，凱文（姜國鎮）：但我看不到標籤上的內容，當然不是劃掉的部分。你能給我一張清晰的標籤照片嗎？可以回答以下所有問題。

1. 內容呢？他們是馬吉的無聲電影嗎？總長度是多少？他們狀況良好嗎？我們可以複製同樣品質的拷貝嗎，準備好播出了嗎？

2. 存放在哪裡？電影等專業存儲公司？費用是多少？

3. 在做任何事情之前，請您與一家專業的電影公司一起檢查電影的內容和品質。如果它太舊或條件很差，我們將無能為力。

你說呢，薩姆（陳憲中）？

等待您的電話或電子郵件。

2018 年 10 月 10 日早晨七點許，在郵箱裡終於看到了傳說中的綠色「一寸盤」，我當即給邵子平回信：

邵老師，謝謝您，終於收到了！

我還是很激動的。自從今年上半年在採寫您的稿件時發現南京紀念館只有十七分鐘馬吉影像之後，立即意識到您當年的卅七分鐘一寸盤很珍貴，就與您商量是否能找到？也請陳憲中先生找，未果。此後便心心念念這個一寸盤。多次聽您描述它的模樣，今天真的見到照片太喜出望外了！謝謝您！

特別欽佩您，因為您的純粹、真誠、嚴謹，還有最重要的是對歷史使命的主動擔當，都是最珍貴的人格魅力。

祝好！

陳旻 10 月 10 日

　　在我眼裡，邵子平是一股尋求真理與伸張正義的力量。為了歷史的尊嚴，他與唐德剛、吳天威、楊覺勇、陳憲中、姜國鎮等諸友人，創建「對日索賠會」、「紀念南京大屠殺受難同胞聯合會」民間團體，志願出錢出力，揭露日本軍國主義的歷史罪行。

　　2022 年 3 月 25 日，我在微信朋友圈裡感慨道：

【耐得住老】在時間的磨礪之下，一個人能夠保持原本的優質，絕非易事。

八十二歲的邵子平先生，依然雙肩包裡背著電腦，奔波，執著於追討一百年前被賣到美國成為賓夕法尼亞大學博物館鎮館之寶的昭陵二駿「拳毛䯄」與「颯露紫」。沒有組織、沒有人賦予他使命，他自己，自費。從弱冠到耄耋。他的身上有一種跨越時間的從容和風華。

　　他還計畫要追討被侵華日軍掠奪的中國文物，他說：「我是要做事的，一直到做到死。」

　　經過時間的淘洗，老年才是人與人高下立見的時刻。

　　儘管邵子平再三叮囑我卅七分鐘「一寸盤」的資訊要保密，但我認為，從我發現卅七分鐘「一寸盤」的存在價值後，費盡心機苦苦尋找的最終目的就是為南京補充史料，原因只有一條——南京是南京大屠殺慘案的發生地，我們有責任為這座城市的歷史留證。

　　我的原計劃是推動推選邵子平為「感動南京」人物，進而實現在南京其原籍辦理中國公民身份證。現在，計畫中增加了新的內容：聯繫落實邵子平的母校南京琅琊路小學授予他「傑出校友」，事蹟進其中、小學母校校史室；分別赴南京侵華日軍南京大屠殺遇難同胞紀念館與拉貝紀念館捐贈史料，同時聯繫南京媒體集中採訪報導；為南京爭取獲得馬吉影像卅七分鐘「一寸盤」。

　　這時的我，滿腦子都是「義不容辭」與「責無旁貸」。

　　2018年10月9日上午七時十三分，我迫不及待地聯繫時任侵華日軍南京大屠殺遇難同胞紀念館館長張建軍，詳細告知了紐約找到馬吉影像卅七分鐘「一寸盤」的情況。正在南京祿口國際機場準備登機去北京參加集訓的張建軍，聽了我的敘說很興奮，他說這次正好在懷柔集訓，我們約好10月10日我陪他去懷柔邵子平家中拜訪。第一步先聯絡感情。

　　我把南京紀念館館長將登門拜訪的消息告訴邵子平，徹底驚動了他。邵子平非常重視這次館長拜訪，反覆打電話給我，張羅著一定要安排晚餐。我可不想讓他破費，嚴肅地提醒他「現在有『八項規定』管著，這些宴請都不被允許」，打消了邵子平要宴請館長的念頭。最終，我們敲定在晚餐後抵達邵府。

邵子平於1996年從聯合國人力資源與法規部門退休後，2003年定居北京。

在北京生活的近廿年中，只要有關於南京大屠殺歷史方面的求助，邵子平總是傾盡所能，不遺餘力。

據侵華日軍南京大屠殺遇難同胞紀念館的記錄：2002年10月，在美東「紀念南京大屠殺受難同胞聯合會」邵子平先生等人的聯繫幫助下，大衛·馬吉攜夫人弗蘭西斯·馬吉，不顧年邁體弱，專程前來南京，將其父親珍藏了半個多世紀的攝影機捐贈給侵華日軍南京大屠殺遇難同胞紀念館永久保存和公開展出。

2015年，邵子平積極配合江蘇衛視拍攝《外國人眼中的南京大屠殺》，陪同攝製組赴耶魯圖書館查找資料，去紐約聯繫採訪大衛·馬吉。

江蘇省廣播電視總臺紀錄片創作中心製作總監、編導王富俊2015年12月18日在記者手記中寫道：

邵子平先生提供了他們在廿世紀九十年代初翻製的馬吉影像的錄影帶，這盤錄影帶上面標注的影片長度是四十五分鐘。遺憾的是，這盤距今廿多年的錄影帶已經無法播放出畫面來了。據邵先生回憶，馬吉場記單中記錄的部分日軍暴行，他在廿世紀九十年代初發現的膠片中也沒有看見過。所以，我們在美國又找到了馬吉的部分原始膠片並借回國內檢索，依然一無所獲。此後，邵先生一直致力於尋找這些失落的膠片。

王富俊在文末指出：「多年來，這些影像猶如『一面鏡子』提醒著人們不要忘記歷史的教訓，然而它們的使命遠未終結。」

按張連紅的評價——「邵子平對南京大屠殺歷史研究的貢獻不可替代」。

此次南京的紀念館館長將要登門拜訪，邵子平無法平靜，猶如終於將等來與失散多年的至親重逢。確定了不安排晚餐之後，邵子平又接連給我打過好幾個電話，與我商量在家中接待館長的細節，比如，用什麼茶招待，紅茶還是綠茶？

張館長參加集訓的地點雖然也在懷柔，但距離邵子平家尚有廿多公里。10

月 10 日傍晚，張立國開車先接了我，我們再去懷柔接上張館長，到達「水岸庭院」的時候，天已黑透。一路上，我將邵子平的主要情況向張館長做了重點介紹。

當晚八時多一點，車駛入村口。張立國熟門熟路，直接將車開到邵子平家的小院門口。夜幕籠罩，路燈昏黃，遠遠地，就看見衣著正式的邵子平隆重地站在院子門外翹首迎候。

張館長見狀趕緊下車，三步並作兩步，快步走上前，一把握住邵子平的手，相互之間如老友般熱情濃烈。

穿過小院，燈火明亮的屋裡，邵子平的妻子羅其雲已經備了好幾種飲品。邵子平搶著推薦絞股藍，說喝了能降血脂。羅其雲則拿著大紅袍的茶葉罐，不由分說地給我們泡上，同時告訴我們，「還有咖啡」。

邵子平儒雅爽直，他開門見山地介紹了「聯合會」廿世紀九十年代在美國為查找南京大屠殺歷史證據以及在西方傳播南京大屠殺歷史真相所開展的活動情況，「我一直想在南京江邊尋找與挖掘『萬人坑』取證」，根據歷史記載，1937 年 12 月，侵華日軍在南京集中屠殺了大量中國軍民，很多是在長江邊實施，邵子平迫不及待地說出自己的多年心願，他表示自己可以聯合國際最先進技術力量發掘尋找「萬人坑」，為證實侵華日軍暴行增加更為有力的證據。

張館長則滿臉謙和，認真聽著，不時點頭，積極回應，虛心請教，還不停地低頭在隨身攜帶的筆記本上奮筆疾書記錄要點。

這副場景，看得我滿心溫暖。我不時用 iPad 拍攝視頻，留下這一刻的暖心場景。

他倆相談甚歡，張館長好幾次滿臉誠懇地表達「麻煩邵老師幫我們館收集資料，尤其是影像資料。」均被邵子平巧妙避開，絕口不接這個話題。幾次話題已經滑到卅七分鐘「一寸盤」的邊緣，都被邵子平及時刹住。

我暗暗驚訝，這位八十二歲的老人一點都不含糊！

默默注視著這個由我一手創造的會面場景，不由自主地感動於氤氳於客廳內的溫馨。也許是被張館長的真摯所打動，邵子平將自己 1991 年在南京的不平遭遇敘述了一遍，他說得很克制，沒有表現出對我訴說時的義憤填膺。

　　邵子平的這段經歷，我已經聽了無數遍，我當然理解他的委屈，也希望他能將心存廿七年的委屈充分釋放出來，慢慢消解掉。

　　我們在邵子平家裡談了整整兩個小時，張館長當面鄭重邀請邵子平去南京參觀侵華日軍南京大屠殺遇難同胞紀念館，同時正式邀請他參加 2018 年 12 月在南京舉行的南京大屠殺死難者國家公祭儀式。

　　與邵子平道別後，我請張立國先送張館長回懷柔的集訓地。一上車，張館長就心急火燎地對我說，「我提了幾次影像資料，邵先生都不接話。」我把 10 月份邵子平去南京的接待計畫告訴他，安慰他「一步一步來」。張館長說，北京的集訓不允許請假，他會佈置館裡周密安排接待。

　　聽到邵子平已接受我的建議，將這次新找到其發現馬吉影像的《五十八頁手記》影本捐贈給紀念館，張館長說：「最好把原件留在紀念館」。我遲疑著，「這些原件現在都在我手上，但我做不了主」。「我先帶回南京掃描，後面再想辦法。」

　　張館長的史料意識非常強，他甚至希望我把自己圍繞馬吉影像的採訪筆記、錄音，獲得的史料全部留給紀念館。

17、南京琅琊路小學來了重量級校友

2018年4月13日，我給南京琅琊路小學寫過一份《情況說明》，介紹了香港《大公報》與《文匯報》刊發的兩篇關於邵子平在海外追尋南京大屠殺關鍵史料——馬吉影像與《拉貝日記》的情況，重點突出了作為該校校友邵子平對南京這段歷史的重要貢獻，向該校誠懇提出建議。我這麼寫道：

邵子平先生於1946年就讀於南京琅琊路小學，他迄今對母校念念不忘。

邵先生在海外找到的馬吉影像和《拉貝日記》是南京大屠殺這一人類慘案最為關鍵的史料文獻和證據，他對南京大屠殺史研究領域有重大貢獻。

已至耄耋之年的邵子平先生，對母校南京琅琊路小學懷有無可替代的真摯情感，鑒於此，江蘇記者站特別建議南京市琅琊路小學將邵子平先生列為該校傑出校友，錄入校史。適當時，邀請邵子平先生到校，與學生們分享自己為國家和民族使命擔當的珍貴經歷。

香港大公文匯傳媒集團擬將刊發的兩篇新聞專題的報紙原件贈予南京市琅琊路小學，供作史料留存。

每次對我說起家鄉南京，邵子平總是兩句話：「我是在鼓樓醫院出生的」、「我的小學是琅琊路小學」。他還多次提到，小時候，琅琊路小學有位吳秀瓊老師「給了我兩巴掌」，他很想再見她。

創建於1934年的琅琊路小學，地處南京市區文化中心地帶和民國公館區，民國時期即為南京市知名學校，如今更是南京市一流名校。

父親是民國高官邵毓麟，我調侃邵子平是民國「官二代」，問他「你父親是否帶你們享受過特殊待遇？」邵子平記得父親沒有帶他們「下館子腐敗」，但是卻給他和哥哥、弟弟都安排上了好學校，兄弟三人全都就讀於琅琊路小學。

邵子平的小學初始入學重慶巴蜀小學，抗戰勝利後，1945年他隨父母回到南京，1946年和1947年就讀於「南京特別市市立琅琊路小學」。小學畢業後考入國立中央大學附屬中學。

2018 年 4 月，我的計畫是邀請邵子平回母校南京琅琊路小學演講。我認為，南京這所名校的學生整體素質好，前程遠大。可以預見大部分學生將來的發展足跡大概率會遍及世界各地，如果有傑出校友邵子平的現身說法，當他們知道這個學校出去的校友還幹出這樣驚天動地的大事，他們會自豪，學生們必定印象深刻，從而產生強大的示範作用。往後，當他們長大成人，在世界各地大展宏圖時，也許有可能發現對我們國家、對南京這個城市有用的資料史料，也許會效仿校友邵子平，去盡自己的全部努力去收集來，然後完好地交給我們國家，交給我們這個城市。

我對邵子平說：「日本的歷史教育是從孩子開始抓，我們不能懈怠。」

為了實現這一目標，我特意求助曾共同在原南京軍區南京總醫院政治部工作過的戰友陶濤。

1992 年 1 月，我從南京軍區南京療養院調任南京軍區南京總醫院政治部宣傳科擔任新聞幹事，歷任宣傳科長、政治部正團職協理員，2002 年 3 月轉業。

南京總醫院的前身是國民政府中央醫院，建於 1929 年。截至 2025 年，這所有著九十六年歷史的醫院承載了我們的青春時光，在這裡工作的經歷成為政治部同事們共同的珍貴記憶。

性格沉穩、內斂的陶濤是 1996 年從無錫調來南京，任醫院政治部保衛科幹事。他待人真誠，做事認真細緻，又愛學習，兼任部裡內勤工作，最受部領導信任，我們都調侃他是部領導的「小棉襖」。

軍營向來是鐵打的營盤流水的兵。當年在南京總院政治部共事的戰友們，大多早已轉業離開醫院。但南京總醫院宛若無形的精神紐帶，纏纏繞繞聯結著我們，使得彼此間的情誼在歲月滄桑中賡續綿延。

2021 年 11 月，邵子平曾來南京住了近一個月，我請他與我的戰友們在龍蟠中路的「小廚娘」淮揚菜館聚了兩次。第一次，當他弄清楚我們這群人是廿多年前的同事時，非常意外。餐敘結束，我開車送他回旅店。一路上，他連連搖頭，覺得不可思議，感慨：「真沒有想到，你們都不在一起工作那麼多年了，

關係卻還這麼好！」

陶濤時任南京市人大常委會辦公廳副主任。

2018年4月初，我聯繫陶濤，請他幫助牽線協調，建議鼓樓區琅琊路小學將邵子平先生列為該校傑出校友，錄入校史，作為培養小學生愛國主義精神的鮮活榜樣。

「這是個好主意！」陶濤說：「愛國教育就要從小抓起」，他認為，在小學階段培養學生的愛國意識，對孩子們整個人生的發展都會有積極的影響。陶濤聯繫鼓樓區委辦公室，轉去我寫的《情況說明》。第二天，我接到了琅琊路小學校長戚韻東的電話。

我的計畫得以順利推進，但因為邵子平來南京的時間遲遲未能確定，我與學校商議待邵子平確定南京行程後，提前聯繫學校商量具體實施方案。

2018年10月12日，在從北京回南京的高鐵上，我短信聯繫琅琊路小學校長戚韻東，「經紀念館張建軍館長赴北京登門邀請，邵先生決定在本月20日來南京，想與您商量邵先生回母校拜訪事宜。」

戚韻東回覆：我們一定熱情而認真地接待！

10月18日上午，我帶上刊發報導邵子平的《大公報》與《文匯報》，來到琅琊路小學「打前站」。戚韻東專門請來校史室的負責老師，一道在會議室商談。

負責校史室工作的是一位資深老教師，清瘦的臉龐上戴著副眼鏡，表情深藏不露。他拿過報紙，埋頭閱讀，一語不發。我與校長及其他學校領導你一言我一語，斟酌接待細節。

快速讀完關於邵子平的兩版新聞專題報導後，老教師把眼鏡往鼻樑上方一推，直接將眼鏡架上了額頭。隨後，他將身體重重靠向身後的椅背，仰頭深出一口氣。加重語氣一字一頓地說，「我們學校終於迎來了重量級的校友！」

「哈哈哈」，聽他這麼一說，大家全都樂了。

2018 年 10 月 20 日，對於邵子平，這是個特別的日子。這一天，八十二歲的邵子平終於佇立在闊別七十一年的母校南京市琅琊路小學的門前。

「熱烈歡迎邵子平先生回到母校」，學校大門內迎面巨大的電子顯示幕上的歡迎標語滾動播放，校長戚韻東、副校長胡志宏，以及已經退休的李校長等老師們早早打開校門，領著一群學生們熱情迎候，還有已退休多年的學校領導與老校友們聞訊趕來。

邵子平在母校受到了最高禮遇！少先隊員們向邵子平夫婦敬禮，給他倆繫上紅領巾。

緩步穿過大操場，從老校區到新教學大樓，邵子平仔細尋找少時印記，「我記得吳秀瓊老師對我手心打過兩巴掌」，邵子平對校友們回憶當年自己的調皮。

迎面是一棟白牆紅瓦的高大建築，邵子平一眼認出自己當年的教室就在這座民國建築「小白樓」裡。

當年，全校只有這「小白樓」一棟教學樓。這座磚木結構的西式風格建築教學樓有兩層，坐北朝南，大坡屋架頂。整體形狀大致為如「【 」。

「1945 年，陳履安先生在這裡求學。」老校長向邵子平介紹著，「哈哈，我與陳履安是同桌」，邵子平笑聲爽朗，少時的記憶青澀溫暖。

「邵爺爺好！」，校史講解團的小學生，用朗誦的語氣，聲情並茂地向邵子平夫婦講解學校歷史發展脈絡，稚氣的小臉因緊張而透紅，額頭滲出細密汗珠。

每一層樓換不同的小講解員。邵子平夫婦在師生們的簇擁下，拾級而上，步入該校校史館三樓「桃李芬芳」展廳，這裡陳列著學校歷屆傑出校友的照片與成就，也是校史館的重磅展區。當一眼望見一整扇櫥窗內展陳著《大公報》與《文匯報》對他的報導及他的大幅照片時，學法律出身一向冷靜理性的邵子平，顯然被這完全的意外所衝擊，那一瞬間，他的激動心情在臉上展露無遺。

展櫃裡展陳的照片，是邵子平 2017 年 12 月在美國賓夕法尼亞大學追討昭

陵二駿的留影，身上穿著的夾克衫恰好是他此刻的衣著。「我穿的就是這件衣服，驗明正身啊！」邵子平升高語調，指著照片對簇擁著的記者們說。

對邵子平此次回南京的行程細節設計，我頗費了一番心思，目的是能讓他處處感受到家鄉的溫暖與關懷。

第一站母校，我想要先給邵子平一個大驚喜，就特意與學校商量專門設置了這個環節，將放大的邵子平照片，連同刊稿報紙一併提前交給學校，在展示傑出校友櫥窗欄設置為單獨展區。

我希望透過母校師生傳遞的真摯情意，能融化邵子平心中堆積多年的委屈。

琅琊路小學特別授予邵子平「傑出校友」稱號，校長戚韻東為他頒發了證書，學校小記者們圍著他採訪。戴著紅領巾的邵子平有問必答。

「現在的學生比我們那時候活潑多了！」邵子平對學校老師們感慨道：「我們那時候還有點老式教育，不聽話就會挨打，我也被打過兩下手心，我印象很深刻」。「我對在琅琊路小學的那段時間很懷念。」

邵子平為學校題字：

琅小母校同學們留念 努力學習，獨立思考。

邵子平曾多次對我抱怨，他尋找馬吉影像與《拉貝日記》的事，南京人都不知道。為此，我在 2018 年 10 月 15 日專門給南京市委宣傳部寫了《關於華僑邵子平來寧協調媒體報導事宜的報告》，請時任南京市委宣傳部對外交流處處長徐慧紅幫助協調。

我在報告中寫道：

　　為使邵子平先生夫婦在南京期間能充分感受南京這座城市對他們的真誠、熱情與敬重，邵子平夫婦訪問南京期間的一些重點活動，請宣傳部協調當地媒體予以採訪報導，以情動人、以誠感人，以此為鋪墊，爭取說服邵子平先生擬在今年 12 月回美國帶回的馬吉影像卅七分零五秒珍貴影像資料，能最終留給南京。

　　《華僑邵子平時隔七十一年重返南京母校》、《琅琊路小學迎傑出校友邵子平》、《拉貝日記》發現者邵子平重回母校說願望：再訪南京就是想追尋歷史》、《時隔七十一年，華僑邵子平重返母校》、《廿多年前他發現了「馬吉影像」和《拉貝日記》，等等。

　　2018 年 10 月 20 日、21 日，《南京日報》、《金陵晚報》、《揚子晚報》、《現代快報》、南京廣播電臺、南京電視臺、上海東方衛視等媒體大篇幅報導了邵子平重回南京母校的消息。

　　2018 年 10 月 21 日晨，我請在南京報業集團工作的同學沈怡幫忙，到報攤上買齊了這些報紙，特意送給邵子平帶回北京。

　　「都是半個版、半個版的大篇幅報導！」我把這些報紙一張張攤開，指給邵子平夫婦看，「這下，南京人民都知道馬吉影像和《拉貝日記》是您找到的。」

18、《拉貝日記》的發現究竟因誰而起？

邵子平在 1991 年 7 月 12 日成功尋獲馬吉影像，已毋庸置疑，但對於《拉貝日記》被發現的起因存在紛爭。目前有五種表述：

一、德國戴克牧師的公證書：

1991 年，邵子平從當年南京安全區國際委員會總幹事喬治·費奇的著作《我在中國八十年》中瞭解到，侵華日軍南京大屠殺期間，在南京保護難民的外籍人士中，拉貝的地位格外突出。

據德國戴克牧師提供的《找回拉貝日記》報告公證件中記錄：

邵子平博士是我在 1963 至 1968 年間就讀海德堡大學時結識的老校友，我與他多年來一直保持著聯繫。1996 年，邵子平懇請我幫他聯繫拉貝的外孫女萊茵哈特夫人（Ursula Reinhardt）。他不想自己直接去聯繫她，因為他覺得一名基督教牧師在其眼中肯定是非常值得信賴的人，她會願意向我展示祖父約翰·拉貝的日記或許還會同意我複印日記，而不是他，一個素不相識的中國人。

邵博士當時在美國紐約聯合國人力資源部任要職，多年來一直擔任「紀念南京大屠殺受難同胞聯合會」主席。他曾在 1993-1995 年期間來柏林找過我，並在柏林基督教福音教會的檔案館查找拉貝在中國活動的相關資料，但查詢未果。

邵博士有意借 1937 年 12 月發生的南京大屠殺六十周年之機公開《拉貝日記》。他從張純如——「南京大屠殺（The Rape of Nanjing）」一書的作者——那裡得知約翰·拉貝的外孫女烏蘇拉·萊茵哈特夫人（Ursula Reinhardt，大約 1931 年生）生活在柏林，是一所文理中學的歷史老師。他希望我能取得她的信任，然後她會同意公開日記。

戴克證實邵子平自 1993 年起，專赴德國，希望能從教會使用中的檔案裡發現關於拉貝及其後人的線索。

戴克的這份公證書證明邵子平在 1993 年就知道拉貝並赴德國尋找，這個

時間早於 1995 年 6 月 22 日發表於《揚子晚報》上《一個可敬的德國人與南京的生死緣》，此文作者認為該稿刊發後影響巨大，使得拉貝進入海外華人的視野。戴克的證詞否定了這種可能。

邵子平在接受《大公報》記者採訪時回憶：1994 年 12 月，美籍華裔女作家張純如聯繫邵子平，請他幫助收集南京大屠殺的史料。邵子平很高興，他回憶當時，「我說：『好啊，現在就需要用英文把南京大屠殺的事說出來。』」1995 年 1 月，張純如在紐約的三周時間內，就住在邵子平家裡，每天開他的車往返耶魯大學圖書館查詢資料。

這期間，邵子平特別提示張純如，「南京大屠殺裡有一個德國人叫拉貝，這個人很突出，我們要想辦法找到這個人。」

之後，張純如通過德國在華僑民組織「東亞之友協會」輾轉找到拉貝的外孫女萊茵哈特夫人，邵子平從張純如在與萊茵哈特夫人書信往來得到的德文資料中，發現《拉貝日記》的線索，求助於德國老同學戴克牧師力勸萊茵哈特夫人公開《拉貝日記》，震驚世界。

二、在侵華日軍南京大屠殺遇難同胞紀念館主辦的《日本侵華史研究》2013 年第 1 卷上，江蘇省社會科學院歷史研究所研究員孫宅巍撰寫的《我與英文版〈南京大屠殺〉著者張純如的交往》[01] 一文中，敘述了張純如尋找拉貝後人的來龍去脈：

1996 年，純如在美國耶魯神學院圖書館查閱南京大屠殺資料時，還有一個十分重要的發現，即發現了南京安全區國際委員會主席拉貝的一些文獻資料，還打聽到了拉貝的一個外甥女萊茵哈特夫人仍然健在。在她與萊茵哈特夫人取得聯繫後，得知拉貝曾給希特勒寫過一份關於日軍暴行的報告書，並有一份關於日軍暴行的日記。我與純如在斯坦福大學校園開會見面時，她興奮地告訴我，將於 12 月 12 日去紐約出席一場關於發現《拉貝日記》的新聞發佈會。我說：「《拉貝日記》的發現對於研究南京大屠殺來說，具有里程碑的意義，而您，

01　《日本侵華史研究》，2013-04-30，孫宅巍《我與英文版《南京大屠殺》著者張純如的交往》，頁 111。

是這一偉大發現的核心人物。」她回答說：「在這件事情上，萊茵哈特夫人和北美紀念南京大屠殺受難同胞聯合會首任會長邵子平先生才是關鍵性的人物，我不過是做了一點力所能及的工作。」我知道，邵子平先生曾在德國留學，能講德語，在幫助純如尋找拉貝下落及其親屬溝通方面，起了重要作用。後來，紐約的新聞發佈會如期舉行，並在國際社會引起了轟動，幾乎全世界的主要報紙、電視和廣播電臺都對此作了重點報導，純如和邵子平、萊茵哈特夫人的名字，也因此而引起了世人的關注。

三、在侵華日軍南京大屠殺遇難同胞紀念館出版的《紫金草》2016年第六期，江蘇省社會科學院歷史研究所所長王衛星撰寫的《張純如在南京》[02]一文中，詳細記錄了1995年7月，張純如來南京走訪南京大屠殺倖存者並收集相關史料的經過。其中寫道：

張純如從我們這裡得到了幫助，同時她也給我們這些從事南京大屠殺史研究的人以很大幫助。來南京時，她帶來了許多在美國收集到的南京大屠殺資料，其中《魏特琳日記》尤為重要。在此之前，國內學者雖然知道魏特琳曾寫有日記，但並未看過日記。張純如帶來的雖然只是《魏特琳日記》的片段，卻是最重要的部分，使我們第一次瞭解了日記的內容，這對南京大屠殺史研究具有十分重要的價值。

在張純如收集的資料中，有不少涉及南京安全區國際委員會主席拉貝先生，拉貝在她的腦海中留下了深刻的印象。她曾表示，回國後要設法尋找拉貝的後人。果然，在張純如等人的努力下，終於找到了拉貝的親屬，並發現了拉貝的日記，使這本塵封多年的日記第一次展現在人們面前。

王衛星的敘述中，清晰地表明張純如是在來南京前就收集到了拉貝的線索，並非因南京之行而知曉拉貝。

四、《拉貝傳》作者自述，認為其於1995年6月22日在《揚子晚報》上發表的《一個可敬的德國人與南京的生死緣》，在張純如來南京採訪時，被侵

02　《紫金草》2016年第6期，王衛星，《張純如在南京》。

華日軍南京大屠殺遇難同胞紀念館原館長朱成山提供給她，從而使張純如獲得拉貝的重要線索，由此設法多方尋找拉貝後人，並成功聯繫上拉貝外孫女萊茵哈特夫人。

但朱成山明確否認，「我並沒有將揚子晚報交給張純如。」

五、1996 年 12 月 24 日，《人民日報》刊發了《關於《拉貝日記》連續報導之一找尋南京大屠殺新證據》[03] 報導，人民日報駐聯合國記者何洪澤採訪後寫道：

聯合會成立當年就發現了美國牧師馬吉拍的南京大屠殺紀錄影片，這事在日本產生了很大影響，日本各大報都用大字標題刊登，但也受到石原慎太郎等右翼分子的攻擊，邵先生等人不畏艱難。繼續為尋找南京大屠殺的證據而努力。

去年，一位華裔女作家準備寫一本關於中國抗戰的書，她在耶魯大學查找當年在華美國教會資料時，看到其中經常提到德國商人拉貝，便找到其外孫女賴因哈特夫人。

聯合會通過華裔女作家與賴因哈特夫人取得聯繫後，獲得了拉貝先生給希特勒的報告，其中提到自己有日記，記載了當時的情況。邵先生還進一步瞭解到日記的時間是 1937 年 9 月到 1938 年 4 月，正是日軍在南京大屠殺的時期，但拉貝先生在日記中注明只供近親好友閱讀，其家屬也不想公開此日記。邵先生即用德文給賴因哈特夫人寫信，並肯定了拉貝先生當時保護了一大批中國人的可敬行為。賴因哈特夫人深受感動，親自到德國南部保存該日記的叔父那裡，說服了年已八旬的叔父，以拉貝家屬名義，同意公佈《拉貝日記》。

六、關於「聯合會」對公開《拉貝日記》的貢獻，1996 年 12 月 12 日在紐約曼哈頓洲際大飯店現場採訪公開《拉貝日記》新聞發佈會與萊因哈特夫人的新華社駐聯合會記者朱振國，在《瞭望》新聞週刊 1997 年第二期「今日世界」

03　1996 年 12 月 24 日，《人民日報》刊發了《關於拉貝日記連續報導之一　找尋南京大屠殺新證據》，何洪澤。

欄[04]刊發兩個頁碼專題報導。報導中寫萊茵哈特夫人對他說：「今年春天（1996年），美國加利福尼亞州華裔青年女作家張純如為撰寫《南京大屠殺》一書收集資料找到了我，後來紐約紀念南京大屠殺受難同胞聯合會理事邵子平先生得知此消息後幾次寫信給我，要我把日記獻出來，公諸於眾。」

朱振國在這篇「聯合國專電」的報導文末特別寫道：

這裡還應提及的是，紐約紀念南京大屠殺受難同胞聯合會為《拉貝日記》的發現作出了重要貢獻。該聯合會 1991 年發現美國牧師馬吉在 1937 年南京大屠殺期間親自拍攝卻被埋沒半個世紀的膠片。為了《拉貝日記》能重見天日，聯合會向拉貝的家人做了大量工作。該聯合會目前正在募捐，將籌得的款項用來把《拉貝日記》翻譯成中、日、英三種文字，讓全世界人民都知道日本侵略軍在中國犯下的暴行。

歷史真相究竟如何？奔波兩年，我找到了一些與當事人直接關聯的史料證據，這些史料連同南京學者的文章、紐約時報、人民日報、世界日報等重量級媒體對 1996 年 12 月 12 日紐約公佈《拉貝日記》的新聞發佈會報導一起，互為印證、互為補充，共同呈現出《拉貝日記》得以重見天日的歷史真實面目。

所以，2018 年 10 月，邵子平與德國波鴻魯爾大學東亞系圖書館研究員邵華此次來南京，我專門聯繫了南京拉貝紀念館。

2018 年 10 月 21 日下午，南京拉貝紀念館迎來了兩位特殊的觀眾，八十二歲的邵子平第一次走進位於南京小粉橋一號的拉貝舊居。廿二年前，邵子平在美國通過張純如聯繫上拉貝外孫女萊茵哈特夫人，請德國同學戴克幫助全力相勸，最終獲得《拉貝日記》，並於 1996 年 12 月向全世界公佈。

1937 年，南京淪陷後，拉貝舊居成為南京安全區廿五個難民收容所之一，廿五萬難民擁進安全區避難，這個小院就保護了六百多位難民免遭日軍殺害。拉貝先生親眼看見日軍暴行，在這裡寫下了著名的《拉貝日記》。2006 年，中德雙方在拉貝故居共同建立南京大學拉貝與國際安全區紀念館，2014 年 9 月，

04　《瞭望》新聞週刊 1997 年第 2 期，朱振國，頁 41-42。

拉貝故居被列入第一批國家級抗戰紀念遺址名錄，十年吸引觀眾逾廿萬人次。

從德國回南京探望父母的邵華，此次特別帶來了萊茵哈特夫人在 1997 年 6 月 5 日寫給戴克的郵件公證件副本，該郵件的公證件正本戴克要自己珍存。

2017 年 12 月，我請邵華幫我採訪了戴克牧師，採訪中獲得了萊茵哈特夫人寫給戴克的這封郵件。完成了《拉貝日記》被發現的新聞專題報導後，我特意請邵華麻煩戴克牧師將這封重要的郵件做成具有證據效力的公證件，計畫捐贈給南京拉貝紀念館。

萊茵哈特夫人在這封郵件中特別感謝戴克：

> 您是事情初期的發起人和幫助者，我要在很多方面感謝您。您是我紐約之行的擔保人，此行的後果雖然於當時不可預知，但從總體的發展來看，應該說是正面的。
>
> 您指出這件事也關聯到德國社會，並建議我找律師「來處理一些相關事情」。您和夫人允許我們在您家複印了第一批日記。「戴克夫人是老師，家裡有一臺影印機。」我又必須重新直面在記憶深處已隱藏了幾十年的生活。回憶在中國和德國同時發生的事件對我是一種煎熬。

這封信在字裡行間無不透著萊茵哈特夫人對受邵子平所托來勸說自己的戴克牧師的充分信任，證明她是被戴克牧師說動後最終同意公開並複印《拉貝日記》寄給美國的邵子平，並且是在戴克牧師的擔保下，才答應邵子平的邀請，親自赴紐約作為證人出席新聞發佈會。

但是時任南京市委宣傳部對外交流處處長徐慧紅知道後，半路攔截，「這麼重要的史料當然得給侵華日軍南京大屠殺遇難同胞紀念館！」這時，我才知道南京大學拉貝與國際安全區紀念館屬於南京大學分管。

1992 年，徐慧紅曾與我同在南京軍區南京總醫院政治部宣傳科，她是文化幹事，我是新聞幹事。我們是同一個辦公室的戰友。

我很為難，說好的是給南京大學拉貝與國際安全區紀念館的，事到臨頭起變化。在張連紅的鼓勵下，我滿含歉疚向南京大學拉貝與國際安全區紀念館主任楊善友坦白地說明情況，告知只能將萊茵哈特夫人給戴克牧師郵件公證件副本的影本贈予該館。

楊善友主任對我說：

陳老師，感謝您的所有努力以及坦誠相告。塵封的歷史以檔案的形式進行利用，從而實現其價值。無論保存空間在哪裡，作為人類記憶的一部分都是永恆的。拉貝紀念館願意配合您，如果也能做出點貢獻，則善莫大焉。

2018 年 10 月 21 日下午，楊善友熱情接待邵子平與邵華，向他們細細介紹拉貝當年出於正義感和仁愛之心，傾盡全力，照顧、保護、拯救處於日軍暴行恐怖下的中國軍民的故事。

憶起廿二年前費盡周折尋找拉貝線索、最終找到《拉貝日記》的經歷，往事一幕幕在邵子平眼前重現。邵子平說，當時認為必須向世界揭露日本對中國的殘暴行為，但是要揭露得有證據，他就必須要得到《拉貝日記》。他感慨：「那些年像發了瘋似的。」

《大公報》在 2017 年 12 月 11 日整版刊發我採寫的新聞專題，報導還原了邵子平先生等一批海外愛國華僑歷盡周折，終於發現並最終促成《拉貝日記》向全世界公開的歷史經過。2018 年 4 月 16 日，這篇報導刊稿報紙原件被南京拉貝與國際安全區紀念館在紀念館中《拉貝日記》部分的展櫃裡展陳，為歷史作證。這篇報導在 2018 年 2 月獲得 2017 年度南京新聞獎，為當年唯一的外宣媒體獲獎稿件。

收到這份《大公報》時，楊善友表示：「拉貝館就是一個銘記歷史，堅守和平的地標，展示史料是我們的責任。」

邵子平在這篇報導的展櫃前駐足，他告訴楊善友，1991 年，他從當年南京

安全區國際委員會總幹事喬治·費奇的著作《我在中國八十年》中瞭解到，侵華日軍南京大屠殺期間，在南京保護難民的外籍人士中，拉貝的地位格外突出。1993年，邵子平專赴德國，試圖從教會找尋拉貝的線索。

此次，接受我的建議，邵子平將我在他家翻找發現的那本出版於1937年的柏林地區教會名錄，特別捐贈給南京大學拉貝與國際安全區紀念館，頁面上記錄著他自1993年起數次赴德國，據此到柏林多個教會查找拉貝蹤跡的印記。

2018年10月16日，我在給楊善友的微信中說：

「我從邵先生那裡找到的戴克牧師給他的1937年柏林地區教會的情況，邵先生據此於1993年去德國教會查找拉貝線索，沒有找到後在冊子上留有記錄。還有一封郵件的列印件，內容有他開始尋找拉貝，當時連拉貝的全名都不知道的，也證明邵先生在找尋拉貝。這兩件是原件，信件也是當年的列印件。」

這些史料證明瞭邵子平發現並尋找拉貝的時間，早於南京《揚子晚報》刊發有關拉貝文章的1995年6月。

我曾對楊善友主任表示：「我是一定要與她們較這個真。因為我知道邵先生他們為找到《拉貝日記》付出的辛苦。」

其實，這本八十多年前出版的柏林地區教會名錄也屬於珍貴史料，我向徐慧紅隱瞞了這本名錄，否則，就太對不起楊善友主任了。

考證，是通過考核事實和歸納例證，提供可信材料，從而作出結論。

之所以不遺餘力地為南京大學拉貝與國際安全區紀念館增加史料，是因為我認為，這個紀念館是關於拉貝的專題紀念館，而在侵華日軍南京大屠殺遇難同胞紀念館，關於拉貝的展出內容只是其中一部分。我把辛苦尋找到的證明《拉貝日記》的發現究竟因誰而起的史料證據，展陳在拉貝舊居裡，用確鑿的歷史證據守護歷史真相，才是最有力的考證。

19、成為紀念館貴賓，捐出《五十八頁手記》原件

2018年10月20日，邵子平首次受到侵華日軍南京大屠殺遇難同胞紀念館的盛情邀請，抵達南京。這一天距離他找到馬吉影像廿七年，與他發現《拉貝日記》相隔廿二年。

「這是我人生第一次手捧鮮花去車站接人。」侵華日軍南京大屠殺遇難同胞紀念館副館長凌曦對我說。10月20日中午，我們在南京南站碰面時，她與館裡同事兩人剛從另一項工作現場匆忙趕來，捧著大把鮮花，氣喘吁吁。我是剛從徐州出差回到南京。

凌曦原為南京報業集團資深記者，她說很多年前見過我，那時我還是南京軍區南京總醫院的新聞幹事，她與《南京日報》跑衛生口的記者在同一個辦公室。凌曦告訴我，因為館長在北京參加培訓班不允許請假，邵子平夫婦此次南京之行的接待工作由她全程負責。

凌曦的性格與我截然不同，她從容溫和，說話慢條斯理，做事果斷俐落，屬於典型的江南女子。

在出站的人流中，我一眼看見邵子平夫婦，興奮地揮手，沖上前接過行李。我向夫婦倆隆重地介紹凌曦，一聽是紀念館的領導親自來接，邵子平笑得合不攏嘴，夫婦倆把鮮花捧在懷裡，我為他們拍照留念。

曾在中國大陸爆熱的電影《芳華》中，有這麼一句話：「一個始終不被善待的人，最能識別善良，也最珍惜善良。」曾為追尋南京大屠殺證據拼盡全力，如今成為紀念館的座上賓，邵子平當然格外滿足。

自從認識邵子平以來，他給我最強烈的印象「是個怨夫」。幾乎每一次打電話，或者不多的見面採訪，他總要長篇大論地控訴自己1991年在南京的遭遇。我準備採訪的問題，只能在聽他宣洩之後再提問。

1991年12月發生在南京的傷心往事，莫名委屈如堅冰一般橫亙在邵子平心頭。

關於此事，南京大學人文社會科學榮譽資深教授、著名歷史學家張憲文在江蘇社科名家文庫《張憲文卷》中有詳細敘述，具體內容可見本書「南京紀念活動意外夭折」章節。

我從 2018 年 10 月 8 日在邵子平家中翻出的資料中梳理出關於這件事的部分脈絡：

1990 年聖誕前，邵子平夫婦在給母親的信中寫道：「日本人如石原等復舊派已不把中國放在眼裡，本月間就開始在國際上直指『中國人編造南京大屠殺之謊言』」，「關於南京大屠殺遇難者，近年我們已幾次紀念，今年七月、八月子平兩次赴南京推動紀念。」

1990 年 8 月，紐約「紀念南京大屠殺受難同胞聯合會」的邵子平、唐德剛等九人赴南京訪問，就「聯合會」發起的美、日、港、南韓、新加坡等地三百名華人，計畫於 1991 年 8 月 13 日至 16 日在南京舉行紀念抗戰學術研討會和南京大屠殺受難同胞紀念會事宜，與江蘇省委統戰部面洽，統戰部介紹南京大學歷史研究所所長張憲文居中聯繫。

南京大學歷史系教授張憲文在 1991 年 3 月 25 日給聯合會發去傳真，告知他們的活動「中央和江蘇省有關方面都同意召開」，「已經拿到紅頭檔了」。

不料，1991 年 7 月 5 日，江蘇省外辦宣佈因「接待困難」，告知該活動「將予中止」。

1991 年 7 月 8 日，邵子平在給同伴解釋的信函中寫道：南京紀念事關民族大義，如果只是接待有困難，我們要求延後至十二月十三日舉行。

1991 年 12 月 13 日是南京大屠殺遇難者五十四周年忌日。那一天，美國波士頓、舊金山、洛杉磯、日本京都舉行追思大會。回應美國「聯合會」的倡議，12 月 10 日前往南京參加紀念會的香港教育家杜學魁事後在書中記錄了南京當年的狀況。杜學魁寫道：

邵先生先我而抵南京，他攜帶著新近發現的第一手南京大屠殺影像資料紀錄片的幻燈片。這些是世界上極其珍貴的資料，原本是美國聖公會牧師馬吉在

當年南京所拍攝的十六毫米電影膠片。半個多世紀來，各方都在追查此片而不可得。這對南京大屠殺慘案來說，是如山的鐵證，對日本右翼石原慎太郎之流來說更是照妖鏡。邵先生攜此至寶，信心十足。他說我們要將這些影片在十二月十三日映獻給南京同胞，也逐漸地映獻給全中國同胞。

但是，1991年12月9日趕赴南京的邵子平因被誤會，卻被困在南京金橋飯店錯過祭奠時間，沒能參加紀念會。

大陸著名歷史學家章開沅那年在紐約機場遇見從南京返回的邵子平。章開沅在《從耶魯到東京》[05] 書中記錄：12月18日上午我到紐約 JFK 機場迎接從中國前來探親的妻子時，卻在人群中發現了子平。他行色匆匆且略顯疲憊。

章開沅寫道，子平夫婦都是非常熱愛新中國的海外華人，子平雖然是前南京政府駐日大使的公子，但卻對日本侵華罪行深惡痛絕。他為紀念「南屠」的一切活動都是出於民族大義，而且都是自己出錢出力。遭此誤解，真是天大的誤會 [06]。

回到美國後，邵子平給聯合會寫了份說明情況的詳細報告，主動辭去紐約「紀念南京大屠殺受難同胞聯合會」會長職務。雖然，他滿心委屈，但卻繼續追尋南京大屠殺史料。

對此，章開沅記錄道：但子平並未因為這些誤解與阻力卻步不前，繼續策劃揭露日軍侵華各種罪行的其他正義活動 [07]。

1996年11月，邵子平先生從德國找到並促成公開《拉貝日記》。

2018年10月8日，我在懷柔「水岸庭院」邵子平的書房裡翻找資料，邵子平一再叮囑我「一定要找到我1991年從南京回去後寫給聯合會的報告」，「那份報告詳細記錄了那件事」，我也想看看是怎麼回事，但翻遍了兩書櫥的全部

05　《從耶魯到東京》，章開沅，頁49。
06　《從耶魯到東京》，章開沅，頁50。
07　《從耶魯到東京》，章開沅，頁50。

資料，均未發現。

為了能解開邵子平在心頭積壓了廿七年的傷心心結，我在刊發於 2018 年 12 月 12 日的《大公報》整版新聞專題中，將此事特別單獨寫了一段，以公開報導為他平息廿七年的積怨。

10 月 22 日上午，邵子平夫婦與邵華，在凌曦等人的陪同下，進入侵華日軍南京大屠殺受難同胞紀念館館內參觀。

這一天，邵子平百感交集，心緒難平。去母校琅琊路小學，他穿了件夾克衫，在南京大學拉貝與國際安全區紀念館，他在夾克衫外套了件休閒背心。唯獨是赴侵華日軍南京大屠殺遇難同胞紀念館，邵子平穿了正裝，身上是一件熨燙得平整的黑色西服，白色襯衣領口處的扣子扣得嚴嚴實實。

紀念館展廳內，邵子平看得很仔細，一字不漏聽著講解員的介紹，並不多說話。在展出馬吉牧師拍攝南京大屠殺影片的那架「貝爾牌」十六毫米家用攝影機與四盤膠片盒的展櫃前，邵子平躬身湊近細細端詳。

2002 年 10 月 2 日，大衛·馬吉攜夫人弗蘭西斯·馬吉專程前來南京，將其父親珍藏了半個多世紀的攝影機捐贈給紀念館永久保存和公開展出。邵子平將紀念館特別記錄此事的文字發給我，他說：「這是紐約『聯合會』說服大衛·馬吉起到了作用。」

距離從 1991 年在大衛·馬吉家地下室裡尋找到馬吉影像膠片，至 2025 年，卅四年轉眼即逝，邵子平並沒有躺在「功勞簿」上居功自傲。他更希望南京大屠殺歷史研究能有新的進展，他對馬吉牧師撰寫的影片說明詞中仍有相當一部分內容尚未發現對應的影像內容而念念不忘。2018 年 6 月回美國，邵子平曾試圖尋找福斯特的線索，追索剩餘的馬吉影像。

「1991 年 12 月，我南京回去之後，我們用馬吉影像素材拍了兩部紀錄片，後面關於馬吉影像的事，就基本終止了。」邵子平多次遺憾地表示，如果在 1991 年 12 月他來南京時沒有遭遇那些挫折，他們在美國應該還會「乘勝追擊」，興許能找到更多重要史料。

「您已經很了不起了！」我寬慰他。時光又不能倒流，我們每個人都身處當下的時代中，難以超越時代的局限。

在我建議下，邵子平與展櫃旁的馬吉牧師像合影留念。當然，由我拍攝。

參觀完紀念館，凌曦請邵子平題字。坐在紀念館專門為他準備的書桌前，握著筆，邵子平面部表情五味雜陳，他思索著，寫下：

  邵子平

  2018 年 10 月 22 日

  1991 年為紀念受難同胞到南京但未能來館

  廿七年後重訪南京並參觀新館

10 月 22 日上午，侵華日軍南京大屠殺遇難同胞紀念館召開新聞發佈會，聘請邵子平與邵華為「南京大屠殺史與國際和平研究院」研究員，凌曦在媒體記者們的見證下向他們頒發了聘書。

「馬吉牧師的默片是我們的最早發現，但這所謂的最早發現實際上是重新發現」，邵子平在發言中特別指出，「同樣，拉貝也是被歷史淹沒」，「我們重新發現馬吉默片和《拉貝日記》，是好多人共同做了很多貢獻。」

「這當中都是有很多人在沿途上幫忙，比如邵華這次在德國幫我們找到很多有關係的資料，在一個個環節中幫我們拼湊起來。沒有這個環節，我們就少了一份信心，缺了這個環節，我們自己就覺得沒有把握，所以整個的重新發現是許許多多人努力構建起來的。」

邵子平說，如果我們不遺忘歷史，讓歷史所有的事情都有記載，後人可以少走不少彎路，可以重新構建和延續歷史，而不是重複花費更多精力與時間，

「這是我最近幾年來常常感受最深的一點。」

「現在的紀念館比我在廿七年前看到的真是進步得太多了！這是我的第二個感想。」邵子平還表達了參觀紀念館的感受，他說：「要感謝紀念館方面朋友，讓我們再來看到你們做了這麼大的進步，我很高興！」

邵華回顧了採訪德國牧師戴克的經歷，「戴克向我記敘述了當年他去聯繫萊茵哈特夫人的過程。一開始他只知道萊茵哈特夫人有日記，他就問她能不能把日記拿出來，因為他的老朋友邵子平先生在美國需要日記作為日軍侵華南京大屠殺的證據」，「萊茵哈特夫人先給他的回答是否定的」。

邵華娓娓道來，戴克瞭解到萊茵哈特夫人是位歷史老師，在大學裡修的是歷史系，因此他就勸說萊茵哈特夫人「我們都有歷史專業的背景，作為學歷史的人應明白，歷史事實對於整個社會發展以及人類的歷史傳承是多麼的重要。同時，我們都是德國人，雖然距離中國很遙遠，但是我們德國有二戰的歷史，因此我們對歷史更有責任義務與擔當。要把歷史客觀地傳承給下一代，對我們是非常重要的事情。您現在有這個機會，手頭有這些資料，應該貢獻出來」。

「戴克就這樣慢慢勸她」，邵華說，在整個的事件中，戴克先生的確是起了很大的作用，如果沒有他，可能我們今天還見不到《拉貝日記》，因為儘管邵先生已經找到了萊茵哈特夫人也曾聯繫過她，但都遭到拒絕，因為他們素不相識，萊茵哈特夫人也不知道中國為什麼要這些東西，因為這些距離她都很遙遠，加上她個人及家庭的關係，她不願意接受。

「戴克牧師告訴我，他做這件事很大的原因是因為他跟邵子平先生是好朋友，他願意說明朋友完成他需要的工作。因此他才很有毅力一次次打電話給萊茵哈特夫人，才使得《拉貝日記》有重見天日的機會。」邵華微笑著看了邵子平一眼。

「我只是起了一個橋樑的作用，把戴克先生所有的敘述轉成中文，發給《大公報》的陳旻女士，然後才有了報導，那麼戴克先生終於也有了讓大家認識的機會。」

「的確是這樣，歷史有的時候只有一點一點拂去浮塵，歷史的真相才會一點一點的浮現出來。」凌曦的發言並沒有照稿宣讀，她表示：「剛才邵子平先生和邵華女士的講述，就彷彿讓我們看到了一點點拂去灰塵的過程。」

　　凌曦說，紀念館建館三十多年，收集文物證據是紀念館的重要職能，她懇請邵子平先生和邵華女士繼續為這段歷史作出貢獻，「你們對我們紀念館的這份奉獻，其實是你們對中國這段歷史的奉獻，我們大家一定會記住你們。」

　　這個記者會的重點是捐贈史料。

　　邵華特別向紀念館捐贈了拉貝外孫女萊茵哈特夫人寫給德國牧師戴克的信件公證件副本。這封信寫於 1997 年 6 月 5 日，正是在這封信件裡，促成《拉貝日記》公開的關鍵人物戴克在我刊發於《大公報》的獨家報導中第一次被人們所認識。

　　邵華將從德國檔案館得到了兩份關於南京大屠殺時期的文獻資料的 PDF 電子版，即編號為 2722/1113/38 和 2722/1896/38 的《羅森致德國外交部的報告》，同時捐贈給了紀念館。

　　按邵子平的原計劃，他向紀念館捐贈《1991 年尋找馬吉影像完整手記》五十八頁影本。我的確事先為他準備了一套影本。但是，館長希望館裡能得到原件的叮囑使我臨時改變了主意。

　　之所以改變主意的原因還有，我發現邵子平基本沒有史料意識，家中的資料胡亂堆放著，從來不去整理，也沒有悉心保存。我很擔心，這些珍貴的資料，被他拿回家後，很快會被再度遺忘、落灰。

　　在儀式主持人宣讀了邵子平的捐贈程式後，我將手中的《五十八頁手記》遞給準備上場的邵子平，他一看是原件，怔住了，瞪大了眼睛，默默地盯著我，不開口。

　　我壓低嗓門對他說：「這些東西在紀念館才是史料，在您家裡只是資料，紀念館會用心保存的。」

邵子平只好接過一疊手記的原件走到會場中心，眾目睽睽之下，全部交給凌曦。「哢擦哢擦」、「哢擦哢擦」，一陣猛烈的相機快門聲和「啪啪啪」炫目的閃光燈下，這一場面被永久定格。

捐贈儀式結束。邵子平與邵華分別被記者們簇擁著採訪。目睹著邵子平面對採訪答錄機和電視臺的攝像機鏡頭侃侃而談，我舒了口氣。

2018年10月23日，香港《文匯報》以《南京大屠殺唯一影像記錄發現者經本報牽線　五十八頁尋找「馬吉影像」手記捐南京》為題，在中國新聞版以半版大篇幅將我採寫的報導發了頭條。

看到版面，我很開心，特意向香港《文匯報》中國新聞部編輯致謝，值班編輯趙鵬飛說，「自家促成的事當然得重視」。

20、卅七分鐘「一寸盤」引爭端

2018 年 10 月，自紐約「聯合會」同伴姜國鎮告知確認「卅七分鐘零五秒」馬吉影像「一寸盤」被找到，邵子平平靜的時光不再。

紐約馬吉影像卅七分鐘「一寸盤」出現的消息還是迅速不脛而走。迄今，我一直沒有弄清楚，到底是哪個環節走漏了風聲？

2018 年 10 月 22 日，這一天是星期一，紀念館例行閉館。上午，邵子平赴南京捐贈廿七年前詳細記述馬吉影像尋訪過程的五十八頁手記。國家檔案館主要領導聞訊緊急追至南京，一個接一個電話打給邵子平和南京紀念館領導「攔截」邵子平，提出國家檔案館希望購買「卅七分鐘零五秒」版馬吉影像的意願，試圖阻止影像膠片「花落別家」。

正在北京參加培訓的時任侵華日軍南京大屠殺遇難同胞紀念館館長張建軍，一直密切關注「卅七分鐘零五秒」版馬吉影像動向，他更是坐立不安，每天熱線聯繫紀念館同事，細緻安排照顧邵子平夫婦，密切關注事態發展。

我和凌曦更因此心裡警鈴大作，精神繃緊。

2018 年 10 月 22 日中午，捐贈儀式之後，紀念館安排午餐招待邵子平夫婦與邵華母子。按照邵子平的意願，特別邀請到他的老朋友南京大學歷史系著名學者張憲文和紀念館原副館長段月萍，還有南京師範大學南京大屠殺研究中心主任張連紅，南京大學拉貝與國際安全區紀念館主任楊善友，紀念館編輯部負責人劉燕軍。

步入餐廳，邵子平看見先到一步的段月萍，快步走過去與她熱烈握手，兩人興奮地大聲互相問候，邵子平請我給他倆合影。

見到張憲文，邵子平又是一陣大呼小叫，「你的頭髮都全白了！」「你的鬍子不也白了！」老朋友相見，他們有說不完的話。

「邵老師此次是廿七年後再到我們紀念館，是破冰之旅！」凌曦真誠地發表祝酒詞。邵子平跟著調侃，「廿七年了，看到的你們是面目全非」，引發一

桌大笑。「應該是日新月異」，張憲文糾正他。

邵子平一落座，忍不住就又舊事重提，1991 年 12 月的南京之行，他說當年張憲文明明答應他們協調幫助，「我記得張憲文告訴我們『紅頭檔都發下來了！』」後來卻突然終止，「這到底是什麼原因啊？且聽張憲文老師分解。」大家哈哈笑著，「詳細講不方便」，張憲文的欲言又止引來邵子平更大嗓門的質疑，「還有不方便？歷史學家還沒有把那部分歷史公開啊。」

「那時候，他經常在半夜給我打電話」，張憲文回憶，「那是紐約時間中午十二點吧？」邵子平強詞奪理，「但是辦事情更要緊啊，我們著急嘛，就管他什麼時間，拿起電話就打。」

「有一段時間，我幾乎每天子夜時分，都會接到邵子平從美國打來的電話。」2025 年 1 月 7 日，我專程拜訪張憲文老師，他對我詳細回憶了這件事的前因後果。

「你打電話問我『為什麼不開了？』我回你四個字：『無可奉告』。」而這天中午的餐敘，張憲文確認，聯合會申請 1991 年 8 月 15 日在南京舉辦祭奠南京大屠殺遇難同胞的活動，當初的確是已被上級批准，但是後來因故被取消。「有些事不好講嘛」，張憲文誠懇地對邵子平耐心解釋。

席間，邵子平情緒一直興奮，話說個不停。我同學徐雲翔的父親是南京師範大學附屬中學校友會負責人，她發來請父親特意找出的邵子平當年在國立中央大學師範學院附屬中學學生學籍表與學業成績表，我轉發給邵子平，並向大家展示。

學生學籍表上邵子平的少年照片，被大家傳看。第一次見到自己中學學籍表的邵子平更是連連驚歎。看到當年的數學成績只有 65 分，邵子平自嘲地說，「看來我也不是什麼學霸」。「邵子平小時候比現在可愛多了！」他夫人羅其雲的高音格外突出。

趁氣氛熱烈，凌曦與我端起酒杯，一同去向邵子平夫婦敬酒。凌曦說，上午在接受南京電視臺採訪時，她已經面對電視鏡頭說了「紐約的馬吉影像卅七

分鐘膠片將回歸南京，成為紀念館的鎮館之寶。」

見凌曦已經沉不住氣直奔主題，我趕緊跟著說：「邵老師，您是『南京大屠殺史與國際和平研究院』研究員，就已經是南京紀念館的人了！這卅七分鐘肯定得給自家南京。」

得先在主觀上幫邵子平完成站隊，將他拉到南京的「陣營」裡。

「國家檔案館最早跟我商量過，那時候，我也沒辦法答應他們。我說，我們自己都找不到，我們努力找，找到的時候，我們再跟你商量。」邵子平說：「那個時候，我們說過這個話。現在找到了，存在什麼地方最好？我們還要商量，因為跟你們南京已經廿七年沒有來往。」邵子平表示可以給紀念館一份影片拷貝。

「我們館是國家一級館，您的這個『一寸盤』放我們這裡就是鎮館之寶啊！」凌曦急了。

邵華也走過來跟著勸說。處於興奮之中的邵子平鬆口答應考慮去美國時與聯合會其他同伴商量，積極爭取給南京。邵子平夫人羅其雲高聲表態，「當然得給南京了！」

我見第一步已經有成效，特別高興。邵子平將原本一口咬定答應賣給國家檔案館的卅七分鐘「一寸盤」，改為願意考慮南京。這些日子以情動人的工作沒有白做。

21、1991 年，南京與卅七分鐘「一寸盤」失之交臂

2018 年 10 月 30 日，邵子平如約來到南京，赴侵華日軍南京大屠殺遇難同胞紀念館完成口述歷史的採集，紀念館安排由我擔任採集現場的提問，採訪的提綱由我自由擬定。

紀念館的口述史採集是同步錄音錄影，邵子平提出接受口述史採集的條件必須是「什麼都能說」。其實，紀念館對什麼能說、什麼不能說並沒有限制。

我在採訪提問時，特別問邵子平「1991 年是南京大屠殺事件發生五十四周年，請介紹一下你們『聯合會』籌備在全球多個國家舉辦紀念活動，你們也計畫了在南京舉辦紀念活動，請敘述這一段經歷。」

這是邵子平的心結，也許，有了充分的釋放，才會有徹底的釋懷。邵子平果然精神一振，特意清了清嗓子，滔滔不絕地一吐為快。

1991 年 3 月 15 日，「紀念南京大屠殺受難同胞聯合會」在美國成立，8 月，聯合會宣佈當年 8 月 15 日、16 日在南京舉行主題為「痛憶南京屠城 天地與我同悲」的「南京大屠殺受難同胞紀念會」，已經獲得中國官方的檔批准。不料，7 月 5 日中國宣佈取消原定於 8 月舉行的紀念會。聯合會提出希望將紀念活動推遲至當年 12 月 13 日。

1991 年 12 月 9 日，作為聯合會創會會長的邵子平風塵僕僕來到南京，與香港的杜學魁先生匯合，籌備小型紀念活動。12 月 12 日與 13 日，邵子平卻未能赴紀念館參加紀念活動。

1991 年 7 月 12 日，邵子平在大衛·馬吉家中地下室的四個銅盒裡發現了十三個小方盒，每個小方盒裡盛放著一小卷膠片。小方盒上有馬吉牧師親筆標注的膠片內容。這就是馬吉牧師當年記錄南京大屠殺的十三本膠片原片。聯合會複製與南京大屠殺相關的膠片內容，做成可用作電影放映的「一寸盤」膠片版，時長卅七分鐘零五秒。

1991 年 12 月的南京之行，邵子平是帶上了馬吉影像卅七分鐘「一寸盤」，「馬吉牧師的電影，我們原意就是要送給南京紀念館的」。

　　2024 年，八十八歲的邵子平記憶力已明顯下降。有一次，他問我：「有的細節我已經想不起來了，例如，1991 年兩次來南京，咋就都沒交出馬吉影像？」

　　「邵老師，1991 年，8 月份你到南京來的時候，當時帶著卅七分鐘的膠片，是跟南京電視臺還簽了三千塊錢放映兩次的合同吧，最後沒有播放，不了了之。」

　　「那麼 1991 年 12 月，您再到南京來的時候，我想那個時候因為你們比較著急，可能海外還有人來參加紀念活動，您得招呼他們。您是 12 月 9 日到南京，10 日與香港來的杜學魁碰面。按照他的回憶，因為您在積極與南京相關部門溝通，想努力能在 12 月 13 日舉行小型紀念活動。但那時多頭事務纏身，您是不是已顧不上放映影片。之後，因紀念活動沒能如期完成，您的心情十分沮喪，在電視臺放映影片的事情已被擱在腦後。我這是合理想像啊。」

　　我的這番推測當然不是憑空想像，依據是邵子平多次的敘述，以及杜學魁自己在出版著作中的回憶記錄。

　　「想來可能是這樣。」邵子平認可。他惋惜，「馬吉牧師的影片 1991 年在南京沒有得到很好的傳播。很可惜！」

　　我已成為邵子平的「移動儲存盤」，什麼事記不清了，他就隨時問我。次數多了，邵子平禁不住讚歎，「你做了這麼多事情啊，沒有一個人像你這樣認真的去採訪這個事情，能這麼細緻的去挖掘歷史。」我倒覺得沒什麼不正常，「因為我是南京人啊。」

　　2018 年 11 月 16 日，邵子平還對我抱怨：「坦白地說，我和在美國的朋友很意外的是，1991 年，我們找到的馬吉影像竟然沒有傳播到南京。只有最近是你去查馬吉默片，大家才足夠重視。」

　　口述史採集進行了整整三個小時。中途休息時，邵子平捧著茶杯特意找到劉燕軍，得意地說，「那件事（指 1991 年南京紀念會夭折）我可是講了，是

陳旻問我的。」

　　日月之行，疾如跳丸。春秋更迭，義舉有痕。1991 年，邵子平攜馬吉影像卅七分鐘「一寸盤」，自費飛越大半個地球，主動送至南京卻未受關注。直至 2017 年，在廿七年後，香港大公文匯傳媒集團江蘇記者站發現線索後緊追不捨，聯繫集團同事與南京社會各方共同努力，花費了整整兩年時間，費盡周折，才使得南京得償所願，獲得夢寐以求的馬吉影像卅七分鐘「一寸盤」。

22、記者于英傑的古道熱腸

「陳姐，你做了不少事啊」。2018 年 10 月 22 日上午，侵華日軍南京大屠殺遇難同胞紀念館。史料捐贈儀式結束後，邵子平被一群媒體記者圍著採訪馬吉影像的發現細節，他應記者的要求舉著《五十八頁手記》變換著方向給他們拍照。正在現場採訪的時任《揚子晚報》記者于英傑走過來向我打招呼。

一個月前，江蘇省公安廳組織記者赴江蘇省連雲港市採訪第四屆新亞歐大陸橋安全走廊國際執法合作論壇，這個論壇由中國公安部主辦。于英傑與我是在那次採訪中認識。

于英傑說，他跑紀念館這條線已經很多年了，一直關注南京大屠殺歷史研究。于英傑為人誠懇，我與他接觸不多，但他對新聞工作的熱情令我印象深刻。我悄悄告訴他，《五十八頁手記》不是核心，卅七分鐘馬吉影像才是要害。

他一聽，興趣來了，壓低嗓子不斷追問。我把大概情況挑重點透露給他。

我告訴于英傑，我下功夫採訪報導，是想推選邵子平為「感動南京」人物，目的是引起南京市領導的關注，能破格為邵子平辦理公民身份證。

「爭取能讓這樣一個老人晚年生活得舒心一些。邵先生跟我講，『我鬍子都白了』，他非常希望能有身份證。」

「其實，採訪他的時候，他根本沒有跟我提辦身份證的事，是我自己覺得有責任要為他解決一些實際問題 最好能為他務實的辦個身份證，讓他享受到生活的便利。還有，想撫平他心頭的委屈。」

也許是我的坦誠感染了于英傑，更多的應該是邵子平對於南京大屠殺歷史最珍貴史料馬吉影像與《拉貝日記》的貢獻震撼了他。于英傑認為邵子平在南京大屠殺史料的重大貢獻，完全夠得上「感動中國」人物，說回去就向報社申報做整版連續報導。他說：「我跑公安條口十幾年了，像邵先生這樣對南京貢獻這麼大的人，辦身份證是必須的！」

于英傑話語中的滿滿自信令我喜出望外。真的是「眾裡尋他千百度，驀然回首，那人卻在，燈火闌珊處。」

　　本來覺得距離為邵子平辦理身份證還要走一長段佈滿荊棘的路程，現在因為于英傑的出現，猛然間峰迴路轉，曲線拉直。我太高興了，感覺為邵子平辦理身份證的事突然進入了快車道。我向于英傑承諾，提供給他全部的採訪資料，全力支援他的採訪報導。

　　2018年，整個11月，幾乎每天，我與于英傑熱線聯繫，他動用自己十多年跑公安的人脈關係，積極為邵子平的身份證辦理事宜奔走。

　　邵子平提供了他在1949年隨父母離開南京前的家庭住址：南京中央門馬家街二號。

　　時任南京市公安局鼓樓分局政務服務管理大隊大隊長王欣雁，著手諮詢落戶政策，梳理辦理程式。

　　「作為南京人，我會去做盡力能做的事情。」王欣雁是個熱心腸，她安排民警專門查找民國時期邵子平家的戶籍資訊，仔細核對確認其戶籍位址。

　　與此同時，在得知邵子平將於2018年12月初將赴美國，于英傑加緊採訪，提出希望能跟隨邵子平一同去美國跟蹤報導，詳盡記錄卅七分鐘「一寸盤」回歸中國的全過程。

　　「身份證應在一個月內能辦妥。」11月17日，我將身份證辦理的最新進展告訴邵子平。

　　邵子平：「你是什麼辦法說動公安？」

　　我：「不用繞彎，僅僅憑您對南京這座城市最重要的一段歷史所做的貢獻就足夠了。」

　　邵子平：「神了。我前後試了四、五年。」

　　邵子平：「身份證事真難為你了。戶口放哪區，你那兒行嗎？」

我：「希望能在您去美國前讓您拿到身份證。」

邵子平：「那就是最新南京速度了！」

「那次在紀念館捐贈時，揚子晚報記者于英傑說跑了十多年的南京大屠殺報導，第一次知道您，很吃驚。上周告訴我，他所在的新華報業集團已將對您的報導列入整個新華集團重點選題的，除了文字報導，還將做成視頻新聞，將通過《新華日報》、《揚子晚報》、《交匯點》（新華報業是江蘇省委機關報）等管道全方位推送。」

我告訴邵子平：「身份證的辦理順利也是這位記者的積極聯繫。同時，我也坦率地告訴于英傑，我的目的不是發稿，一方面是記錄與固定歷史真相，更重要的是能為邵先生解決實際問題。」

我對邵子平說：「身份證的事我已找了南京公安，得知沒有房產也能辦理。這位記者跑了十多年公安，比我更熟。就加速推進了」。「我很高興，因為那天在紀念館一屋子記者中，總算有一個懂得您的珍貴價值。」

2018年，邵子平已確定12月8日飛赴美國。我與于英傑商量，加快身份證辦理的速度，爭取讓邵子平在回美國之前拿到身份證，真切地感受到南京的真誠，能順利帶回馬吉影像卅七分鐘「一寸盤」。

目標已明確，我們緊鑼密鼓地推進身份證辦理速度，很快有了眉目，並迅速進入辦證程式。

2018年11月19日，于英傑通知我將邵子平的《個人落戶申請書》儘快遞交給南京市公安局鼓樓分局。

日常生活在北京的邵子平，將在南京的落戶事宜委託給我全權處理。

11月19日，忙完一天的工作，下班後，我回到家，顧不上晚餐，先從網上下載了落戶申請書的範本，起草《個人落戶申請書》，在規範格式內容之外，我特別加上「因為我的出生地在江蘇省南京市，最後戶籍地在南京市鼓樓區馬家街，希望葉落歸根，需要在南京市鼓樓區落戶。請批准准予入戶。」

我將《個人落戶申請書》與《委託書》做成電子文檔發給邵子平，請他直接下載、列印，簽名後快遞給我。

做完這一切，已經是晚上八點。

11月24日下午，我帶著邵子平快遞寄來的《個人落戶申請書》與《委託書》，興沖沖地驅車直奔位於南京定淮門大街一號的南京鼓樓公安分局行政服務中心。進了門，我直接找到六號櫃檯，將《個人落戶申請書》與《委託書》，連同我自己的身份證一併交給當班的曲警官，並特別告訴她「是王欣雁讓我來的。」猶如對接頭暗號，一切細節都按事先說好的在進行。

此前，于英傑告訴我，「已全部安排好了」，我以為曲警官肯定已心照不宣。

「這不行啊，缺護照原件、美國綠卡的公證件。」我愣住了，再次強調是與王欣雁說好。曲警官拿出手機，起身走到裡間給王欣雁打電話。

稍許，曲警官出來說，這些材料必須齊全，且必須交原件，要當場複印蓋章，一樣也不能少。

「我剛才也跟于老師說了，我自己的計畫是八號之前老先生拿到戶籍是沒問題的，但前提是得我們市公安局批過之後（因為這是超出政策的，分局層面沒有許可權去突破）。」王欣雁對我解釋道。

但邵子平不同意寄護照原件，他說：「我八號飛美國，萬一寄丟了，我就走不了。再說，美國綠卡做公證也不會是短期內能完成。」

于英傑不住地對我說抱歉，自責「細節沒有弄清楚」。

回到辦公室，我焦灼、鬱悶，距離邵子平啟程去美國僅僅剩下十三天，怎麼辦？心頭沉重茫然。

我撥通陶濤的電話，竹筒倒豆子，宣洩積壓在心頭的焦慮和無奈。「我真是累得要命！人家為我們南京做了這麼多事情，給老人一點回報怎麼就這麼難？」

「唉！」陶濤的歎息從聽筒裡傳來竟然也是那麼的沉重。他說：「馬吉影像卅七分鐘又不是要被你拿回家，為什麼這些事情都要依靠你一個體制外的人在那到處找人？」

陶濤的同情感歎倒是意外點醒了我：我雖然是在體制外，但可以聯繫體制內的官員，尋找能解決問題的途徑。

2018年11月24日傍晚，我給南京市一位官員發去一條長長的短信：

> 很抱歉週末打擾您。有一要事不得不求助於您。今年初在採訪南京大屠殺期間馬吉牧師拍攝的「馬吉影像」尋找過程時，發現1991年曲折找到馬吉影像的華僑邵子平先生（現定居在北京），他當年找到的馬吉影像有卅七分鐘零五秒，而目前南京紀念館只有十七分鐘，「馬吉影像」是唯一記錄南京大屠殺的影像資料，多出一秒都十分珍貴，何況一下多出廿分鐘零五秒。我請邵先生設法在美國紐約尋找當年的「卅七分鐘零五秒一寸盤」，今年10月5日，美國傳來消息找到了，目前國家檔案館想重金購買，我一直做工作請邵先生把這「卅七分鐘零五秒一寸盤」給南京。

> 在採訪中發現邵先生於廿世紀七十年代辦理了中華人民共和國護照，但一直沒有辦成身份證，生活非常不方便（旅行購票、住酒店、辦理銀行卡等），《拉貝日記》也是邵子平先生找到的。我在今年10月22日請邵先生回南京捐贈了記錄當年尋找《拉貝日記》的五十八頁手記。南京宣傳部擬評選邵子平先生為「南京好市民」，新華報業把邵先生列為重點選題，準備用兩個整版報導其「愛國情懷」與「葉落歸根」。

> 目前在辦理邵先生南京落戶與身份證，邵先生已經是八十二歲高齡的老人。他將於今年12月8日回美國，準備帶回「卅七分鐘零五秒一寸盤」。眼下因為時間緊迫，只好求助於您，望能鼎力支持，最好能在他回美國

前拿到身份證，以此強化他與南京的感情聯繫，最終影響他能把「卅七分鐘零五秒一寸盤」給南京。

邵先生是在南京鼓樓醫院出生，琅琊路小學就讀，父親邵毓麟是民國外交官。

香港大公文匯江蘇記者站 陳旻

23、南京熱忱歡迎邵子平

馬吉影像卅七分鐘「一寸盤」最終回歸南京,作為南京方面,官方起了關鍵性作用。如果沒有他的關心與推動,毫無疑問,卅七分鐘「一寸盤」回歸南京的路途將更為坎坷。

為解燃眉之急,此次為邵子平辦理身份證緊急向南京官方求助,實屬迫不得已。

2018 年 11 月 27 日上午,南京洪公祠一號,南京市公安局會議室內,時任南京市公安局人口管理支隊支隊長殷志強召集市局機關負責戶籍的警官、資訊專家們,專題研討華僑邵子平落戶南京。殷志強說:「邵老先生為國家、為南京做出這麼重大的貢獻,我們要克服一切困難,解決他的實際難題。」

我受邀在會議現場參加了這個專題研討。聽著警官們逐一列出身份證辦理流程中的困難,我這才明白辦理身份證不是件簡單的事。身份證號碼必須是全國唯一,但是同一天出生的人很多,身份證十八數位的每一個數位都有對應的含義,而邵子平原籍南京市馬家街屬於中央門地區,該地區人口聚集度高,更增編號難度。

「要不,只要是南京的身份證就行,是不是不一定要在原籍原址?」我提出建議,不想讓大家有更多的為難。「那不行!今天開這個會,讓大家擺出困難,目的是要各自想辦法去解決這些問題,必須落戶在原籍原址,葉落歸根。」殷志強的話擲地有聲。

我很感動,南京真的是好人多!那一瞬間,我發現,一個人被狠狠地感動時的心情,真的找不到貼切的語言來表達。

時任江蘇省公安廳新聞宣傳中心二級高級警長趙家新得知此事,他多次問我:「需要我做些什麼?」

「今天上午我已將邵先生落戶的資料送至南京市公安局鼓樓分局服務大廳。我是感到找到馬吉影像與《拉貝日記》的邵子平先生應該受到南京市的尊

敬，而長期困擾他的因無法辦理身份證所造成的太多生活不便，若能在南京解決，在感情上能大大增加他對家鄉的歸屬感。」2018 年 11 月 26 日，我告訴南京官員：「鼓樓公安分局告訴我他們打算在邵先生 12 月初回美國前把戶口本送至北京，再採集他的指紋，然後製作身份證，待他再回中國，就能拿到身份證。」

　　我發微信說：「我希望通過我們的努力，能讓八十高齡的邵先生感覺到南京沒有忘記他，對他的歷史貢獻南京這座城市是感恩的、尊敬的，南京永遠是他的家。」

　　該官員回覆我：南京人民一定會永遠感恩邵先生的！

24、圓夢「南京大蘿蔔」

2018 年 11 月 28 日，正在北京執行任務的南京警官張萍接到指示，清早開車到東廠胡同上門接上邵子平，全程陪同他去公證處辦理國外居留證明公證。張萍代表南京警方送去的一大籃沉甸甸的水果，令邵子平心頭發燙，他對張萍說：「南京現在想到我了！」

「陳旻啊，你看看，南京警員送來這麼一大籃水果，我們都吃不完啊！」2018 年 12 月 5 日，我在北京邵子平家裡看到了那籃水果，那是個超大的果籃，香蕉、蘋果、柳丁、提子等，都是時令水果中的極品。我「嘖嘖」感歎，「南京可真夠實在的！」

時任南京市公安局人口管理支隊維穩處置工作大隊黨支部書記、大隊長王晶輝，具體負責為邵子平辦理身份證協調流程中的各個環節。

王晶輝是轉業軍人，曾在北京某部服役十年，熱情幹練。曾連續三年獲評「南京市優秀公務員」，並被南京市公安局評為「市局優秀退役軍人」。

邵子平身份證辦理過程的每一步進展，背後都有王晶輝付出大量的溝通協調與跟進解決。

2018 年 12 月 4 日，南京中央門派出所通知我下午去領取南京特批的邵子平落戶戶籍卡。

按照導航設置的定位，在中午的休息時間，我迫不及待地驅車早早趕到南京中央門派出所，停好車，耐心等著警官們上班。

如願以償的感覺就是眼裡看到的一切都是溫暖親切，心頭閃過的都是人間的美好。在派出所窗口，我鄭重簽名，代邵子平領取了戶籍卡。

我當即把戶籍卡拍照發給邵子平。他微信回覆：「我這完全是特事特辦，我『坐享其成』。感謝你了。」嘿，邵先生對人情世故也並非一竅不通啊。

由於邵子平在南京沒有住房，細心的警方特別將邵子平的戶籍落在他離開南京時的居住地——鼓樓區馬家街觀音里 9001 號。

于英傑對於細節的策劃絕對是個高手。他早早策劃並聯繫好南京市鼓樓區公安分局派警官專程赴北京，登門為邵子平採集用於製作身份證的指紋和照片。這個安排太貼心了！

2018 年 12 月 5 日，于英傑與同事攝像師曹陽、攝影師林惠虹，陪同南京市鼓樓分局戶籍警官展文傑，攜帶設備專程來到北京。下午兩點，我們在東廠胡同口匯合，一同叩開邵子平的家門。

「快讓我看看我的身份證號碼是不是十八位」，北京東廠胡同內，打開門，邵子平特意穿著正式的灰色西裝，裡面是一件淺黃色細格子襯衣，精神矍鑠。邵子平從我手中迫不及待地接過自己的戶籍卡，仔仔細細地看。「哈哈，從今天起，我就是南京大蘿蔔了！」邵子平的南京話南京味十足。

1948 年十二歲離開南京，七十年後葉落歸根，這一天，邵子平盼了十五年。「為了辦身份證，我專門跑南京三、四趟。北京公安說我是 1949 年從南京走的，應該去南京辦。我到南京找江蘇省僑辦、公安部門，人家都說不行。」邵子平激動地歷數著自己多年間為辦理身份證而四處奔波卻屢屢失望的經歷，滿屋子都是他的大嗓門。

「邵老師，南京為您辦理的是恢復戶籍。」展文傑瘦瘦高高，合身的警服襯出颯爽英姿，長髮束成高高的馬尾。她將戶籍卡上的內容一項一項解釋給邵子平，「您申請恢復戶籍的類別是華僑回國定居。」

「從現在開始，我就是南京人了！啊是啊？」邵子平的南京話引來一片歡笑。

羅其雲給我們每人泡了杯熱氣騰騰的「大紅袍」。

展文傑拿出一臺類似平板電腦的設備為邵子平採集指紋。「南京警方上北京專門為市民取指紋辦身份證，您可是第一位。」于英傑打趣地對邵子平說。

于英傑屬於自來熟，他很自然收拾了凌亂的餐桌，觀察狹小的客廳，尋找合適的攝像採訪點，架設攝像設備，還為大家切了水果。

端坐在屋子正中凳子上的邵子平，難以克制激動的心情，按照展文傑的示範，將手指在指紋採集設備上按壓採集，邵子平的手指控制不住地抖動，用力猛按。「採集失敗」，設備一次次語音報警。我們哈哈笑他，起初還圍著看熱鬧，後來見總是不能成功，也失去了新鮮勁，坐在一旁喝水等待。

「您放鬆一點」，展文傑彎著腰，微笑著耐心地一遍遍操作。整整費了半個小時，才終於採集成功。

成為南京新市民為邵子平打開了全新的生活空間，他很認真地對我們說，他要服兵役盡公民義務，又想去競選居委會主任，為基層社區服務。

2019年1月10日，邵子平從南京官員手中接過期盼已久的中華人民共和國居民身份證。

邵子平鍥而不捨尋獲南京大屠殺關鍵性史實證據的重要貢獻，已經被南京深刻地記住。

什麼是最難忘的？

在追尋馬吉影像卅七分鐘「一寸盤」回歸南京的整整兩年間，我最難忘的，是初識邵子平時，只要一提起南京，他那刻骨的幽怨從身體的每一個細胞裡呼呼滲出。幾乎每一次通電話、每一次見面，他都克制不住地長篇控訴。

而在1991年8月，「聯合會」在紐約召開的公佈馬吉影像記者會的錄影片中，以及1992年聯合會組織採訪前紐約時報記者德丁的記者會的錄影片中，中年邵子平，風度翩翩，舉止從容大方，目光堅毅自信。

是1991年12月的南京經歷把邵子平變成了「祥林嫂」。在邵子平線條分明的臉上，只要觸碰到南京，臉上的根根皺紋都變得僵硬。

長期在聯合國工作的邵子平，見多識廣，經歷過半個多世紀的世事風雲，胸襟開闊，家鄉南京卻成為他心頭年深歲久不能融化的冰山。

我對于英傑說，我們竭盡所能為邵子平奔走，想要卅七分鐘「一寸盤」是一方面，但更「想撫平他心頭的委屈，消除南京誤留給他的傷心。」這一點，我們達成共識。

從 2017 年 12 月，至 2019 年 12 月，整整兩年，邵子平從被南京忽視，到成為南京的貴賓。他臉上的冷硬一點一點地鬆解。人的面孔是由長年累月塑造成型，面孔會直接呈現出內心。

2021 年 11 月，邵子平特別來南京，在戶籍所在地觀音里住了一個月。他每天在當年的住址馬家街遛彎，與鄉親拉呱，結識了一批南京老鄉。

牛肉鍋貼、鴨血粉絲湯，八十五歲的邵子平沉浸於「少小離家老大歸」的鄉情享受之中。每天在觀音里社區內轉悠，他以一口南京話與居民攀談，逮誰都現告訴人家自己是在南京鼓樓醫院出生的，小時候的家就住在前面馬家街上，郎朗的笑聲，已使他變得慈祥和藹。「那個大鬍子又來了！」社區裡的廿多位大媽大爺已經成為邵子平的粉絲，他們一道聚在院子裡，湊一塊兒靠著牆根曬太陽，東拉西扯地話家常。那些日子，他的微信好友通訊錄人數一個勁往上漲。

2020 年 5 月 17 日，江蘇南京與臺灣新北市舉行「南京·新北疫後教育視訊交流」。南京的螢幕上出現了在臺灣新北市交流現場的邵子平。邵子平對現場的臺灣朋友們說，「南京可是個大城市啊，新北能跟南京對上話，那可不得了啊！」話裡話外，都表明這是新北在高攀著南京。

坐在南京會場的我，看到此時螢幕上的邵子平，再提南京，眼中盈盈暖意，表情溫柔。我終於看到了他內心深處那座經年冰山的徹底消融。那一刻，我覺得兩年的辛苦沒有白費。

那天南京與新北的交流，邵子平還特別強調，這場交流是民間交流，也是學術交流。期待這樣的活動能夠延續，尤其在當代科技發達的情況下，透過這樣的交流能夠促進兩岸民間的互動與瞭解。

2020 年 4 月至 10 月，香港大公文匯傳媒集團與臺灣新國際理論與實踐中心共同建立了大陸與臺灣第一個視訊交流管道後，江蘇與臺灣先後舉辦了「蘇臺防疫抗疫」、「蘇州·高雄疫後經濟復甦」、「南京·新北疫後教育文化」、「蘇臺視訊交流：後疫情時代的兩岸關係走勢」、「銘記民族抗戰史 共護和平謀未來 南京-臺北視訊紀念臺灣光復七十五周年」等六場蘇臺民間視訊會交流活動，率先打破兩岸冰封的僵局，重啟了因疫情而中斷的兩岸交流，在兩岸引起強烈反響。

已被記錄在海峽兩岸交流歷史上的這六場視訊交流，便是身在臺灣的邵子平一手促成。

「民進黨政府想利用疫情切斷與大陸的交流，基於對未來兩岸和平的責任，在日趨緊繃的兩岸情勢之下，建立一個友善的兩岸溝通管道非常必要。」臺灣新國際經貿文化社社長林深靖在 2020 年 8 月赴南京中山陵謁陵時對我說。

2020 年 1 月 31 日，林深靖組織臺灣學界聯盟在臺北召開記者會，呼籲開通兩岸交流，讓醫療專家和防疫學者得以交換經驗，攜手抗疫。

「難度很大」，林深靖說。為建立兩岸視訊交流，他先後聯繫了北京、上海的很多朋友，「他們都報以沉默」。

正在臺灣旅行的邵子平獲知後，幾乎每天發微信聯繫我，為我與林深靖牽線搭橋，這才有了 2020 年起的六場蘇臺視訊交流。

後來，林深靖告訴我，當時看到他為兩岸視訊交流的事著急上火，邵子平就讓他找我，說：「如果這個人辦不了，那就真的辦不了了。」我沒有想到邵子平對我會有如此的信任。之所以在江蘇能成功舉辦標誌著兩岸「破冰」的視訊交流，是因為江蘇與臺灣有著更為綿長深厚的同胞情誼。

邵子平在臺灣有一群喜歡他的中青年朋友。林深靖告訴我，邵子平年輕時在臺灣名氣很大，屬青年才俊，才情出眾，「有明星追著要嫁給他」。直到現在，邵子平在臺灣依然擁有相當的知名度。

2020 年 12 月 30 日，我給南京市官員發了這麼一條微信：

今年最大的欣慰是，家鄉南京已很自然地融入邵子平先生的內心。

這兩年，我在工作中無意間發現重要史料，為了史料回歸南京，也為了讓為南京做出重要貢獻的人能受到尊重，我四處奔波，總算有了較為滿意的結果。

從 2018 年 10 月邀請邵子平回南京，為他獲得母校盛情歡迎與授予榮譽、到為他辦理身份證、南京市醫保卡與江蘇省醫保卡，這一切，呈現給他本人的是南京這座城市對他的認可、感恩與回報。他在臺灣探親期間，真誠地為兩岸民間交流出力，不遺餘力介紹家鄉南京。

南京官員的務實擔當，讓邵先生他們真切感受到南京這座城市有著無以替代的溫暖。

25、當選「南京好市民」

1992年1月,一紙調令使我從南京軍區南京療養院三科護士長轉身成為南京軍區南京總醫院政治部宣傳科新聞幹事。

我去南京總醫院報到,走進宣傳辦公室,第一眼看見的就是時任文化幹事徐慧紅。

徐慧紅明眸皓齒,天生麗質,讓人眼前猛一亮。我最欣賞的,是她的熱情真誠與心地善良。

徐慧紅轉業在南京市委宣傳部,2018年,徐慧紅任南京市委宣傳部對外交流處處長,與我的工作有直接關聯。但是我卻刻意避嫌,很少去麻煩她。正因為我們是曾經同在一間辦公室共事過的同事,個人關係很好,所以不想給別人造成她有可能在工作上給予我所在的記者站額外關照的誤解。

2018年11月22日,我打破「慣例」,專門驅車前往位於南京市玄武區北京東路四十一號院內的南京市委宣傳部,登門拜訪徐慧紅所在的對外交流處。

我把邵子平的情況一五一十全部告訴徐慧紅,直截了當地問「宣傳部能給邵子平提供什麼樣的幫助?」

當然,推動馬吉影像卅七分鐘回歸南京已成為我們的共同目標。

當時,我已經打聽到推選邵子平為「感動南京」人物沒有可能了,紀念館已經為此盡了力。據說是因為致力於搜尋日本南京大屠殺歷史史證的旅日華僑林伯耀已上榜過「感動南京」人物,而邵子平與他屬同一類型,因此受到影響。

「我們還有『南京好市民』的評選,」徐慧紅思索了片刻說。她陪我去找時任南京市委宣傳部副部長、南京市文明辦主任彭振剛。

我認識彭振剛也有十多年了,「紐約版馬吉影像卅七分鐘是目前現存馬吉影像版本中侵華日軍南京大屠殺暴行最集中、最豐富的版本,屬無價之寶,得

爭取歸屬南京。」彭振剛認真聽我介紹邵子平情況後馬上表態。

徐慧紅跟著說，「推薦邵先生評選『南京好市民』，是希望邵先生能感覺到我們南京是有情有義的城市，他在近卅年前為追尋南京大屠殺歷史重要史證所付出的一切是值得的，家鄉南京能讓他感覺到特別的溫暖。」

彭振剛當即對我們表態：「積極支持」。

「南京好市民」評選起始於2002年，每年要從全體市民中遴選出一百名左右的平民英雄、市民楷模、道德模範，目的是充分發揮道德典型的示範引領作用，在南京形成「爭當身邊好人、爭做文明市民」的良好社會風尚。

評選的程式是須經過各區、各部門和社會各界的廣泛推薦、徵求意見、綜合評定等程式，最終由南京市文明委研究決定。頒獎儀式非常隆重，在南京電視臺節目演播廳舉行，由南京市主要官員頒發獎牌、證書與獎章。

我覺得邵子平完全配得上這份榮譽。過去的南京曾經委屈過他，但如今的南京對他誠懇、敬重。2018年10月，邵子平首次應邀作為貴賓回到南京，南京感恩他執著追尋侵華日軍屠城血證的突出貢獻，2018年10月，邵子平被母校南京市琅琊路小學授予「傑出校友」，2018年12月，南京市破格恢復其大陸戶籍，邵子平如願成為南京市民。

我回到辦公室，與侵華日軍南京大屠殺遇難同胞紀念館聯繫，填寫申報表格，發回紀念館，由紀念館向南京市文明辦申報。

我把填好的表格發給邵子平，他在回覆中提出具體的修改意見：

我覺得，推薦表裡媒體介紹事蹟部分應該可以也引述1991年8月《世界日報》和《僑報》等報導，1996年的《紐約時報》和《人民日報》那幾天的報導。以及後來多次的電視廣播、日本等有關報導。

其實我們自感安慰的是我們幾個項目所產生的促進效應：

例如南京大屠殺的研究和紀念我們不能說起了帶頭作用（個別研究和各種報導，特別是南京建立紀念館是開了頭），但我們之後推動和促進了更好的

研究和有關的活動（例如後來一系列的著作研究、美國西岸的史維會的後來成立。甚至日本的花岡和中日問題的活動也同我們在美的活動至少可說有互動關聯。）從時間先後看，可以看出這關係。

之後，邵子平還特別加了一句：「不該忘記，你幫我從南京壞人變成好人。」

我心頭一熱，趕緊回他：「邵老師，您一直就是南京好人！我再按您意見修改補充進去。」

很快，邵子平的照片與事蹟在南京文明網「擬獲」第十八屆南京好市民「稱號人員名單公示」欄內。

2020 年年 3 月，南京市公佈了一百零二位榮獲 2019 年度「南京好市民」稱號的名單，邵子平上榜。受疫情影響，居住在臺灣的邵子平無法前往南京領獎。

2020 年 6 月底剛從臺灣回到大陸的邵子平夫婦，專門來南京領取「南京好市民」的榮譽證書與獎章。邵子平平時衣著隨意，並不講究，但 7 月來南京領獎，一看就是精心打扮。邵子平上身穿了件白色粗布中裝，盤扣處繡有白色暗花，於質樸中透著精緻與靈秀；一條藏藍色休閒牛仔褲，清逸灑脫；黑白相間的齊耳短髮自然中分，書卷氣十足；下巴上白色長長的鬍鬚柔順規整，臉上是那種不會左顧右盼的、安靜的、篤定的神情。

2020 年 7 月 30 日，時任中共南京市委宣傳部副部長、南京市文明辦主任彭振剛特別單獨為邵子平授予「南京好市民」榮譽稱號，並頒發榮譽證書與獎章。對外交流處徐慧紅、沈振宇、宋任翔在現場見證。

邵子平鍥而不捨尋獲南京大屠殺史實證據，「您做的事對歷史負責，功德無量」，彭振剛說，「南京好市民」榮譽稱號是八百五十萬南京市民投票選舉授予，「您的事蹟令南京人民非常的感念感動」。

彭振剛表示，南京大屠殺歷史不僅是中國的「痛」，也是世界文明史上的「傷」，邵子平先生尋獲並捐贈給南京的馬吉影像卅七分鐘膠片，真實還原了 1937 年發生在南京的悲慘時刻，「歷史傷痛，可以寬恕，但不能忘卻」，「和

平與發展依然是今天世界的主流，這部極其珍貴的歷史影像對當下是巨大衝擊，警示當今與未來世界絕不能再發生類似慘案。」

彭振剛把「南京好市民」獎章給邵子平戴在脖子上，我按下相機快門。邵子平對這份榮譽非常在意，在他看來，這是南京官方給他一個公道，徹底消除了 1991 年 12 月對他的誤解，也意味著家鄉南京對他完全的認可與接納。邵子平很有風度地用南京話認真地對大家說，「作為中國人，我有義務有責任為我們民族的歷史擔當。」

那一天，邵子平夫婦特別開心。當晚，時任南京市臺辦主任張屹宴請他們夫婦，並特別贈予一幅全景式再現古都南京民俗生活、自然風光和歷史勝跡的書畫長卷仿《秦淮勝跡圖》。徐徐展開畫卷，邵子平驚喜地看到了一個又一個兒時的蹤跡，「文德橋、桃葉渡、大報恩寺，南京這些地方都是我小時候去過的。」

這回在南京，邵子平滿腹的怨氣煙消雲散。在南京市政府大院裡，他一棵一棵地端詳高高的梧桐與松柏，在綠樹掩映下的民國建築群中漫步。國民政府時期，這裡為國民政府考試院所在地，是國民政府五院之一，第一任院長是戴季陶。

南京市委大院的核心建築是一號樓，為仿明清宮殿式建築，民國時期稱「明志樓」，建於 1933 年，是考試院的主考場。邵子平興致盎然地在一號樓前那些生長於民國時期枝繁葉茂鬱鬱蔥蔥樹木下轉來轉去，擺出多種姿勢，讓我幫他拍照留影：在直沖雲天筆直的樹幹下舉目仰望，輕倚著粗壯的樹幹沉思懷想，還把手搭在樹枝上作會心一笑。

1936 年出生於南京，小學三年與初中一年在南京度過。在邵子平眼裡，南京燒錄著自己的童年與少年。他記得最清楚的是自己在琅琊路小學度過的快樂時光：一下課就拼命地往操場奔跑；同班有一位姓隋的女同學，豪爽得像男孩子，跟男生們玩得好；有一位姓萬的男同學，外號「萬事通」，滑稽；還有，自己的同桌是陳履安。「那時天真無邪，只記得陳履安家就在學校轉角處，常停有汽車多輛。有侍從人員嚇唬我們小孩，說摸碰車皮會觸電。」

「在夫子廟散步」是縈繞在邵子平心頭多年的願望。他說：「以前來南京，都是直奔侵華日軍南京大屠殺遇難同胞紀念館，為史料奔忙。」這次，南京特別安排他們夫婦下榻於夫子廟景區的狀元樓酒店。

　　早早晚晚，邵子平去秦淮河畔流連，到江南貢院門前踱步，在文德橋上望月。他尤其垂涎天下文樞小廣場附近那些鱗次櫛比的餐館，「好吃的東西太多了！」

26、《南京日報》助力辦醫保

傾力為邵子平辦理南京醫保卡，為老人建立一份醫療保障，這歸功於南京日報的兩位資深熱心記者：許琴與于潔塵。

于潔塵在應我的請求記錄此事中寫道：

2021 年 12 月 1 日，南京選舉新一屆區鎮兩級人大代表。臺灣知名法學專家邵子平專程赴南京，在鼓樓區觀音里選區投票站鄭重地投下自己的選票。

鼓樓區的居民選民們，此前並不知道，這位大鬍子老人曾發現並向世界公佈美國馬吉牧師 1937 年拍攝的日軍在南京大屠殺暴行的默片和德國商人記錄南京大屠殺的《拉貝日記》，有力駁斥了日本右派否認大屠殺的謊言。2000 年 7 月 30 日，他就被家鄉授予「南京好市民」榮譽稱號。

為什麼邵子平會在鼓樓區參加人大代表選舉？事情要說回到 2018 年。

2018 年 12 月 4 日，獲知長期在大陸生活的邵子平因無大陸身份證生活不便，南京市破例為他恢復戶籍，落戶在南京市鼓樓區中央門街道。

1936 年出生於南京鼓樓醫院的邵子平在南京度過童年，畢業於南京市琅琊路小學，父親邵毓麟是民國外交官，他十二歲隨家人離開南京去臺灣。1971 年，在德國獲得法學博士的邵子平離開臺灣赴美國密西根大學任研究員，1973 年，任職於聯合國總部。

再度成為「南京人」後，邵子平長期居住在北京等地。拿到了身份證，如果能在南京為邵子平辦一張醫保卡，有一份醫療保障，對於耄耋老人而言最為貼心。

于潔塵曾借調到侵華日軍南京大屠殺遇難同胞紀念館參與宣傳工作一年有餘，從她的文字中不難看出，她一直默默關注邵子平，對他的情況非常熟悉。

2019 年 12 月，正旅居臺灣的邵子平聯繫我，他確定將啟程參加南京大屠殺死難者國家公祭儀式，但是，這次專程赴南京，邵子平特別希望能完成南京

醫保卡的辦理。

我四處諮詢，答覆均為「無法辦理」。我突然想到正在前期採訪「馬吉影像卅七分鐘」將回歸南京這條新聞的《南京日報》社記者許琴。

文靜、嫻雅的許琴待人真誠，做事認真，她當時是《南京日報》專職負責侵華日軍南京大屠殺遇難同胞紀念館新聞報導的記者，曾兩次採訪過邵子平，對他充滿敬意。從我這裡得知辦理南京醫保卡是邵子平的最迫切心願，許琴沒有猶豫，一口答應下來。她先後詢問了江蘇省、南京市醫保中心等部門，最後鎖定了邵子平戶籍所在地鼓樓區中央門街道。

許琴向南京相關部門打聽辦理醫保卡的流程，聯繫《南京日報》負責鼓樓區條口新聞報導的記者于潔塵出馬。

于潔塵立即撥打了中央門街道宣傳幹事陳家光的電話，詳細介紹了邵子平的情況。

得知邵子平希望在南京辦理醫保卡，陳家光非常重視此事，馬上向中央門街道黨工委進行了彙報。

短短一天時間，陳家光回饋回了資訊，「街道高度重視邵老的醫保卡辦理事宜，將派出領導班子成員專程陪同老人現場辦理。」

2019年12月12日上午，許琴、于潔塵與我三位「中間人」，陪同邵子平來到了中央門街道政務服務中心大廳。而此時，時任中央門街道人大工委主任程國慶、中央門街道黨工委副書記張紅，早已熱情地等候在辦事大廳門口。

接到邵子平後，程國慶、張紅兩人熱情上前表示了敬意和慰問，將他帶到辦事窗口。早已等待在此的工作人員，立即連接電腦醫保卡辦事系統，迅速為邵子平辦結了領卡流程手續，微笑著向他解釋道：「今後，您有醫療方面的需求，在南京各醫療機構均可憑卡辦理，若需在北京、江蘇其他市區等地看病就診的話，則需辦理醫保異地服務的手續。」

由於邵子平常年居住在北京，鼓樓區中央門街道勞動和社會保障所、副所長張瑩耐心地向邵子平詳細介紹，南京居民醫保異地就醫服務需要在領取醫保卡後辦理手續。

　　張瑩還特別加上邵子平的微信。近幾年中，張瑩隨時解答問題和幫助邵子平完成居民醫保每年度參保手續，聯繫鼓樓區社保中心副主任等專門為邵子平詳細講解居民醫保異地使用程式，免去邵子平的南北奔波。

27、《大公報》連續三天整版報導邵子平

2018年12月5日傍晚，送走了專程來北京登門為邵子平採集指紋製作身份證的展文傑和于英傑一行，他們要當晚趕回南京。我特意留下來，因為還有重要的話想在邵子平夫婦赴美國之前挑明。

「陳旻把我從南京一個可疑的壞蛋變成一個好人」，邵子平扭頭對妻子羅其雲說著，然後滿面真誠地看著我。他對如願以償的獲得中國大陸的身份證非常興奮。

「您本來就是好人，只是總算等到了南京給您的這個遲來的公道。」我順手幫他們收拾了餐桌上的茶杯，清洗乾淨。坐下來，與邵子平夫婦面對面。

「你們這回不是馬上回美國嘛，找到卅七分鐘片子後就告訴我。張館長說了，請邵老師您跟陳憲中、姜國鎮他們一起商量好，開個價，把價格告訴我，紀念館願意出錢。」這是我第一次鄭重地把價格問題挑明。

我告訴張館長，關於馬吉影像卅七分鐘「一寸盤」的處置，邵子平他們原計劃是賣給國家檔案館，雙方已經有過初步接洽，是被我意外知曉並攔截。張館長爽快地表態，「紀念館可以出錢購買，你請他們開價。」

「『一寸盤』只要給南京就行了，價格您請羅老師幫您記好，我怕您忘掉。價格定好您就立刻告訴我。對了，先看一下卅七分鐘片子裡面的內容，品質怎麼樣。」內容沒問題，你們就商量好價格告訴我，我來跟紀念館商量，您帶回來給南京，如果需要合同，我幫您全做好。

身份證塵埃落定，馬吉影像卅七分鐘「一寸盤」的歸宿立即成為頭等大事。我也不含蓄了，直截了當把問題擺上桌面，車軲轆話來回說著，核心就是一個——把卅七分鐘「一寸盤」從美國帶回南京。

「我們先看看片子是不是好的，然後再跟大家商量，給南京沒有問題。」邵子平直視著我，心平氣和，語氣肯定。我頓時寬心。

「用報紙版面呈現我們的作為。」2018 年 11 月 21 日,時任《大公報》副總編輯李慶義決定做三個整版新聞專題,報導邵子平與馬吉影像卅七分鐘「一寸盤」的故事。

還是在 2018 年 10 月 11 日,我將在北京懷柔邵子平家中的關於馬吉影像卅七分鐘的新發現說給李慶義聽。他特別高興,「陳旻,祝賀了!這次北京行成果豐碩,不僅發現了一篇珍貴的新聞素材,而且還填補了中國抗戰史的一片空白,可喜可賀!」

接著,他馬上說:「這篇獨家的報導我先預訂了,時機合適時即發來,我找有經驗的老編輯處理,篇幅不限,將充分保證版面。除了介紹新的廿分鐘內容外,尋找的曲折過程也可單獨成篇,也十分可讀。」

作為編輯部領導,李慶義還不忘鼓勵我,「敬佩你的執著!為你能成為這段歷史的見證者和推動者而自豪!大概也只有經歷過嚴格紀律訓練和要求的人,才會有一股咬定青山、鍥而不捨的精神。你所做的一切,與國、與民、與邵先生本人都是一件大善事,很值!」

2018 年 11 月 21 日,李慶義又叮囑我:「這是一個相當不錯的新聞素材。」關於報導主題,他具體指點道:「我個人考慮可從三個角度入手:1、卅七分鐘的內容,特別是新增部分的內容及填補歷史空白上的意義。這點要靠你挖掘思考;2、邵先生本人的貢獻,過去受過的委屈也可寫,是籠統還是具體要有所把握,點落在國家及社會各界現在對他的關懷及有關困難的解決;3、影片搜尋的曲折過程,可把自己寫進去,這不是抬個人,既然別人都把我們當成歷史中人,我們憑什麼要回避呢,況且這也是為本報爭光。不成熟建議,僅供參考。想法成熟後報一方案,中國新聞會專門跟進。」

2018 年 11 月 21 日傍晚,時任《大公報》中國新聞部副主任林彥森開完編前會就打來電話,語氣激動地告訴我,他們已經成功地「搶救」了我,讓我將邵子平的事情做三個版,記錄這段搶救歷史的經歷。

其實,那些日子,我一門心思為邵子平辦身份證,關於卅七分鐘馬吉影像的報導並沒有列入新聞採寫計畫,儘管我是職業記者。原因是:紐約卅七分鐘

馬吉影像「一寸盤」雖已找到，但膠片是否完好？內容是否完整？這個很關鍵，畢竟已過去了廿七年；另，卅七分鐘裡有哪些南京十七分鐘所沒有的重要內容，目前也不清楚；還有，其實最擔心的是，雖然與邵子平口頭說好，將卅七分鐘「一寸盤」從美國帶回來給南京，但我心裡仍不踏實，萬一節外生枝，再出現個「攔路搶劫」，變數很大。我也不想報導刊發後，被突然生變的事實打臉。如果是那樣，被打的不僅僅是我的臉，被打的是《大公報》編輯部的臉，我還怎麼面對報館編輯部那許多支援我們江蘇記者站的熱心同事？

但在《大公報》編輯部一再熱情鼓勵下，我心一橫，選擇鋌而走險。之所以這麼做，還有一條重要原因：邵子平要在美國住上一個月，這期間，《大公報》連篇累牘地報導將會加重南京在他心目中的分量，更堅定他將卅七分鐘「一寸盤」帶回南京的選擇。

提到「搶救」了我，雖然是同事間的「調侃」，但《大公報》決定將追尋馬吉影像做三個版這件事還有些細節。

這三個版的內容如何安排？時任《大公報》中國新聞部副主任林彥森從事新聞採編已卅多年，是一個經驗豐富的資深媒體人，經常為內地記者站同事出謀獻策。

那天，開完編前會，大約晚上八點，是平時吃飯的時間，林彥森根本沒心情外出用餐。他習慣性地來到報社樓下維港邊踱來踱去，腦海滿是我文字描繪的馬吉影像中大屠殺的血腥鏡頭。他早已戒了煙，亦無心思旁觀老友釣客垂釣。冷冷的海風吹來，他眺望著對面九龍半島的燈火，耳畔潮水不停喧嘩，好像訴說不完八年抗日的壯烈戰歌，以及香港淪陷「三年零八個月」的悲憤歷史。

那晚在不到一小時裡，林彥森腦中迴旋於馬吉影像的驚世卅七分鐘，心亦在泣血，為遭屠城數十萬冤魂，為中華民族抹不去的國恨。在海邊用手機長途和我溝通了一個多小時之後，林彥森上樓直接來到李慶義辦公室，告訴他：「南京大屠殺新鐵證，馬吉影像這條新聞做三大版專題深入報導的內容我已經想好了。」李慶義語氣堅決答覆：「就按照你們的方案去安排。」

「關於馬吉影片的報導，最早可以追溯到 2017 年，當年為了把南京大屠

殺死難者國家公祭報導做出獨家報導,《大公報》編輯部策劃了關於海外華人追尋南京大屠殺史證的專題,在採訪的過程中,發現了卅七分鐘馬吉影片的線索,由此展開了一場漫長的跟蹤報導之旅。」2024年12月,《大公報》中國新聞部副主任鄧泳秋回憶時敘述,「對於侵華日軍屠城的鐵證,多一秒都是珍貴的,就是堅持這樣的信念,編輯部與一線記者共同克服一個個困難。」

鄧泳秋說,首先,我們始終貫徹策劃先行的理念,確定報導的主題方向,明確主要任務,在此基礎上,與記者進行反覆溝通,從稿件的切入角度,到版式的設計,都反覆斟酌,提前部署。有了前期精心且詳盡的策劃,三個整版專題的採寫工作和編輯工作就有了方向和指引,為製作出優秀報道賀追存史證打下了重要基礎。

「能參與、見證一段歷史事件本身就是一種幸事,我們用一篇篇報導、一個個版面,清晰記錄了馬吉影片從發現、公開到追回的整個過程,同時也是我們追尋歷史的見證。2018年國家公祭日前夕,《大公報》刊發了三版專題報導《追尋大屠殺史證》,詳細記錄了中外各界人士尋找並追回馬吉影片這一南京大屠殺鐵證的完整過程。」

「值得一提的是,這些報導中,刊發了許多獨家披露的珍貴彩色照片,難得一見的『聯合會』活動、『一寸盤』真容以及追尋南京大屠殺證據的寶貴瞬間。七十九年前的8月15日,《大公報》用超大號鉛字,向全國人民報導了抗戰勝利的消息,七十九年後的今天,我們仍舊延續這份責任感和使命感,通過工作記錄時代軌跡。」

「今天是從昨天走來,歷史必須銘記。日本政府迄今不反省發動侵略戰爭的歷史,並向受害國悔罪謝罪。」《大公報》中國新聞部高級編輯郭奕怡說,為紀錄這一段挽救歷史真相的曲折過程,《大公報》前後方同心協力,在製作專題報導的過程中,深深明白到,追尋南京大屠殺史證責任重大,既為遇難同胞及倖存者討回公道,也讓無可取代的影像紀錄重歸南京,推動歷史記憶傳承。採訪過程歷盡艱辛,後方版面編輯同樣不容有失。《大公報》想要守護的,是中華民族血寫的歷史,重責在肩,不敢有半點鬆懈。「《大公報》鍥而不捨尋找鐵證還原歷史,就是為了伸張正義,捍衛歷史的尊嚴。這是作為大公人的一

項使命，也是我們作為大公人的一份驕傲。」

自從 2017 年 12 月第一次採訪邵子平，到 2019 年實現馬吉影像卅七分鐘「一寸盤」捐贈給南京，對江蘇記者站追尋史料，香港大公文匯傳媒集團從董事長到普通編輯都給予全力支持。整個過程中，每當有階段性進展和重大發現，報紙與各新媒體平臺及時發表專題與動態消息，向讀者和社會各界公佈。至 2024 年 12 月，七年時間裡，《大公報》、《文匯報》共推出廿三個整版專題版面、百餘篇文章，詳細介紹了馬吉影像從發現、核實，到追尋、回歸等的全過程。香港大公文匯傳媒集團時任董事長姜在忠，現任董事長、總編輯李大宏，《大公報》于世俊、李慶義、鄭旭榮、畢曉鶯、林彥森、曾慶義、陸禮文、王麗萍、鄧泳秋、郭奕怡，香港《文匯報》吳明、王國辰、林舒婕、趙鵬飛、何綺蓉、鄭海龍、鄭慧欣、裴軍運、葉格子等編輯部同事，集團行政總監施倩、集團辦公室主任韓紅超，還有大公網的陳先幫、賈磊、李孟展、李銳等同事，兩年來，他們一路關注馬吉影像的追蹤，鼓勵江蘇記者站，在報導上有求必應，全力支援。

南京是集團行政總監施倩的家鄉，她是抗戰烈屬的後代，一直牽掛馬吉影像卅七分鐘「一寸盤」的追尋。施倩不斷鼓勵我，「這件事做得太有價值了！」

「需不需要我做什麼？」自始至終，鄭旭榮密切關注史料追尋的最新進展，也是最堅定的支持者之一。

公道地說：馬吉影像卅七分鐘「一寸盤」最終能捐贈給南京，首先得歸功於香港大公文匯傳媒集團上下齊心的全力以赴。

2023 年 8 月，香港大公文匯傳媒集團董事長、總編輯兼《大公報》社長、香港《文匯報》社長李大宏與《大公報》總編輯于世俊，帶領「新時代新江蘇——2023 范長江行動香港傳媒學子江蘇行」香港傳媒學子來到江蘇採訪。

在與江蘇省委書記信長星會見時，李大宏特別提到香港大公文匯傳媒集團勇於擔當，積極為南京尋回卅七分鐘馬吉影像膠片。「香港大公文匯傳媒集團為南京大屠殺歷史研究做出了重要貢獻，成功追尋到珍貴史料，這些資料對還原歷史真相、銘記歷史教訓具有重要意義。」信長星對此表示高度贊許，認為

此舉不僅有助於深化對南京大屠殺的歷史研究，也體現了媒體在傳承歷史、弘揚正義方面的責任與擔當。香港大公文匯傳媒集團的努力將進一步推動社會各界對這段歷史的關注與反思，促進和平與正義的傳播。

2018年12月5日晚，我告訴邵子平《大公報》將刊發三個整版報導他的事，我們就一些細節內容作補充採訪。

那天晚上，邵子平夫婦臉上一直掛著開心的笑容，他們真誠地一再挽留我在他家晚餐，我不想給他們添麻煩，採訪結束就趕緊道別。當然，臨別前，又叮囑「一定要把卅七分鐘『一寸盤』帶回來啊！」

2018年12月11日、12日、13日，《大公報》以「追尋大屠殺史證」為主題，刊發了一組三篇系列報導：《美牧師馬吉秘密拍攝 塵封地下室終重歸南京 卅七分零五秒 屠城血證還原歷史真相》、《尋「馬吉影像」覓《拉貝日記》少小離家八旬回 「南京好人」義舉感動古都》、《穿針引線促愛國義舉 馬吉影像手記捐南京 大文記者追尋史料搶救鐵證》。

《大公報》編輯部中國新聞的編輯們為這組系列報導用心編輯做版。時任中國新聞編輯部副主任林彥森，開完下午的最後一個編前會，在晚餐時間，他下樓在海邊徘徊，思考新聞標題。

這組系列報導第一篇專題報導，我在導語中寫道：

1937年12月13日，日軍佔領南京，製造了慘絕人寰的南京慘案。美國牧師約翰·馬吉秘密地拍攝日軍屠殺紀實默片，是留存至今有關南京大屠殺的唯一動態畫面。然而，當致力於追尋南京大屠殺真相的八十二歲旅美華僑邵子平，發現南京大屠殺紀念館所藏的片段時長只有十七分鐘，他驚訝之際立即意識到，自己於1991年7月將約翰·馬吉兒子大衛·馬吉紐約家中地下室裡找到的馬吉影像原片，再拷貝製作長達卅七分零五秒的「一寸盤」，已成為動態記錄侵華日軍南京暴行無可替代的重要史料。歷時7個月鍥而不捨的尋找，今年10月，綠色「一寸盤」終於在紐約重現。12月8日，邵子平飛赴紐約，計畫將廿七年前的「一寸盤」送回南京。侵華日軍南京大屠殺遇難同胞紀念館副館長凌曦表示，「這將成為紀念館的鎮館之寶。」

而關於重現的馬吉影像卅七分零五秒「一寸盤」，比南京現藏有的馬吉影像十七分鐘多出的廿餘分鐘內容，我請邵子平反覆回憶，同時採訪了美國《世界日報》副總編魏碧洲。我在報導中寫道：

對於1991年7月在紐約重現的馬吉影像，美國《世界日報》副總編魏碧洲記憶猶新。他說，1991年8月2日，他作為《世界日報》駐紐約的時政記者參加「紀念南京大屠殺受難同胞聯合會」召開的記者會。時任聯合會總幹事的邵子平向記者們正式介紹他們剛找到的約翰·馬吉親手拍攝的一千零廿二呎珍貴紀錄片並現場放映。大衛·馬吉在現場展示父親用於拍攝這些珍貴歷史鏡頭的攝影機。比館藏十七分多出廿分零五秒，魏碧洲說，全場記者屏息觀看，放映長達卅七分鐘零五秒的影片裡，有半個頭顱遭日軍刀劈未死的中國百姓、後頸被日軍刀砍未斷的男子……「尤其引人悲憤的是約翰·馬吉在室內遠遠拍攝到在一群人牆前，三名婦女撲跪在地，哀求日軍放掉正被帶走的男子，人牆後是日軍在槍決中國人。」魏碧洲記得，稿件刊發後很震撼，紐約唐人街無人不曉。對比南京紀念館館藏的十七分鐘馬吉影像內容，邵子平說，卅七分版本中自己印象比較清楚而南京片中所沒有的鏡頭有：一位老太太站在院中，她身旁地上排放著幾具席子包裹著的人體；一個中年人頸部被砍，站立著由外國醫生檢查，醫生扭他的頭要他轉身，中年人的面部顯極度痛苦狀；一群鄉下人挑著傷患疾步運往南京近郊的急救醫院的情景。

這組《追尋大屠殺史證》系列專題使我獲得了集團董事長嘉許，獎金為五千元港幣。

2018年12月14日，《大公報》中國新聞部在向時任集團董事長姜在忠與集團總編輯李大宏的呈報申請理由中寫道：

專題從記者協助南京大屠殺影片的發現者邵子平共同尋找失落的影片開始，到突破重重困難、幫助邵子平在歷經各種曲折後重返南京「落戶」，再到突出大文記者在這一歷史事件中的推動者角色，三篇專題層層推進，結構嚴謹，細節均經過反覆推敲考證，不但故事感人，且歷史意義

重大。為表揚記者陳旻在這一專題報導中的突出表現，現擬申報董事長嘉許，具體理由如下：

1. 記者既是追尋大屠殺史證的報導者，也是推動者。在採訪「舊聞」中掘地三尺挖出重要的獨家新史料，填補了南京大屠殺的歷史空白。

2. 自 2017 年 12 月 11 日刊發專題報導《美華人千里追尋〈拉貝日記〉》後，記者長達一年時間持續追蹤邵子平及馬吉影片最新動態，並親赴北京找到當年尋找馬吉影片的珍貴手記，最後說服邵子平，推動將卅七分零五秒「一寸盤」獻給南京，留下日軍南京暴行的血證。

3. 系列專題刊發後掀起廣泛的社會反響，南京當地媒體、新華社、人民日報駐紐約站及海內外媒體紛紛進行追蹤報導。

4. 作為一名記者，陳旻這種「挖新聞」的精神尤為難能可貴，值得大力提倡和嘉許。希望藉此嘉獎，給內地記者以示範作用。

　　2018 年 12 月 11 日，清早，我就把下載的報紙專題的 PDF 版面在微信發給邵子平：邵老師，第一個版今天見報。明、後天每天一版，二、三版文字稿已發您看過。

　　「謝。眼開刀未能多看」，邵子平到美國後剛做了眼睛黃斑變性手術。「我眼球上縫了幾針，目前眼睛開合有不適。閱讀儘量減少。」

　　《大公報》的專題報導在海內外引發反響。時任《大公報》駐美國記者黃曉敏托同事找我，火急火燎地加我微信，要邵子平在美國的聯繫方式，說《人民日報》駐紐約的記者要去採訪邵子平。

　　「邵老師，《人民日報》主要採訪什麼？」12 月 14 日，我好奇地問邵子平。「《人民日報》從馬吉、拉貝到追討昭陵兩駿都問了。我介紹姜國鎮了，他們還要來，要等陳憲中回來。《世界日報》魏碧洲要寫專訪。」

我與邵子平保持著微信聯繫，隔三差五總要噓寒問暖一番。當然，不可否認的是，我懷的是「司馬昭之心」，更關心卅七分鐘「一寸盤」。

邵子平當然心照不宣，12月19日，他發來微信：「醫生要求低頭俯視到廿五號，真麻煩。不過那時陳憲中才回到紐約，再商影片事。攝像機其實是我們說服馬大衛捐出的了，不爭這些小功。紀念館有類似記錄就行了。」

「姜國鎮已交我一寸盤，不日我去查驗。」12月24日，看到邵子平的這條微信，我有點激動，趕緊回覆：「謝謝您！不著急，您先把眼睛恢復好，這個最重要！！！待眼睛恢復後，一寸盤查驗情況請及時告知我。」跟著點了三個緊緊握手的圖示。

12月28日，我告訴邵子平：「邵老師，您好！今天下午，南京市委宣傳部外宣處長徐慧紅（是我在南京軍區總醫院時同事）來我辦公室，我們都盼著您來南京呢。她說要邀請您和羅老師到宣傳部做客。」我再發起感情攻勢。

12月29日，邵子平鄭重告知地將「一寸盤」送檢情況：

關於馬吉默片 37'05" 版清理檢驗數位化一事辦理經過如下：

我昨 181228（2018年12月28日）去 Du Art Services 我們在1991年為我們處理馬吉原片的老公司，同專管員 deJesus 研究商量結果，委託 du art 清理，將我們原來的「一寸盤」以最新技術數位化，以利保存、轉送、向世界播放。du art 的收據如下麵資訊所示。

根據我們研究，我們紀念南京大屠殺受難同胞聯合會所收藏一寸盤是現存唯一最長最完整的記錄片，我們當年欲以之贈送南京紀念館因南京方面嚴重誤會，南京方面因種種原因至今只留有十七分鐘間接複製片。所以我們的一寸盤應屬極其珍貴。據查南京和馬吉都沒有其他記錄。

為防萬一丟失，所以立此存照。年後週三由我取回原件和資料化電子盤。其次可由我們會 Sam 陳或 Kevin 姜去取。再次由南京紀念館取。所以如

此無非小心而已,說明如下。

「一寸盤」的檢測結果得在四天後的 2019 年 1 月 2 日才能揭曉。「週三請拿到後即告知,如果可能,將數位化的檔發我郵箱,我想先睹為快」。我連續給邵子平發微信,「激動,也忐忑」,「如果是完整的,請你們聯合會商量個價格,我來與南京商談」。

2019 年 1 月 2 日十九點五十八分,我沉不住氣,問邵子平:「邵老師,紐約時間比國內要晚十二個小時吧,您今天何時去取片子?謝謝!」

半個小時後,等來回覆:「今天忙亂。我下午還要趕進城最後檢查眼睛。明天去取。姜國鎮今晚回國應商討馬吉默片事。我們多數同意在國內(南京?)將我們會設為非盈利民非團體,可否掛靠在南大?或章開沅老華師大?紀念館報酬,我們全數存入非盈利。等姜來。」

「片子檢驗報告要週四下午 或週五,因人請假。」之後的幾天,我們在共同等待著檢測結果,同時商討用南京購買「一寸盤」的資金成立公益基金會。「後天我們一致談妥,還是直接坦然向紀念館提議,包括請向我們不盈利基金會挹注捐贈,更便利我們努力向共同事業發展事。同時知會你。」

「已交 Sam 去取。再聯繫。」1 月 4 日,看到邵子平的這條微信,我的期待更為急切。

終於,在 2019 年 1 月 6 日,「陳憲中、姜國鎮、邵子平三人重看我會保存的馬吉默片的內容,我們認為這卅七分鐘片都是關於南京大屠殺前後的片段。效果好像不錯。」

「我們剛才三個人看了影片,是保存得很好,很完整,邵先生會跟你聯繫的。」1 月 6 日,姜國鎮也發來微信告訴我。

「一寸盤」內容是完好的!我很激動,猶如賭石贏家。

姜國鎮發此微信的時間是北京時間清晨五點廿九分，我回覆他：「看到這個消息很高興！其實這幾天我一直是心在揪著，我很迫切地希望這卅七分鐘能完好，影片內容對南京大屠殺這段歷史實在實在太珍貴了。有這樣的結果，我真的是非常開心！」

　　「下一步怎麼辦，你有什麼建議給我們？我在臨行起飛前一日忙碌有些昏頭了。」邵子平的態度突然有點微妙，這是我後來才意識到。當時，卻沉浸在狂喜之中。我不斷給邵子平發微信：「你們商量一下價格，之後告知我。謝謝！」「還有，綠色一寸盤請帶回國。」「邵先生，南京紀念館是想收藏綠色一寸盤。」

　　「邵老師，您七號到北京，我八號去拜訪您可否？我九號晚得回南京，十號、十一號都有會議。正好商量一些事情。溝通好之後，請您來南京。」又一口氣發出三個「緊緊握手」。

　　2019年1月7日，「邵老師，我今下午到北京。想明天約時間拜訪，半小時左右，什麼時間合適？知道您得倒時差。後天得回南京。謝謝！」我得先發制人。

　　「八號早上五點廿分到達北京。如必要，或許八時你可來東廠。一寸盤因需查修復在紐約技術上是否較好，所以留Sam處，反正他三、四月要來。你有要問問題，可以來電話？」

　　「明上午八點到東廠胡同。明天我可以看到卅七分鐘嗎？」

　　「數字版由Sam和Kevin保管，擬複製部分南京所無的鏡頭請你們參考。Sam來時請大家在南京觀看全部。」

　　Sam是陳憲中，Kevin是姜國鎮。

　　這就表明，已在回國途中的邵子平不僅沒有帶回馬吉影像卅七分鐘「一寸盤」，就連已經完成以最新技術將膠片內容數位化格式轉換的卅七分鐘數位版也沒有帶回。

第三部

2019年
卅七分鐘馬吉影像返南京的崎嶇路

「文物與文獻互相佐證罪行，影像和案例共同實證歷史，是此次卅七分鐘版馬吉影像面世的最大貢獻。」這部極具文物價值、文獻價值的影片，是日軍侵華罪行的光影鐵證，「一寸盤」定在第六個南京大屠殺死難者國家公祭日回歸南京，和《拉貝日記》《東史郎日記》一樣，成為侵華日軍南京大屠殺史研究的又一里程碑。

——國家記憶與國際和平研究院專家、南京師範大學副校長 張連紅

28、「一寸盤」回歸「落空」

2019年1月8日，這個日子是我對邵子平認知的分水嶺。此前，我視邵子平為弱勢老人，尊敬、同情，忙前跑後，悉心照顧他。在這天之後，我對他刮目相看，他太厲害了，分明是專業精湛的法學專家，思維敏捷，精力過人，鬥志旺盛，並且行動力超強。雖然他的記憶力出現衰退，常常混淆一些重要的時間點，但絲毫不影響其在重要節點上能言善辯，固執己見，不為所動。

2022年3月4日,我在北京市東城區安定門外大街丁八十八號江蘇大廈的一間客房內,打開筆記型電腦,敲擊鍵盤,開始寫這本書。

我將記憶倒回至2017年深秋,重溫最初認識邵子平時的強烈震撼和因此油然而生的崇敬。我忍不住拿起手機撥通了邵子平的電話,我說:「我開始回憶了,現在是回憶到最初認識您的時候,那是一段很溫暖的時光,還沒有回憶到我們吵架。」

「我們吵架的次數也不多嘛。」邵子平頗不以為然。

我與邵子平吵架的次數是不多,我一直認為其根本原因是我在克制。重聽當年的電話錄音,才發現其實更多的是邵子平的包容。在我一次又一次咄咄逼人的強勢追問下,邵子平的語氣還是相當的溫和與耐心,這個發現使我頓生歉疚。

第一次的電話採訪,邵子平就反復叮囑我,與他的電話往來,以及面對面的採訪都必須要錄音,以防止漏掉他突然記起的某個重要歷史細節。光陰流逝,正是這些錄音在幫助我迅速回到當時經歷的各種場景。

2019年1月7日,我趕赴北京,要在邵子平夫婦從美國回來的第一時間弄清楚馬吉影像卅七分鐘「一寸盤」的究竟。

在1月7日與邵子平的聯繫中,我已經知道了他此行回國,並沒有兌現我們在其赴美前的口頭商議:帶回馬吉影像「卅七分鐘」。不僅沒有帶回「一寸盤」膠片,連數字版也沒有帶。

這是我最擔心出現的局面!自邵子平夫婦一個月前飛赴大洋彼岸,我每一天都寢食不安,擔心事情生變。果然,怕什麼,就來什麼。

1月8日早晨八時,我準時趕到東廠胡同,摁響了邵子平家的門鈴。

邵子平夫婦是在我到來前半小時進的家門,屋裡,行李攤在地上,還沒顧得上收拾。羅其雲坐在沙發上刷手機,沒抬頭。邵子平接待了我。

我特意帶去《大公報》刊發的三篇連續報導刊稿報紙,邵子平展開報紙一

篇篇仔細地看版面。「邵老師，南京方面非常關注卅七分鐘，您到了美國以後，大家一起都在等著，『一寸盤』拿到了，然後再送到攝影公司檢測和轉數字版，紀念館館長、張連紅老師他們每天都要問怎麼樣了？」

「我們的片子比南京現有的清晰度高，卅七分鐘裡還有日本軍進城的儀式，好像什麼地方也有，可我們的更詳細。那幾個日本軍在兩邊維持秩序，嬉皮笑臉的，也不像站隊的樣子，好像他們這是完全佔領了南京。卅七分鐘的全部內容是南京大屠殺那段前後的日期。」「我沒記錯，有一群鄉下人挑著傷患疾步運往南京近郊的急救醫院的情景。」邵子平簡單敘說了他與陳憲中、姜國鎮在紐約查看卅七分鐘數位版的情況，「電影片時間長了，有老片子經常有的現象，忽然出來一下亮得不得了，裡面撲撲嚕嚕閃一下，有這麼一兩個鏡頭要浪費掉，所以『一寸盤』一定要修復。」

「現在，國家檔案館來信想要，他們要出錢買。其實，說實在話，這些跟我都沒有關係。我覺得我的使命已經完成了，後面可能就儘管是他們跟你來談，你跟他們去商量了，就沒我什麼事了。」

我一聽邵子平要抽身，如雷轟頂。「他們是誰？您要這麼說就傷感情了。我其實昨天晚上和前天晚上幾乎都是一夜沒睡，南京都在等著！『一寸盤』您沒帶回來，連數位版也不帶。我兩個晚上沒睡好，不知道到底怎麼辦？忙了一年多，您總得讓我看一眼卅七分鐘吧？」

「你不要睡不著覺，他們應該睡不著覺。」長途旅行絲毫不影響邵子平的機敏，他升高音調，表情凌厲，「1991 年我專門帶了『一寸盤』去送給南京，是他們不要！」這個，我認為是邵子平強詞奪理，1991 年 12 月，他是帶了馬吉影片卅七分鐘膠片去南京，可也沒說是送給南京的，並無贈送行為，何來「南京不要」之說？

我目瞪口呆地盯著邵子平，突然發現架在他鼻樑上的眼鏡，竟然掉了一片鏡片。我提醒他，他說：「難怪看東西感覺有點不對。」

「『一寸盤』還是交還給姜國鎮，原來是他保管的，請他繼續保管。數字版在陳憲中那裡，他今年 3 月來中國，可以給大家看。」「如果你們著急，可

以到紐約去看」，邵子平喝了口水，「當然，不是誰去紐約能看到。張館長可以看到，張連紅可以看到，我保證你去紐約一定能看到。」

我欲哭無淚。只好繼續問他們是否商定好了價格？「我不知道什麼價錢，都交給紐約他們幾個人去處理。」邵子平端起茶杯又喝了口水，接著說：「我想，南京可以跟國家檔案館共同商量出資，主要是版權的價值很高，比如有人要拍電影，拿十五秒鐘、十秒鐘，都可以付你們幾十萬、幾百萬。」

「張館長托我告訴您，如果錢不多，他們館裡可以承受，他們就館裡出。但是如果錢多的話，他就要給南京市政府打報告。」我已經有氣無力，竭力維持著理性。

「邵老師，您趕快把時差倒一下，儘快來南京取身份證，把去美國的情況跟紀念館坦誠再溝通一下，不要讓南京對您產生誤會。」

「南京對我產生誤會？已經產生了不少！」邵子平又來勁了。我趕緊說：「我做了一年多的工作，就是想把1991年的誤會消除掉，這不已經給您平反了。」我指指面前的《大公報》。

這時，我想，只有請邵子平親自去趟南京，面對大家，也許會有柳暗花明。

當天晚上，我在郵箱裡收到邵子平發來的馬吉影像卅七分鐘「一寸盤」在紐約 Du Art Services 專業公司的檢測報告；

Spot Evaluation：

consists of old B&W stock footage which happens to be SILENT No Sound （MOS） 2The footage is old and has many dirt spots， bad splices and often weaves in the gate. Suggestion Full QC of Master File and Possible Digital Restoration.

譯成中文：

現場評估：

由舊的 B&W 素材片段組成，是無聲無息的。鏡頭很舊，有很多汙點，拼接不好，而且膠片卷得不整齊。建議對主要的檔進行完全的品質控制和可能的數位化恢復。

我立即回饋給張建軍與張連紅。

張連紅回覆：幸好你發現的早，不然時間一長可能就無法恢復了。

張建軍的意見被我寫郵件發給邵子平。

邵先生：

您好！

您剛回國就打擾您，實在抱歉！

我把情況向紀念館張建軍館長溝通，他的建議是：1、千萬不要去修片子。目前是轉錄馬吉原片的拷貝件，畢竟還是直接轉的。要修復也是要數碼化之後在數碼品上修。

2、紀念館收藏的目的是揭露日軍暴行，明年紀念館的檔案資料中心（目前國內紀念館領先）會向世界開放這些內容。

3、這是具有重要史料價值的拷貝件，他們願意支付適當的徵集費用，張館長會在力所能及的情況下做努力。

您先好好休息，倒時差。確定去南京的日期後請立即告知我。

祝好！

陳旻 2019 年 1 月 8 日

從東廠胡同回到位於四季青的家中，我心情沉重，突然背部皮膚刺痛無比，去院裡衛生所診治。女醫生查看後診斷為「帶狀皰疹」，我一聽，斷然否定：「不可能！」惹得醫生滿臉不悅。

　　廿世紀九十年代，我在南京總醫院工作期間，曾患過帶狀皰疹，當時，醫院專家告訴我「這個病是終生免疫，一輩子就得一次」。那時，雖然疼痛劇烈，但想著一生就痛這一回，就忍下來了。

　　萬萬沒想到，馬吉影片卅七分鐘膠片落空，卻直接破壞我的免疫力，導致原本可終生免疫的帶狀皰疹復發。

　　沮喪解決不了問題。我在疼痛中振作，冷靜思考接下來如何破局。

29、邵子平獲頒身份證

　　2019 年 1 月 8 日傍晚十七時五十九分，邵子平發來微信：「看今天情況似乎回覆較快（倒時差）。為儘早辦赴臺灣通行證，必須先辦身份證。所以我明後天就跑南京一趟。行嗎？」

　　收到他邵子平資訊的當晚，我聯繫南京官員。

　　「這是南京為我辦理的身份證，恢復了我在南京的戶籍，現在我是南京人了！」2019 年 1 月 10 日下午，邵子平從南京官員手中接過期盼已久的中華人民共和國居民身份證，興奮之情溢於言表。

　　在南京市人大會客室參加此次會見的有：時任中共南京市委常委、宣傳部長，時任侵華日軍南京大屠殺遇難同胞紀念館館長，時任南京市公安局人口管理支隊支隊長，時任南京市委宣傳部對外交流處處長、時任南京市公安局人口管理支隊維穩處置工作大隊黨支部書記、大隊長。

　　1973 年，前去聯合國總部應聘的邵子平在中國駐紐約總領館申領了中華人民共和國護照。1996 年，邵子平從聯合國退休，2003 年定居北京。

　　「1973 年，紐約的中國總領館給我發了中華人民共和國護照，他就拿我臺灣的護照照抄了一遍，有一樣改了，咱們中國人的籍貫是老祖宗的籍貫，我是浙江，他把我的籍貫改成南京。現在，南京的身份證上的籍貫又把我改回浙江。」邵子平聲如洪鐘，笑聲朗朗。

　　「多年來，邵先生在海外心向祖國，也關心南京，為我們國家、為江蘇、為南京做了很多工作，很多是我們沒法做的工作，邵先生幫我們做了，所以我們是非常感謝、非常感動的。」南京官員言辭誠懇。

　　「大家都非常感動，被您這種愛國情懷所感動。我們非常敬佩您這麼高齡，然後在海內外奔波，特別是為了南京大屠殺史料的徵集做了這麼多工作，南京非常感謝您！家鄉的人民，包括我們南京市委、市政府，也包括南京大屠殺遇難同胞的後代，我今天就代表他們一併向邵先生表示感謝！」

「您的身份證問題，我們知道以後第一時間瞭解情況，南京市公安局的領導都非常重視，我們市公安局人口支隊的支隊長親自辦理。」南京官員說：「今天我們用發給身份證這樣一種儀式，來表達對邵先生為家鄉南京，特別是對南京大屠殺史料徵集工作長期以來做出貢獻的感謝。」

邵子平從南京官員手中鄭重地接過身份證，看了又看。

「作為世界記憶遺產的南京大屠殺唯一的動態影像，是邵先生最早發現的，為國家、民族找到最重要的史料證據。」剛重新坐下來，時任紀念館館長忍不住直接切入主題。南京官員接上，「現在我們到紀念館看到的影像史料也就是這一段，補充新的史實很重要！如果能把現在的卅七分鐘的再補全，那就是對南京大屠殺史料征地是一個重要的歷史性貢獻。」

「卅七分鐘已經全了，找到了，我上個禮拜親自看見了。」邵子平大方地說。不過，他話鋒一轉，「現在問題是在卅七分鐘以外，不知道還有多少分鐘？那一段很重要。對不起，你們紀念館早期這個工作好像沒有做得很全。」

我暗自佩服，邵子平輕輕鬆鬆就把話題扭轉成批評紀念館的工作不到位。我與徐慧紅心照不宣地對視了一眼。

「我們現在的卅七分鐘已經轉換成電子影像保護下來，將來可以向全世界發佈。」邵子平侃侃而談。館長認真地對邵子平說：「我們市委、市政府已經建了南京大屠殺檔案資料中心，將來存儲所有史料，同時會向全世界公開發佈。」

「感謝邵先生」，宣傳部長表示：「馬吉影像卅七分鐘，無論是紀念館史料的充實，對歷史事實的認證，還是對這段歷史的國際傳播，特別是對作為中國唯一的國際和平城市—南京城市理念的傳播，能起到重要的基礎作用。」

看到邵子平一次次轉移話題，南京官員倒是沒有被帶偏節奏。「我覺得只有卅七分鐘的片子回歸到南京，才真正體現它的史料價值，其他任何一個檔案館、任何一個紀念館，都不如放在南京更有意義。」南京官員的話緊扣主題，可能覺得還不夠，他又加了幾句，「就這卅七分鐘，所有有關南京大屠殺的史

料，只有到了侵華日軍南京大屠殺遇難同胞紀念館，才有真正的史料意義，史料價值才更能體現出來。這卅七分鐘還是要到南京來，然後南京紀念館做好保存工作，我覺得這才最有意義。」

30、心餘力絀　鄭重交棒

2019 年 1 月 10 日，按邵子平的計畫：上午的高鐵抵達南京，下午拿到身份證，立刻走人。

邵子平此行，紀念館非常重視，考慮到他是高齡老人，且剛兩天前剛從美國回，時差都沒有倒過來，南京紀念館提前安排了住宿。

可是，邵子平像是生怕被我們扣留，堅決要求當晚回北京。在與南京官員會見後，我陪他去南京南站買火車票。

第一次使用身份證購票，得在車站的售票視窗實名認證，啟動鐵路暢行會員，之後，便一勞永逸，可直接在「鐵路 12306」APP 上購票。

在去南京南站的車上，我幫邵子平下載了「鐵路 12306」APP，一步一步教他完成註冊。「以後都不用再去火車站排隊了？」「當然」。得到我的明確答覆後，邵子平很高興，眼眸興奮發亮。此前，他持護照，購票與取票都得去車站排長隊。

邵子平購買了當晚十點多南京至北京的臥鋪車票。因為晚上紀念館宴請他，這頓晚飯是我們斬釘截鐵敲定下的。

參加晚宴的有：時任侵華日軍南京大屠殺遇難同胞紀念館館長張建軍、侵華日軍南京大屠殺遇難同胞紀念館辦公室副主任王山峰、侵華日軍南京大屠殺遇難同胞紀念館館員蘆鵬、江蘇省社會科學院歷史研究所研究員孫宅巍、時任南京師範大學宣傳部長、南京師範大學南京大屠殺研究中心主任張連紅、我。

晚宴的目的很明確，一方面招待邵子平，至關重要的是要商量推進馬吉影像卅七分鐘「一寸盤」歸屬南京的辦法。

「我在 2003 年基本上回到中國大陸居住，我想恢復我的戶籍，一直辦不成功。」尚未完全倒好時差的邵子平疲憊地靠在沙發上，在接受聞訊趕到飯館的《交匯點》記者採訪，「南京把我的戶籍恢復落戶落在玄武湖附近觀音里，我就恢復南京人的身份了。我非常高興，我現在是南京人了！」

面對記者的攝影、攝像機鏡頭，邵子平舉著身份證，讓記者拍攝。

「沒有身份證時，您在生活上有哪些困難？」記者的問題引出邵子平滿臉的苦大仇深，「最重要的就是連銀行開個戶頭都很難！我到一個銀行，想開個戶頭，那個人就是不給我開，說用護照開不了」。「還有，買火車票，我就要到視窗去買，要到專門售票處去買，很麻煩的。很多地方住旅館要身份證，我在上海外灘住旅館，從前住過好幾次的旅館，他現在就不讓我住，一定要用身份證。我說我從前住過，他說不行，現在有新的規定，我說為什麼不行？」

邵子平話語鏗鏘有力，展示了個性中強悍的一面。「結果我跟上海黃浦區外灘派出所的員警大吵了一頓！我說我這個是中華人民共和國的護照，我為什麼不能住？」「最後，另外一個員警帶我去，就讓我住了。」

目睹這場景，坐在一旁的孫宅巍樂不可支。

「我是中午一點趕到上海去，去做個報告，做完就走。一個小時不到再趕回來。」張連紅風風火火地走進來。那天，張連紅是從上海講完課就火急火燎地趕回南京，下了高鐵直奔餐館。他與邵子平相識多年，一直恭敬有加。在邵子平不被南京重視的那些年裡，只有張連紅對邵子平最真誠、最熱情，曾盛情邀請他來南京參加南京師範大學組織的學術活動。所以，在一桌人中，張連紅最具有一錘定音的資格。

「聽說邵先生今天拿到身份證了！」張連紅一到，氣氛熱鬧起來。「真是人逢喜事精神爽，邵先生這次比我上次看到的要開心。我覺得陳旻老師是南京人的驕傲，我都不如她。我跟邵先生認識十多年，沒能幫他做成任何事情，所以他現在不找我了，找了我也什麼都幹不了。是吧？」張連紅一連串的調侃，大家都鬆弛下來。

孫宅巍是邵子平的老朋友，特別邀請他參加晚宴，是邵子平指定想見他。孫宅巍率先端杯，「我們敬一下，恭喜邵先生成為南京人！歡迎我們的老市民！邵先生既是老市民，又是新市民。」邵子平說起南京員警赴北京登門為他採集指紋辦身份證，孫宅巍連聲驚歎，「我們辦身份證都是要到派出所去排隊採集指紋，你這個身份比我們高多了！」邵子平得意地說：「我想南京這是事實上

替我平反。不曉得是不是這個意思？」

說起紐約找到了馬吉影像卅七分鐘「一寸盤」，孫宅巍再度驚歎，「這太有意義了！必須放在南京。」

「聽陳旻老師講馬吉影像找到了，我是發自內心的感動、激動，」張連紅跟著感慨道：「我覺得邵先生為南京人做的事情實在太重要了！」

張連紅頭頭是道地分析，「根據馬吉牧師寫的影片解說詞，目前南京現有的影像資料很多是一至四號影片，關鍵是五至十二號缺的很多，文字有，解說詞也有，但活動的圖像我們看到很少。所以你這個卅七分鐘的貢獻，比南京的多了廿分鐘，這廿分鐘的含金量是很高的！」

「無論是市領導，還是我們館裡以及國家記憶與國際和平研究院，尤其今天市領導也說了，都希望卅七分鐘能放在我們館裡，」時任紀念館張館長殷勤地為邵子平夾菜，「費用我們會想辦法，在我們館的能力範圍內盡全力。」

「我比較坦率啊」，張館長開誠佈公，「但是這個『一寸盤』與《拉貝日記》還不能一樣看待，《拉貝日記》是原件，『一寸盤』是拷貝件，是很重要的史料。我們合適、合理地商量價格，我們會盡全力。」

「紀念館是公益事業單位，一直在做史料數位化工作，所有的史料都上傳，向全世界免費公開。你們這個卅七分鐘給南京後，他們製作完成，注明版權貢獻方為你們『聯合會』。」趁著邵子平心情大好，張連紅快刀斬亂麻，「南京最終要看到的是『一寸盤』膠片原件，這是文物，然後數位化內容也要，兩者缺一不可」。「現在已經1月份了，爭取在3月份，一個方案是你們從紐約拿過來，請專家看過，然後商量給一個怎麼樣的感謝費用；另一個方案，是南京派人去紐約拿回來。起碼得去看一下，看一遍是什麼內容。我們絕對不可能是拿過來後就不給錢。這不可能！」

張連紅仗著他與邵先生的十餘年情誼，以不容分說的語氣，對下一步該怎麼走闡述自己的見解。

那天晚上，剛拿到身份證的邵子平顯然情緒一直沉浸於興奮之中，表現得很溫和，沒有回避，也沒有反駁，而是主動表示，會積極聯繫陳憲中與姜國鎮，催促他們儘快與紀念館聯繫。

當晚，將邵子平送到火車站，心力交瘁的我覺得自己已經竭盡所能，後續事宜可以交棒給紀念館了。我只是一名記者，即便是責無旁貸，也應該有度，不應該繼續「插手」紀念館的分內工作。我有自知之明。

復發的帶狀皰疹疾患更帶給我綿長的疼痛。為提升自身免疫力，我自費購買德國進口藥物，服用長達半年，慢慢修復體內免疫系統。

我不能再一意孤行地「責無旁貸」了。

「片子的事得抓緊請張連紅老師去美國，免得夜長夢多。張連紅老師認識姜國鎮和陳憲中，溝通起來有良好基礎。」2019 年 1 月 13 日上午，我發微信給張館長，特別強調「我就交棒了。」

我對張館長坦陳：我的免疫力下降，曾患過帶狀皰疹，當時醫生說是終身免疫。邵先生去美國前，分明已答應我，要帶回卅七分鐘片，我全部有錄音。但是卻節外生枝，我內心焦灼，連續三天難眠，把他請到南京，逼著他表態。請南京官員頒發身份證，是想讓邵先生充分感受到南京對他的敬重。

我的使命已經完成了，發現了卅七分鐘片的存在，催促他們找到，幸而影像完整。可以心安了。

31、開價「一千萬」 「聯合會」擬建「馬吉紀念基金」

邵子平的南京之行效果明顯，馬吉影像卅七分鐘「一寸盤」的事情很快有了新進展。

在邵子平離開南京的兩周後，2019年1月25日中午，我在郵箱裡看到美國姜國鎮發來的根據卅七分鐘馬吉影像內容截圖一百廿張。

姜國鎮是在發給紀念館的同時抄送給我。姜國鎮是紐約「紀念南京大屠殺受難同胞聯合會」現任會長。他在給紀念館的郵件裡寫道：

「這次我們又重新發現了Magee牧師的一寸片，覺得很興奮也很高興。更高興的是可以跟國內的人士分享。我現在把我們從這個卅七分鐘的一寸盤裡拍攝出來的一百廿張照片寄給你研究參考，有什麼問題請不吝賜教。至於我們的條件等你看完之後我們再商量如何？」

我立即把這一百廿張截圖發給張連紅，張連紅回覆「有許多張是第一次看到」，認為信息量更大、畫面更震撼、實證性更強，「價值相當高」。

我很高興，立即撥通了邵子平的電話，告訴他這個消息。「紐約有行動了？」邵子平愉快地說，「我催了姜國鎮很多次，他是個麻醉醫生，平時相當忙。如果有病人晚上要手術，他也要工作的。」

雖然已聲明「交棒」，但我還是禁不住密切關注。

「您好！邵先生上次離開南京，還是做了得力工作，向紀念館要郵箱，讓紐約的同伴發卅七分鐘片的片段。我們都一直認為南京應儘快派人去紐約看片和商談，因為紐約的一些華人得知此事，又有各種建議。為避免夜長夢多，拜託您請紀念館趕緊行動。」在收到一百廿張截圖的前三天，1月22日，性急的我就忍不住不停地催促南京官員。我還對該官員建議，「邵先生也認為張連紅加紀念館人員是赴紐約的最佳人選，陳憲中與姜國鎮都瞭解和信任張連紅，他們認識十多年。這些年採訪過多位研究南京大屠殺的歷史學者，張連紅老師真誠、踏實、無私，最為可靠。」

很快得到該官員的回覆：我會跟紀念館長聯繫，請他們儘快過去。

2019年1月28日，紀念館拉了一個微信群，有張連紅、劉燕軍和楊夏鳴，還有我，五個人。群名為「卅七分鐘徵集」。

在紀念館派出的課題組從美國返回後的題為《馬吉電影資料的收集與初步整理》報告中這麼寫道：南京市有關領導高度重視，指示紀念館迅速展開工作，進行收集與整理。為此，紀念館委託南京大屠殺史研究會，邀請南京師範大學張連紅教授牽頭成立了課題組，江蘇行政學院楊夏鳴教授與紀念館的劉燕軍為課題組成員。

作為群主的張館長建群後，直接發了一張他與邵子平的對話截圖，圖中，邵子平說：「別的不說，片子一定給南京的」

張連紅馬上作出熱烈反應：「邵先生值得我們永遠敬佩！」

終於看到了曙光，我也特別開心。敲擊鍵盤，發出：「我們共同為歷史補正。這個過程將來會值得懷念。我先去食堂吃飯了。這個小群很親切！」

課題組迅速行動起來，開始辦理赴美護照與簽證手續。一切都在順利地向前推進。我終於能坐下來，什麼也不想，定定心心地喝一杯祁門紅茶了。

「交棒」被我拋諸腦後，不由自主地又全心投入。

2019年2月1日晚，風雲突變。張館長突然打來電話，語氣震驚地說，他收到美國姜國鎮發來的郵件，馬吉影像卅七分鐘「一寸盤」開價一千萬！

在他隨後發來的郵件截圖上，姜國鎮寫著：

> 我們覺得這次的一寸盤商業價值很高，遠比《拉貝日記》要高，因為它可以資料化然後廣為宣傳甚至到海外。而且這是現在世界上唯一的僅存的影片，其歷史價值就更不用說了。……我們希望以紀念馬吉牧師來做一個紀念基金，以後可以幫助我們南京紀念會在世界的研究和紀念活

動。

我們只希望在所有討論和溝通之前以以下的條件為基礎：

第一請捐款給馬吉牧師基金為名捐款到我們南京會，款數為一千萬人民幣

第二捐款先匯款到我們專供的帳戶（以後再詳細指定）

第三我們美東南京會承諾，這項基金將由我們大家共同為不盈利服務公眾而動用，基本上為抗戰和南京大屠殺問題做貢獻。

「姜先生的開價已經超出了我們的能力。」張館長在小群裡沮喪表示。

我瞬間急出一身汗，拿起手機找邵子平。「要一千萬？我不知道啊。但是，我在紐約跟他們提過，有其他史料中國花了一千萬徵集。他們應該是參照了這個價格。」邵子平正在辦理去臺灣過年的手續，他心平氣和地勸我，「張連紅他們不是馬上要去紐約嗎，可以當面去談嘛。」

原先志在必得的局勢蒙上厚厚的陰雲，「卅七分鐘徵集」小群內暫態氣氛沉悶，集體沉默。我感覺自己成了「南京罪人」。

2019年2月2日上午，我沉不住氣，給邵子平發了條微信：

邵老師，您好！昨晚獲悉姜國鎮將我們苦心重新發現的馬吉影像向南京開價一千萬元人民幣，很是震驚！輾轉難眠。這卅七分鐘片是你們在1991年找到馬大衛後從膠片原片上複製所得，馬大衛當年將四卷膠片原片與攝影機無償贈予南京，分文未取，現在你們開出高價，不知道馬吉後人是否將版權等授權於聯合會？出售的費用馬吉後人是否享有繼承權等等，還涉及一系類的法律問題。南京大屠殺這段歷史慘案是中國人心頭的痛，您與聯合會在美國傾心盡力找到馬吉影像和《拉貝日記》的歷

史功績，南京是感恩的，所以破格為您辦理身份證，給予您隆重的禮遇。江蘇省委機關報《新華日報》記者擬待卅七分鐘回歸後推舉您為「感動中國人物」，如果高價出售給南京，定會嚴重傷害到南京的感情，「南京好人」情以何堪？望斟酌。我們是中國人，傳承的是中國傳統思維，重視民族大義，珍視彼此感情。還請您多與陳憲中與姜國鎮商量為盼。謝謝您！我明天去北京，屆時約時間給您與羅老師拜年。

覺得還不夠，我又發一條：

邵老師，您一直提示我們要用西方思維，但是大衛·馬吉將父親拍攝南京大屠殺的膠片原片和那臺珍貴的攝影機捐贈給南京，卻不取分文，又如何解釋地道的西方人思維呢？

邵子平冷靜回覆：你還有什麼想法或意見，我一併作答。

馬上就是春節，我按計劃去北京過年，已買了 2 月 3 日的高鐵票。由於邵子平多次提示我要用「西方思維」思考問題，我與德國的邵華商量，準備由我選中國傳統價值觀角度給邵先生發郵件，然後邵華再以西方思維給他去信，分別闡述我們的觀點。張連紅具體指點了我一番，叮囑我從影響邵子平入手，從而實現影響到美國「聯合會」的姜國鎮與陳憲中。

2019 年 2 月 2 日晚，我在燈下敲擊鍵盤，給邵子平寫信，專注而投入：

尊敬的邵先生：

您好！

今天下午與邵華微信聊天，她家裡住進了兒子學校推薦的兩位來自中國雲南的交換生和老師，有十多天，一日三餐、住宿、接送等，耗費她許多精力，邵華對來自於國內的同胞亦格外熱情和盡心，今天剛剛送別。

我把姜國鎮將紐約重新面世的馬吉影像卅七分鐘向南京開價一千萬人民幣的事情告知邵華，她也很吃驚。自從去年10月，邵華回到德國之後，一直牽掛著這卅七分鐘回歸南京事宜，每次我倆聯繫時都要說起此事。您與邵華數十年工作生活在西方，我在軍隊服役廿二年，我們的共同點是開誠佈公，坦誠相見。關於開價，我有這幾點想法：

1. 按照西方思維，姜國鎮先生認為在所有討論和溝通之前的條件是「第一請捐款給馬吉基金為名，捐款到南京會，款數為一千萬人民幣；第二捐款先匯款到我們中國的帳戶」，這個條件明顯不妥，邵華說「西方思維沒有這樣的」。首先，紀念館沒有看到視頻，只看到一百廿張照片，起碼歷史學專家得看到完整的視頻圖像，判定內容、畫質後，公正評估其歷史價值後做出合理判斷。猶如買東西沒給買家看貨卻要求對方先付款，這個沒道理。此外，中國的帳戶接收單位的匯款同樣存在繳稅，試圖避稅應該沒有可能。

2. 1991年，大衛·馬吉同意將馬吉牧師拍攝的關於南京大屠殺原片供聯合會複製使用，也許當年的版權意識尚不完善，但如果聯合會沒有馬吉家族的版權授權，聯合會將影片複製品高價出售，是否會導致馬吉家族成員的不滿，版權的繼承權首先應該是馬吉的家族成員。馬吉的孫子與南京紀念館聯繫很密切，他若是知道聯合會的行為，會不會引發法律糾紛？

3. 馬大衛當年將馬吉影像四卷膠片原片與攝影機是無償贈予南京，分文未取，按照您所說的西方思維，這如何解釋？中國傳統的價值觀是重情重義，以民族大義為重，馬大衛卻做到了。

4. 不是所有的事情都可以用生意來交易。南京大屠殺這段歷史慘案是中國人心頭的痛，您與聯合會在美國傾心盡力找到馬吉影像和《拉

貝日記》的歷史功績，南京充分感恩。紀念館有計劃聘請陳憲中先生和姜國鎮先生為南京國際和平研究院研究員，長期開展項目合作，聽取他們對南京大屠殺歷史研究的意見。

5. 關於一千萬人民幣的開價，張連紅老師表示，這卅七分鐘是馬吉影像一至十二號影片中的部分剪輯版，而非一至十二號原片，如果是一至十二號原片，無疑當值一千萬元人民幣。但這卅七分鐘是九十年代複製本。南京當年同意給某件史料一千萬元人民幣，更多的是出於感恩與報答，因為生命無價。

在與您相處的這些日子，我感受到您的真誠、嚴謹和做事的執著，由衷敬佩陳憲中先生、姜國鎮先生和您等聯合會成員們當年做出的功績。如果，您覺得可以，不妨將我的信轉給他們，我們共同商量。

邵老師，你們為歷史做出了貢獻，值得歷史銘記，所以，我願意繼續耗費心力，傾注熱情，用文字記錄下你們的付出，希望有機會繼續採訪聯合會，報導你們的事蹟。

明天去北京後與您約時間，去給您與羅老師拜年。

祝好！

陳旻 2019 年 2 月 2 日

　　與邵華通好氣，她給邵子平發郵件與我隔開一天，形成遞次推進。2月3日，在疾馳的高鐵上，我打開郵箱，一字一句品讀邵華寫給邵子平的郵件，她在發給邵子平的同時也發給我一份：

邵先生，您好！

南京一別，轉眼已跨年。剛剛送走雲南來的學生和老師，剛可喘口氣，

就也聞到農曆新年的年味，國內的親朋好友都在嚷嚷過年了。歲末之際祝您和羅老師新春快樂，豬年大吉，身體健康，萬事如意！

德國的華人見多，各地也有些慶祝活動。碰不上週末的新年，我們大多選擇上班過年。在德國我經歷了從農曆新年鮮為人知到現在的媒體都有報導，中國文化在世界的傳播越來越廣。

上次在南京您提到 Forster，我回來後時間有限，粗粗尋找並沒有什麼耶魯之外的資訊，如果您能提供一些線索，我會試試。

週末與陳旻微信聊天，說起膠片和紀念館之事，驚聞紐約參照《拉貝日記》開價，提出了讓南京感到力不從心、超出各位相關人士想像的高價。雖然我對整個事件參與瞭解極少，但也還是覺得意外，遺憾在非商業交易的事情上價格成為一個核心元素。聽說價格尚未談定，已有付款要求，而且以捐款名義，感覺不清不楚。如果是捐款，那應該由捐款方來定款額吧。您多年來一直盡心盡力為還原歷史奔波，以驚人的能力、耐心、毅力找到《拉貝日記》、馬吉影像，讓所有正直的人心生敬意。以您的為人和風格，一定不會將許多精力放在價格上，只會放在做實事上。或許您還能與紐約人士溝通再次斟酌。身在海外，我非常能體會，也非常敬佩您和其他各位的巨大投入和付出，合乎情理的要求，南京一定會接受。

也許下次有機會南京（北京）再見。

祝安好！

邵華 2019 年 2 月 3 日

之後，我就不時地刷郵箱，苦等邵子平的回信。

2019 年 2 月 4 日晚，廿時卅九分，我總算在郵箱裡看到了邵子平的回信，還好，他沒有拖太久。以下是邵子平的回信：

陳旻，我看到但抱歉找不到邵華的來信，請送她參考。

你我都不是這次馬吉默片一寸盤捐贈的當事方。希望張館長或他的代表直接去商。

我們都涉及此事，我盡可能說我個人的意見：

——你本函內容同短信裡好幾點不同了。本函是你思考後再發的，較成熟，我主要回覆本函。

——要先看視頻有道理，想張館長會去商量，想姜醫師原來有此意思。

——我認為沒有法律問題，希望紀念館去研究。馬吉家屬早就答應我們全權使用利用默片，很高興看到我們大量利用默片拍成二部電影。現南京希望收藏的是一寸盤，它接近文物，有段歷史，不是收藏默片。

——馬吉是個大家族，確實慷慨，他們願意無償捐贈，還是在教會退出中國（財產沒收之後？）。拉貝家小不能比。美國慈善事業有傳統。我們個人不可能比。但我們大家同意個人不收錢，盼捐贈後存在抗戰和南京大屠殺史研究基金裡，大家繼續努力。這捐贈，其實西方有這種思想和行為，中國傳統也有但稍差，近百年更差些，現在制度上也不完善，例如個人想辦不盈利免稅就極難。

——捐贈數額問題，我多次說了，完全可以請張館長去談。你說，南京一千萬給拉貝孫是報恩老拉貝救人，又說生命無價，聽起來矛盾。我想，張館長所謂徵集費同報恩關聯很少，如果這樣說，就扯不清了。

其他另評。

薑還是老的辣！我不得不佩服邵子平的思辨能力。四兩撥千斤，邵子平就輕輕鬆鬆地直接將我和邵華擋開。邵子平才是真正的西方思維，他說的沒錯，史料徵集是紀念館的事，並不是邵華與我個人的職責。我們本質上屬於無關人員。

2019年2月5日，大年初一。上午，我給邵子平打電話拜年。他說，已找到邵華的信，但還是請南京方面去紐約與姜國鎮他們面對面談判。邵子平為姜國鎮開脫，說姜國鎮中學離開臺灣去日本上高中和大學，日文水準強過中文，中文表述有問題。姜國鎮提出談判的條件「一千萬」僅僅是「希望」，並非「決定」。

　　雖然彼此在往來郵件中字裡行間風風雨雨，但通話時我們都平心靜氣，話語祥和。大年初五我特別登門拜年。

32、邵華在耶魯神學院圖書館的新發現

回想起投入尋找馬吉影像卅七分鐘「一寸盤」的那些時光，很不可思議的是，每當焦頭爛額、困頓沮喪，無可奈何之際，總會出現意外的光亮，繼而柳暗花明，峰迴路轉。

2019 年 2 月 3 日，我回到北京家中，心煩意亂，無心過年。雖然，邵子平在覆信中已經明確指出後面的事與我無關，應該由紀念館去做，但我並沒有如遭棒喝，豁然省悟，卻是仍然一廂情願地自感責無旁貸。

突然，有新的消息。2 月 3 日下午，邵華告訴我，她因為要給邵先生去信，就去查馬吉影像的相關情況和價格依據。為瞭解馬吉影像的淵源，邵華專門登入美國耶魯大學神學院網頁細細查找，該校圖書館公佈的關於馬吉影像的消息令她眼前一亮，趕緊告訴我。

邵華將查找到的詳細資料悉數發給我。我坐在電腦前，對照馬吉牧師的影片說明詞，仔細研究，螢幕的亮光無聲映照著我的眼眸，一掃先前的鬱悶。

2015 年 11 月 17 日，由大衛·馬吉的兒子約翰·馬吉三世親自向神學院圖書館捐贈了十三卷罕見的電影膠片，這些膠片由其祖父約翰·馬吉於廿世紀廿年代和卅年代在中國做傳教士時拍攝。「這是代表整個馬吉家族」，約翰·馬吉三世在宣讀家人的聲明中指出，這些電影被捐贈給耶魯大學正是他已去世的父親大衛·馬吉四十九歲時和其他家庭成員的共同意願，「珍貴的南京電影捐贈給神學院」。網站報導表示，電影膠片的修復和數位化立即由美國南加州基金會贊助。

2016 年 1 月 22 日，該網站發佈這些電影膠片的修復和數位化的最新消息，介紹耶魯神學院圖書館從馬吉的孫子約翰·馬吉三世那裡獲得的十三卷原版膠片中，第一卷和第九卷內容有南京大屠殺的影像，加起來有廿二分鐘。其他十一卷記錄了廿世紀廿年代和卅年代南京和其他地方的日常生活，包括街景和教堂服務。其中含 1931 年 9 月長江洪水的錄影和 1927 年 11 月 1 日發生在英國國教教堂的第二位中國主教的獻祭。

耶魯大學特別提到其中有關於南京大屠殺的鏡頭是「以前未知」。

耶魯表示，聖公會傳教士馬吉積極參加日本佔領南京期間在南京設立的國際安全區委員會，以保護平民。日本佔領造成的暴行和死亡的程度多年來一直是中日兩國政府爭論的焦點。馬吉的電影提供了日本軍隊暴行的視覺證據。

神學院圖書館特收藏部主管瑪莎·斯茉莉在網站上介紹：「這兩個卷膠片加起來大約有廿二分鐘長，似乎包含了一些之前未知的鏡頭。」

第一卷包括金陵女子文理學院的生活影響，展示了鋪在體育館地板上的臥室，以及婦女和兒童洗衣的鏡頭。其中包括魏特琳的罕見鏡頭，她是該學院的傳教士和管理人員，影片詳細描述了日本佔領下南京的情況。

第九卷開場時，一群鄉下人用臨時擔架把一個個傷患運往南京近郊的醫院急救的情景；超過廿名病人在醫院排隊等候就診；在診所裡，一名護士檢查一名男子被槍擊受傷的左手，根據馬吉牧師的筆記，這名男子在試圖保護他的妻子和女兒時被槍擊；一位出門尋找水牛的六十三歲農民，被日本兵開槍擊中，畫面上是他入院三周後的拍攝；另一個場景是難民營裡一排排簡陋的棚屋和排隊領取食物的人們。

其他十一卷記錄了廿世紀廿年代和卅年代南京和其他地方的日常生活，包括街景和教堂服務。其中包括1931年9月長江洪水的錄影和1927年11月1日發生在英國國教教堂的第二位中國主教的獻祭。

瑪莎斯茉莉稱讚馬吉家族，「這些膠片是我們收藏的一個很有價值的補充，記錄了南京大屠殺以及約翰·馬吉和其他傳教士在那裡所做的工作。」

邵華還查到，這些由南加州基金會免費完成數位化的膠片，應該是在2018年初被發佈在圖書館網站上「南京大屠殺」專案內，與學者分享。

在耶魯網站上，邵華還找到了耶魯大學神學院圖書館的特藏部專門設置「南京大屠殺」專項的詳細消息，耶魯在專設的「南京大屠殺」特藏項目中，聚集了十位西方證人的證言。

1937年12月13日，日本帝國軍入侵南京，隨後的六周被歷史稱為南京大屠殺。

「南京大屠殺」專項內彙集了從日本入侵後留在南京的西方人那裡獲得的第一手資料和照片。網站表示：「這些資料並不能提供對 1937-1938 年南京發生的事情的全面瞭解，但這些西方人士所做的觀察為補充更多的研究提供了一個重要的歷史視角。」這些西方人士有貝德士、喬治·惠譽、歐尼斯特·福斯特、約翰·馬吉、斯·麥卡倫、米爾斯、約翰·拉貝、斯邁思、魏特琳與羅伯特·威爾遜。

　　邵華將網站上的英文介紹翻譯成中文發給我。

　　耶魯網站上的特別介紹寫道，在「南京大屠殺」專項設立之前，保存在耶魯大學神學院圖書館的這些西方人士的檔資料，分散在多個收藏品中。該項目是由日本 ICU 基金會提供資金支援，並由日方工作人員根據文檔的日期，將南京大屠殺期間留在南京的西方人商人和傳教士文檔挑選出來彙集組成，於 2018 年 2 月 23 日完成。

　　這些資訊令我振奮。

　　我當然在當天（2 月 3 日）立刻將好消息——耶魯神學院圖書館公佈的關於馬吉影像的消息網址發在「卅七分鐘徵集」群裡，「耶魯收集了福斯特，拉貝，好幾個人的資料，專案的題目就是南京大屠殺！！！文字小，所以拷在下面，這是關於項目的介紹，還可點擊電影，照片等」。這一發現，引發熱議：

張建軍：這次兩位老師去美正好去耶魯順訪

劉燕軍：網上都是公開的，我們館裡都下載了，包括後來的那兩個視頻

陳旻：@ 劉燕軍 2016 年的兩端視頻加起來是廿二分鐘嗎？邵華說網頁上可以直接點播這兩段的節選。不知道館俩下載的是不是全部？

劉燕軍：沒有吧，一個大約五分鐘，下的是網上的

陳旻：那就對了，邵華說網上有視頻的節選，不是全部。您這次去美國正好可以把全部內容看一遍。

我當然也把邵華的新發現同步發給邵子平,「耶魯網站上公佈了五分鐘,是2016年馬大衛捐的馬吉影像一和九,共有廿二分鐘,網站上公佈的是節選。」

邵子平非常重視,將消息發給紐約的同伴,他還將自己給他們的微信轉發給我:「紐約諸位請注意,如果這廿二分鐘都是十七分鐘所沒有。十七加廿二等於卅九分鐘,比我們卅七分鐘還多。那麼我們當時所作比較就是重大缺陷,沒有照顧到全部現有資料。不知道我們卅七還有多少價值?」

看到邵子平對老朋友們的喊話,我心頭發熱,他心裡是有南京的。

2月5日,張建軍在群裡說,春節前課題組已經緊鑼密鼓地辦理赴美國手續。我在群裡再次建議:「請張連紅老師與劉燕軍老師去紐約時,不妨先去耶魯神學院圖書館,因為圖書館已經建立了「南京大屠殺」專題專案,不僅有馬吉牧師的影片,還有福斯特等,如果能有福斯特擁有的馬吉影像五至十二號,那將是巨大的收穫。」

談判得握有籌碼,這次意外出現的轉機,無疑為即將赴美談判的課題組增加了沉甸甸的籌碼。得感謝邵華!

33、遭臺野蠻除籍　邵子平赴臺討公道

意外的發生往往沒有預兆。

2019 年 3 月，一場掀動海峽兩岸的風波正悄悄襲來。

2019 年 2 月，邵子平夫婦從北京飛赴臺灣，與親友春節團聚。

2 月 27 日，邵子平突然發來的微信裡憂心忡忡：

臺灣移民署查出我在南京申請了戶籍，來電要求我放棄，否則取消我原在臺北的老戶籍。現暫扣留我通行證、入臺證等。所以我近又添煩惱。現查新聞報導大陸公安方面曾宣佈那個 9 月 1 日開始施行的條例後，臺灣在大陸有幾萬人申請了國內居住證。臺灣方面近因「和平協議」問題民進黨政府要「限縮」申辦大陸居住證的人的權益。是國、民兩黨鬥爭的重要爭端。我目前爭取先能取回證件離開臺灣。

邵子平的態度是：「我轉告新北市移民署，我兩個都要。現等他決定。」

2019 年 3 月 4 日，邵子平從臺灣回到北京。2019 年 3 月 14 日，臺灣移民署給邵子平發函，廢止邵子平的臺灣戶籍，並通報了十三個相關單位。沒有了臺灣戶籍，就沒有了在臺灣地區選舉、罷免、創制、複決、擔任軍職、公職及其他以在臺灣地區設有戶籍所衍生相關權利，這讓長期從事法務工作的邵子平無法接受，他專程赴臺向臺灣移民署提起行政訴訟。

2019 年 4 月 8 日，香港《明報》在中國新聞版頭條位置刊發題為《獲大陸身份證 臺法學家遭撤籍擬興訟（副題）尋獲「馬吉影像」助《拉貝日記》面世 捐屠城史證》的報導，這篇報導佔據了半版篇幅，導語中寫道：「向南京捐出反映南京大屠殺暴行的「馬吉影像」與《拉貝日記》的臺灣旅美法學專家邵子平，因獲南京破格為他辦理大陸身份證，遭臺當局註銷臺灣戶籍。」

「邵子平在接受本報電話採訪時證實事件，他稱大陸戶籍申請確為其親自填寫，主要原因是常住大陸期間，因沒有大陸身份證使之在銀行、交通、住宿等諸多方面多有不便。」報導中特別提到「南京市感激義舉特批戶籍」、「作

為日軍屠城鐵證，邵子平促成上述史料送往南京大屠殺紀念館保存。因感念邵子平義舉，去年12月，南京市中央門派出所為邵子平特批當地戶籍，戶籍地址落於當年其離開南京時的居住地鼓樓區觀音里馬家街。」

《明報》的這篇重點報導迅速引爆兩岸媒體。臺灣中央社、《聯合報》、《中國時報》等眾多媒體及大批網路媒體與自媒體紛紛轉載報導。

4月8日，中央社率先發出《邵子平擬提告 移民署：依法廢止臺灣戶籍》的電訊稿，跟進《明報》。

中央社在報導中指，法學專家邵子平辦領中國身份證，遭廢止臺灣戶籍擬提告。移民署說，邵子平今年以中國大陸地區人民身分來臺觀光，經許可入境，但發現邵子平違反兩岸條例規定，所以依廢止戶籍作業要點規定，於3月14日通報北市萬華區戶政事務所依權責辦理，並同步通知相關機關，萬華區戶政事務隨後於3月18日廢止邵子平的戶籍登記。

移民署說明，邵子平若要回覆臺灣地區人民身分，可檢具經財團法人海峽交流基金會驗證登出中國大陸地區戶籍及曾在臺設有戶籍的證明文件，依「在臺原有戶籍大陸地區人民申請回覆臺灣地區人民身分許可辦法」，向移民署申請回覆臺灣地區人民身份。

行政院長蘇貞昌更是在4月9日強硬表態，稱邵子平想同時保留大陸與臺灣兩個戶籍「門都沒有」。

4月10日上午十點，國務院臺灣事務辦公室舉行例行新聞發佈會，臺灣東森電視臺記者向主持此次新聞發佈會的國臺辦發言人馬曉光提問：臺灣知名法學教授邵子平，因領取大陸身份證被註銷戶籍。請問發言人有什麼看法？

馬曉光回覆：我們注意到了有關報導。近年來，兩岸同胞之間的交流往來日益密切，而民進黨政府不僅抱殘守缺，而且變本加厲，為此不斷設置障礙，他們在涉及兩岸同胞的利益之間挖壕、築牆、斷路，嚴重傷害了臺灣民眾的利益。

這次新聞發佈會將邵子平推向風口浪尖，尤其是臺灣綠媒對他的冷嘲熱諷鋪天蓋地。邵子平的好友、《馬吉的證言》導演王正方忍不住拔刀相助，出面發文為他激辯。王正方點名駁斥蘇貞昌：

這一番話說得毫無道理、更欠水準。任何地區的醫療保險制度、各項社會福利、退休制度，都是眾人長期點滴努力建立起來的，各制度都有規定，符合規定的人就可以享有權利。持「雙重國籍」的臺灣人，享有臺灣的醫療保險、社會福利等，他們都是從哪個「門」進來的？蘇先生目前的任務是為蔡鋪好連任之路，讓他逮住了一個「反中」議題，就全力表現，此人的法學知識有待加強。

王正方強硬表態：邵子平先生是一位學養有成的法律學者，當然比一般人更清楚臺灣的法律；蔡政府全力打「反中」牌，搬出《兩岸人民關係條例》來，主要是用來做對自己有利的政治運作，全然忽視兩岸人民應有的權益。

兩岸的交流日益密切，臺灣居民赴大陸發展的人數超過百萬，他們的權利和福祉必須作合理保障。各界期盼邵先生能來臺灣，親自提出訴訟，為兩岸人民澄清問題真相，不能任由當權者以政治正確自居，指手畫腳，欺壓無辜的老百姓。

「南京是我的出生地，我對南京的感情無可替代。」邵子平態度鮮明。

1958 年，邵子平於臺灣大學法學院畢業後，留學德國獲得法學博士。邵子平說，在廿世紀五十年代，聯合國大會通過決議，聯合國中方工作人員須持大會所承認的代表中國的大陸政府護照。1971 年，邵子平離開臺灣赴美國密西根大學任研究員，1973 年，他去美國紐約聯合國總部應聘，此前在中國駐紐約總領館申領了中華人民共和國護照。而自己的臺灣戶籍一直沉睡，「臺灣戶籍四十八年來一直擺在那裡，並沒有自動取消」，「我沒有申領臺胞證」。目前，邵子平領取美國聯合國的退休金，並未在臺灣領取退休金。

1996 年，在聯合國總部工作了廿三年的邵子平退休，於 2003 年定居北京。邵子平說，因為僅持有大陸護照，沒有身份證，在大陸各地旅行、生活方面有諸多不便，為此，他多次跑大陸派出所和僑辦，希望辦理中華人民共和國居民

身份證。「前後試了四、五年」都沒辦成。2019年1月領取了大陸身份證，成為南京市民之後，他在大陸生活便利舒心。

針對陸委會主任陳明通4月9日對媒體表示的「邵子平只要出具放棄中國大陸護照、註銷大陸戶籍的證明檔，就可以向內政部申請許可恢復原來的身份。」邵子平氣憤地說，我對中國大陸有感情，我對臺灣也有感情，我一生最好的時光是在臺灣度過，從中學念到大學，是形成我的知識、為人的最重要的階段。「但是，臺灣方面不僅不理解我，還要限制我，逼我在政治上『選邊站』」。

邵子平表示，臺灣方面刻意隔離兩岸民眾，為兩岸民眾生活便利製造種種障礙。「臺灣方面在政治上去中國化，隔離兩岸老百姓，讓你選邊站隊，這種做法很惡劣，不利於中華民族的團結發展」。他說：「臺灣方面沒有道理限制臺灣民眾在大陸居住的便利。」

對於臺灣方面的冷酷，邵子平感受深切。他說，當他在1973年申領了中華人民共和國護照後，臺灣方面宣佈十年內禁止持中國大陸護照的臺灣人回臺灣，致使他無法赴臺探望年邁的父母，親情被無情撕裂。邵子平說，當時自己身邊有三、四十個持中國大陸護照的臺灣人，「他們不得不骨肉分離」，「比我更慘！」

2019年4月14日，邵子平動身赴臺灣，當面向移民署與外交部就野蠻廢止其戶籍與護照理論。我幫他在南京辦理了簽注等事宜。「沒想到我現在是標準的『陸配』」，電話中，邵子平幽默地說。瞭解到嫁到臺灣的卅八萬「陸配」被臺灣方面種種限制和歧視，不能得到公正的待遇，在臺灣「生活得很可憐」。「本來我就想要為她們呼籲，現在更要為這個群體找臺灣方面去講理。」

「我沒有在臺灣拿退休金，我一毛錢也沒有拿你的，你不要以為我要想占臺灣的好處」，邵子平在聯合國工作了廿多年，有聯合國的退休金，此番赴臺理論，「不是因為個人的利益，而是質問臺灣方面對待像我這類在中國大陸和臺灣之間交換居住和奔波生活的普通民眾，是不是應該得到便利基本生活的穩定保障？」邵子平認為，臺灣方面選定眼下的政治氣候，挑他「開刀」。

邵子平認為自己在臺灣經過繳稅、全部補齊健保所需的費用，依法享有臺灣健保權利。「今天你忽然因為我在中國大陸取得身份證，就取消我的健保。不能因為臺灣對中國大陸對立，讓老百姓權利受損，而是應該想辦法解決民眾的實際問題。」「臺灣現在要求我註銷大陸戶籍和護照，再回頭恢復臺灣戶籍與健保，這是用健保要脅我，逼我選邊站，要我採取政治立場。」

　　中國文化大學國發大陸所副教授劉性仁因此發文質問臺灣方面，「有無從更高的價值層面來思考，任何一個老人在面臨人生後半段時，人權與法律間的選擇，臺灣方面是否可以處理得更妥當、更圓滿？」

　　那些日子，我幾乎每天給邵子平打電話。邵子平強調，民進黨執政後竭力「去中國化」，惡意把臺灣民眾與大陸隔離開，「他們這回槍打出頭鳥，我拒絕選邊站，老百姓是要往來的，你限制是不行的。」「他們用健保等福利要脅老百姓，有的人因為福利因素會屈服，我就是要把他們告上法庭，不合情理的法規就得改變，大家來辯論，學識和見識就會進一步。」

　　邵子平還說，自己將赴臺灣說理辯論，如果能促進臺灣方面檢討和改進，「也算是個貢獻。」

　　2019年5月13日，中央電視臺《面對面》欄目播出《央視專訪邵子平：曾苦尋南京大屠殺罪證 卻因一張大陸居民身份證被取消臺灣戶籍》。「這是央視關於馬吉默片、『聯合會』和我方面從來沒有過的第一次報導吧」，令邵子平欣慰的是，紐約「紀念南京大屠殺受難同胞聯合會」尋找馬吉影像與《拉貝日記》的貢獻，通過中央電視臺的報導出現在中國大陸公眾視野裡。

34、南京課題組專赴紐約看「卅七分鐘」版

在南京市官方推動下，2019 年 1 月 28 日，南京紀念館迅速成立由張連紅領銜的課題組，擬赴美史料徵集，成員是江蘇行政學院楊夏鳴教授和《日本侵華南京大屠殺研究》雜誌編輯部負責人劉燕軍。

2019 年 2 月 3 日，「卅七分鐘徵集」群歷史學者們看到我發在群裡邵華從美國耶魯大學神學院網站上複製的資料，立即著手研究比對。

「2016 年大衛馬吉捐贈的馬吉影像第一卷、第九卷，現在耶魯圖書館公開，我仔細比對了一下，第一卷，其內容是關於金女大的難民生活（含難民從禮拜堂出來、難民帶著行李等排隊前行、種牛痘、大王給婦女登丈夫兒子失蹤資訊、難民洗衣、難民睡地板等），這是原始馬吉影像第九號影片中第五個專題畫面。沒有 1938 年 4 月份有關金女大難民宗教生活的畫面（即第十一號、十二號影片內容）。」2 月 9 日，張連紅發言。

「福斯特的檔案裡目前沒有發現膠片」劉燕軍也仔細去查找。

耶魯公佈的第九卷的內容主要關於南京東郊江南水泥廠難民醫院和難民棚區的鏡頭，是原馬吉影像第五號中第四至十的鏡頭。

初步判斷耶魯公佈的第一、九號影片同馬吉一至十二號影片內容不完全一致，可能是耶魯大學圖書館重新剪輯過，或者是馬吉後來根據原片剪輯過。

「因此，需要到耶魯認真核查比對。」張連紅一如既往地嚴謹。

線下的劉燕軍話不多，為人真實、誠懇。2 月 20 日，他在群裡告訴大家：

按照連紅老師的指示，我請編輯部的孫文佳起草了一封英文信，發給耶魯大學神學院圖書館特藏室的斯茉莉女士。在江蘇臺拍攝的《外國人眼中的南京大屠殺》紀錄片中，斯茉莉多次接受採訪。她是耶魯 nanking massacre project 項目的主要推動者之一，也是資深研究專家。

「我是覺得耶魯的馬吉影像視頻資料，紀念館應該儘量爭取全部獲得。」

我顯然是外行，能想到的只能是先一網打盡。

2月22日，在2015年我們收到的約翰·麥基拍攝的十三卷膠片中，只有一卷和九卷與大屠殺期間的南京有關。您可以從影片部分的描述中看到，在找到幫助在http：//ead-pdfs.library.yale.edu/5466.pdf上可以看到，其他電影是與其他地方或其他時間有關的。

納粹浩劫基金會將這些影片數位化，為一部紀錄片做準備。我們可以將卷一和九的數位檔提供給您用於研究目的。對這些影片的任何出版或其他用途都需要談判。（以上是使用微信自帶的翻譯）

斯茉莉回信了，只有掛在網站上的與南京有關，其他與南京無關。劉燕軍說。

我生怕他們因此不去耶魯神學院圖書館，趕緊說：「我的感覺是不論如何，必須去看一遍。之後再下結論。」

這期間，我與在臺灣積極聯絡法律界朋友準備與民進黨政府大幹一場的邵子平保持著微信密切聯繫，及時告訴他南京課題組的新進展。

邵子平在繁雜個人事務中，還特別熱情地不斷在聯合會的同伴陳憲中、姜國鎮面前稱讚我，增加他們對我的信任，也為南京赴美談判做鋪墊。「陳旻努力勤奮，主動積極，是她成功轉型為記者的原因。作為記者，她經歷甚豐，寫作也多。對我們馬吉默片的採訪，她細緻追查，我們才明白，原來我們紐約的南京會的一寸盤已是當時僅存的最長的馬吉默片了。（後來她友邵華查出耶魯可能還有默片。）

2019年4月3日中午，邵先生告訴我，他已經跟姜國鎮說好張老師和劉老師4月17日在紐約見面。期待一切順利。我把美國預約談判的時間發在「卅七分鐘徵集」群裡。曾有過十年機關工作經驗的我，自認為具備較強的溝通協調能力。

4月8日，劉燕軍又收到斯茉莉的來信：

親愛的張建軍：

克里斯·馬吉告訴我他同意你們複製電影。我們歡迎你來拷貝我們的數位化馬吉電影。最好是你的同事帶著可拆卸的USB驅動器，我們可以把電影副本放在上面。這些檔非常大。

謝謝各位。

瑪莎·斯茉莉

「你們帶幾個硬碟去」張建軍叮囑道。

2019年4月15日，南京派出的課題組赴美。早晨七點，張連紅在「卅七分鐘徵集」群裡發佈：「早上好！我們一行今天上午九點坐動車去上海，下午三點多飛紐約，有關查找影片資料的資訊，我們會及時在群裡報告。」

這個群早已被我「置頂」，從這一刻起，成為我最關注的群，時時刻刻盯著。

4月17日，他們第一站赴紐哈芬市耶魯大學神學院圖書館查閱馬吉資料。

北京時間4月17日上午九點五十八分，此時應是美國時間4月16日的夜晚九點五十八分，抵達美國後的張連紅連續發出三條消息：「今天一天在耶魯神學院圖書館查閱馬吉資料，收穫很大。斯茉莉女士雖然退休了，但還是從很遠的地方來圖書館幫我們拷貝了圖書館藏所有馬吉拍攝的影片資料，我們也拍攝了一些文獻資料。」

「剛才我們三人一起觀看了相關視頻，有關南京的內容很豐富。關於大屠殺直接相關的有兩個檔，可惜的是發現第二個只能打開一半。我們商定明天上

午再去一趟，瞭解一下原因，重新複製。不過現在能打開的部分大概也在卅分鐘左右了。」

「這比我們館裡原先掌握的部分要更豐富。明天下午我們趕去紐約見姜國鎮先生。時間地點已經確定，屆時我們看過影片後再彙報！」

張連紅是在向張建軍敘述抵美後的工作開展情況，我一陣激動，搶在張建軍前面說「你們辛苦了！」張建軍給他們豎了三個大拇指。

課題組從耶魯無償獲得了全部馬吉影像拷貝，其中記錄南京大屠殺相關內容有六個版本影片，各版本內容多有交叉重合，許多組鏡頭為南京紀念館藏十七分鐘馬吉影像中所缺失。

課題組赴美之前，我將聯合會現任會長姜國鎮的聯繫方式全部交給張連紅，也請在臺灣的邵子平與姜國鎮銜接溝通，課題組在美國順利地與姜國鎮接上頭，進入高效工作狀態。

北京時間 4 月 18 日上午十點十六分，張連紅說：「下午四點姜先生和吳章銓先生和我們見面一起觀看了卅七分鐘光碟，絕大多數內容同耶魯相同！耶魯相關部門可能也是當年聯合會給大衛馬吉的，但版本略有不同，總體內容差不多！」

「與姜國鎮談的結果？你們太辛苦了，到了美國不倒時差就投入工作。致敬！」這是我最關心的，我的發言又搶先了。

「晚上喝酒暢談十分開心」張連紅答非所問。

「價格？」這才是最關鍵的所在，我怎麼可能沉得住氣？

「姜國鎮主動提出給紀念館，可能在我們臨走前給我們拷貝一份，但他表示要同聯合會其他成員商量一下！」「沒有提價格事」張連紅吐露。

「原片最好能徵集」張建軍高屋建瓴。

「原片一事當然重要」張連紅是歷史學家，當然不會含糊。

「是耶魯的內容獲得後取得主動權了嗎？」我忍不住問。

「陳老師所言極是！」張連紅在這句話後面一連點了四個豎大拇指的圖示。

「耶魯複製給你們的內容使一寸盤失去了內容的優勢」我很高興邵華的耶魯發現能在談判中起到關鍵作用。

「大家都作出了努力和貢獻！」張建軍同時發了豎大拇指和一支玫瑰的圖示，表示滿意。

此後的幾天，我愉快地期待，恨不得時間快進。

北京時間4月21日上午八點四十分，張連紅發出一張課題組與姜國鎮的合影照片，我趕緊把照片放大細看。照片上的四個人，姜國鎮把右手搭在張連紅的右肩上，摟著張連紅，親密無間，姜國鎮與張連紅臉上笑容可掬。劉燕軍也是眉開眼笑，比起他平時的不苟言笑，看得出，此刻的心情非常愉快。楊夏鳴的笑容含蓄，是唯一沒有咧嘴笑的人，但眉角眼梢都是喜。

張連紅說：「今晚請姜國鎮先生一起吃飯，姜先生表示同邵、陳二老商量後儘快來南京。」

我心跳加速，手指微微顫抖，敲下「邵先生說陳憲中已經表態『不管了』。他們沒把『一寸盤』交給你們？數字版給了嗎？謝謝！」點擊空白鍵發送。我直擊要害。

「目前沒有。」書生氣最濃的楊夏鳴老師率真回答。

心猛一沉。我只好安慰大家：「邵先生現在臺灣。我這幾天就馬吉影像的事時不時試探他，他沒接話。先沉住氣，畢竟我們已經從耶魯獲得了與卅七分鐘的影像重疊的資料，百分之九十成功。」

沒有人再接話。群裡的氣氛再度沉悶。

事後，我曾請邵子平向姜國鎮瞭解，為什麼他已經答應將卅七分鐘拷貝給

課題組，結果卻食言？

邵子平告訴我，姜國鎮認為南京課題組看了紐約的卅七分鐘數字版，但是卻未向「聯合會」放映耶魯資料影片，令他生疑。

邵華從耶魯網站獲得的關鍵資訊，使「聯合會」意識到他們的卅七分鐘馬吉影像不再是「世界上唯一僅存的影片」。遺憾的是，課題組此行未能與「聯合會」就卅七分鐘「一寸盤」回歸南京達成共識。

北京時間 4 月 23 日，張連紅在群裡發信息：「今天我們到美國國家檔案館，複製了馬吉膠片，其中一些鏡頭是紀念館十七分鐘所沒有的。此外，我們還複製了美國人拍攝的南京遭轟炸的紀錄片，非常珍貴。晚上請蔡德梁夫婦一起吃飯，相談甚歡，清晰版需要他幫忙申請處理。」

「@ 張連紅　請問美國國家檔案館的鏡頭聯合會的卅七分鐘裡有嗎？謝謝！」我又搶話了。

「不同版本中大都重複的」張連紅答。

「還是沒有超出聯合會卅七分鐘的內容？」我不甘心。

「各有不同」「不同版本價值不可取代」

「這趟收穫很大啊！」面上是安慰大家，其實我是安慰自己，有總比沒有好。

「轟炸錄影裡也有不少珍貴鏡頭。」楊夏鳴補充道。

「期待！計畫何時回寧？」我暗暗歎息。看來，馬吉影像卅七分鐘一寸盤的回歸任重道遠。

北京時間 2019 年，4 月 27 日，南京課題組返回南京。短短的十二天，他們先後在紐哈芬市、紐約、華盛頓、里奇蒙查閱、複製了很多資料，成果豐碩。

課題組在總結中寫道：

在老朋友瑪莎·斯茉莉女士的幫助下，課題組在耶魯大學神學院圖書館特藏室，查閱了耶魯大學所有的馬吉檔案。約翰·馬吉畢業於耶魯神學院，他去世之後，他的家族將所有的檔案捐贈給耶魯，其後，該檔案內容不斷增加。增加部分包括大衛·馬吉受邀參加紐約南京大屠殺受難同胞聯合會的各種檔、剪報等；2002年大衛·馬吉來南京時拍攝的照片等。另外，大衛·馬吉去世後，2015年，他的家人將家中所有的影像資料悉數捐贈給了耶魯大學。

課題組翻拍了其中的重要檔，包括部分照片，最為重要的是，拷貝了馬吉家族於2015年捐贈給該校的所有影像資料，容量近160G。

關於馬吉影像卅七分鐘「一寸盤」，課題組的記錄是：

17日下午，紐約「紀念南京大屠殺受難同胞聯合會」會長姜國鎮先生會同該會的吳章銓先生，與課題組見面，放映了卅七分鐘影像資料。

因為事先做了不少功課，課題組初步進行了分析與比對，如前所述，前十分鐘有一些是戰前的內容，涉及轟炸、難民逃難等多方面。這部分內容，都沒有字幕。其中一些場景應該是上海，卅七分鐘影像資料中，還有一些有關日軍的影像，疑似也不是馬吉拍攝。

建議：繼續與「紐約紀念南京大屠殺受難同胞聯絡會」進行溝通，爭取獲得他們的捐贈。

廿世紀九十年代，「紐約紀念南京大屠殺受難同胞聯絡會」製作保存了卅七分鐘影像資料。現如今，相關的原始膠片已無從查找，但是，其功績不可否認，沒有他們的努力，這段資料將湮沒無聞。就文物價值而言，『聯合會』的膠片也有一定的價值。在我們與姜國鎮會長的溝通過程中，他也表達了這方面的意向。希望紀念館儘快邀請姜國鎮會長來南京，也可同時邀請邵子平、陳憲中先生，他們都是當年製作卅七分鐘影像資料的功臣，可以同時對他們進行口述歷史的採訪。

課題組回南京後，我迫不及待地沖到南京師範大學找張連紅打探詳情。

據張連紅介紹，此次南京在美國獲得的現有全部馬吉影像意義重大。從空間範圍來看，南京十七分鐘版影片的主要鏡頭大都集中在南京安全區範圍內，而紐約卅七分鐘版，其鏡頭則超出安全區範圍。張連紅說，馬吉在1938年2月16至17日曾前往南京東郊的棲霞寺和江南水泥廠難民所巡察，因此城外一帶日軍暴行的鏡頭也進入馬吉影像。從影片內容來看，紐約卅七分鐘影片比南京現有的十七分鐘內容更加豐富，案例更多，並且有些案例比十七分鐘版更為具體深入。

張連紅強調，馬吉影像是南京大屠殺檔案申請世界記憶遺產中最為重要而且不可取代的重要文獻，這些影片對於南京彌足珍貴。

紐約卅七分鐘馬吉影像回歸南京再次擱淺。

35、獲得卅七分鐘數字版 北京東長安飯店的驚喜

2019 年 1 月 6 日，在確認「聯合會」已經將馬吉影像卅七分鐘「一寸盤」在美國完成檢測及數位化轉換的當天，我就建了一個名為「馬吉影像卅七分鐘相關事宜」微信群，這個群最早有陳憲中、姜國鎮、邵子平，邵子平將聯合會的吳章銓拉進群。

當時，在紐約的邵子平已買好機票，正準備回中國。而我很想看一眼卅七分鐘的數字版，試圖做一些努力。

2019 年 1 月 3 日，新華社的報導《美國和以色列正式退出聯合國教科文組織》引起了我的關注，報導中提到：美國和以色列 2019 年 1 月 1 日零時正式退出聯合國教科文組織。

美國和以色列正式退出教科文組織引起了日本輿論高度關注。有日媒擔心，「美國退出後，中國在教科文組織的影響力提升令人擔憂」。日本《產經新聞》在報導中直接指出：教科文組織 2015 年決定將中國申請的南京大屠殺檔案列入《世界記憶名錄》的做法，「帶有政治傾向」，「被部分國家認為存在問題」。

我查到日本《產經新聞》在 2018 年 1 月 3 日的報導中就認為：「南京大屠殺的存在及依據存在問題，並未經過充分討論就入選。」

我把相關報導發在這個「馬吉影像卅七分鐘相關事宜」群內，懇請四位老先生「我想儘快看到這卅七分鐘默片，之後採訪張連紅等歷史學者，對日本媒體的有關報導做出反擊。謝謝！！！」

「謝你資料，有意思。我們初步觀看，認為默片完整良好，似乎應該先調查 du art（影像公司）等將來修復問題，美國是否有更好技術？」邵子平避重就輕。

我不死心，@ 邵子平，「辛苦您了，半夜裡回覆我。有沒有可能將片子發我郵箱，我看一下內容，針對日本媒體的報導寫反駁？」「請問卅七分鐘片現

在有數字格式嗎？」「若有數位格式，可否給我看一下，有哪些內容？特別是有哪些南京所沒有的內容。可以回應聯合國的事。」

「有數位化片。會中認為我們保留使用權外，將來另一獨家使用權者應該是購買者。此事由姜國鎮會長等考慮後定。我已經建議提供你和紀念館片段如何？」邵子平終於正面回應。

我趕緊追著：「謝謝您！我不作其他用途，僅僅想做報導」

「回應聯合國，不急吧。」

「急啊，就是這兩天的事。熱度過去，新聞影響力會受限。」

「以上我因你一直幫助，說的是我個人意見。你參考。詳細我們北京再說吧。」邵子平一錘定音，其他人保持沉默。對話無法繼續，我無計可施。

2019年5月6日，我將南京課題組美國之行的收穫告知邵子平：

邵老師，您好！

今天上午，我去拜訪了張連紅老師。在他那裡看了他們從耶魯和國家檔案館複製的全部馬吉影像資料。

1. 據張連紅老師介紹，馬吉牧師的孫子在2015年已經將馬吉牧師在南京拍攝的所有膠片全部捐贈給耶魯大學神學院，此後日本一家機構出資將這些膠片全部數位化，應該是在2017年至2018年完成。此前，耶魯擁有馬吉家族的檔案以文字為主。耶魯這些資料全部無償提供專家學者觀看，需要複製則需經馬吉牧師的孫子許可。南京得到了許可。

2. 張連紅老師他們與姜國鎮先生見面時，特別帶了電腦和從耶魯複製的影像資料，但姜國鎮先生並沒有提出要看。

3. 據張連紅老師介紹，看了你們的卅七分鐘影片，其中後三分之二內容關於侵華日軍南京大屠殺的鏡頭，前三分之一中有關戰前的部分鏡頭。

4. 從內容上看，紐約1991年的卅七分鐘版本的影片內容已經不是姜國鎮所說的「世界上唯一僅存的影片」，其中部分內容，耶魯有數位化版本，只要馬吉孫子同意，可以完全免費提供。

5. 張連紅老師表示，你們的卅七分鐘版作為1991年的一個版本也具有歷史價值，承載了紐約華人為搜尋侵華日軍鐵證所付出的心血與成果，是一段珍貴的歷史經歷。所以，紀念館還是希望收藏這個版本。

邵子平回覆：

先謝你熱誠，從中作介。你個人努力，可說仁至義盡了。

邵華查出馬吉三世捐贈，功不可沒。請你代我向她表示敬意。

我個人未再去查，是一失誤。我坦承認。

南京中方所做紀念諸事固然很多很大，看到馬吉捐贈、耶魯善藏、居然還有日本機構複製保存，我們「識者」（別的不能多說），對默片一事總覺稍有遺憾。從歷史長河其實又屬小事。

給邵子平這條的微信我也同步發給陳憲中與姜國鎮，希望能影響他們的決定。事實證明，產生了效果。

2019年5月19日晚，在驅車自鎮江返回南京的途中，我突然收到陳憲中的微信：我正在高鐵上，下午到達北京。

我心一陣狂跳，因為約他見面已約了大半年，秒回：「謝謝您！我明天中午到北京，您在北京住下後，請告知我您下榻的酒店，我去拜訪您。」

　　陳憲中爽快回覆的是北京東長安飯店的地理位置定位。

　　「收到。謝謝您！我明天中午十二點卅分到北京，不知您下午或晚上幾點有時間？請告知。謝謝！」

　　隨後陳憲中直接打來微信電話，我們約好5月20日下午三點在北京東長安飯店見面。

　　位於北京市朝陽區建國門外大街甲十號的北京東長安飯店為，坐落於繁華的建國門外大街，為歐式建築風格，毗鄰國貿中心、建國飯店等，鬧中取靜，沉穩雅致。

　　我提前到達，待接近約定時間才進電梯，准點按響了六二〇房間的門鈴。

　　時年八十二歲的陳憲中打開門。雖然我們是第一次見面，但一年前數度越洋電話採訪，一年間微信交流未曾中斷，彼此都沒有陌生感。

　　我遞上《大公報》在2018年12月關於馬吉影像卅七分鐘「一寸盤」的三篇專題報導報紙。「你還特別留了」，陳憲中接過報紙，表情溫和，立即展開流覽。

　　陳憲中給我帶來一部分聯合會當年的資料，這麼一摞沉甸甸的資料，他從美國帶到臺北，到中國大陸山西旅遊一大圈，再帶到北京，令我感動。

　　說起邵子平拿到南京身份證，陳憲中說：「他都跟我講了好幾回了，拿到身份證他非常興奮，等於說國家就承認他了！總算像被平反了一樣。」

　　我們一見如故，相談甚歡。我將話題切入到南京課題組在美國的收穫，「南京的歷史專家，從耶魯神學院帶回馬吉牧師在廿世紀廿年代和卅年代在中國拍攝的全部影片，其中有記錄日軍南京大屠殺暴行的六種不同版本影片共計七十三分五十七秒，含至不少未曾公開的珍貴歷史鏡頭。」

「一千萬」的事是誤會，並不是我們要這個錢，陳憲中特別解釋了「要價一千萬」的內情。他說：「邵子平和姜國鎮跟南京紀念館張館長說要價一千萬人民幣，是因為我們當時是想成立一個基金會，因為還有很多事情要做，包括用於南京大屠殺專題研究、展覽，給研究南京大屠殺歷史的研究生獎學金什麼的」，「我原來有家印刷廠，可以弄錢。現在廠早已關了，就沒錢了。」陳憲中強調，」這個錢我們個人都不需要。」

　　我毫不懷疑陳憲中的解釋。兩年的採訪，我已多次報導紐約「紀念南京大屠殺受難同胞聯合會」。陳憲中在美國是有影響力的僑領，在 1991 年邵子平找到馬吉影像後，1991 年和 1992 年，由陳憲中出面，籌措了卅五萬美金，聘請著名導演依據卅七分鐘馬吉影像，先後拍攝、編制了歷史文獻紀錄片《馬吉的證言》和《奉天皇之命》，在美國的社區、大學巡迴放映了近百場，並在臺灣、日本電視臺放映。

　　1996 年 11 月，邵子平從德國找到並與聯合會同仁促成公開《拉貝日記》。

　　1997 年，「聯合會」籌資將紀錄片製成三千套錄影帶，寄送聯合國所有的會員國辦公室，同時贈予美國各地圖書館、大學與有關機構。

　　「侵華日軍南京大屠殺遇難同胞紀念館是關於南京大屠殺史料展陳與研究的專題紀念館」，我用最誠懇的態度說服陳憲中，紀念館除了在文物史料徵集、展覽展陳、專題研究、抗戰史傳播、和平教育與國際交流等方面取得了重要成果外，還努力通過跨學科、多視角、立體化的綜合研究去研究南京大屠殺慘案和日本侵華史。

　　特別是紀念館自 2017 年起籌建南京大屠殺史影像檔案資料中心，將館藏的歷史史料、珍貴文物進行數位化，要向全球研究學者以及公眾提供分享。馬吉影像卅七分鐘「一寸盤」放在這裡，是為了告訴後人不能忘記這段歷史，沒有任何商業用途。

　　我還坦陳了此行的另一個目的，「張連紅老師建議我將你們聯合會所做的歷史貢獻記錄下來。由我負責寫書，你們就不要向南京要一千萬了。」我來北京同時也為此徵求作為聯合會前任會長陳憲中的意見。我們的目的是留住「聯

合會」的歷史，讓歷史記住尋找並固定侵華日軍罪證的中國人。

「這個想法不錯，現在年紀大了，想起我們做過的事情不容易，我們真是做了不少事請，也沒有記錄。」陳憲中興致盎然。

「一千萬這個事情過了就過了」，性格豪爽的陳憲中果斷地表示，「我回去後跟姜國鎮說說」。

我狂喜，竭力控制自己不喜形於色。我們繼續商量馬吉影像卅七分鐘「一寸盤」捐贈事宜，陳憲中說，「您來安排」，我建議他們在同年12月來南京參加南京大屠殺死難者國家公祭儀式時捐贈。「好，試試看。」陳憲中答應主動找邵子平、姜國鎮商量，「儘量促成」。

至此，緊繃的神經終於略微鬆弛。我這才端起茶几上的茶杯，輕輕喝了口水。

這次在北京東長安飯店見陳憲中，我做了充分的準備。因為姜國鎮沒有親眼看到南京課題組從耶魯獲得的馬吉影像，致使聯合會存疑，為消除他們的疑慮，我特別帶上筆記型電腦和從課題組複製的影片資料。

「陳先生，張連紅他們去美國時看了你們的卅七分鐘，姜國鎮說沒有看到他們的。他們其實都帶了電腦，但姜國鎮沒有提出要看」，陳憲中馬上問我：「那你有沒有帶來？」

「我帶了」。我沉著地回答。

「哎呦，太好了！」陳憲中的驚呼令我興奮。我立即打開隨身攜帶的筆記型電腦。

他隨即問我「能不能幫我能轉下來？可以嗎？」他想拷貝我的資料，這個情況我事先沒有想到。遲疑了一下，我問他：「卅七分鐘數字版您帶來了嗎？」「有，我好像有。」陳憲中語氣肯定，我立時覺得心跳要停止。

「您這次帶了嗎？」我想確認。

「帶了，你們沒有嗎？」

「能不能拷給我？」問出這句話的時候，我緊張得微微出汗。陳憲中沒有接我的話。

這時，電腦完成開機，我點開儲存的影片資料，選了一段最清晰的兩分鐘影片播放。由於這些資料我對照馬吉影像說明詞已看過無數遍，影片解說脫口而出。

「這是鄉下人把傷患運往南京近郊的急救醫院的情景」，「這些人在排隊候診」，「這是南京郊區長利鄉的一位農民，當兩名日本兵闖入他家索要姑娘，他說『沒有』，他們便開槍將其手部射傷。」鏡頭裡，農民的左手背皮開肉綻，護士正在為他清創。

「這些鏡頭，你們有嗎？」我問他，陳憲中非常專注地看著影片，「好像不太一樣。」

我心一橫，說：「這樣吧，我把我有的資料給您，您把卅七分鐘給我。」

「我找找看，不知道是不是放在臺灣了。」陳憲中起身走向一旁的低櫃，語氣不確定。櫃面上散亂地堆滿了物品。

「我來拿我來拿，您不要彎腰，萬一閃了腰就麻煩了」，我快步上前幫助尋找，協助他翻出一個超市常見的購物塑膠袋，裡面裝著一大堆大大小小移動硬碟，陳憲中找出其中厚實的一塊。隨後，他將移動硬碟插在自己的蘋果筆記型電腦上反映。

站在陳憲中先生身後，目光盯著電腦螢幕上出現的魂牽夢縈的卅七分鐘馬吉影片畫面，我心跳加速，莫名緊張。

「您把卅七分鐘拷給我，我把我的這些七十三分五十七秒影像拷給您。」我再度建議，並刻意強調了七十三分五十七秒影像，至少聽起來，對應卅七分鐘影像，這個「交易」對於陳憲中是划算的。

「好！」陳憲中這回很乾脆。

當日，即 5 月 20 日下午，與陳憲中會面，我在「卅七分鐘徵集」小群裡即時發佈最新進展：

陳旻：在北京，見到陳憲中先生，他爽快地答應 12 月來南京捐贈一寸盤。

他把卅七分鐘的數字版複製給我

現正在複製中

張連紅：太好了！（連豎五個大拇指）

張建軍：@ 陳旻 三朵玫瑰花

楊夏鳴：豎大拇指、抱拳

不過，百密一疏，我沒有隨身攜帶大容量移動硬碟。陳憲中同意將卅七分鐘馬吉影片數字版複製給我，但因我的移動硬碟記憶體太小，試來試去，無法完成複製，而我帶來的戴爾筆記型電腦卻讀不出他的美國硬碟。「陳先生，我家在北京，您把硬碟借給我，我回家去複製，明天送回來。」陳憲中稍有遲疑，說：「你不會不還回來吧？」

「我們之間不能連最基本的信任都沒有。」我真誠地說：「我還要為你們寫書呢！」

「那好吧！」陳憲中其實性格果斷。離開東長安飯店，在回家的途中，我在手機上下單購買了移動硬碟。

在「卅七分鐘徵集」小群裡，我告訴他們：

陳旻：卅七分鐘數位版有兩個格式，檔各20G。我的筆記型電腦不行讀陳憲中先生的移動硬碟。硬碟被我借來，回家用臺式電腦試一下，不行就得去中關村。

張連紅：陳老師辛苦了！

陳旻：@張連紅 感謝張老師的不斷鼓勵！八十歲的陳憲中先生比邵子平先生還要俐落，更精幹。我問他「是怎麼保養的？」回覆：「鬥爭」。

張連紅：哈哈！革命人永保青春

張建軍：@陳旻 你哪天回南京呀？

陳旻：23號晚上八點半

陳旻：20G，一個是mp4格式，還有一個是另一個格式，也是20G，兩個格式都是美國攝影公司做的一寸盤的數位化。

張建軍：各拷貝一個吧。

2019年5月25日下午，我將經過一年半的追尋，最終獲得的極為珍貴的馬吉影像卅七分鐘高清數位版，完整地、無條件地送交時任侵華日軍南京大屠殺遇難同胞紀念館館長張建軍。

張建軍鄭重地對我說：「年底，重大貢獻獎跑不掉！」不過，卻再無下文。

2019年12月，陳憲中如約來到南京。我問他，為什麼信任我？陳憲中說，他很佩服我，「你給我打電話採訪，問得那麼細。」陳憲中還特別提到，那次在東長安飯店見面時，他太太對我印象很好。

36、 聯合會捐贈「一寸盤」南京紀念館迎「鎮館之寶」

　　南京獲得馬吉影像卅七分鐘數位版，「一寸盤」「要價一千萬」的陰霾煙消雲散。紀念館在有條不紊地進行南京大屠殺死難者國家公祭儀式的準備工作，邵子平、陳憲中、姜國鎮、邵華、李慶義，都收到了邀請函。

　　2019年的下半年，時光歸於平和。那些心急火燎的奔走、輾轉難眠的焦灼、無法預測的不安、峰迴路轉的欣喜、走火入魔般的執著，……，都在這個深秋的寧靜中悄然隱去。

　　歲月靜靜流淌，南京滿城的梧桐樹葉綠了又黃。秋風勁吹，金黃的落葉飄飛，古城素色如錦。

　　我成為聯合會嘉賓們與紀念館之間的「仲介」，幫他們填寫資訊表，反覆溝通國際機票的往返時間，不亦樂乎。

　　2019年11月中旬，幾位嘉賓的行程敲定，邵子平、陳憲中從臺灣啟程，姜國鎮先飛去臺灣參加同學聚會後再飛南京，邵華從德國出發，李慶義從北京動身。

　　11月13日，突然一個閃念，我問張連紅：「姜國鎮有沒有跟您確定過他肯定把一寸盤帶來？現在大家都沒有提這個問題。我在北京的時候跟陳憲中是講好的。如果您確認了我就不提了，否則，我還得跟他們確認。」此時距離12月13日南京大屠殺死難者國家公祭日僅有一個月時間。

　　「應該紀念館出面去說吧」張連紅回覆。

　　再問紀念館具體相關部門，無人知曉。

　　「張館長，又打擾您。想問問，館裡是否已經與姜國鎮說好這次來南京將卅七分鐘『一寸盤』帶來捐贈？5月份在北京時，陳憲中答應我的。想再確認一下。這個很重要，謝謝！！！」當晚，我問張建軍。

張建軍的回覆是：「目前還沒有資訊。只是在對接機票事宜。麻煩您再和他確認一下（除了安全區國際友人後代以外都是機票自理；他們三位因為捐贈所以我們都付了）。」

紀念館為他們承擔往返路費已經是「破例」，看來，「一寸盤」的工作還得我來做。千鈞重擔立刻又使我寢食難安。

我思考再三，分別給邵子平、姜國鎮、陳憲中三位老先生發微信。

「姜先生，您好！獲知您將來南京，我特別高興！今年5月，我在北京東長安飯店與陳憲中先生敲定，請你們來南京參加今年的公祭活動時捐贈馬吉影像卅七分鐘『一寸盤』，紀念館已經確定將特別舉行新聞發佈會，海內外主流媒體已獲得通知，將現場見證並報導。非常期待！請您來南京時將『一寸盤』帶上。您確定到南京的時間後請告知，我去機場或車站接您。」文末，我連發三枝玫瑰。

微信發出後，我幾乎整晚輾轉反側。

11月15日，我不放心，問紀念館文物部主任艾德林：「請問『一寸盤』核實了嗎？紀念館是否已得到？謝謝！」

他回覆我：「已經跟姜先生核過了，是這個。盤還沒拿到，姜先生帶過來。」

他同時發來「一寸盤」的照片，我確認無誤。稍稍鬆了口氣。

日子不知不覺過得飛快，轉眼，南京大屠殺死難者國家公祭日近在眼前。海外嘉賓陸續到來，嘉賓們下榻的南京國際青年會議酒店門前已是比肩接踵，車如流水。這家酒店位於南京青奧軸線的中心位置，由全球知名的英國「解構主義大師」札哈·哈蒂設計。揚子江畔，簡約、時尚高聳入雲的雙子塔作為南京城市地標建築之一，在古老的都市里成為蓬勃、朝氣的青春象徵。

我早早與負責去高鐵接站的紀念館工作人員童肖聯繫妥，弄清車次，晚上廿時，就在南京國際青年會議酒店的大廳內等候。

　　「我已經在南京南站等姜老師出站了。快到了給您消息。」廿時廿二分，童肖發來微信。

　　「陳老師，我接到人了，廿分鐘左右到。」廿時卅九分，看到童肖的消息，我徑直走出酒店大廳，站在門外等候。

　　廿時四十八分，「陳老師，我們快到了」。

　　夜色裡，我兩眼緊盯著每一輛進來的車。終於，一輛小車穩穩地停在酒店大門前，車門打開，下車的正是姜國鎮。

　　我搶先接過他的行李，童肖去前臺辦理入住手續。雖然我與姜國鎮是首次見面，但如老熟人般熱烈攀談起來。我們在大廳裡愉快合影。

　　我和童肖熱情洋溢，一路將他送進房間。一問他還沒有用晚餐，我趕緊撥通房間內送餐電話，要了份黃燜雞飯。

　　寒暄幾句，我就按捺不住地詢問「一寸盤」，說「想看一眼」。姜國鎮面帶得體的微笑，告訴我們「一寸盤」在一件打著塑膠封簽的行李箱內。

　　我打電話向客房服務員要一把剪刀。等待剪刀的過程，一分一秒，都是煎熬，唯恐姜國鎮臨時改變主意。

　　門鈴按響，我幾乎是沖過去開門。打開行李箱，姜國鎮小心翼翼取出「一寸盤」遞給我。

　　那一刻，我激動歡欣。

　　姜國鎮將馬吉影像「一寸盤」交給我，我們合影留證。我抱著「一寸盤」不撒手。

　　「叮咚」，門鈴響了，黃燜雞飯送到。我們與姜國鎮道別。

我抱著「一寸盤」下樓，上車。發動汽車後，先向南京官方報喜：「卅七分鐘，好大的一盤膠片，已經在我手上了。我給拿過來了，您放心吧。」

再聯繫張建軍：「張館長，晚上，我在國際青年會議酒店等姜國鎮先生。你們童肖很棒，我們已經拿到『一寸盤』，好大的一個盤啊！您看看，裡面都是膠片。」我發圖給他。

我將「一寸盤」鎖在家中儲藏室內。此後兩天被工作排滿，沒有喘息的時間。

2019 年 12 月 12 日，清早八時廿四分，我驅車至侵華日軍南京大屠殺遇難同胞紀念館，將馬吉影像卅七分鐘「一寸盤」親手交給張建軍。

南京官員對我說：「能參與、見證一段歷史事件本身就是一種幸運與幸福，這種幸運與幸福不會垂青每一個人，每每此時，我們應當對自己說兩個字『惜福』！許多事可能都是過眼雲煙，唯一重要的是『卅七分鐘歷史』終於回歸南京。」

2019 年 12 月 12 日，香港《文匯報》以《日軍屠城足本影像明歸南京　美國傳教士冒死拍攝卅七分鐘影片　本報記者奔走兩年促成捐贈》為題在 A11 版整版報導。《大公報》在 2019 年 12 月 11 日、12 日分別以兩個整版專題刊發報道：《南京卅七分鐘屠殺血證終歸國　珍貴影片湮沒異鄉　抽絲剝繭突破重重阻滯》、《影像吻合供詞　野獸機器罪證確鑿　東京審判出庭中國證人指控有據可依》。

2019 年 12 月 13 日下午三時，侵華日軍南京大屠殺遇難同胞紀念館舉行「卅七分鐘」版珍貴馬吉影像捐贈儀式。紀念館表示，新獲贈的馬吉影像卅七分鐘「一寸盤」成為該館「鎮館之寶」。

37、屠城血證新增受害者個案逾廿例 湮沒近卅年終歸國

　　中國證人伍長德觸目驚心的傷口展示，一棟房屋內十一人被日軍殺害的慘狀目擊，幾乎被砍斷頭顱的女傷者頸部巨大的「V」形傷口……這些東京審判檢方證人和證據畫面，八十二年後終以歷歷在目的清晰鏡頭重現世間，引起海內外史界學者強烈震盪。這些集中了最多美國牧師約翰．馬吉拍攝記錄侵華日軍南京暴行珍貴歷史鏡頭，出自於南京在 2019 年 12 月 13 日獲得的紐約卅七分鐘馬吉影像「一寸盤」。

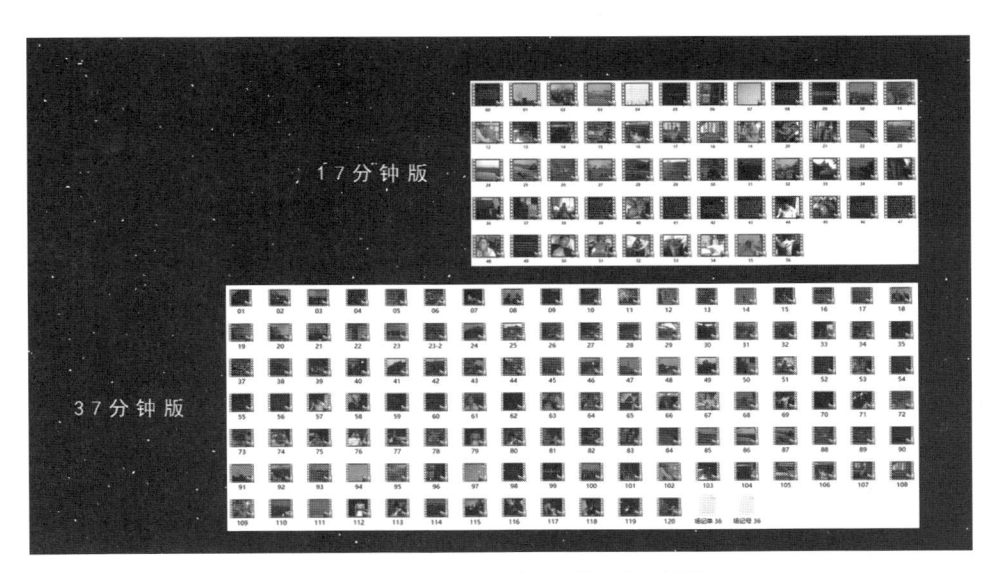

紐約卅七分鐘版與南京十七分鐘版畫面比對

　　「文物與文獻互相佐證罪行，影像和案例共同實證歷史，是此次卅七分鐘版馬吉影像面世的最大貢獻。」張連紅表示，這部極具文物價值、文獻價值的影片，是日軍侵華罪行的光影鐵證，「一寸盤」定在第六個南京大屠殺死難者國家公祭日回歸南京，將和《拉貝日記》《東史郎日記》一樣，成為侵華日軍南京大屠殺史研究的又一里程碑。

「卅七分鐘」現豐富安全區外日軍暴行鏡頭

據侵華日軍南京大屠殺遇難同胞紀念館專家考證，此次捐贈給紀念館的「卅七分鐘」版「一寸盤」系邵子平於 1991 年從馬吉的兒子大衛·馬吉家地下室內發現的膠片中，將有關日軍暴行的內容拷貝後製成，比南京紀念館現館藏「十七分鐘」版馬吉影像內容更加豐富，具有重要的史料價值。包括三部分內容：一是前十一分廿二秒反映了淞滬會戰後上海的情況，這部分內容的拍攝者有待進一步考證；二是日軍佔領南京前的畫面，時長大約一分廿三秒，主要包括日機轟炸南京和南京難民逃難等；三是日軍佔領南京後製造暴行的內容，包括鼓樓醫院醫護人員救治日軍暴行受害者的影像、江南水泥廠難民營診所內傷病員的情況，以及倖存者伍長德的鏡頭等。

專家們認為，與紀念館現館藏「十七分鐘」版影像相比較，「卅七分鐘」版有三個方面的特點：

從時長來看，「卅七分鐘」版影像去除十一分廿二秒上海的畫面，去除與「十七分鐘」版影像重複的畫面，實際反映南京的畫面比「十七分鐘」版影像大約多九分鐘內容。

從空間範圍來看，現館藏「十七分鐘」版影像的主要鏡頭大多集中在南京安全區範圍內，只有少量棲霞寺等南京郊區的鏡頭。而「卅七分鐘」版的畫面則超出了南京安全區範圍，城外一帶日軍暴行的鏡頭也進入了馬吉影像。據史料記載，1938 年 2 月 16 日至 17 日，馬吉曾前往南京東郊的棲霞寺和江南水泥廠難民營，「卅七分鐘」版裡就出現了抬傷患到江南水泥廠診所的鏡頭，以及診所內傷患的鏡頭，這些比「十七分鐘」版影像更為豐富。

從場景範圍來看，「卅七分鐘」版影像中，在鼓樓醫院就拍攝了卅餘位受害者場景，有十一個受害者是「十七分鐘」版裡沒有的。比如倖存者伍長德的畫面，還有在鼓樓醫院裡，一位女性同胞頸部被砍，站立著由羅伯特·威爾遜醫生檢查，威爾遜扭她的頭要她轉身，她的面部顯出極度痛苦狀。

圖為馬吉牧師在江南水泥廠醫院拍攝的鄉下人把傷患運往醫院急救的情景

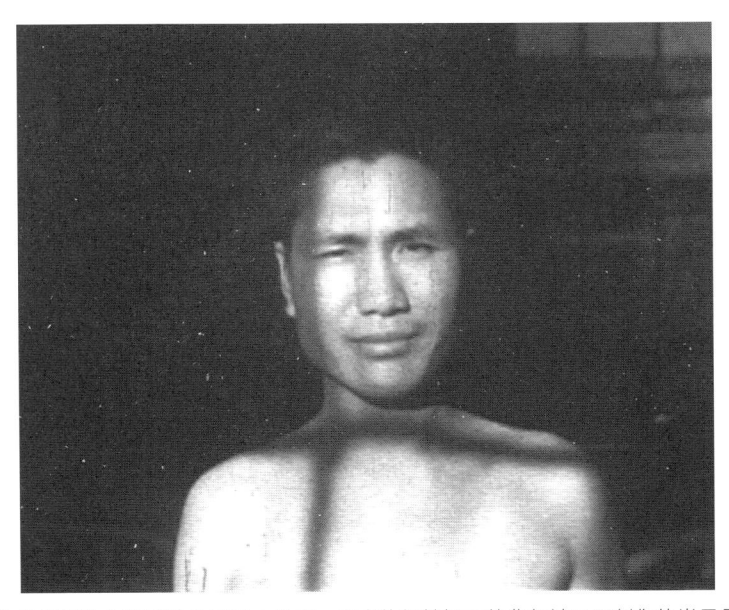

死裡逃生的伍長德在醫院救治了五十多天，馬吉牧師拍攝下他背部被日軍刺傷的半尺長傷口，並寫有詳細影片說明詞。

馬吉牧師拍攝的伍長德背部的刀傷

東京審判中證人伍長德出庭作證歷史圖片

首現多個東京審判檢方證人和證據畫面

卅七分鐘馬吉影像中出現被馬吉標注為五號影片的大量鏡頭。「紐約卅七分鐘版馬吉影像中首次出現東京審判中的出庭證人,及多組證人證詞中作為重要證據的南京大屠殺受害者案例動態影像」,曾為 2019 年 4 月 15 日南京派出專程赴美國收集馬吉影像資料課題組成員之一、江蘇行政學院教授楊夏鳴強調「作為遠東國際軍事法庭審判日軍攻佔南京時的最高指揮官松井石根縱容南京大屠殺罪行的重要證據,這些鏡頭再現的歷史畫面實在太珍貴了!」

1946 年 5 月 3 日至 1948 年 11 月 12 日,遠東國際軍事法庭在日本東京對第二次世界大戰中日本甲級戰犯進行國際審判,史稱「東京審判」。楊夏鳴自 2002 年赴美國國家檔案館收集資料,於 2005 年出版了《南京大屠殺史料集——東京審判》。

東京審判審理日軍南京大屠殺專案時,起訴方有十二名證人出庭作證與回答質證,其中許傳音、尚德義、伍長德、陳福寶、梁庭芳五位是中國證人。法庭收集了廿二件書面證詞。

江蘇行政學院教授楊夏鳴自 2002 年赴美國國家檔案館收集資料,於 2005 年出版了《南京大屠殺史料集——東京審判》。

據楊夏鳴介紹,紐約版卅七分鐘版馬吉影像中出現的東京審判出庭作證的證人伍長德十四秒動態影像極其珍貴,此前,大陸史學界只在《拉貝日記》中看見根據馬吉影像的截圖。

南京大屠殺是日本侵華戰爭與第二次世界大戰中最重大、最血腥野蠻的戰爭暴行,為查清南京大屠殺事實真相,獲得足夠的有力證據,遠東國際軍事法庭的首席檢察官季南(Joseph B Keenan)在審訊前期,於 1946 年 5 月 30 日派遣美國檢察官大衛‧納爾遜‧薩頓(David Nelson Sutton)等人,專程前往南京實地取證。

薩頓在 1946 年 6 月 13 日寄給季南題為《獲取證人的中國之行》的報告中寫道:「在 6 月 6 日的下午和晚上,我們與許多由司法部和南京市市長送到我

們旅館來的可能的證人會面，從面試的十五人中我們只選中了一人——伍長德，他也同意作為證人出庭」。

6月12日，薩頓將伍長德在內的十五名證人帶到日本。

楊夏鳴介紹，東京審判前期，美國檢察官大衛·納爾遜·薩頓（David Nelson Sutton）專赴南京挑選的出庭證人中國員警伍長德的動態影像是首次見到。馬吉牧師在1938年2月15日拍攝了伍長德，並在標注為「五號影片」的說明詞中詳細記錄了伍長德的遭遇。

1946年6月18日，遠東國際軍事法庭審判南京大屠殺罪魁日本甲級戰犯松井石根，伍長德作為見證人之一，以親身受害的經歷和親目所睹的事實出庭作證。

時年卅八歲的伍長德，1937年12月，他是南京一名資深員警。他在法庭上說：「南京陷落後，我和幾百個其他員警都待在司法院。那時我們都把武器交到南京安全區國際委員會了。」「1937年12月15日，日軍闖進了司法院，命令所有的人跟他們走。」

被日軍押到西城門，「要我們就在城門裡坐著，機槍就架在城門外以及城門兩側。城門外是護城河和通往河床的一條斜坡，日本士兵用刺刀一次將一百多人押出城門，還沒出城門，他們就被機槍掃射，屍體沿著斜坡滾落到河裡。在我之前，有十六批人在出城時被打死。」

伍長德說：「輪到我這一組時，我拼命在機槍響前朝前跑，並摔倒在地。我未被機槍射中，卻被日本士兵用刺刀刺在背上。我倒地裝死，日軍在死屍上澆上汽油，放火之後才離開。天漸漸黑了，河岸四處屍體橫陳，所幸我身上未被澆上汽油。日軍離開後，我從死人堆裡爬出來，躲進一間空房子裡，並在裡面待了十天。然後，我出了城到了大學醫院。威爾遜醫生收容了我。」

伍長德在法庭上證實，「那時大約兩千多員警和老百姓死於那場慘禍。」

馬吉牧師在醫院裡拍攝了伍長德背部長達半尺的刀傷，並寫下詳細的說明詞。1938年5月16日，美國《生活》雜誌刊發了從馬吉影像中翻拍的十幅照片，

其中就有伍長德背部觸目驚心刀傷的照片，圖片說明為「這個員警是通過裝死逃出來的」。

一棟房內十三人被日軍殺十一人　許傳音、馬吉目擊慘案現場

在時長卅七分鐘的馬吉影像中，南京大屠殺倖存者夏淑琴一家祖孫九口人中7人慘遭日軍殺害，鄰居四人同時遇害，陳屍遍地的慘景長達卅五秒，比耶魯神學院收藏的畫面增加了八秒。這組畫面便是東京審判中的出庭證人許傳音和馬吉牧師赴現場拍攝的。

1946年7月26日，中國證人許傳音在東京審判中作為起訴方證人出庭作證。在幾乎整整一天的審判中，許傳音獨自用英語沉著回答檢察官詢問和侵華日軍戰犯——上海派遣軍司令松井石根的辯護律師的質證。

一棟房屋內十三人被日軍殺十一人，其中夏淑琴家祖孫九人中七人慘遭日軍殘殺。圖為陳屍遍地的現場。南京「十七分鐘」版未見的新增畫面。

侵華日軍南京大屠殺期間，擔任國際安全區住房委員的許傳音負責建立難民所，掩埋被日軍殺害的同胞屍體。他還帶著西方友人四處取證。

　　在回答「南京婦女遭到日本兵蹂躪後，有沒有受害者死亡呢？」問題時，許傳音說：「在南門的新路口五號，有這樣一家，我曾和馬吉先生到過那裡。就在那裡，十一個人被害，三個被強姦，其中兩個少女，一個十四歲，一個十七歲。強姦後，日軍把異物塞到她們的陰道裡。後來，她們的祖母把異物拿給我看。年輕姑娘都是在桌子上被強姦的，我到那兒去的時候，血跡未乾。然後我發現了屍體，所有的屍體都在那裡。我和馬吉先生把屍體的慘狀拍了下來，作為控訴日軍罪行的證據。」

　　1938年1月20日，馬吉牧師在寫給夫人的信中說：「在過去的一個星期，我看到了最可怕的東西，聽到了最令人作嘔的事情，其真實性無可置疑，因為我是直接從鄰居和一名在現場的八歲小女孩那兒瞭解到的。」

　　卅七分鐘影像裡，南京大屠殺倖存者夏淑琴一家慘案，祖孫九口人中七人慘遭日軍殺害的場景有卅五秒。

　　馬吉在第四號影片九中曾拍攝夏家鏡頭。馬吉在解說詞中稱12月13日發生在夏淑琴家的慘案「令人毛骨悚然」。清晰的畫面中，屍橫滿地的院子裡，一位老太太不知所措，她不住訴說著，從一位死者身旁撿起衣物。馬吉記錄道：畫面中的這個老太太十四天後來到她的鄰居家，發現了這兩個孩子（八歲的夏淑琴和四歲的妹妹躲在床單下十四天才活命）。就是這個老太太把攝影者領到了擺放屍體的院子裡。她、夏先生的兄弟和被救出來的大女孩對我們講述了這個悲劇的詳細情況。畫面上也可以看到十六歲和十四歲兩個女孩的屍體，她們和其他屍體排列在一起，這些人都是在同一時間被殺害的。夏太太和她的嬰兒同樣可在畫面中看到。

　　1946年8月15日，約翰·馬吉在遠東國際軍事法庭出庭作證。被馬吉視作「最可怕的東西」即為許傳音領他去拍攝的夏淑琴家慘狀。馬吉在法庭的證言中對目睹的現場做了極為詳細的敘述後，強調道：「如果我的攝像機，如果我當時有彩色膠捲的話，就可以看出女孩被強姦的桌子上和另外一個人被殺的地

上都有鮮血。」

女傷者巨「V」形傷口險遭斬首　威爾遜、麥卡倫同證

　　在南京館藏的十七分鐘版馬吉影像中,馬吉牧師在金陵大學醫院拍攝的受害者個體案例有廿八例,而紐約卅七分鐘版馬吉影像中,馬吉牧師在金陵大學醫院和江南水泥廠醫院拍攝到的受害者個體案例逾四十八例,新增受害者個案逾廿例。

　　楊夏鳴介紹道,在紐約版卅七分鐘影像中,馬吉牧師拍攝的一組長達四十九秒記錄醫院裡一位頸部幾乎被砍斷的四十歲女傷者畫面亦極為珍貴。影片中,馬吉牧師在簡短鏡頭說明寫道:「日本士兵試圖將這個女人斬首,(醫生)縫合頸部肌肉,脊柱」。

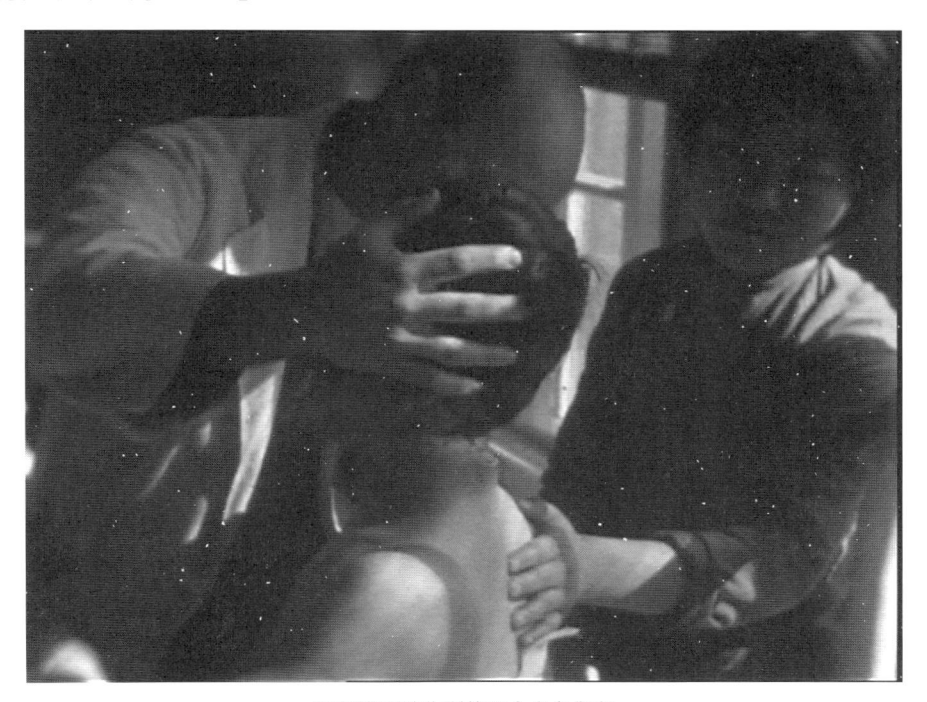

頸部幾乎被砍斷的四十歲女傷者

這組畫面被馬吉牧師被標注為四號影片一，並寫下詳細的說明詞。無聲的黑白動態影片中，查看傷情的醫生試圖轉動這名頸部幾乎被砍斷的女傷者頭顱，劇痛使得這名患者不由自主一次次不斷抓住醫生的胳膊加以制止。深達脊柱的「V」形傷口特寫觸目驚心。

紐約版卅七分鐘內的這段影片比耶魯神學院所藏相同影像增加了十二秒。楊夏鳴表示，這個受害者案例在東京審判中，出現在出庭證人金陵大學醫院羅伯特·威爾遜（Robert Wilson）醫生法庭證言裡，和作為證據提交的在南京大屠殺期間擔任金陵大學醫院總務長詹姆斯·麥卡倫（James McCallum）日記中。「詹姆斯·麥卡倫日記中所記這位脖子幾乎被日軍砍斷的女性受害者案例，是由美國檢察官薩頓當庭完整朗讀」。

東京審判中，起訴方提供了麥卡倫1946年6月27日的宣誓證詞，這份證詞展示了麥卡倫的日記。

薩頓當庭朗讀了1938年1月3日麥卡倫的日記：「今天早上又來了一個處境相當悲慘的婦女，她帶來了一個令人可怕的故事。日本士兵將包括該婦女在內的五名婦女抓到他們的一個醫療單位，白天讓她們洗衣服，晚上對其實施姦淫。其中有兩人每晚被迫滿足十五至廿個士兵的獸欲，其中最漂亮的一個每晚遭四十個士兵的蹂躪。來找我們的這名婦女，曾被三個日本兵帶到一個偏僻的地方，他們企圖在那裡砍下她的頭顱。她的頸部肌肉被砍斷，而頸椎未斷。她昏死過去，後來她還是掙紮著爬到醫院。眾多日本暴行的見證人中又多了一名。威爾遜醫生試著縫合她的傷口，認為她還有存活的機會。」

1946年6月12日，威爾遜醫生在提交給遠東國際法庭的書面證詞中寫著：一名婦女後頸有一道又深又長的傷口，肉滑落到脊椎骨上，腦袋似乎隨時都會從身上滾落。我調查得知，她身上的傷是遭一名日本軍官反復攻擊後留下的。

1946年7月25日，威爾遜醫生在東京出庭作證：「我記憶猶新的一件事是一位四十多歲的婦女，送到醫院來的時候，她脖子後有個巨大的傷口，切斷了脖子周圍所有的肌肉。」

硝煙彈痕　八秒展現戰後上海四行倉庫

　　紐約卅七分鐘版影像資料的前十一分十六秒的畫面展示了淞滬戰役後的上海。楊夏鳴認為，這組記錄上海淪陷後的影像皆為首次見到，同樣十分珍貴。

　　打開影片，便是彈痕累累巍然矗立的上海四行倉庫，八秒鐘呈現的鏡頭裡，四周硝煙彌漫，黑白場景中的四行倉庫令人肅然起敬。

紐約卅七分鐘版影像資料的前十一分十六秒的畫面展示了淞滬戰役後的上海。
圖為時長達八秒的彈痕累累巍然矗立的上海四行倉庫

　　據楊夏鳴介紹，在現存僅兩、三秒中戰時四行倉庫的極短影像資料中，未曾出現過如此仰拍鏡頭裡四行倉庫，八秒鐘的時長也是首次僅見。四行倉庫「800」壯士英勇抗敵的壯舉在中國抗戰史地地位舉足輕重，上海已為此建立了紀念館，這一段展現現場的視頻無疑是重要的史料。

1937年10月26日至30日，國民黨政府軍僅憑一個營的兵力抵抗了優勢日軍的四晝夜強攻，擊破日軍「三個月滅亡中國」的狂言。四行倉庫保衛戰重新振奮了因淞滬會戰受挫而下降的中國軍民的士氣。2017年12月2日，四行倉庫入選「第二批中國廿世紀建築遺產」。

　　上海的影像畫面中，有難民蜂擁逃難及日軍轟炸的場面，大量難民湧入上海南市難民區、轟炸後的上海市政府、被炸毀的廟宇、屍橫遍地的戰場上散落國軍頭盔和槍彈，還有市民「歡迎」日軍進入上海、中國炮兵陣地等豐富畫面。邵子平介紹道，大衛·馬吉曾對他回憶，這是他父親從一位來自上海的記者處所得。

　　楊夏鳴認為，這組記錄上海淪陷的影像皆為首次見到，同樣十分珍貴。對於片中出現的上海南市難民區的宣導組織者饒家駒神父有八秒鐘動態鏡頭，楊夏鳴認為此畫面極為珍貴，「南京安全區是模仿上海安全建立的，當年，南京的外國人在建立安全區時與日本人溝通常常是通過饒家駒進行。」

沖天烈焰焚燒兩百五十具遇難者棺木　淞滬會戰慘烈再現

　　上海戰後畫面中，其中有一段一分十秒焚燒堆積如山的棺木場景格外令人震撼。數以百計的棺木被堆成高約五米的小山，人們往四面澆汽油點火，烈焰在棺木的間隙噴湧，滾滾濃煙遮天蔽日。

　　據楊夏鳴介紹，被集中焚燒的是淞滬會戰的遇難者，此事當年上海曾有題為《為了健康大量的火葬柴火被點燃》的英文圖片報導。

　　報導刊發了兩張棺木焚燒場景圖片。說明詞中寫道：為了執行公共衛生部有關清除租界及外部道路地區的沒有掩埋或是部分掩埋屍體的政策，2月27日在林肯（Lincoln）大街和沃倫（Warren）路附近大約兩百五十具屍體被火葬。大約五十具沒有掩埋的中國士兵的屍體以及小巷中無人認領的屍體（一些裸露，一些在簡易的棺材中）被銷毀。（租界）當局盡其所能消除這些屍體可能造成的健康風險。灑在木材上的煤油加速了火葬的進程。之後骨灰被收集並放

TREMENDOUS PYRE LIGHTED IN THE CAUSE OF HEALTH

In conformance with the policy of the Public Health Department to rid the Settlement and outside-roads areas of exposed or partly exposed bodies, some 250 corpses were burned on February 27 off Lincoln Avenue, near Warren Road. Scenes of the burning are shown above. About fifty bodies of unburied Chinese soldiers were destroyed, as well as corpses abandoned in alleyways, some in fragile coffins and some exposed. The authorities are doing their utmost to eliminate the menace to health provided by these bodies. Kerosene sprayed on the pyre hastens the destruction. The ashes are later gathered and buried in a coffin.

Photos by Courtesy of Dr. N. Eskelund.

影片現淞滬會戰後，上海集中焚燒兩百五十具遇難者棺木場景，當年上海對此有英文媒體報導。

在一具棺材中掩埋。

　　楊夏鳴認為,這組目前首次見於紐約卅七分鐘版的歷史鏡頭,雖然不是宏大敘事的場景,但對瞭解當時社會生活細節,特別如何進行戰後的防疫工作具有重要的歷史價值。

戰後上海家園被毀,居民從被廢墟裡尋找物品

38、新增影像案例對應馬吉解說詞 實證歷史

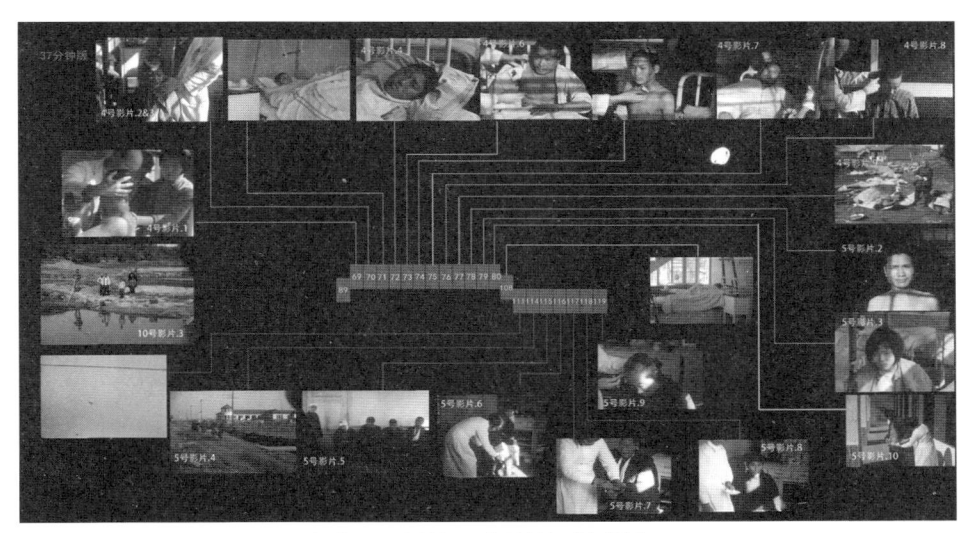

紐約卅七分鐘版馬吉影片部分新增畫面

「犯罪的不是這個日本人，或者那個日本人，而是整個的日本皇軍。……它是一副正在開動的野獸機器。」這是納粹德國駐南京大使館 1937 年 12 月發給德國外交部的秘密電報中對侵華日軍南京暴行的最終結語。張連紅多次表示，紐約卅七分鐘版本是目前已見各馬吉影像版本中，反映侵華日軍南京大屠殺暴行最為全面、內容最為豐富的版本。尤其是文物與文獻互相佐證罪行，影像和案例共同實證歷史，影片以令人震撼的歷史感、不可替代的現場感、無法辯駁的真實性，成為侵華日軍這臺「野獸機器」在南京高速度地和全火力地開動達六周之久無可抹殺的血證。

從時長來看，「卅七分鐘」版影像實際反映南京的畫面比南京「十七分鐘」版影像大約多九分鐘內容。多個新增畫面與馬吉牧師親自撰寫的影片說明詞相對應。

部分與馬吉牧師撰寫的影片說明詞對應的新增畫面：

五號影片八：這位六十三歲的農民姓周，家住烏龍鄉，距南京和平門約六英里地。日本人第一次來這裡時他正出去找他的水牛。其中一些士兵開槍射中了他。直到 1 月 26 日他才被送進醫院。此畫面是在他入院三周後拍攝的。

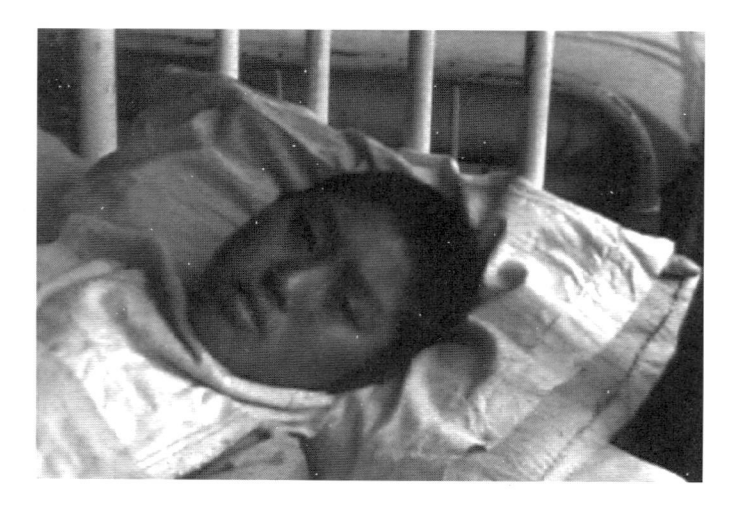

四號影片四：1 月 11 日，四個日本士兵強迫這個十三、四歲的男孩把蔬菜挑到城南，在那裡他們搶走了他的錢，用刺刀向他背部刺了兩刀，一刀刺進下

腹。兩天後他被送進教會醫院時，他的內臟從傷口裡拖出來約一尺長。送到醫院五天後死去了。給他攝影時，病人非常痛苦，連醫生都不敢把傷口上的繃帶解開。

四號影片二和三：一個尼姑和一個八、九歲的小幫手：這孩子被刺刀刺入背部，刺傷數星期後仍然因傷口未愈而發燒；尼姑因槍擊造成左髖骨穿破骨折並因此引起嚴重感染，如果有救的話，就需要進行一次特殊的手術，才能使她恢復行走。這尼姑和別人合住在城南一座廟後面的一所房子裡。日本人佔領南京時，殺死了這寺廟旁邊的許多人。把這尼姑送進醫院的那個裁縫估計，那裡被殺死的有廿五人。在這些死者中，有尼姑庵的一位六十五歲的住持和一個六、七歲的小幫手。畫面上的這個尼姑及其小幫手也是那次受的傷。她們逃進一條溝裡，在那裡待了五天，沒吃沒喝。溝裡有許多屍體，其中有一具六十八歲尼姑的屍體，她是被倒在她身上沉重的屍體壓死或窒息而死的。第五天這尼姑聽到有一個日本兵看到這些屍體時說了這樣一句中國話「好慘啊」，她隨即睜開眼睛，懇請這個士兵救她。隨後他把她從溝裡拖出來，叫來幾個中國人把她送進陸軍救護站，她在那裡受到一個軍醫的治療。之後有了機會，她被一個鄰居轉移到了教會醫院。

五號影片九：這位四十九歲的婦女和她丈夫是在 2 月 14 日夜晚被中國盜匪傷害的，他們家離南京大約有十英里。盜匪索要錢財，他們說沒有，盜匪就用凳子砸在她的頭和胸部，然後點火燒她的雙腳，直到她說出藏了四塊多錢的地方，這才饒了他們。

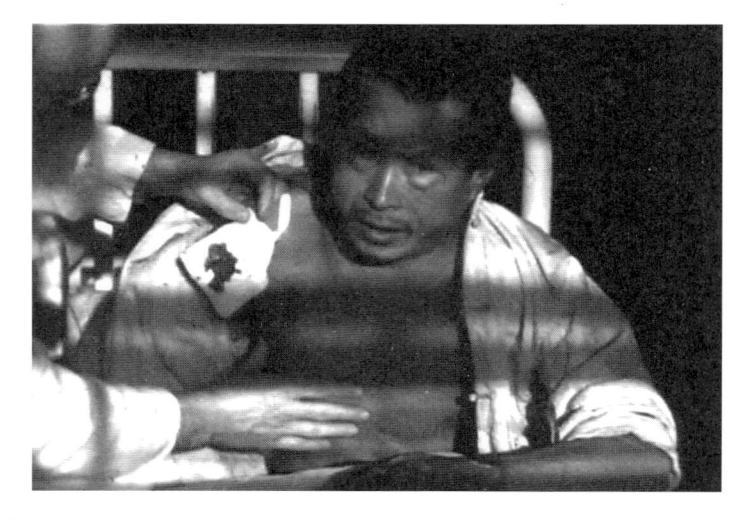

　　四號影片六：這個男子是四千個難民中主動承認自己以前當過兵的二百名中國人中的一個，因為日本人答應過他們：自動承認者可以免受處罰。他和

其他許多在街上被日本人抓到的人（雖然他們以前是平民）一道，共約三百至三百五十人被帶到坐落在五臺山附近的一所房屋裡，在那裡他們被分成十個人一組。日本人用鋼絲把他們的手捆在背後，要把他們押到水西門外（他聽人說）去處死。在快輪到他被押走時，他和房子裡的另外三個人躲在一堆墊子下，但他們還是被發現了，因為他們中有一人發出了咳嗽聲。他們後來被拖到外面，廿人一組站著，日本人用刺刀刺他們。刺了幾下，他即失去知覺，後來又從昏迷中醒來，連滾帶爬地來到美國學校的一棟大樓裡，那裡的一個中國人給他解開捆在手上的鋼絲。他在一條溝裡躲藏了一些時候，最後才去了教會醫院。醫生診斷他被刺了九刀，此外被鋼絲捆綁的手也受了傷。他現在已恢復了健康。

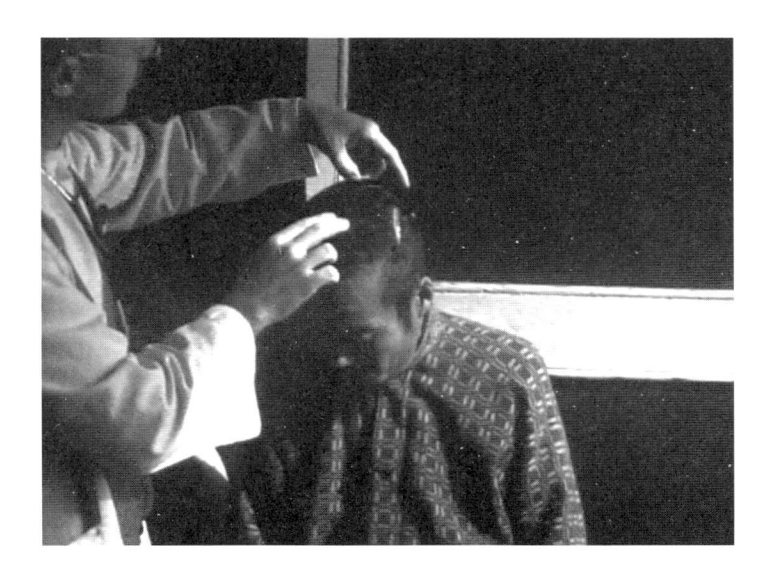

　　四號影片八：1月24日，日本士兵企圖命令這個男子縱火焚燒坐落在大學醫院附近雙龍巷裡的中和（音譯）飯店。由於他拒絕縱火，他們就用刺刀擊打他的頭部，他的頭部裂了三個口子，但是沒有危險。這次攝影時，他差不多已恢復了健康。

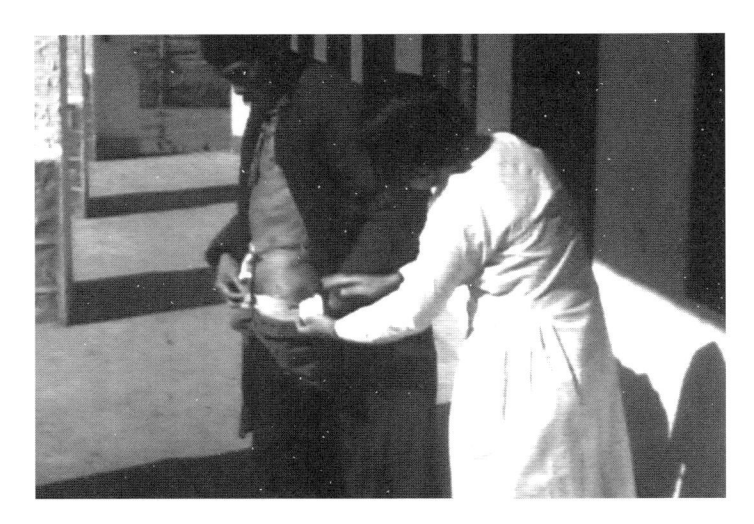

五號影片十：這位姓褚的農民五十六歲，家住南京近郊的東流鎮（音譯，Tung Hiu）許巷（音譯，Hsu）。日本兵先闖入他家，命令他全家人離開房子。老人廿六歲的長子頭中兩彈而死，次子被刺刀刺死。老人背後也中了一槍，子彈從他下腹部穿出。他妻子及幾個年幼的孫子未受傷害。

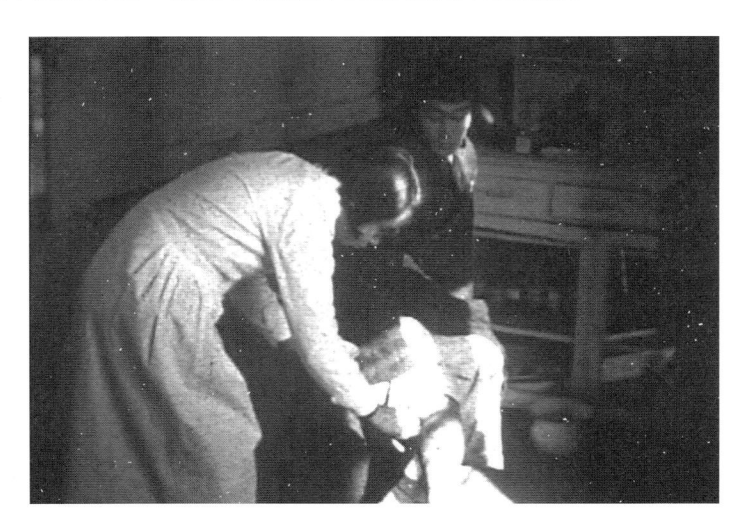

五號影片六這是駐南京某旅被打散了的一個士兵。他和其餘八名同伴於 12 月 13 日在紫金山向日本人投降。他們連續三天沒有吃的、喝的，然後又和兩

百名平民以及被俘士兵被押至紫金山附近一個地方拉貝所收藏的影片說明記載是「押至江邊一塊空地」，見《拉貝日記》第六百卅一頁。日本兵讓他們站成三長排，然後用機槍射殺。他雖未被擊中，但也倒地裝死。日本人向他們身上澆一種液體燃料，點著後很快燃成大火。由於天色已黑，這名士兵乘人不備爬了出來，雖然他的一條腿被嚴重燒傷。他於 12 月 18 日到達教會醫院。他的傷口難以治癒，但兩個月過後拍攝這幅畫面時，他已基本恢復了。

十號影片三：a. 這是南京眾多池塘中的一個。許多人被日本人殺死後又被扔進了池塘。大約在 12 月 26 日，這裡有四十多人被殺死，他們的雙臂都被反綁在背後。紅十字會把屍體埋在遠處可見的土堆裡。在拍攝那天，有一具屍體浮出水面，雙臂仍被捆綁著，在這幅畫面上可以看得見。b. 這是上述池塘附近的另一池塘。鄰居們站的那個地方，曾有九十六個男子雙手被捆在背後，澆上汽油和煤油，然後放火焚燒。

五號影片三：這位年輕的姑娘被日本兵從安全區的一所小房子抓走，在城南關了卅八天，這期間她每天被強姦七至十次。她患了三種最常見的性病，而且陰道大面積潰爛，士兵無法再接近她了。後來她被釋放，1月26日被送到教會醫院。這幅畫面是幾周後拍攝的。在她死去的同一天，她的當員警的丈夫也被抓，並從此杳無音信。有充分理由可以相信，他與那時被屠殺的一千多人一起遇害。

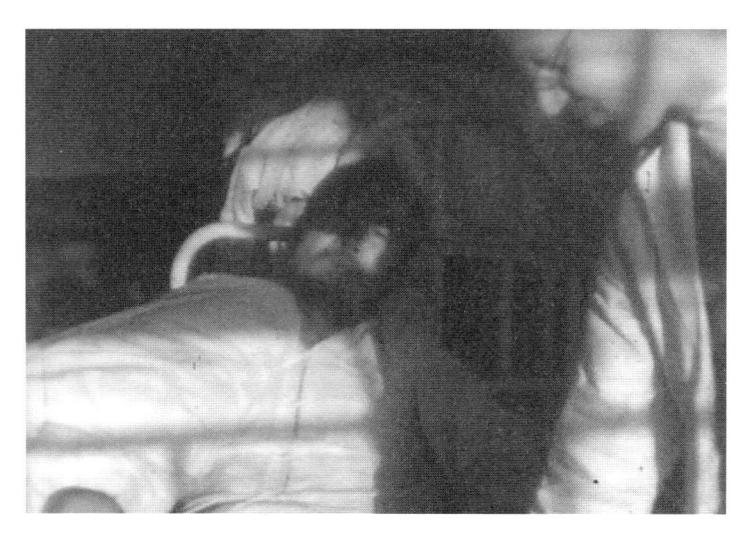

四號影片七：這個中年男子在 1 月 10 日回到坐落在對過山上的太古洋行附近他的住房裡。他在自己的院子裡遇到三個日本士兵，其中一個無緣無故地開槍打傷他的兩條腿，有一處傷口相當嚴重，但是他現在很可能已痊癒。

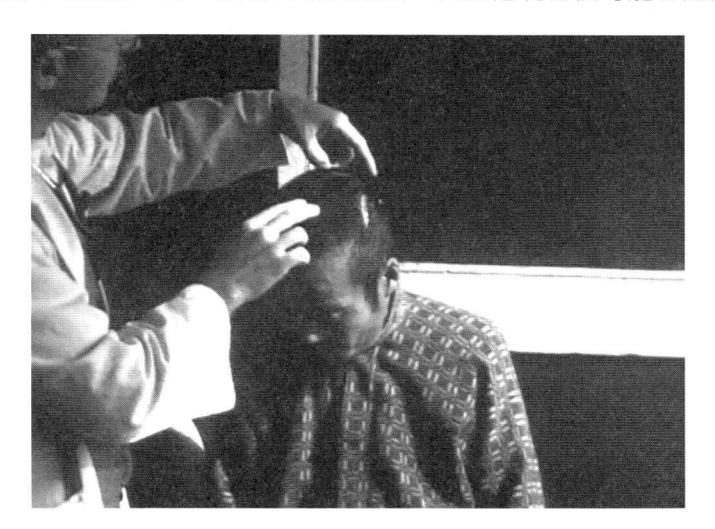

　　四號影片八：1 月 24 日，日本士兵企圖命令這個男子縱火焚燒坐落在大學醫院附近雙龍巷裡的中和（音譯）飯店。由於他拒絕縱火，他們就用刺刀擊打他的頭部，他的頭部裂了三個口子，但是沒有危險。這次攝影時，他差不多已恢復了健康。

五號影片四：這是鄉下人把傷患運往南京近郊的急救醫院的情景。攝於1938年2月17日。

五號影片五：病人在醫院排隊等候。

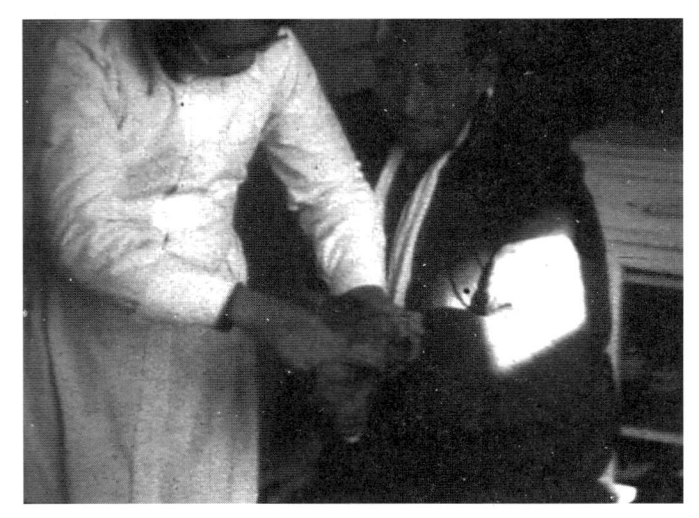

五號影片七：這是南京郊區長利鄉（音譯，Ch'ang Li Hsiang）的一位農民。2月15日，兩名日本兵闖入他家索要姑娘。他說「沒有」，他們將其手部射傷，當時去鼓樓醫院治療，其傷勢非常嚴重。

39、邵子平走進「中央醫院」

　　特別想說，馬吉影像卅七分鐘「一寸盤」得以回歸南京，我的一群原南京軍區南京總醫院的戰友們同樣功不可沒。

　　2018 年 10 月，邵子平第一次受邀來南京前，對我反復抱怨「南京市民都不知道是我找到馬吉影像和《拉貝日記》。」徐慧紅聯繫江蘇省與南京市媒體跟蹤採訪報導，讓邵子平對南京大屠殺史料的重大貢獻大篇幅見諸報端，「邵子平」的名字大字型大小醒目出現於南京多家報紙版面頭條標題中。

　　為邵子平參選「南京好市民」，徐慧紅樓上樓下奔走彙報、協調。晚上下了班，還多次打電話與我溝通、商量其中細節。

　　南京琅琊路小學在邵子平心裡代表著自己的天真童年。在母校受到最高禮遇，被母校特別授予邵子平「傑出校友」稱號，這些讓邵子平在回到南京的第一站，撲面而來的是滾燙的鄉情。這些細節的背後，是陶濤的穿針引線與全程協調。

　　如何讓南京市民邵子平享受到更多的社會保障？南京市政務服務管理辦公室副主任孫文專門抽時間查清楚，一條一條寫給我：

　　1、申請高齡補貼：五十元／月。辦理地點：戶口所在地街道社區；

　　2、申請居民醫保：全額費用一千一百六十元／年。每年11月份至街道社保所申請，攜帶身份證，戶口本以及一張證件照；

　　3、申請居民養老：如果老人沒有收入，可申請居民養老，要根據年齡及其他條件補繳一定費用，後面每月可領四百元的補貼；

　　4、七十歲以上老人乘公交，乘地鐵免費，憑身份證即可辦理；

　　5、可辦理南京市《老人優待證》，部分公園免費遊玩。

出生於南京鼓樓醫院的邵子平，對國民政府中央醫院、現東部戰區總醫院沒有任何印象。聽我說起侵華日軍秘密細菌部隊榮字一六四四部隊的總部以及人體活體實驗樓就在這家醫院，邵子平提出「很想去看一看」。

2021年11月19日上午，我開車到鼓樓區觀音里社區門口接上邵子平，從中央路往北，穿過玄武湖隧道、九華山隧道，駛入玄武區的黃埔路。

黃埔路南起中山東路，北至馬標，為南京最美的路之一。夏季，路兩側的法國梧桐遮天蔽日，熱烈的陽光透過茂密的梧桐樹葉，給路面灑下點點碎金。

這條路也是歷史。1927年，國民政府定都南京後，將在廣州的黃埔軍校遷至南京，建中央陸軍軍官學校（校址在今東部戰區內），習慣上仍被稱為黃埔軍校。《南京地名大全》記載，黃埔路開建於1929年，完工於1930年，與中央陸軍軍官學校相鄰，被命名為「黃埔路」。

東部戰區總醫院在黃埔路上開有側門，我曾經在臨近側門的生活區六十號樓與五十七號樓先後住過十年。遠遠的，就看見醫院的老協理員董鐵農等在大門前，待我的車靠近，他請門衛打開起落杆道閘，在行駛著的車旁快步走著，引導我們進入醫院機關辦公樓前的停車場。

我的車屬於外來車輛，按醫院規定是不允許進入院區，得停在馬路對面的社會停車場。為了讓年邁的邵子平少走路，董鐵農早早協調，將每一個細節都作了周到安排。

車位一向極其緊張的醫院機關樓前的停車場已為我們預留了停車位。掐指一算，我轉業離開醫院已經廿年，這還是第一次開車進入醫院，老同事們給予的這份特殊待遇當然是因為邵子平。

打開車門，章建新與董鐵農熱情地迎上來。轉身就是醫院機關辦公樓。

「這幢樓就是當年侵華日軍『榮字』一六四四部隊的人體試驗樓——『一科大樓』，是日軍活人實驗最直接的證據。」我指給邵子平看，「當年，這座大樓的第三層是日軍做人體試驗的場所。」

早年曾在這座樓內辦公的章建新向邵子平詳細介紹，這幢大樓從前是三層，第四層為後加蓋。在用作機關辦公樓之前，這幢樓為醫院為綜合樓。

　　侵華日軍「榮字」第一六四四部隊自 1939 年 4 月 18 日在南京建立後，作為日軍細菌戰研究網路中「第三個主要的環節」，秘密高速運轉，直至 1945 年 8 月日本戰敗。在六年多的時間中，它的主要工作就是：對致命細菌的研究與試驗，對細菌戰劑的大規模生產，以及直接參與實施對中國抗日軍民的細菌戰。

　　「榮字」第一六四四部隊研究的眾多致病與致命的細菌中，以鼠疫、霍亂與斑疹傷寒菌為重點，毒物中主要是蛇毒、河豚毒、氫化物和砷等。細菌與毒物的研究與試驗都是在這幢大樓裡。

　　我在 2016 年曾專題採訪與報導過侵華日軍的這段罪惡歷史。當時，日軍為檢查細菌武器效能所曾採用的基本方法，就是有系統地和大規模地用活人來進行慘無人道的罪惡實驗，活人實驗由一科承擔。

　　眼前的一科大樓當年是原中央衛生實驗院。根據日軍軍畫兵石田甚太郎的證詞：

　　三樓是關押供人體實驗用的活人房間。三樓通常關押有廿至卅人，人多時超過一百人。受試者多是中國人──被抓獲的中國戰俘與抗日分子，也有許多無辜的婦女、兒童，還有少數其他國籍的人。

　　「關在三樓房間內的活人，從來就沒有活著出去的。」

　　邵子平聽著章建新的敘述，站在「一科大樓」前仔仔細細地看了好久。「我們 1991 年在紐約發起組織『紀念南京大屠殺受難同胞聯合會』，就是為了紀念我們不幸的死難同胞，並向日本的新軍國主義進行反擊。」他的臉上悲憤難抑。

　　章建新和董鐵農擔任陪著邵子平一一參觀了醫院院史長廊、原中央醫院的大門華表、當年日軍「榮字」一六四四部隊的總部機關大樓，也參觀了醫院的現代化診療大樓。

為了馬吉影像卅七分鐘「一寸盤」這一國寶回歸,「總院政治部的故事」群的每一位同事,各盡所能,不遺餘力。

歷史就是通過參與者的見證與講述而保存下來的。

以下是老同事們的講述。

徐慧紅：我與邵老先生的三次見面

2018年初,就不斷聽陳旻「嘮叨」,我開始對邵老先生有了初步的瞭解,特別是他的「卅七分鐘」。

2018年10月份,受陳旻邀請,邵老先生來到他出生並度過了十二年童年和少年時光的南京。20日下午,他回到闊別七十一年的母校——南京市琅琊路小學,為了讓邵老先生能夠充分感受到家鄉南京的友好和溫暖,我在此次活動中特意組織了部分省市媒體到現場進行採訪。由於有其他事務纏身,邵老這次的南京之行,很遺憾未能謀面。

時間很快到了2019年1月。我從陳旻那裡獲知,邵老已經成功辦理了南京市民身份證。1月18日邵老專程來到南京,參加南京市民身份證的接受儀式。19日上午,南京市機關會議室內暖意融融,南京官員為邵老鄭重遞上這含義深遠的市民身份證,見證這一難忘時刻的還有南京市委常委、宣傳部部長,時任侵華日軍南京大屠殺遇難同胞紀念館館長同時在場。

正是在這次活動上,我第一次見到邵老先生。這是位極具威儀的長者,身板挺直,雙目炯炯,語速不疾不徐,言談間透著嚴謹、睿智。陳旻悄悄告訴我,邵老已經八十三歲了,我不禁肅然起敬,很想為這位老人做點什麼,以表達對他為我們這座城市所做貢獻的感謝。

自始至終，我和我的同事們竭盡所能支持陳旻，共同努力把「卅七分鐘」留下來。2019 年下半年，聽聞「南京好市民」評選活動開啟，我便第一時間向分管領導彭振剛副部長做了彙報，彭部長認為這是邵老實至名歸的最恰當的榮譽，應當積極爭取並大力支持。2020 年年 3 月，2019 年度「南京好市民」揭曉，邵老先生位列其中。受疫情影響，當時居住在臺灣的邵老無法來南京領獎。7 月 30 日，南京市委宣傳部副部長、南京市文明辦主任彭振剛單獨為專程來南京的邵老先生頒發榮譽證書與獎章。

　　這次見到老人頗感意外，原先挺拔的身姿略顯佝僂，步履也有些微蹣跚。當得知是腰疾復發，但不顧疼痛仍堅持親自參加授獎儀式，我和同仁們是何其的感動！老人珍視這份榮譽，更是珍視我們的付出。

　　我與邵老先生的第三次見面是在 2021 年 11 月 17 日，這次邵老又恢復到初見時的神采，可能是已熟絡的緣故，眼中的老人慈祥而可愛。當晚陳旻設宴，我們「總院政治部的故事」群裡的同事們作陪。這次赴宴，我專門挑選了一本十竹齋信箋作為禮品裝在一個布袋中，此布袋是我們 2021 年與聯合國教科文組織共同主辦的第二屆南京和平論壇上的會議用袋，袋上印有論壇和 UNESCO 的 loge，同時還有以 loge 為網底的設計圖樣。沒想到，邵老竟然特別喜歡這份禮物，對布袋更是情有獨鍾，當場就背上了不捨得拿下。後來聽陳旻說，在南京期間，他經常背著這個布袋出街，每每拍照時還特意把它放在胸前。

　　這是位值得敬佩的老人，源於他的學識、經歷，源於他的品性、為人，更源於他的善行義舉。

章建新： 我看到的邵先生　真實　正直　友善

　　我與《《大公報》》高級記者陳旻相識數十年，她轉業去當「無冕之王」後常有往來，她經常電話關心老單位的建設發展，人事變化，嘮嘮家常，也跟我講些採訪中的所見所聞，她文章中的原型人物。

近年來，聽她講的較多的，能引起她情緒激動的可能就是為了得到「馬吉影像卅七分鐘」所做的努力了。由此，我知道了邵子平，一個生在南京原國民政府外交官的後代，法學博士，曾在聯合國總部工作過……。他尋找到的馬吉影像和《拉貝日記》兩件珍貴史料，是侵華日軍南京暴行的重要罪證。

　　2021年11月初，陳旻告訴我邵子平先生來南京了，她設宴「小廚娘」想讓群裡的戰友都去見見他。當我欣然而至時，邵子平先生已等候多時了。他長頭髮長鬍子，兩眼炯炯有神，衣著樸素隨意，待人就像鄰家大哥，你應問盡問，他有答必答，很快就與大家熟悉了。分別時陳旻說出生在鼓樓醫院的邵先生還不知道以前的中央醫院在哪裡，作為東道主的我們立即相邀隔天再見。

　　邵子平先生去東部戰區總醫院（原國民政府中央醫院）參觀的那天陽光明媚，天氣格外的好。他著重參觀了侵華日軍榮字一六四四部隊的人體試驗樓（現醫院機關辦公樓），著名建築學家楊廷寶1931年設計建造的原中央醫院大樓（現內科病房）以及院史長廊，最後我們在去年才投入使用的全軍腎臟病研究所門前合影留念。

　　與邵子平先生短短的三次見面留下了很好的印象：真實，他尊重歷史，尊重客觀，尊重現實，所以才能義無反顧地把珍貴史料奉獻給了南京。正直，他在美國紐約與一批美籍華人創立了「紀念南京大屠殺受難同胞聯合會」，把尋找侵華日軍南京暴行的證據作為重要目標，歷經千辛萬苦，讓史料得以回歸。友善，他對待故土，對待家鄉親人有著深深的眷念，走街串巷搞民生調研，願意把餘生智慧貢獻給南京。我們為南京有邵先生這樣的好市民感到欣慰。

董鐵農：邵老 眷念故土、追求正義

　　與邵子平先生接觸，特別是陪他參觀原醫院歷史舊址後，留給我深刻印象是：這是一個年齡與精力不相符合的老人，他充滿著對故土的眷念和對生活的熱愛，渾身迸發出充沛的活力，生命不息，追求止，始終為正義而不懈奮鬥！尤其是在找到公開《拉貝日記》等南京大屠殺關鍵歷史資料方面作出了特殊貢獻。這是一個永遠值得後人崇敬和學習的老先生！

趙旗：邵老先生印象

2021 年 11 月份的一個晚上，應總院老戰友陳旻之約參加和邵老先生的餐敘。

初見邵老先生，我猛然一驚，眼前這位陳旻由衷稱讚的「南京好市民」，銀鬚飄飄，面色紅潤，雙眼炯炯，腰板挺直，聲若洪鐘，可謂仙風道骨，活脫脫一位從金庸小說裡走出來的隱世修行長者。可我知道，邵老先生卻真真切切是一位俠義肝膽的英雄，正是他歷經磨難找到了《馬吉影像》和《拉貝日記》等侵華日軍南京暴行的鐵證。

在和邵老先生交談中，老先生並沒有多提這段往事，他認為這都是作為中華民族子孫應盡之責，倒是對獲得南京市的「南京好市民」的榮譽，感到十分興奮和驕傲。他很激動地談到南京市政府授予他「南京好市民」獎章與證書的過程，談起他順利在南京市鼓樓區某社區落戶的經歷，談到他對南京城市建設和管理的關心，甚至談到他毛遂自薦參加區人大代表的選舉而發生的種種尷尬和趣事，大家笑成一片。

當他講到臺灣方面取消他的臺灣戶籍以及對他的迫害，神情變得嚴肅和激憤。我們勸他以南京為終老之地，南京人民定會善待於他，他面露欣慰之神情。

我和戰友們都認為，邵老先生為南京人民做了這麼多有意義的貢獻，南京人民當然也包括我們大家都有責任關心照顧好他，讓他晚年心安南京，心安之處為家。

陶濤：我眼中的邵子平

第一次聽到邵子平的名字，是陳旻電話問我可否説明協調琅琊路小學接待邵先生回母校看看，並講述了他畢生苦尋侵華日軍南京暴行罪證的事蹟。雖然未見過邵先生，但邵子平這個名字，因聽讀起來清晰響亮、富有想像，加上聽了陳旻對其的事蹟介紹，名如其人，已然一個有學識才華，德行品質高尚的形貌特徵躍然於腦海。後來從相關新聞報導中看到了邵先生回母校「重遊」的照

片，見其儀表形象果然與我的想像相差無幾，只是飄逸的長髮銀鬚平添了幾分風骨傲然。

第一次見到邵先生，是陳旻組局安排曾在軍總政治部共事的幾個戰友與邵先生的一次餐敘。因為我去的晚，他們將緊挨著邵先生的「最佳坐位」留給了我，坐下後我趕緊舉杯向邵先生表示晚到的歉意。席間，邵先生言語不是很多，更多的是在認真傾聽和回答大家一些對自己的關切，不時還流露出對我們昔日戰友情的贊許眼光。邵先生雖沒有向大家介紹自己如何為南京找回侵華日軍在南京暴行珍貴史料的艱辛和功績，但不時會提及此次回南京參選鼓樓區人大代表，能為家鄉貢獻自己的那份執著和期待，顯露了他對家鄉的無私奉獻和深深情懷。

無論是苦尋馬吉「卅七分鐘」還是回南京參選代表，八十五歲高齡依然朝氣蓬勃，鍥而不捨的邵先生讓我由衷的敬佩。與邵先生在一起，能夠讓你感受到生命的昂揚；能夠讓你有直面人生，掌控命運，獲取成功的可貴態度。邵先生是一個積極向上，熱愛生活，挑戰自我，理性堅強，大氣謙和的睿智長者。

黃在松：幸會邵子平老先生

我在南京總醫院工作時的同事陳旻後來做了記者，見多識廣，嗅覺敏銳，憑著真誠和執著，即便遇到最複雜的事件總能挖根追底，直擊真相。離開南京總醫院廿多年了，時而參加當年的同事聚會，總能聽到陳旻講述一個個精彩故事，如臨其境，引人入勝。印象最深的是尋訪卅七分鐘馬吉影像成功回歸南京的故事，既深恨日本侵華戰爭製造南京大屠殺的滔天罪惡，也感慨歷史滄桑很多罪證已經湮滅，天涯海角找尋馬吉影像等重要鐵證之艱難和不易。

2021年11月初的一天，陳旻打電話告訴我，當年尋獲《拉貝日記》和馬吉影像原片的邵子平老先生來南京，問我想不想和南京總醫院的老同事們一起見一見，給邵老接風洗塵。聽到消息我很激動，立即就答應了。作為晚生後輩，能親眼見到以前只在書上看過、網上見過，愛國報國的傳奇人物，當然是很榮幸的事。

此前我剛讀過歷史學家唐德剛先生所著《袁氏當國》，書中寫道：「回憶筆者在讀小學時代正值九一八事變爆發，海內外各界人士，要求對日抗戰之沸騰情緒，亦正如『廿一條要求』之時也。我記得國文老師要我們背誦陳布雷為蔣介石所撰的《告國民書》說：『可戰而不戰，以亡其國，政府之罪也。不可戰而戰，以亡其國，亦政府之罪也。』我們師生在國文班上集體啜泣之往事，至今記憶猶新。我又怎能想到，年近耄耋之時，遠在重洋之外，在陳憲中、姜國鎮、邵子平諸先生領導之下，還要面對聯合國大廈，向來訪的日本首相含淚大呼『日本不賠償，不道歉，我們永不甘休』哉？」

　　作為一個中國人，一個南京人，讀到這樣的文字，這樣的人物，怎能不心潮起伏，熱淚盈眶。

　　11 月 9 日晚，我下了班就匆匆從南京遠郊的辦公地點往市區趕，進到酒店包廂剛坐下，陳旻就陪著邵老先生進來了。初見邵老，八十五歲高齡，依然勇毅剛強，雙目炯炯，氣場強大，雖然衣著簡樸，鬚髮花白，但身板硬朗，精神飽滿，面色紅潤，聲音渾厚，不顯絲毫老態，英氣不減當年。

　　邵老說到此次回到出生地南京，住在戶籍地附近一家便宜的快捷酒店，每天行走一萬多步，走遍附近每一個社區每一條街巷，和社區廣場上休閒鍛煉的大爺大媽嘮嗑，與外地來南京開蔬菜店的青年夫婦敘談，探訪住在社區裡的林則徐曾孫，流連忘返，快慰平生，感受到濃濃的故園情。「少小離甯白髮回」，一開口竟然是遺忘多年的南京話，連他自己也感到震驚。

　　我問邵老，您尋找《拉貝日記》和馬吉影像的故事，陳旻都給我們講了，我想知道是什麼樣的動力和機緣讓您投入巨大精力和熱情來做這件事情。邵老說，他 1948 年就隨家人去了臺灣，後來又去德國留學，再去美國紐約聯合國機構工作。當時在紐約有很多愛國華人，大家經常相聚，也有機會接觸到一些從國內前往美國寓居的民國大人物，比如唐德剛就為李宗仁、胡適、顧維鈞等整理過口述歷史，對日本侵華戰爭有了更加深刻的認識。廿世紀八十年代日本開始出現否定南京大屠殺的言論，引起大家極大義憤，大家自發成立「對日索賠同胞會」與「紀念南京大屠殺受難同胞聯合會」，就是要趕在日本右翼分子行動之前搜尋到侵華日軍南京暴行的罪證，為南京大屠殺遇難同胞討回公道並

爭得賠償。我說，我工作四十年，已經退居二線，總有船到碼頭車到站的思想，再過幾年就要退休，不再有年輕時的血性和拼勁。邵老說，大陸退休年齡太早了，五十多歲正是人生最成熟最華彩的時候，我尋找《拉貝日記》和馬吉影像就是你現在這個年紀。我比你大三十歲也沒覺得老，還渾身是勁，只要有機會，還願意為南京人、為南京的城市建設再做一點工作。

很快，參加聚會的老同事們都到齊了，大家紛紛舉杯向邵老表達崇敬之意，並向邵老請教長壽秘訣。邵老說他自小生活簡樸，父親對他們子女要求很嚴，記憶中父親只帶全家在外面吃過一次飯。那次是父親帶全家外出，很晚才回家，於是在外面吃了一碗麵條。邵老說他長壽的秘訣不在於吃好養好，而是他從來都沒覺得自己老，始終都保持生命的激情。

告別邵老，我久久不能平靜。我為邵老的民族大義所感動，也為老人家英雄豪氣而讚歎。我想正是有一代又一代熱血兒女，我們大好河山才不亡其國，華夏文明才生生不息。

祝福邵子平老先生健康長壽！

孫文：邵子平先生的南京養老待遇

2022 年 4 月 18 日，陳旻告訴我，她為邵子平申請了南京市八十歲以上老人高齡津貼，為此，她特別發微信感謝我，因為她是從我這裡得知南京市八十歲以上老人可以申請高齡津貼，她找到社區為邵先生辦理了高齡津貼申請，南京市還為邵先生補發兩年的高齡津貼。

大概是 2019 年的冬天，有一天陳旻打電話給我，她說有位邵先生剛拿到南京的身份證，要為邵先生辦社保卡，還想知道南京市對高齡老人的社會保障具體內容，希望我能幫她瞭解相關情況。由於我們單位與辦卡的職能部門在工作上有些交集，所以對辦卡的規定多少知道一些，當時覺得邵先生雖然已經在南京落戶，但前面沒有交過社保，這種情況可能不一定符合辦卡的條件。雖然有些疑惑，但我還是幫她聯繫了辦卡部門的相關同志。果然，可能是資訊不對

稱等原因，辦卡部門給她的解釋是邵先生不符合辦卡規定。得到這個消息後，她很是失望，希望我能再幫助瞭解一下，有沒有其他辦法！我想，既然辦事機關都講不符合規定啦，那還能有什麼辦法呢？總不能讓人家違反規定辦吧！再說，人家也不可能聽我的呀！

　　一方面想安慰她一下，另一方面也是考慮是不是辦卡的同志對邵先生的具體情況不夠瞭解，我還是再次約了辦卡的同志，希望再具體瞭解一下情況或向她解釋一下。印象中陳旻很認真，好象是讓我幫她聯繫一下具體辦事的同志，想當面諮詢一下情況。因為當時我比較忙，後來是當面諮詢的，還是電話諮詢的，已經記不清啦！

　　後來陳旻來電話告訴我社保卡順利地辦好啦！電話中，明顯能感受她有一塊心病終於落地的感覺。

　　邵先生找到馬吉影像和《拉貝日記》是一件非常了不起的事情，南京大屠殺不僅是南京這座城市的記憶，也是世界遺產記憶，要讓世人通過這段歷史事件明白和平的珍貴。

何進： 追求正義的「南京好市民」

　　2021 年 11 月 17 日晚，應老同事陳旻之邀，相聚在「小廚娘」，有幸和邵老相遇相識。邵老這次來南京是作為南京市選民參加南京市鼓樓區人大代表的換屆選舉，是專門來選舉投票的。我在南京軍區南京總醫院政治部組織科工作過，對人大代表的選舉事宜很熟悉。我將選舉法的具體規定向邵先生詳細解釋，比如，選民十人以上聯名可以推薦代表候選人。當推薦的代表候選人人數超過選舉法規定的差額數時，則要由選民小組經過醞釀、討論、協商，根據較多數選民的意見，確定正式代表候選人名單。選民在推薦和協商代表候選人時，應充分考慮代表的素質和結構要求，把能夠真正代表人民意志參與管理國家和社會事務的人確定為正式代表候選人。等等。

邵先生對參與南京建設與城市管理的高漲熱情令我感動。為什麼他八十五歲高齡還奔波於海內外，繼續為徵集南京大屠殺史料付出努力？因為他幾十年如一日，活到老學到老，堅持對正義的不懈追求；為什麼他這根生命之樹常青？因為他心向祖國、關心南京，為國家、為南京、為人民做了許多工作，是大愛激發著生命的活力。他向社會傳遞了真善美和正能量，在我們心目中樹起了「南京好市民」的形象。

這些真摯的文字令邵子平動容。他對我說：「你們老戰友真能團結一致，大家為了我過了時的一段歷史談話寫文。你的面子和韌勁也很大，搞到他們支持，我想不出我的朋友同學當中會有幾人願為我朋友的事像這樣『付出』。」

戰友們對我的傾力支持，其實並不是照顧我的「面子」，而是他們深知珍貴史料對於中華民族、對於南京這座城市的分量，他們對邵子平的敬重發自內心。

此外，為馬吉影像卅七分鐘「一寸盤」回歸南京付出真誠努力的，還有我的同學中共江蘇省委宣傳部副部長徐寧，東方衛視蘇皖記者站站長李慧萍，國家稅務總局江蘇省稅務局徐雲翔，江蘇廣播電視總臺節目研發與受眾研究中心主任張建賡，江蘇廣播電視總臺網路產品部副主任汪平，揚州電視臺欄目策劃兼主播馮潔，知名設計師張亦農，泰州文化名人范觀瀾等。

張建賡表示：「在所有紀錄歷史的介質中，影像具有資訊的豐富性、事件的真實性、場景的可感性。無論從歷史、傳播還是法律的角度來看，影像史料都是最為珍貴的。所以，尋找馬吉影像的意義不言而喻。」

只要邵子平來南京，李慧萍都派出駐南京記者採訪報導。她總感歎，「『卅七分鐘馬吉影像實在太重要了！』影片能回歸南京，那就是創造了歷史啊！」那兩年間，李慧萍一直與我密切聯繫，拍攝了許多珍貴電視畫面。她非常希望自己能有機會將卅七分鐘版馬吉影像回到南京的曲折過程拍成紀錄片，留下這段珍貴的歷史。

下

1990年隆冬。
紐約，街頭寒風蕭瑟。

紀錄片仍活著，只是要為歷史作鐵證。
本來已經被埋藏了的歷史，幽靈般浮現，只為冤魂不息。

第四部

尋證南京大屠殺
紐約創立「聯合會」

> 本會同人便是激於義憤，於 1991 年發起組織「紀念南京大屠殺受難同胞聯合會」來紀念我們不幸的死難同胞，並向日本的新軍國主義進行反擊。庶幾日本軍國主義不會復活，類似大屠殺不致重演。
>
> ——紐約「紀念南京大屠殺受難同胞聯合會」理事會主席 唐德剛

40、反擊日本新軍國主義 唐德剛領銜「聯合會」

「紀念南京大屠殺受難同胞聯合會」（簡稱：聯合會）現任會長姜國鎮是紐約一名麻醉科醫生，他的常規狀態是在無影燈下，手術臺旁。常常，我給他的微信留言，要等到好幾天、甚至半個月以上，才能得到回覆。

我很怕這種斷續不連貫的採訪，但是沒有辦法。姜國鎮的忙碌以及紐約與南京的時差因素，我只有一次又一次按捺住焦躁，耐心等待。

自 2020 年 12 月 2 日，至 2021 年 1 月 7 日，姜國鎮先後三次從美國給我

寄來一箱一箱的資料。他在卅年間仔細保存著「聯合會」的重要資料，雖然散亂無序，但畢竟都是珍貴的一手史料。

此前，有接近兩個月的時間，我對姜國鎮的「動之以情、曉之以理」，他被我「逼著」去地下室翻找，將資料寄來。

梳理這些資料更考驗對耐心。我從資料裡發現有用的線索，再去一次次追問，之後，是漫長的等待。資料裡大量的日文、英文、法文，我用翻譯筆逐行掃描翻譯，或用掃描器整頁掃描後，再用辦公軟體翻譯，我嘗試以不同的方式反覆翻譯、對比，整理，再交叉印證。廿世紀九十年代，那些遠去的靈魂，遺忘的歷史，被我努力用鍵盤復活至眼前。

2020年12月16日，我終於第一次收到姜國鎮在12月2日寄出的一紙箱資料。自寄出起，我根據快遞單號追蹤郵件的行蹤，一天查好幾次，心情急切。郵件一路要經受一次次防疫消毒，施施而行。

一頁頁泛黃的紙張裡，有「聯合會」成立時的會議記錄、舉辦紀念活動時印發的宣傳傳單、當地華文媒體對「聯合會」的報導剪報，三盒錄影帶等。我逐一仔細閱讀梳理，以此努力拼接還原「聯合會」的歷史面孔。

1991年3月15日，「紀念南京大屠殺受難同胞聯合會」成立，在新澤西州登記為非營利教育團體，享有州免稅地位。

「南京大屠殺過去已五十多年了，當年日軍在南京屠殺了三十四萬軍民同胞。近年來日本日漸成長的新軍國主義者之輕蔑和反噬，他們把這場鐵證如山的大屠殺居然說成是中國人的捏造。而對他們自己的原子彈受難者，則逐年追思，宣揚不盡。兩相比較，我們稍有血性的中華兒女，對此情此景怎能不聞不問？」這是時任「聯合會」理事會主席唐德剛於1992年5月寫給該會彙編的《世界各地紀念南京大屠殺活動報導》的序言。

在美國紐約見證「聯合會」成立的中國著名的歷史學家章開沅認為：「我們回憶充滿恐怖與罪行的往事，絕不是為了復仇，而是為了尋求真理與伸張正義，同時也是為了汲取歷史經驗，教育包括日本在內的全世界人民，反對侵略

戰爭，維護世界和平。」[01]

關於成立「聯合會」的目的，唐德剛在此序言中清晰地闡述：「本會同人便是激於此項義憤，於1991年發起組織『紀念南京大屠殺受難同胞聯合會』來紀念我們不幸的死難同胞，並向日本的新軍國主義進行反擊。庶幾日本軍國主義不會復活，類似大屠殺不致重演。」

擔任創會會長的邵子平強調：「唐德剛是我們『聯合會』的精神導師。」廿世紀五十年代初，唐德剛獲得美國哥倫比亞大學哲學博士學位，六時年代任紐約市立大學、哥倫比亞大學教授和亞洲學系主任，七十年代尾隨尼克森訪華之後成為第一批被批准回大陸探親的三百人中之一員，九十年代作為發起徵集一億人簽名向日本討還戰爭賠款運動的核心成員，由此贏得了海外僑胞由衷的尊敬。[02]

廿世紀八十年代初期，「北美廿世紀中華史學會」及「日本侵華研究學會」相繼在美國成立。關於這些民間華人學術組織成立的背景，唐德剛教授在1994年7月召開的「日本侵華百年——華人對日索賠國際研討會」的發言中介紹道，遠在1978年之秋，當全美「亞洲學會美東分會」於康州大學舉行年會時，少數與會華裔史學教授吳天威、楊覺勇、唐德剛等人，有感於猶太裔民對二次大戰期間猶裔受難同胞追悼之熱烈，及當時德國政府向早年猶裔受難人支付賠償。他們商議如何推動華裔作相同的行動，「先從學術入手，再及其他。」

唐德剛認為，近百年中國史實與日本侵華相始終。「日本對我國作赤裸裸之侵略，其行為之殘暴，以及吾國吾民受禍之慘烈，實史所寡有。此一絕對事實，雖舉世皆知，百代不磨，然日本朝野中之軍國主義餘孽，至今仍在極力抵賴；甚至顛倒黑白，對受害國之政府與人民橫加污蔑。但鬼魅之言，在昭彰史實之前，終難詭辯。唯真金不怕火，欲以學術真理使讒言者無所遁形，此實上述國際史學組織發軔之原意也。」

01　《從耶魯到東京》，章開沅，頁7。
02　《書屋》，1998年4月15日，宋露霞，《話說唐德剛》，頁11。

在此次會上所作題為「紀念抗日·對日索賠」的長篇演講中，唐德剛以歷史學家的犀利，歷數了日本自甲午戰爭以來侵華百年的罪行，並著重指出，關於戰爭賠款問題，按國際公法歷來就有對國家賠款和對民間賠款這兩個部分，過去的中國政府僅僅是在對國家賠款的這一部分上，作出了姿態，但是民間要求的戰爭賠款問題，歷來沒有個說法，我們必須對日本清算這筆民間的舊帳。他還提議每年在南京大屠殺的現場舉行紀念受難同胞追悼會。[03]

不過，原先的學術組織為純學術活動，「實係紙上談兵」，「而我國我民所受日本侵略之實禍，遍及全族。與會人士與海外華裔媒體均一致認為學術之外，更應追究日本侵略責任及對日索賠之實際行動[04]。」1988 年，以唐德剛、楊覺勇、吳天威、陳憲中、邵子平等一批華裔人士，在紐約成立「對日索賠同胞會」。

索賠會由於責任重大，會務浩繁，而人力有限，全屬義務勞動，巨細之間，很難兼顧。大家商議以紀念南京大屠殺為主題成為常設委員會，專司其事。「唐德剛在介紹海外華人團體推動索賠經過及相關組織簡介仲介紹道，參照日本對廣島受難者，每年皆有紀念會之專一活動。我會認為有此必要。

1991 年 3 月 15 日，「聯合會」成立，以紀念南京大屠殺受難同胞為專職。工作人員都是業餘的志願者，會內費用支出全部依靠熱心人士的捐助，捐款都不得附任何條件。

「我們『聯合會』，當然不是一個多大的組織，我們只是一些忘了年紀，忘了自己，有時還忘了家庭，只為了維護歷史真相與尊嚴，反對日本政府篡改南京大屠殺歷史而努力不懈，只想伸張正義的一些『熱血』中老年人而已。」現任「聯合會」會長姜國鎮認為，「聯合會」有四位不可忘懷的人：「第一位是當時美國西東大學教授楊覺勇，他是第一個捐了兩千美金讓我們成立這個會的，是我們會的基石；第二個是唐德剛教授，他不僅出錢出力，也出了名，替我們的會做了不可磨滅的貢獻；第三個是邵子平，他是我們會的腦袋和能量，

03　《書屋》，1998 年 4 月 15 日，宋露霞，《話說唐德剛》，頁 12。
04　唐德剛，《紀念抗戰 對日索賠》，日本侵華聲討大會發言。

很多點子和發現都是他的貢獻，比方說馬吉的影片和《拉貝日記》等的發現都有他很大的功勞；第四個當然就是陳憲中，是他不僅以一個企業家給了我們經濟上最大的支持，他也以一個藝術家的眼光，用他累積的藝術和歷史的價值觀來支持並引導我們的活動。」

邵子平在紐約一次集會的演講中指出：「日軍暴行極多，舉南京為例：在這場日軍的暴行中究竟真相如何？哪一級下達的命令？天皇的角色和知情的程度如何？中國平民被殺害的占了什麼比例？放下武裝的被俘士兵被殺的有多少？婦女被強姦而因羞恥不敢聲張的究竟有多少？這些研究得還不夠。」邵子平認為，這些歷史問題都促使他們決定集中時間與精力專注於南京大屠殺歷史研究。

1991年4月6日下午兩點四十分至七點，紀念南京大屠殺受難同胞聯合會理事會在楊覺勇家舉行第一次會議。理事會成員有九人：楊覺勇，唐德剛，吳昭文，夏陽，邵子平，姜國鎮，陳憲中，羅際相，于彩繁。陳憲中、羅際相與于彩繁（書面全權委託姜國鎮）缺席第一次理事會。

根據會議記錄，楊覺勇在會上提出，理事會已決定為七至九人，將來可增加，副總幹事不一定為理事。辦事人員的法律責任由行為人自負。理事要對財務負部分責任，所以只能在能力內辦事。財務應當特別謹慎。理事會任期故意沒有規定，以期長時穩定。不記名選舉。

經討論後，通過「聯合會」《章程》，選舉唐德剛任理事會主席，邵子平任總幹事，姜國鎮負責財務，于彩繁為秘書。

此外，成立財務委員會，由楊覺勇與姜國鎮任財務委員會代表。決定：由於各人社會關係不同，各地募捐範圍不限於本國本地。

楊覺勇主張全體以兩萬美元為目標，捐到的款以用於南京當地為優先，用於各團體所在地為其次。有多餘可以補償個人工作支出的費用。

這次會議上，明確請姜國鎮負責辦理設立「聯合會」帳戶。

針對「聯合會」是否資金支持「抗日戰爭學術研討會」，「聯合會」財務

支出主要方向成為第一次理事會討論的重點。

楊覺勇認為，「聯合會」的使命要使最大多數日本人認識南京大屠殺事件，而「抗戰」則超出「聯合會」宗旨範圍，可不可以將「抗日戰爭學術研討會」改為「南京大屠殺研討會」？

邵子平的觀點是：「抗日戰爭」與「南京大屠殺」兩者關係密切。唐德剛夫人吳昭文女士認為「聯合會」聚焦「中日關係」或「戰時中日關係」比較合適，「先讓日本人有覺悟機會」。

唐德剛主張若定位「戰時中日關係」，自己創立的美國「*中國近代口述史學會*」也可以出些錢。

姜國鎮認為「聯合會」以「抗日」為宗旨最為妥當。而夏陽認為，「『聯合會』宗旨一定要明確、有範圍限制，日本人是否捐款不重要」。

「要日本做到西德程度，才能久遠，但是已經很難，所以要加倍爭取。」楊覺勇強調。

唐德剛說：「若在南京能辦成南京大屠殺死難同胞紀念大會，『聯合會』的影響力就很大。」

夏陽提議：「聯合會」不參加主辦抗日戰爭研討會，但個人可以直接捐款，建議現場表決。

表決結果，姜國鎮、于彩繁、楊覺勇、夏陽，吳昭文贊成，邵子平反對，唐德剛棄權。

表決通過：「聯合會」不參加主辦抗日戰爭研討會，專注於南京大屠殺史研究與紀念活動。

「聯合會」在向社會公佈宗旨時說明：本會是一個有免稅地位的非營利機構，我們的工作重心是要求日本政府承認戰爭罪行，特別是南京大屠殺（1937-1938）的罪行，並承擔其責任。本會的工作重點可分為三大類：

一、推動紀念工作，在南京和世界各地參加或舉辦紀念會。經我會聯繫，海外社團在香港、臺北、京都、聖保羅、多倫多、舊金山灣區、洛杉磯、波士頓、紐約等地都曾舉行紀念會，放映電影，分發資料。現在已有不少專門關注中日關係的團體，形成網路，呼籲全世界注意日本的言行，特別是南京大屠殺中日軍殘暴行為和日本至今不負責任的態度。

二、鼓勵有關研究工作，包括學術研究，口述史訪問，收集世界各國有關抗日戰爭的圖書目錄，有關南京大屠殺各方面的原始資料。我會也向研究者及有特殊經歷者提供研究補助金，並以資訊設備提供協助。

三、以綜合媒介方式，如電影、錄影等，向各國民眾介紹歷史真相。我們已經收集及製作的幾種影像有：

1. 南京大屠殺實地紀錄片：1937年美國馬吉牧師於大屠殺期間在南京的醫院等拍攝的珍貴紀錄電影片，片長三十七分鐘，是現在唯一僅存之影片，原片大多為殘酷殺傷鏡頭。當年納粹外交官曾經為此提出報告。（VHS 每卷五十美元）

2. 《馬吉的證言》彩色敘述片，有中英文兩種版本，由名導演王正方親撰劇本、精心監製，全長三十五分鐘。本片以第三者口吻敘述日本暴行，片中選用馬吉原始紀錄片中珍貴片段，訪問有關當事人及倖存者。由於內容平實，謹慎選用不過於殘暴的鏡頭，宜於青少年或歐美人士觀看。（VHS 每卷廿五美元）

3. 《奉天皇之命》是本會監製的第二套作品，是十六毫米彩色電影片。由名導演崔明慧邀同製片家湯美如合作監製。以訪問當年侵華日本軍人及當今日本政要、學者等為主並搜集前德國、日本及義大利的老紀錄片彙集而成，極有歷史記錄的價值。（VHS 每卷廿五美元）

关于「联合会」成立之後的工作成就，唐德剛總結道：我會集中智力財力，做南京大屠殺的實況專研，終尋獲震驚世界之「馬吉的見證」原始紀錄片的製作。馬吉原為南京大屠殺期間留居南京的美國牧師，曾目睹遭日軍屠戮及強姦受難人的慘狀，以暗藏的電影攝影機，偷攝偷運出境。「該片為歷史上極稀有之珍貴紀錄片之一。其能保存至今而終為我會收藏，其經過之曲折離奇，直如科幻小說。其初於納粹秘檔獲知有此片之存在，日本媒體曾想盡方法加以奪取，孰知陰錯陽差，竟落入我會之手。日本媒體亦曾許我會四萬美元，以圖複製未果。全片製作經過由我會主其事，冥冥之中似有註定，真是奇跡。」

「此外我會集中財力精力，委請崔明慧、湯美如二女士精心拍攝有關南京大屠殺之訪問紀錄片。頗有當年在南京參加屠殺及強姦的日本老兵，晚年良心發現，不顧自身安全，盡情吐露當年實況，有令人不忍卒聞者。我會披露之，足令近日永野茂門[05]輩之誑言，不攻自破也。」

「聯合會」成立後，追尋南京大屠殺史料證據；拍攝紀錄片；編輯出版《日本侵華研究》刊物；組織祭奠南京大屠殺遇難同胞紀念會；邀請由原日軍七三一部隊、參與南京大屠殺部隊及細菌戰部隊成員、日本戰犯及戰爭罪行見證者組成的「日本侵華史巡迴見證團」，在美國舉辦見證會；募集捐款，推動「南京大屠殺錄影帶計畫」，向世界各國駐聯合國代表團、美國政要名流、新聞媒介贈送三種關於南京大屠殺影片錄影帶，以阻止日本成為聯合國安全理事會常任理事國；舉辦紀念抗日戰爭大型音樂會；舉辦《侵華日軍七三一細菌部隊歷史圖片展》巡展等。

此外，聯絡香港、臺灣、西歐、南美的友會採取一致行動，互相支援，共同組織南京大屠殺遇難同胞紀念活動，和合作舉辦「日本侵華史研究」學術研討會等。

1995 年 7 月 20 日，唐德剛在《抗戰勝利五十週年的回思與警惕》中特別指出，「聯合會」所做的一切，為的是「讓全世界愛好和平的正直人士攜起手來，對蠢蠢欲動的日本新軍國主義，嚴加防範才好」。

05　1994 年 5 月，時任羽田內閣的法務大臣永野茂門曾稱，把太平洋戰爭「定為侵略戰爭是錯誤的」、日本是「為了解放殖民地以確立大東亞共榮圈」、「南京事件純屬捏造」。

41、1991 年 7 月 2 日　日媒尋獲「鬼片」曝光大屠殺

唯一以影像記錄的真相成為無可置疑的歷史鐵證。1991 年 7 月 2 日，日本每日放送（MBS）記者加登英成最先在美國洛杉磯電影中心發現並公佈了 1937 年 12 月美國牧師約翰・馬吉悄悄拍攝的記錄日軍南京暴行的十一分鐘影片，一幀幀血腥、殘暴的畫面，揭穿了日本官方刻意隱瞞與否認南京大屠殺的謊言，引爆日本媒體。

《羅森報告》解密　「影片是令人震驚的時代文獻」

2022 年，六十三歲的加登英成，退休前是日本每日放送（MBS）資深記者。他擁有廿年餘的記者生涯，主要從事日本的政治和社會報導。他是全日本第一個以新聞為基礎，赴海外美國、中國和德國採訪與收集資料製作南京大屠殺專題報導的媒體記者。

1990 年 12 月，德國公佈了存放於德國柏林波茨坦檔案館前外交官羅森於 1938 年 2 月提交給德國外交部的一份報告，在這份報告裡，羅森直接談到了馬吉的影片，報告裡還包含馬吉影像的膠片拷貝和一份馬吉牧師寫的詳細英文影片鏡頭目錄。

這份檔編號「2722/1113/38」的《羅森給德國外交部的報告》於 1938 年 2 月 10 日發自南京，標明「內容有關日軍在南京殘暴行為的文獻記錄片」。

羅森是德國駐華大使館南京辦事處政務秘書。「日本人在南京的恐怖統治已達無以復加的程度。在此期間，美國主教派教會佈道團成員、使館顧問約翰・馬吉拍攝了影片。這部電影是日本人所犯殘暴罪行有說服力的見證。約翰・馬吉已在南京待了廿五年。」羅森在報告中開門見山。

「馬吉先生親自向大使館提供了一部拷貝。隨拷貝附上各個剪接圖像的英文解說詞。解說詞和影片本身都是一部令人震驚的時代文獻。請允許我提出這樣的請求，把帶有解說詞譯文的這部電影能放映給元首和總理一看。」

Durchschlag.
Dienststelle
  der
Deutschen Botschaft.
   № 8.
Aktz. 2722/1113/38.
2 Anlagen.
2 Durchschläge.

Inhalt: Filmdokument zu den Greueltaten
       japanischer Truppen in Nanking.

J.№ 8.   2722/1113/38.

138

Nanking, den 10. Februar 1938.

    Während der – übrigens noch immer bis zu einem nicht unerheblichen Grade andauernden – Schreckensherrschaft der Japaner in Nanking hat der Reverend John Magee, Mitglied der amerikanischen Episcopal Church Mission, der seit etwa einem Vierteljahrhundert hier ansässig ist, Filmaufnahmen gemacht, die ein beredtes Zeugnis über die von den Japanern verübten Greueltaten ablegen.

    Herr Magee hat sich, wie ich mit der Bitte um streng vertrauliche Behandlung seines Namens bemerken möchte, um die Fürsorge für chinesische Flüchtlinge in einem deutschen Beraterhause bemüht. Er steht deutschen Dingen insofern näher als die meisten seiner Amtsbrüder, da seine verstorbene Schwester mit einem österreichichen Diplomaten verheiratet war. Charakteristisch für seine selbstlose Absicht und sein reines Wollen ist die Tatsache, dass ihm eine handelsmässige Verwertung seiner Filmaufnahmen fernliegt und dass er der Botschaft von sich aus eine Kopie zu den an die Shanghaier Kodak-Vertretung zu zahlenden Kopierkosten, die dem Auswärtigen Amt auf sicherem Wege vorgelegt werden wird, angeboten hat.

    Eine Beschreibung der den einzelnen Bildabschnitten zugrunde liegenden Vorgänge in englischer Spra-

An das
Auswärtige Amt,
  B e r l i n .

檔案編號「2722/1113/38」:《羅森給德國外交部的報告》首頁

Anlage zum Nanking-Bericht vom 10.II.38-2722/1113/38- **141**

INTRODUCTION.

The pictures shown herewith give but a fragmentary glimpse of the unspeakable things that happened following the Japanese occupation of Nanking, on December 13,1937. If the photographer had had more film and more time, he could have taken a great many more scenes. He, like many others, was kept busy from morning till night trying to protect and help the people of the city in various ways. And it was only occasionally that he had time for picture-taking. Moreover, great care had to be exercised not to be seen so as not to have his camera smashed or confiscated. It was for this reason that he could not take pictures of people being killed or of the vast numbers of dead lying about in many parts of the city. If he had been able to stay in the Mission Hospital Dispensary and to take all the cases of outrage and injury brought there for treatment, the film would have been much longer. He remembers especially an old woman of 70 who had been shot through the shoulder, the bullet coming out through the back. By good fortune it had not touched a vital spot, and was a clean wound healing readily. One must remember that of the thousands injured only a small percentage got to the hospital or was heard about. Thousands and tens of thousands in the countryside and small towns and cities were outraged and done to death where there were no foreign eyes to see, but of which occasionally authentic word was received.

It seemed to be the attitude of the Japanese officers and men that it was all right to do anything to the Chinese as they were enemies. Rape was lightly looked upon by army authorities, and seemed to be wrong only because of the impression it made on foreign public opinion or because of pressure from above.

It is fair to say that many Japanese admitted that their soldiers, in part, were very bad. Two newspaper correspondents acknowledged this to the photographer, one of them saying that it was "inevitable" that such things should have

《羅森報告》附件馬吉牧師寫的詳細英文影片鏡頭詞首頁

这份最新解密的《罗森报告》在1990年12月17日被日本京都新闻发现，在日本报纸以大字标题刊出后，由于未发现影片拷贝，「有名无实」，影片亦被日本媒体称作「鬼片」。

时隔半个世纪 「鬼片」复活

2022年9月12日，北京东厂胡同邵子平先生家中。邵子平在狭小而凌乱的书房中胡乱翻找，将一些他认为也许「有用」资料交给我。其中有一封南京大屠杀期间安全区国际委员会总干事乔治·费奇的外孙女汤娅·昆顿在2015年11月19日寄给他的信，「亲爱的子平，这里有一些关于南京的资料给你。」汤娅·昆顿在信仲介绍了加登英成在1991年赴美采访她的经过。

「1991年，日本发生了一个大政治问题：在大选举中，有一位候选人说日军在南京从来没有发生过大屠杀（日本人把这段历史从历史书上删掉了等等），这激怒了很多人，引起了巨大的政治动荡。」汤娅·昆顿说。

日本每日放送（MBS）指派其明星记者加登先生深入了解这个困扰他们五十年的问题——证明南京大屠杀发生了没有？「日本媒体一定要证明这段历史是否为真，无论用哪种方式。」

1991年7月，卅二岁的日本每日放送时政记者加登英成隻身启程赴美。

「有一天，我突然接到了加登先生的电话，当我说我有爷爷的原始影片胶捲时，他和一个电视摄製组在廿四小时内出现在我家门口。我带他去了电影档案馆，在那里我们看到了原件。我带他去了圣安东尼奥山花园，当时的居民让我们在那里拍摄镜头。」汤娅·昆顿告诉邵子平，加登先生看过电影后，把消息透给日本媒体，在日本掀起了一场媒体风暴，NHK电视台、朝日电视台、TBS电视台、每日放送等，在1991年7月都迅速报导了在美国发现记录南京大屠杀影片的重大新闻。

汤娅·昆顿信中说，这些电影片的存在多年来一直被日本政府否认。由于没有人可以证明它们的存在，它们被贬低地称为「鬼片」。「日本政府否认曾发

生過南京大屠殺，南京大屠殺甚至早在幾年前就已從日本歷史教科書中刪除。當一些人想起一位紳士——喬治·費奇在1930年代放映過這些電影時，他們就名譽掃地了。」

「1991年，日本即將舉行大選。南京和『鬼片』再次成為一個大問題。正是這一點促使加登先生的製片人給了他尋找『鬼片』的任務，如果可能的話。」

湯婭·昆頓寫道，加登先生要確定「鬼片」是否存在，並證明南京大屠殺的真相。加登先生去請教了他在早稻田大學的朋友，那是一位退休的歷史教授。教授告訴加登先生，關於南京大屠殺的歷史真相，當時在基督教青年會工作的美國人喬治·費奇博士所寫的書《我在中國八十年》中有記錄。他給了加登先生這本書，裡面提到了馬吉拍攝的影片。

湯婭·昆頓繼續告訴邵子平，加登先生在找到馬吉影像之後去了南京，完成了對影片中倖存者的採訪，在《驗證南京大屠殺》這部1991年拍攝的五十五分鐘紀錄片中證明南京大屠殺確實發生了。

「在當地（洛杉磯）時間1991年7月2日中午，我看到了馬吉影像」，加登英成對我回憶，為此，他專門去京都大學圖書館查閱了1991年報導資料，確認了準確的時間。「洛杉磯與日本有十六個小時的時差，那應該是日本時間7月3日凌晨左右。」

7月3日的晚新聞，NHK電視臺、朝日電視臺、TBS電視臺迅速連續播報了在美國發現記錄南京大屠殺影片的重大新聞，日本共同社、每日放送等特別做了專題報導。這條重磅新聞7月4日登上日本各大報紙的版面，在日本社會與學術界引發強烈震動。每日放送強調：「這是我們在美國洛杉磯獨家取得的膠片。時隔半個世紀，它又復活了。」

張連紅認為，美國牧師約翰·馬吉在1937年拍攝的記錄侵華日軍南京暴行的影片，因戰爭結束後影片膠捲杳無蹤跡，被日本歷史學界稱為「鬼片」，在被加登英成找到後，立即成為日本各大媒體關注的焦點，在當時日本右翼否定南京大屠殺言論甚囂塵上的背景下，日軍侵華罪行的光影鐵證重現具有特別重要的意義。

沉睡影像蘇醒　震撼日本媒體

尋獲馬吉影像　日媒火速播報

TBS 7月3日下午後六時新聞播報：

主播：我想從創世紀持續沉睡的這個影像開始介紹。現在看到的就是日軍的暴行，這是1937年南京大屠殺時的影像。當時在南京的兩個美國人秘密拍攝了這本膠捲，但由於這個膠捲去向不明，一直被稱為「鬼片」。日本記者剛剛在洛杉磯拿到了這個膠片。時隔半個世紀，它又復活了。這就是南京大屠殺的真相。

膠片以「被侵略的中國」為題，影像上附有英文和說明文字。關於南京大屠殺，至今為止已經有很多影像資料介紹，但那些膠片並不能有力地證明拍攝的就是南京事件本身。而這次得到了，這是第一部被確認拍攝了南京大屠殺的影片。

歷史學者、宇都宮大學教授笠原十九司看了膠片後認為：今天看到的影片沒錯，正是南京大屠殺。首先是醫院的場景，我們知道馬吉有拍攝南京事件的膠捲，但怎麼也找不到，所以很遺憾。現在看到的膠片，肯定是喬治·費奇帶走的那卷。我感覺，我們找到了傳說中的「鬼片」。

時年七十九歲的侵華日軍老兵東史郎：我們不把中國人當成人，就像殺豬殺蟲一樣，即使現在看到中國人受傷的影像，我也沒有罪惡感。傷害一個人、殺死一個人，是很可怕的事，但我當時沒有罪惡感，滿不在乎地幹了。

TBS晚間十一時連線在美國的加登英成現場直播：

隨著日軍的佔領，當時在南京的歐美各國的人們在城市中心設立了國際安全區，對本國國民和受害的中國人展開了救援活動。當時積極參與中國救援活動的成員中有兩個美國人的身影（注：當時留在南京參加救援的共有十四位美國人）。一位是牧師，當時擔任國際紅十字會南京分會主席的約翰·馬吉，另一

位是國際安全區總幹事喬治·費奇。馬吉牧師和費奇一邊對受傷的人和難民進行救援,一邊不停地轉動馬吉愛用的十六毫米攝影機。就這樣,兩人用兩個月的時間偷偷拍下的膠捲,被費奇縫進了自己的駱駝毛大衣裡,躲過了日軍的嚴密監視,拿到了上海,然後馬上沖洗了四份。做了膠片拷貝。之後,費奇帶著一份膠片回到美國,在美國各地舉行放映會,呼籲反對戰爭。不久就迎來了戰爭結束,費奇在距今十二年前的 1979 年離開了人世,他的膠片被遺忘。在其外孫女湯婭從衣櫃裡找到膠片之前,膠片一直處於沉睡狀態。

湯婭寄到洛杉磯電影中心的膠片是「被侵略的中國」,時間大約十分鐘,全篇無聲的短片,生動地講述了戰爭時,南京市內發生了什麼。確實是這樣。

為什麼這個膠捲有後續呢?馬吉他們拍攝並帶到上海的膠捲只是一部分,這次發現的原始膠捲中沒有發現的剩餘部分在哪裡?在馬吉的孫子那裡也發現了膠片。每日放送的記者加登先生一直在在洛杉磯尋找和採訪這個膠片。

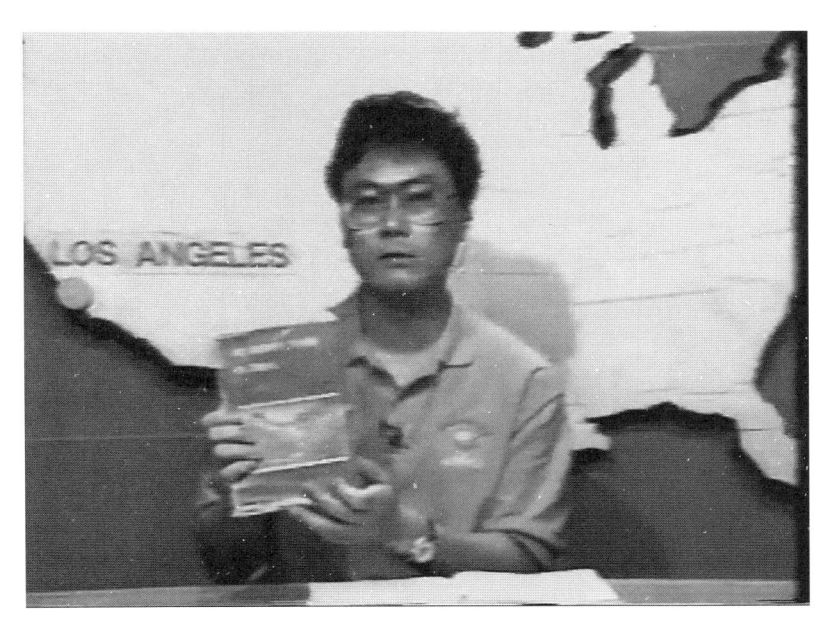

TBS 電視臺 1991 年 7 月 3 日晚間廿三時新聞連線在美國的每日放送記者加登英成,詳細報導他從洛杉磯找到馬吉影片的過程。

連線在美國的加登英成：加登先生，這確實一份很辛苦的工作。你是怎麼第一個找到膠片的呢？

加登英成：費奇的《我在中國八十年》這本書是一個契機，這本書是我借來的，書裡面詳細地記載了剛才那個膠片從南京帶出來的路線，應該有四本拷貝。我希望找到一本，於是多次連夜打國際電話到美國尋找目標。

NHK 7 月 3 日午後七時新聞播報：

據說是美國傳教士拍攝的南京大屠殺事件的十六毫米膠片，最近被共同社紐約分社以錄影帶的形式得到了。據共同社報導，這個膠捲是美國聖公會的約翰馬吉牧師拍攝的，由當時的同事喬治·費奇牧師帶到了美國。影片反映了市民被送往醫院的情況，其中有被刺刀刺傷的市民脖子上的巨大傷口，有脖子以上被燒得漆黑的男性。另外，也有室外的拍攝，有家人被虐殺而呆立在原地的老婦人，還有漂浮在水塘裡的屍體等。這就是南京大屠殺的真相。

NHK 7 月 3 日午後九時新聞播報：

在南京大屠殺發生後，膠片從中國運到國外，然後在洛杉磯的電影中心裡沉睡了很長時間。雖然承諾不會處死俘虜，但侵略者還是把二、三十個男人一個接一個地送上刑場。年邁的女性回到家中，卻聽到家人全部被殺、兩個女兒遭毆打後被殺害的消息。雙手被綁在身後的市民被射殺或被刺刀刺穿後，被扔進水池裡。

立教大學的栗谷健太郎（音）教授看了膠片，認為這是作為歷史資料可信度極高的膠片，展示了南京大屠殺中日軍的殘暴，是相當珍貴價值的膠片。拓殖大學的旗生彥教授（音）說，這個膠捲的拷貝曾在戰爭結束後被帶到美國、日本和德國，但後來行蹤不明，研究者們一直在尋找「鬼片」，現在以令人震驚的心情看到了。這個影像雖然不能反映南京大屠殺的全貌，但卻成為揭開南京大屠殺事件真相的重要線索。

朝日電視臺 7 月 3 日午後六時播報：

你們現在看到的這個膠片是在美國發現的，是美國傳教士拍的日軍南京大屠殺。有一種說法，日軍在南京大屠殺中殺害了廿萬至卅萬中國人。但即便在今天，關於事件的真實和規模仍存在爭議。歷史學家們認定這部影片是南京大屠殺的唯一影像記錄。膠片畫質不太好，但是，畫面中出現了被日軍毆打後不斷被送往醫院的市民。

朝日電視臺 7 月 3 日晚十時專題評論：

下一條新聞是五十四年前的事，南京大屠殺流血慘案。今天晚上，在美國發現了 1937 年 12 月在中國南京發生的日軍南京大屠殺的膠片，是當時南京國際紅十字委員會的委員長、美國的約翰·馬吉牧師拍攝的。馬吉牧師作為日軍進入南京後留在南京的為數不多的外國人，在戰後的東京審判中也站在了證人臺上。在放映出來的畫面中，在南京，可以看到浮在水塘裡的屍體，還有回到家中看到兩個女兒被屠殺後呆呆地站著的老奶奶。

主播：這一影像被發現的契機是去年 10 月份，眾議院議員石原慎太郎在接受雜誌採訪時表示：「南京大屠殺是中國人編造的」。美國華人團體對此進行了抗議，並在《紐約時報》上刊登了「言論廣告」。看到報紙後，保存著這一影像的馬吉牧師從前同事的女兒，向華人團體提供了影像，就此公佈於眾。

演播室男主持（久米宏）：今年夏天，海部（俊樹）準備訪問中國。每到夏天我一直都會提到，在侵略中國一事上，日本是明顯的加害者，對方（中國）是受害者。在這個問題上絕對不能弱化加害者（責任），如果要弱化的話，受害者可以說，但加害者自己不能說。

演播室評論員：這個問題上，以前的同盟國德國也有當時的資料，這次是美國傳教士（資料）。資料公開後，日本人就否認。日本人的適應能力、應用能力很強，但總是不願意正視對自己不利的過去。石原做的事情反而引出了新

的重要資料，這點也許有所意義。但是他的動機，對於解決問題沒有幫助，不知道接下來會怎樣。

演播室男主持（久米宏）：教科書問題也是如此，日本人很不擅長反省自己做過的恥辱之事，表現得也很含糊，應當反省這種曖昧的性格。

42、1991 年 7 月 12 日　馬吉影像卅七分鐘現紐約

　　1991 年 7 月 12 日，在日本每日放送記者加登英成於洛杉磯找到馬吉影像十一分鐘費奇版膠片之後的十天，邵子平在紐約成功找到了馬吉牧師拍攝記錄南京大屠殺歷史畫面更為豐富的馬吉影像卅七分鐘膠片原片。

　　1991 年 8 月 2 日，「紀念南京大屠殺受難同胞聯合會」在紐約假中城巴比遜賓館召開記者會，公佈了美國牧師約翰·馬吉 1937 年至 1938 年間在中國南京拍攝的記錄侵華日軍南京暴行珍貴歷史鏡頭，這些曾經震驚西方的唯一記錄南京大屠殺暴行的動態影像「馬吉電影」，在湮沒四十三年重現後再次震驚世界。

眾籌廣告集證　駁日市長謬言

　　1990 年 12 月 26 日，美國《紐約時報》第十六頁刊登一則全頁廣告「紀念南京大屠殺受難同胞」、「兼駁斥石原慎太郎」，文章襯底是 1937 年 12 月 18 日《紐約時報》頭版刊發的「（日本）南京屠城」的報紙版面，廣告顯著位置是一位跪地中國人被日軍持刀砍頭的歷史照片。廣告同時向全世界徵集南京大屠殺有關資料。

　　對於這頁廣告的起因，美國《世界日報》現任副總編魏碧洲記憶猶新。

　　1990 年冬，《花花公子》雜誌刊發了日本東京市市長石原慎太郎的專訪，石原慎太郎公開宣稱「南京大屠殺是中國人編造的」。時任《世界日報》時政記者的魏碧洲讀到這篇專訪後，吃驚與氣憤。他把這段專訪整理成一則消息，刊發在《世界日報》。

　　魏碧洲說，日本雖然一直不承認南京大屠殺，但卻沒有具體人公開否認，」這次石原慎太郎以東京市市長的身份說了這樣的話，就坐實了。」

　　2025 年 2 月 5 日，我收到邵子平自臺灣新北市寄來的九公斤資料，這些資料是數十年前，聯合會的骨幹成員吳章銓收集、整理歸類，寄存於邵子平在

美國的家中，早已被他徹底忘記。

2025 年 1 月 8 日，赴美國探望女兒已離開美國去臺灣的邵子平發微信告訴我「這二女兒在我走後才告訴我，這兩箱資料在她屋子裡待了多少年了！」

他同時將女兒發給他的資料照片轉發給我。我立即回覆他：

「留下歷史很重要，否則就永遠沒了。」「直接寄給我吧，時間上不能耽誤！！！」我特別說明，由我承擔郵費。

2025 年 2 月 5 日，我在與聯合會的小群裡發資訊：「今天上午收到邵子平先生從美國帶到臺灣，再輾轉寄到南京的九公斤資料。我花了四個小時查看了一遍。這些資料是 @Changchuan Wu 吳章銓老師收集整理，分類保管，主題清晰。非常珍貴，有魏碧洲最初刊發石原慎太郎接受《花花公子》採訪否認南京大屠殺的《世界日報》報導原件，正是這篇報導引發美國華人的憤怒。」

這篇報導刊發於 1990 年 9 月 7 日，報導中寫道：

被認為有資格成為下任日本首相人選之一的前運輸大臣石原慎太郎，在接受十月號英文《花花公子》雜誌訪問時大言不慚地說，「南京大屠殺是中國人編出來的謊言。」

報導中特別摘錄了問答片段：

問：只舉一個例子，一九三七年的南京大屠殺，十萬以上的中國百姓被殘害？

答：人們都說日本幹下大屠殺，但這是中國人編出來的謊言，一直要汙損日本的形象，但是這是騙人的謊言。

此報導刊發後反響巨大，魏碧洲接到當時在紐約聯合國工作的邵子平打來的電話，查詢此報導的資訊源。

紐約華人的怒火被迅疾點燃。美籍華裔唐德剛、吳天威、楊覺勇、陳憲中、邵子平、姜國鎮等在紐約創立的「對日索賠同胞會」立即行動起來。

1990年11月10日，美國《僑報》全文刊登了署名文章《駁斥石原慎太郎的公開信》，落款為：吳天威、吳章銓、邵子平、姜國鎮、唐德剛、齊錫生。

以下是《公開信》全文：

駁斥石原慎太郎的公開信

石原議員：

我們認為，你在美國《PLAYBOY》雜誌十月號是有意識地向世界宣傳南京大屠殺是「中國人編造的故事，是個謊言」，不是你偶然失言。

因為今年五月你的書中同夥作者已經說「南京大屠殺是不存在的」、「是虛報」、「美國及其它國家總有一個印象，就是日本人可以滿不在乎就做出南京大屠殺一樣的恐怖行為」，所以你們一定要解決美國和東南亞國家心目中「殘忍的日本人幹得出南京大屠殺『這個』根本誤會」。

日軍在南京的滔天罪行，不但當年就有第三國（包括德國）使節的報告、中國軍民的證詞、中外重要報章（包括《紐約時報》）的報導和外僑、教士的觀察；戰後還有東京大審、盟國載判的證據、各國學者的考證，南京至今還有上千位活的見證人。

面對如山鐵證，你們竟厚顏認為虛構。你們若不是無知，便是故意無視。你甚至更進一步污衊中國人撒謊，這便是侮辱了中國人。對你們這樣輕率、傲慢的說法，我們表示憤怒。

你還問：「我們幹過什麼了？日本在哪裡屠殺過？」。莫非你們真不清楚菲律賓死亡強行軍、新加坡萬人塚、華北三光屠殺、萬寶山慘案、濟南慘案等幾百件慘案的事實嗎？日本這無數的殘暴殺虐，又實以「南京」為代表。

你又認為美國對日本投擲原子彈，顯出美國種族偏見。姑不論原子彈是否縮短了戰爭時間，減少了盟軍傷亡，避免了日本「玉碎」。但至少你們應該可以看出「南京」同廣島、長崎確實具有一定關聯：正因為日本在南京等地殘暴

屠殺，才引起各國人民普遍仇恨日本軍國主義，甚至有人更以為有理由對日本採用原子彈等激烈報復手段。

從人道上說，我們更同情廣島、長崎的受難者，因為他們為日本在南京等地滔天罪行作出了重大犧牲，遠遠超過其他日本人付出的代價。

你又說：「手槍、機關槍與原子彈不同，……它們是完全不同種類的屠殺。」我們並不贊成原子武器，它的危險性在它對平民傷害力大而決策執行都控制在少數人手裡。但在南京，日軍暴行長達六周，殘暴殺害了三十萬中國軍民老幼、強姦了兩萬以上婦女。貴國皇軍在南京屠殺歷時之長久、手段之殘忍、殺害人數之眾多，都遠遠超過原子彈對廣島、長崎的傷害。所以，對中國人說，南京大屠殺更為痛苦、更為恐怖。這種屠殺更清楚表現出日軍的野蠻與罪惡。

中國人近百年來遭受日本侵侮，慘痛無比，決不是無原則的友好，就可以輕易解除的。中國人對日本的仇恨本當經歷一個和解過程，其基本要點在雙方共同肯定歷史事實，就是非與正義取得共識，共同認明錯誤罪責，犯罪者坦白承認錯誤並謝罪、賠償。這可能也是許多日本人的願望。

近年局勢開始允許兩國人民逐步溝通。但就在此時，你們一夥不但不講明道理、厘清史實，反而利用美國輿論向全世界否認南京式的大屠殺，推脫責任。甚至污衊中國人說謊。這種不負責任的言論顯是要挑撥和破壞兩民族間關係，加深中國人與日本人間的鴻溝。

我們嚴正要求你正式向中國人道歉，並正式在《PLAYBOY》雜誌更正你的錯誤。

現在日本若干勢力擬向海外派兵，不是偶然；我們敦促日本公眾注視這個發展同你們言行的關聯。

吳天威教授（南伊利諾州大學歷史系）

吳章余先生（紐約中日關係研討中心）

邵子平先生（紐約中日關係研討中心）

姜國鎮醫師 （紐澤西 Wayne 市）

唐德剛教授 （紐約市大亞洲研究所長）

齊錫生教授 （北卡羅萊納大學政治系）

聯絡電話：（914）776-2830

　　邵子平、姜國鎮、陳憲中等牽頭積極發起全美華人籌款運動。籌款在《紐約時報》刊登全頁廣告是他們一系列行動的第一步。

　　據「對日索賠同胞會」的骨幹會員、畢業於大學新聞系的陳憲中回憶：「石原講南京大屠殺不存在，我們就要借助主流媒體去反駁，譴責石原慎太郎，並向讀者說明南京大屠殺的真相。」「廣告費六萬美金是大家共同湊的錢」，「看到報紙的人還不少，影響很大！」

　　廣告刊出後，時年七十九歲的艾迪斯·費奇夫人看到報紙，想起手上存有一批侵華日軍暴行照片，就主動聯繫「對日索賠同胞會」。魏碧洲說，邵子平他們很興奮，立即約上他一同立即驅車趕到新澤西，在費老太太家中閣樓上，翻出一疊她父親即當年在南京的美國傳教士喬治·費奇留下的逾半個世紀的五十張珍貴照片、回憶錄《我在中國八十年》，以及費奇編輯的十一分鐘馬吉拍攝的南京大屠殺電影版本。

費奇後人贈「聯合會」十一分鐘影片拷貝

　　2024 年 10 月，我把摞起來超過四十釐米的與「聯合會」相關的資料從家中搬到辦公室。收到這些從大洋彼岸寄來的資料時，正值新冠疫情封控最嚴密的時期，其中一部分英文資料，我沒有耐心去翻譯與閱讀。也因此，我會時不時心神不安。這些珍貴的歷史資料也許會蘊含重要的歷史資訊，才值得姜國鎮

1990年冬，陳憲中、邵子平、姜國鎮等一群愛國華人籌錢於1990年12月26日，在美國《紐約時報》刊登一則全頁廣告「紀念南京大屠殺受難同胞」、「兼駁斥石原慎太郎」，同時向全世界徵集南京大屠殺有關資料。

保管了卅年。

　　2024 年 12 月 25 日，一頁邵子平在 1991 年 6 月 20 日寫給日本每日放送記者加登英成的郵件令我驚訝。郵件的內容為：

1991 年 6 月 20 日

親愛的加登先生，

我昨天做了南京大屠殺電影的拷貝，可由給大島先生代收轉交你。

這部電影由艾迪斯·費奇提供給我們。關於你向我們提出需要電影拷貝的請求，我們有些猶豫。為了避免引起艾迪斯·費奇的誤解，我事先與艾迪斯·費奇和她的女兒湯婭·昆頓溝通。現在，我想向您傳達她們的請求，希望你向他們提供一份與這部影片相關的節目拷貝，無論是什麼節目。不用說，我個人也對這些節目感興趣。

謝謝你！

謹致問候。

邵子平

　　「『聯合會』在 1991 年聯繫上艾迪斯·費奇之後是否獲得費奇編輯的十一分鐘馬吉影像？如果有，為什麼當時沒有向社會公佈？」根據此郵件內容，我問邵子平。

　　「我們知道費奇冒險從南京帶出馬吉影像負片有功。但當時我們的注意力集中在馬大衛的卅七分鐘片上。」邵子平回憶，「費奇家後輩存有的馬吉影像大概只有費奇早年偷運出的負片，內容只是當時的三分之一或二分之一，有不

少重要鏡頭。但我們知道大衛·馬吉家的影片最全、最清晰，所以沒有去顧及費奇片。」

邵子平的記憶得到《世界日報》報導的印證。1991年7月7日，《世界日報》在題為《日軍侵華暴行血「新」證據》消息中報導了艾迪斯·費奇公開五十張日軍南京大屠殺暴行未曾披露的照片，其中報導：

邵子平表示他們一直在和費家聯繫，到今年4月再由費老太太在加州洛杉磯的侄女處尋到一份當年由馬吉與費吳生所拍攝的紀錄片。這段紀錄片已於3日晚在日本各大電視臺播出。臺北電視也播出部分鏡頭。

邵子平說目前已經根據費吳生的自傳聯繫到馬吉牧師在加州的孫子，再根據德國柏林《羅森報告》知道馬吉一共有八卷紀錄片，內容是有關南京的醫院收容南京大屠殺倖存者的情形。聯合會的陳憲中、吳章銓等人正在加緊聯絡，要儘快找到這些珍貴的紀錄片。

聯合會是希望能夠在今年8月14日到16日在南京擴大舉行的死難同胞追悼會上播放這些珍貴的歷史影片。

1991年是新成立的「聯合會」馬不停蹄、應接不暇的一年，「聯合會」以推動「紀念南京大屠殺遇難同胞」為中心，制定了發動世界各地舉辦紀念活動、召開學術研討會、追尋史料證據等多項工作計畫，而1990年12月26日刊登在《紐約時報》「紀念南京大屠殺受難同胞」、「兼駁斥石原慎太郎」的全頁廣告，為「聯合會」追尋南京大屠殺史證帶來意外收穫。

1991年7月2日，邵子平在給喬治·費奇的外孫女湯婭·昆頓的郵件中寫道：

親愛的湯婭：

再次感謝你寄來的你祖父費奇先生的影片拷貝和你母親保管的他的書《我在中國八十年》，這兩份資料對我們來說都是無價的。

我肯定會按照您的建議，提請歷史學家和關心南京大屠殺歷史的人、包

括侵華日軍南京大屠殺遇難者紀念館關注，將這本書的相關部分翻譯成中文。

然而，鑒於許多重要的日本政客，如石原慎太郎在《花花公子》1990年10月號上發表的聲明，否認南京大屠殺的事實，致使許多日本人也在擔心南京大屠殺事件被淡化，我們不能不警惕。這就是為什麼我們密切關注日本《每日新聞》報導這部電影所做的努力。

這封郵件表明在1991年7月2日，在日本每日放送記者加登英成於洛杉磯電影中心發現並公佈馬吉影片之前，「聯合會」曾收到湯婭·昆頓提供的電影拷貝，但此時「聯合會」卻正心無旁騖尋找「更全、更清晰」的馬吉影像膠片，忽略了費奇編輯的馬吉影像。

1991年7月10日，湯婭·昆頓給日本共同社大島先生發去郵件，同時轉發給邵子平。湯婭·昆頓寫道：

尊敬的大島先生：

正如我們今天在電話中討論的那樣，我特此允許你複製邵先生手中的《入侵中國》錄影帶。

根據我們之間的協定，這盤錄影帶將被交給南京，南京的紀念和圖書館。未經我本人書面許可，不得轉載或轉賣。

此外，對我們來說非常重要的是，在使用這部影片時必須給予以下的署名：

喬治·費奇博士和約翰·麥吉共同拍攝了這部電影。喬治·費奇冒著生命危險，通過窗戶拍攝了戰鬥中的日本士兵的鏡頭。約翰·馬吉拍攝了戰鬥結束後醫院的鏡頭。此外，喬治·費奇冒著生命危險，將影片偷運出中國。

随信附上费奇博士（我祖父）的书《我在中国八十年》第八十二至一百廿五页的副本，这些页讲述了南京围城战的细节。

非常感谢你，

汤娅·昆顿

这些往来邮件证明是日本记者加登英成在全球第一个公开乔治·费奇版动态马吉影像（1991 年 7 月 2 日）。中新社东京 7 月 4 日刊发《洛杉矶发现南京大屠杀纪录片 五十四年前惨况重现电视画面》报导，导语这么写：

史学家视作现存世间唯一一部记录当年南京大屠杀事件的电影胶片日前在美国洛杉矶发现。日本各大电视台昨晚播出了其中部分镜头。

报导中披露：

在日本「共同社」根据此拷贝翻制的录影镜头中，有被送至医院的市民的惨状——被刺刀挑出的头伤、一日间遭受十多回暴行的年轻女子茫然的脸、从颈部以上被浇上汽油烧得漆黑的男子；也有屋外拍摄到的情景——女儿被虐杀后茫然呆立着的老妇人、水塘中漂浮的尸体，被刺刀刺伤的孕妇，等等。

而与此同时，并不满足已拥有费奇版马吉影像的「联合会」，还在多途径追寻「最全、最清晰」马吉影像。

「你能再向德国联邦档案馆查询一下《罗森报告》吗？他们给了我们六十二页，是否还有更多（完全是微缩胶卷的内容）？是否马吉影片也还存放在档案馆的某处。」1991 年 7 月 11 日，邵子平写信给德国的朋友求助。他写道：「《罗森报告》说，为了向元首展示日本人的残暴，罗森向德国外交部提交了马吉电影拷贝。此外，根据日本媒体报导，《罗森报告》大约有二百页。」

针对汤娅·昆顿在给日本共同社大岛邮件中提及「乔治·费奇冒着生命危险，通过窗户拍摄了战斗中的日本士兵的镜头。」

我查閱了喬治·費奇的書《我在中國八十年》。

在一百二十一頁，喬治·費奇在敘述將馬吉影像膠捲悄悄帶出南京時並沒有提及自己也參與影片拍攝。他寫道：

> 上海霍利斯威爾伯（Hollis Wilbur）的一封電報（事先安排好的）說：「23日前到上海。」有了這個，我終於拿到了再次離開的許可證，第二天早上六點四十分，我乘坐日本軍用火車前往上海。在三等車廂裡，我擠在了一群士兵中，這群士兵的難聞程度令人難以想像，我有點緊張，因為我的駝毛大衣襯裡縫著八卷十六毫米的暴行事件電影膠片，其中大部分是在大學醫院拍攝的。當我們到達上海時，我的行李無疑會被軍方仔細檢查。如果他們發現了這些膠捲，會發生什麼？幸運的是，它們沒有被發現，我一到那裡，就立即把它們帶到柯達公司進行加工。大部分畫面是由美國聖公會傳教士約翰·馬吉（John Magee）拍攝的，他後來成為華盛頓聖公會聖約翰教堂的院長。影像是如此可怕，只有親眼看到才能相信。柯達公司員工為我匆匆做了四套拷貝，當然，我被要求在美國社區教堂和其他一兩個地方放映這部電影。
>
> 英國和解協會（Fellowship of reconciliation）的穆裡亞特·萊斯特（Muriat Lester）小姐碰巧看到了其中一場放映，她表示，如果日本的一些基督教和政治領袖能看到這部電影，他們會為立即停止敵對行動而努力。她提出如果我們能給她一份副本，她就去日本給一些選定的團體展示。我沒有多少信心。

難尋舊時人 緣來是近鄰

2018 年 1 月，在北京東廠胡同一所普通民居內，時年八十二歲的邵子平對我敘述了自己於廿七年前的 1991 年，輾轉五千三百公里，最終卻「在家門口」發現馬吉電影並公諸於世的珍貴經歷。

身著灰色西服，腰板筆直，嗓音洪亮。說起廿七年前尋找馬吉影像的曲折經歷，邵子平歷歷在目。

1990 年 12 月，德國揭秘《羅森報告》，報告中直接提到美國傳教士馬吉拍攝記錄南京大屠殺的影片，在美國尋找馬吉影像就成為邵子平的頭等大事，他自 1991 年起全力以赴。

邵子平說：「與馬大衛成為很好的朋友，這是我一輩子很值得紀念的事。」

1912 年，馬吉牧師被聖公會派往南京。循此線索，七十九年後的 1991 年初，邵子平從紐約直奔位於德克薩士州達拉斯市的聖公會總部，行程二千五百二十公里。在那裡查到馬吉回美國後，任職於華盛頓特區的聖約翰教堂，並曾在白宮主持了羅斯福總統的葬禮。

找到華盛頓，邵子平急切地問：「馬吉現在哪裡？我們能不能訪問他？」教堂牧師回答：馬吉已於 1953 年去世，生前曾在耶魯大學教堂做最後一任牧師。

馬不停蹄地趕到康州紐哈芬市，「果然，馬吉的資料都在那裡。」邵子平問耶魯大學神學院檔案館館長：「有沒有電影片？」館長說：「有馬吉的私信和他拍的照片，但沒有電影片。」

邵子平不甘心，追問：「那麼他總有家屬了」，「這句話觸動了館長」。館長說：「對呀，是他兒子把這些材料送給我們的，他住在紐約州 Rye 鎮的 Grace Church St.。」「什麼？！」邵子平驚喜，「我家就住在 Grace Church 啊！」

從紐約找到達拉斯市，再尋至華盛頓，繼而一路追蹤至耶魯大學，之後，折回紐約，從北到南，五千三百公里一路風塵，穿越大半個美國，最終竟然在

家門口找到馬吉後人。說到這裡，邵子平爽朗地大笑著，不住感歎「不可思議」。

　　折回紐約，邵子平夫婦立即拜訪馬吉牧師的次子大衛·馬吉。那是 1991 年 7 月 11 日。

　　當年六十六歲的大衛·馬吉已從摩根銀行副總裁職位上退休，住在與邵子平家僅隔兩條街小島上的一棟臨海的別墅內。

　　出生於中國的大衛·馬吉與邵子平一見如故，開口說中文「我叫馬大衛」。

找到十三卷屠殺現場原片

　　邵子平說：「我想看你爸爸的東西。」大衛·馬吉給他看了父親寫給母親的家信、卡片與照片。「有沒有電影片？」邵子平回憶著說，「我就上正題了」。「有啊，就在樓下的地下室裡。」「我一聽，太高興了，『我們樓下去找吧！』」

　　「他那個房子很大，有兩層樓，地下室裡堆滿了雜物」。大衛·馬吉領著邵子平翻找，突然說「糟糕！前些日子有個日本人找我兒子要電影片，是不是我兒子給了他了？」翻找無果，邵子平大失所望。

　　第二天，7 月 12 日，邵子平再次登門，「我盯住不放了」。大衛·馬吉卻告訴他，「我兒子說，給日本人的電影片拿去看了，裡面都是教會的內容，沒有什麼大屠殺。」邵子平說：「那我們再找。」

　　終於在地下室裡，找到四個銅盒裡裝著的十三盒膠片，其中還有馬吉牧師的親筆內容提要。邵子平逐個查看，「一個中國孕婦被刺了卅九刀」、「一個小男孩被刺」、「幾乎斷頸的女子」、「被燒傷的男孩」……這正是馬吉拍攝的記錄南京大屠殺現場的原片！

　　「你看，我與大衛多有緣分啊，他就是把電影片留給我的！」邵子平開心得大笑著。

日本記者也在美國尋「鬼片」

「如果我們不拿出證據來反駁，就好像他們說的是真的了。」邵子平憤慨。

南京大屠殺的真相早在 1948 年完全被封凍。美國傳教士喬治·費奇的回憶錄《我在中國八十年》引導「聯合會」將尋找鐵證的重點鎖定於馬吉影像。

馬吉牧師的大名於 1991 年名重一時，源於東西德合併統一後，原東德波茨坦國家檔案館開放，發現在 1938 年初德國駐南京大使館給柏林外交部的檔中，有十四頁英文撰寫的馬吉當時所攝的電影內容介紹，但原所附之電影片卻不見蹤影。

這份《羅森報告》在 1990 年 12 月 17 日被日本京都新聞發現並報導，在日本報紙以大字標題刊出後，由於未發現影片拷貝，「有名無實」，影片被日本媒體稱作「鬼片」，有日本記者赴美國展開尋找。

邵子平查資料獲知：1988 年公佈的羅森於 1938 年 2 月提交德國外交部的一份報告中提交了馬吉影像拷貝與解說詞，稱此影片「是日本人所犯殘暴罪行有說服力的見證」，並認為「解說詞和影片本身都是一部令人震驚的時代文獻」。邵子平說：「我們就與日本『每日放送』記者爭相尋找馬吉的原片。」

廿世紀九十年代，邵子平將每天為「聯合會」工作的要點記錄在一頁頁 A4 紙上，那些筆記中，「Kato」這個名字出現得較為頻繁。「Kato」是日本每日放送的資深記者加登英成，1991 年，他隻身赴美尋找馬吉影像。

2021 年 1 月，我從日本找到了加登英成，時年六十二歲的加登英成已經退休在京都生活。

加登英成是從日本學者洞富雄那裡借到了喬治·費奇 1967 年出版的自傳《我在中國八十年》。洞富雄告訴加登英成，南京淪陷後，馬吉用貝爾牌十六毫米家用攝像機，秘密拍攝日軍暴行。馬吉拍攝後，親自將影片分類，每一段鏡頭除了在片頭作簡要說明之外，每組畫面都另外用文字詳細記錄說明。馬吉影像首個版本一至四號影片，在 1938 年 1 月 29 日由安全區國際委員會總幹事、美國傳教士喬治費奇縫在駝毛大衣的內襯裡，悄悄從南京帶到上海，再沖洗出來，

影片在戰時曾經被帶到美國、英國、日本和德國等地播放宣傳，當時在國際社會曾產生廣泛影響。

加登英成開始嘗試尋找馬吉影像。2021年1月24日，加登英成在寫給我的郵件中回憶1991年的尋找經過：

「把有南京大屠殺影像的膠捲藏在駝毛大衣裡，經由上海帶回了美國。」《我在中國八十年》上面寫著。

為了尋找喬治·費奇的後代，我委託了美國的朋友。有消息說，「紀念南京大屠殺受難同胞聯合會」的姜國鎮知道喬治·費奇外孫女湯婭·昆頓的聯繫方式。

在姜國鎮的熱情幫助下，我專程飛赴美國，採訪了喬治·費奇的女兒女婿與外孫女。

回到日本後，我找到了馬吉牧師兒子大衛·馬吉的聯繫方式，於是我拜託美國的朋友進行了採訪。

完成在美國的採訪，加登英成來到中國上海與南京，找到並拍攝了喬治·費奇當年在上海放映馬吉影像的場所，在南京採訪了馬吉影像中拍攝的南京大屠殺倖存者李秀英與夏淑琴，兩位倖存者領著加登英成指認了當年的受害現場。

與南京大屠殺相關的卅七分鐘馬吉影像膠片原片在1991年7月12日被邵子平找到，而加登英成是1991年7月2日在洛杉磯歷史影片協會看到了費奇家人捐贈的十一分鐘馬吉影像複製膠片。

加登英成還從耶魯大學圖書館查找到美國羅伯特·威爾遜的日記，他在完成拍攝製作紀錄片《驗證南京大屠殺》之後，於1992年南京鼓樓醫院建院一百周年的時候，將紀錄片錄影帶和羅伯特·威爾遜日記影本贈送給鼓樓醫院。

加登英成在紀錄片裡公佈了日記片段，影像顯示這份日記是用英文打字機列印在南京鼓樓醫院的信箋上，打字稿上有作者羅伯特·威爾遜的簽名。

卅七分鐘影像 日寇屠城鐵證

1991年7月,大衛·馬吉向邵子平所在「紀念南京大屠殺受難同胞聯合會」慷慨地提供了當時認定記錄南京大屠殺帶有鏡頭說明目錄的全部原片,攝於1938年1月10日之前的內容,多為醫院內或室內等小範圍拍攝。攝於1938年2至4月的鏡頭,與暴行有關,出現在醫院外、郊外或民居裡。馬吉還拍攝記錄了難民營內的宗教活動。

邵子平找到馬吉原片,「聯合會」特別興奮。陳憲中說:「我們又去過馬大衛家五、六次,去看有沒有遺漏。」

細心的陳憲中與「聯合會」的姜國鎮醫生一道反覆去大衛·馬吉家,陳憲中記得,「馬大衛年紀比我們還大,很多事情也記不清楚。家裡東西放得很凌亂,膠片有的在地下室,有的在儲藏間。」「那些膠片我們全部找過了,篩選出了與大屠殺相關的所有內容。」

邵子平將這些珍貴的膠片原片,送到紐約一家影像公司翻拍後,將原片原盒送還給大衛·馬吉,「聯合會」以翻拍片作剪輯,製成一套能在電視臺專業設備播放時長卅七分五秒的「一寸盤」電影膠片。「這卅七分鐘比其他所有版本都長,儘管已有五十三年歷史,這些原片膠片品質極優。在其他所有版本的所有鏡頭都可以在這卅七分鐘內找到。」陳憲中確認,「這卅七分鐘是定稿」。

製三千套錄音帶寄送聯合國 阻日本入安理會

1991年8月2日,「聯合會」在紐約召開新聞發佈會,公佈了卅七分鐘的馬吉電影,大衛·馬吉現場展示了父親用於拍攝這些珍貴歷史鏡頭的攝影機。發佈會還特別邀請了朝日電視、朝日新聞、讀賣電視、讀賣新聞、每日放送、東京電視等眾多日本媒體。

當年作為《世界日報》記者參加發佈會現場採訪的魏碧洲,清晰地記得看完影片後「很激動」。他說:「這是外國人從他們的角度拍攝的沒有任何偏頗的歷史事實,非常珍貴。」魏碧洲記得,稿件刊發後很震撼,唐人街無人不曉,

有讀者說：「有這個明明白白、真真切切的史料擺在這裡，日本人想躲都躲不掉。」

1991年和1992年，由陳憲中出面，籌措了卅萬美金，聘請著名導演依據卅七分鐘馬吉影像，先後拍攝、編製了歷史文獻紀錄片《馬吉的證言》和《奉天皇之命》，在美國的社區、大學巡迴放映了近百場，並在香港、臺灣、日本電視臺放映，社會反響強烈。

1991年11月，馬吉影像在香港放映。香港《明報》1991年11月11日「傾偈集」刊發題為《南京紀錄片》短文；

不願看慘痛與可怕的鏡頭，所以初播時沒有看。後來還是硬著頭皮看了錄映帶，那是新近發現的南京大屠殺紀錄片。

紀錄的片段不長，沒有聲音，出現的人們沒有什麼表情，一切都很冷。一個南京老婦全家被殺，她在遍地屍體旁邊沒有大哭大叫。事實上，哭叫有什麼用？

醫院中一個女子的頸部被斬得半斷，仍然生存，呆呆地被醫生觀察，被鏡頭拍攝。另一女子全身被刺了數十刀，一個小孩被斬得有幾個大洞，一些傷者只剩下殘肢……，他們似乎都很冷靜，沒有表情。

他們當然不是麻木，身受其害的人怎會麻木？他們要用全副精力去忍受著痛苦及屈辱，沒有力氣去做任何表情，去博取任何同情。

在真正嚴酷的環境下，悲憤是一種奢侈。那個頑抗日軍強暴而被斬數十刀的女子，沒有表情地躺在病床上，四十多年後人們再找到她，她才有著坦然表露感情的奢侈，滿懷悲憤地憶述往事，記得一清二楚，顯出做人應有的痛切表情。

人在絕境，只剩下動物的本能，往往沒有人的表情。納粹集中營內的囚禁者一樣，被剝奪了人的權利，失去做表情的能力。

德國和日本都在戰時幹出無數滅絕人性的暴行，尤其是對異族，極端殘酷無情。他們都是知書達理的現代「文明先進」國族，為何會這樣？

日本至今還掩飾血腥暴行，只顧譴責別國使日本人受害。更令人迷惑的是，德國和日本現在又變成天之驕子，我們不知要做什麼表情才好。

另一華文媒體在 1991 年 11 月 2 日刊發作者徐詠璿撰寫的《南京大屠殺》：

在夜闌人靜的時候，赫然看到這些畫面。

只想嘔。

十數分鐘下來，已叫脆弱的肉體差點兒休克過去。

紀錄片仍活著，只是要為歷史作鐵證。

削去半邊的人腦，像化學室裡的標本般暴露在空氣中。只是，人仍是活生生的。

後頸被刺刀砍得沒了肉，一顆頭顫顫危危的懸著，恐怖得可笑。

人，仍是活著。

骨與肉被刺刀剁個稀爛，斷足殘手卻仍附著受害者，活著。

靜靜的，沒有呼天搶地。

科學地，檢視殘酷不仁的創傷、殺戮。

那無辜的百姓，沒有哭，也許在這種非人的暴力底下，已恐懼得不再懂得流淚。

盡是枯枯黃黃的臉，想要逃難，卻茫然不知往何處去。當人不再像人，

而是兇殘的妖魔，或者卑賤的螻蟻，那麼，到處也只是地獄。

日本人，曾經有這樣禽獸的面貌。

本來已經被埋藏了的歷史，幽靈般浮現，只為冤魂不息。

也不是要尋仇討命，只為要找個公理。也不枉死。

跳動的影片底片，裝載著張張枯黃無力的蒼生臉孔，想不到已經殘舊的昔日拷貝，居然可以一下子推翻今日鮮豔奪目的商品廣告。剛才仍在賣得起勁的日本富強豐盛映射，排山倒海般，頹然失色。

同一個電視臺，同一個電視畫面出來的光與影，合起來剛好是人性的兩極。

都願它成為過去。除了深究人為什麼可以一夜之間兇殘失性，而不能再容許這種滅絕天良的事情發生之外——日本至少欠中國、欠歷史一個嚴正的道歉。

1991年8月17日，日本聖公會東京聖三一教會特別寫信聯繫「聯合會」：

我寫信是想請你們幫個大忙。前段時間，一家日本報紙報導稱，兩名派駐在南京的前聖公會傳教士拍攝了一部十六毫米電影，拍攝了南京被日本人攻佔時被日本軍隊屠殺的情景。早在1946年至1947年，電影的一部分就被東京戰爭刑事法庭用作證據，當時一名傳教士甚至站在那裡作證。很長一段時間，這部電影沒有被任何人提醒過，但最近這部電影被一些日本歷史研究人員發現，並被這裡的電視臺公開了其中的一部分。

現在日本有一群人非常關心南京事件，我們希望獲得整部影片的拷貝，並向日本公眾展示。

一時間，「聯合會」因尋獲與公佈了沉寂近半個世紀的馬吉影像而門庭若市，炙手可熱。日本、香港、韓國等多地紛紛來聯繫獲取影片拷貝與放映事宜。

1991 年 7 月起，大衛·馬吉與邵子平成為摯友，「聯合會」舉辦的各種活動上，都有大衛·馬吉的身影。

1991 年 10 月 7 日，大衛·馬吉寄給姜國鎮手書信件，藍色墨水的字跡流暢而優雅。大衛·馬吉寫道：

親愛的 Kevin，

非常感謝你寄來我在新聞發佈會上的照片。

另外，也謝謝你對我父親的讚美之言。他竭盡全力向世界展示日本人當時的可怕之舉。

再次感謝你。希望很快就會見到你。

大衛·馬吉

大衛·馬吉將父親拍攝的膠片中有關南京大屠殺的影像及家信等史料無償授權給「聯合會」使用。

1991 年 11 月 25 日，大衛·馬吉特別出具書面證明：

致有關人員：

這裡所附的檔、家信等都是真的，是我從父親約翰·G·馬吉繼承或是他寫給我們的。

我父親在日軍南京大屠殺期間（1937～1938）作為美國新教聖公會的傳教士住在中國南京。

我在這裡所有檔的左下方簽上我姓名的英文縮寫。

您的忠誠的：大衛·馬吉

　　地址：44 Island Drive

　　　　　Rye, New York 10580

　　　　　914-967-8833

　　1997 年，聯合會將紀錄片製成三千套錄影帶，寄送聯合國所有的會員國辦公室，同時贈予美國各地圖書館、大學與有關機構。

　　1997 年 4 月 19 日，《世界日報》在 B4 版以《南京大屠殺日本罪行錄影帶製作完成　首批一千套寄送國際人士　盼僑胞踴躍認捐》為題刊登消息，突出報導了「紀念南京大屠殺受難同胞聯合會」經過近四年時間，耗資三十萬美元，收集了南京大屠殺日本罪行錄音帶，已製作完成，全套錄音帶包括《馬吉的證言》、《奉天皇之命》、《黑太陽：南京大屠殺》（香港拍攝）三部影片。1997 年 4 月 18 日，「聯合會」呼籲華人同胞積極認捐關於南京大屠殺的錄音帶，以便向各政要等寄送，阻止日本成為安理會常任理事國的企圖。

　　該消息報導：陳憲中表示，今年十二月十三日是日本南京大屠殺六十周年紀念日，該會搜集三種關於南京大屠殺的電影並加以複製有特別重要的意義。他說，目前聯合國因為財政困難而拉攏日本，在日本的推動下，聯合國可能在一九九七年對安理會的擴大席位問題作出決定。作為在日本侵華期間深受其害的炎黃子孫，絕不讓拒不悔改認罪的侵略者日本的陰謀得逞。

　　這篇報導突出了陳憲中所表達的「聯合會」的立場，「他說，日本拒不認罪、拒不道歉，也拒不賠償，還美化過去的侵略罪行，積極擴張高科技軍備，威脅亞洲和平，因此根本不夠資格。」

　　「聯合會」在紐約呼籲華人同胞積極認購錄影帶回應和支援他們的計畫。認購一套錄影帶的價格為六十美元，若捐款可以扣減所得稅。

　　南京大屠殺是二戰三大慘案之一，是民族災難，也是人類浩劫。1991 年 7

月重現的約翰·馬吉影像，真實再現了南京大屠殺現場，有力回擊了廿世紀八十年代以來日本右翼不斷否定南京大屠殺的荒謬言論。張連紅表示，約翰·馬吉的影片，是反映日本侵略者製造南京大屠殺最直接、最有力的史料，不僅具有不可取代的特殊價值，而且它與同時代反映南京大屠殺的日記、書信和外交報告等文獻一起，互為印證、互為補充，共同構成南京大屠殺的珍貴文獻，成為後人不斷反思記憶這一人類悲劇的歷史寶庫。

1996年1月3日，「聯合會」募集捐款，推動「南京大屠殺錄影帶計畫」，向世界各國駐聯合國代表團、美國政要名流、新聞媒介贈送三種關於南京大屠殺影片錄影帶，以阻止日本成為聯合國安全理事會常任理事國。

43、南京紀念活動意外夭折

　　2021 年 10 月，我收到「聯合會」現任會長姜國鎮從紐約寄來的又一紙箱資料，有往來信件、舉辦活動出版物，還有聯合會開會的記錄、拍攝紀錄片的合同與帳單等等。

　　我將這些資料分類，掃描，用付費軟體自行翻譯。

　　尊敬的馬友友先生：

　　我叫姜凱文（姜國鎮）醫生，我目前正在新澤西州行醫。我是一個和平組織的一員，他們將參加中國南京的紀念活動，以紀念二戰南京大屠殺期間在日本帝國軍隊手下犧牲的男子、婦女和兒童。我正在寫信給你，邀請你在 1991 年 8 月在南京這個紀念活動音樂會上演奏。

　　其中一封姜國鎮在 1991 年 2 月 22 日寫給音樂家馬友友的英文信，其言辭之懇切，讀來令人動容。「也許你注意到我們 1990 年 12 月 26 日在《紐約時報》上的廣告。我們的目的是譴責由日本政治家、日本最耀眼的國會議員石原慎太郎領導的右翼運動。石原先生否認了南京大屠殺的發生。」

　　「你可能會想知道，為什麼我們要在這件事上投入時間和精力，而不圖任何回報？我們是一群不能容忍歷史被扭曲的華裔美國人。日本以對歷史事實的否認，試圖消除他們在南京和中國其他地區犯下的令人髮指的罪行。南京大屠殺與德國對猶太人的大屠殺以及廣島和長崎的原子彈爆炸案相平行。侵華日軍在南京市及其郊區發動了大規模的殺戮、人體細菌實驗、強姦、搶劫和燒毀。日本否認這一罪行是試圖掩蓋這個重要的事實，誤導日本和國外的年輕一代，轉移全球對真相的注意力。日本試圖宣傳自己的『無辜』，在加強其國際地位的同時，修復一個被『汙損』

的形象可能是石原及其追隨者的動機。我們是維護真理重要性的華裔美國人。防止日本扭曲歷史非常重要。我們認為，前事不忘，後事之師。」

「我們由來自各行各業的人組成。有唐人街的勞工、不同州的歷史教授，以及像我這樣的醫生，大家都有共同的興趣和目標。我給你舉一個例子，說明我們是如何真正思考、同情和行動的。王先生是唐人街一家餐館當服務員。當我們找他為在《紐約時報》上登這個廣告募捐時，他拿出了一疊一美元的鈔票，顯然是他在每一單服務中賺來的小費。他開始一張接一張地數著，直到口袋空了，數字達到一百美元。（佔他每週收入的很大一部分。）他把錢塞到我手裡。我們默默地站在那裡，幾乎感覺像在哭。另一個例子是在大學歷史教師吳教授身上。吳博士已經七十多歲了，但仍在積極出版一本名為《日本侵華研究》的月刊。因為沒有人承擔雜誌費用，他自己寫稿、組稿和編輯。為了出版這本雜誌，他每月損失一到二千美元。我們都有自己的貢獻方式。我們自願奉獻我們的時間、思想和金錢。日本右翼領導人強加的不公正行為已經導致了華裔積極的團結。」

姜國鎮在信中告訴馬友友，全世界華僑將首次在中國南京舉行「紀念南京大屠殺受難同胞大會」，在慘案發生地祭奠1937年12月13日後被日軍在南京屠殺的卅四萬死難同胞，「尊重人類的尊嚴和維護歷史真理將是對我們的公正回報。」他真誠地邀請馬友友於1991年8月15日在南京舉辦的紀念活動上演奏樂曲。

自1990年起，紐約一群愛國華人就在積極籌辦抗日戰爭紀念與南京大屠殺受難同胞紀念活動。

關於舉辦紀念活動的原由，唐德剛在1992年曾表示，南京大屠殺為震驚全世界的日軍暴行，是侮辱全人類的最大慘案，中國除建立一座紀念館外，別無國際性的經常性紀念活動。反觀日本人為其廣島、長崎受難者卻每年舉行盛大的國際性紀念儀式。全球猶太人對其受納粹迫害同胞更是經常廣泛紀念，並

採取行動。美國人亦每年為珍珠港舉行紀念，並做宣傳。「我會在海外成立之初，全球華裔及異邦人士即熱烈響應。世界各地之日本侵華研究會，及對日索賠等各種類似團體，均舉行各式會議及創辦刊物，共同紀念。」「我會專辦南京之紀念，更搜羅當年日軍暴行之罕有史料及實地拍攝之錄影，在世界各大城市同時放映。」舉辦紀念活動的意義，為「呼籲華人同胞勿忘慘痛的歷史經驗，提高自尊自強意識。」

1990年8月，紐約「紀念南京大屠殺受難同胞聯合會」的唐德剛、楊覺勇、邵子平等九人赴南京訪問，就「聯合會」發起的聯合美、日、港、南韓、新加坡等地三百名華人，計畫於1991年8月13日至16日在南京舉行紀念抗戰學術研討會和南京大屠殺受難同胞紀念會事宜，與江蘇省委統戰部面洽，統戰部介紹時任南京大學歷史研究所所長張憲文居中聯繫。

關於這段經歷，南京大學人文社會科學榮譽資深教授、著名歷史學家張憲文撰文回憶道：「1990年夏，唐德剛先生專程來南京與我商討舉辦抗日戰爭紀念大會事宜。我說，組織學術研討會沒有問題，搞紀念會要找政府解決。次日，省裡（江蘇省）有關部門領導請他吃飯，決定舉辦有關南京大屠殺方面的學術研討和紀念活動[06]。」

依照齊錫生[07]的提議，紐約一批華裔人士於1990年12月28日至29日，在紐約市北部的莊嚴寺，首次討論關於在南京籌辦「紀念抗日戰爭遇難同胞、促進世界和平大會」的設想。會議由邵子平主持，參加人員有：楊覺勇、齊錫生及夫人、章開沅、夏陽[08]、姜國鎮、鄭心元[09]、吳章銓[10]、傅運籌[11]、李捷

06　江蘇社科名家文庫《張憲文卷》，頁57。

07　齊錫生，早年畢業於臺灣東海大學，後赴美國深造，主修國際關係和政治學，獲芝加哥大學博士學位。1967-1992年任教於美國北卡羅來納大學（University of North Carolina at Chapel Hill），1992-2002參與香港科技大學的建校工作 並任社會科學部主任。

08　紐約名畫家

09　《中國時報》、《時報週刊》記者

10　聯合國中文處，中日研討中心

11　聯合國中文處

緒[12]、羅其雲、張星戈[13]、劉實。

會議推選齊錫生為主席，對會務工作進行了分工。

大會籌備組：鄭心元，傅運籌，姜國鎮，夏陽，楊覺勇。

募捐組：楊覺勇[14]，唐德剛，吳昭文[15]，羅其雲。

勤務組：李捷緒。

資料研究組（包括電影）：齊錫生，于彩繁[16]，劉實。

各地聯絡人員：章開沅，張星戈，杜學魁。

在這次會議上，通過決議與討論的重要問題有：

① 紀念大會議程分三大部分：宗旨、目的、意義；舉辦方式與內容（含籌款）；海外華人的作用、角色；

② 加強民族意識重要，但還不夠，要推動日本人內部真正反省懺悔以行動支持紀念活動，還要向世界各國宣傳和平，讓世界知道南京。

③ 華僑可以有建議，引發作用，最終靠本地人力量。

④ 通過海外民間團體由中日關係研討中心發起，國內民間（半官方）

12　紐約李氏會計事務所

13　臺北英語教師

14　河北清苑人，曾任遠東委員會中國代表團秘書，夏威夷大學亞洲太平洋語文學系教授兼系主任，西東大學亞洲研究系教授兼系主任，遠東研究院主任。全美中國語言教師協會主席，國際筆會夏威夷分會書記等職。

15　唐德剛夫人，為中國國民黨元老吳開先之女。

16　電腦製造公司

團體由南京大學帶領，各聯合學術、社會團體合辦南京紀念大會。

⑤ 舉行方式要結合學術研討推廣的會議方式及民眾性集會的方式，可包括若干宗教儀式，易為群眾所接受瞭解。聯繫受難家屬。常年舉辦。

⑥ 日期，優選 12 月 13 日，但願考慮南京方面提議。

⑦ 規模初次不要過大，辦的不好，反而影響士氣與國際觀瞻。希望各界人士參加、理解等。

之後，他們又數度開會討論南京紀念大會的細節。

1991 年 3 月，「紀念南京大屠殺受難同胞聯合會」成立後，籌辦在南京舉行的「抗日戰爭學術研討會」及「紀念南京大屠殺受難同胞大會」更成為其頭等大事。

在「聯合會」1991 年 4 月的一份《關於在南京舉辦「抗日戰爭學術研討會」及「紀念南京大屠殺受難同胞大會」的說明》中記錄了「接洽經過」：

在美國的華裔和專家學者，曾先後向中國大陸有關單位探討在南京舉行紀念會的可能性。1990 年 3 月，「聯合會」向南京市外辦提出書面建議。1990 年 8 月，唐德剛、楊覺勇、邵子平前往南京洽談，承時任南京大學歷史研究所所長張憲文奔走接洽，經獲得中央主管部門正式同意，由國內外有影響力的學術團體共同主辦「抗日戰爭學術研討會」；另外由海外人士到南京主辦「紀念大會」。國內團體不參加主辦紀念會，但是大陸人士將支援組織、籌備食宿等工作，並協助新聞報導、揭發日軍罪行等。

學術研討會：由南京大學聯繫南京師範大學、中國第二歷史檔案館、江蘇省社會科學院、侵華日軍南京大屠殺遇難同胞紀念館、中華民國史學會參加主辦。美國由北美廿世紀中華史學會聯繫學術團體參加主辦。研討會在 1991 年 8 月 13、14 日在南京大學舉行。

紀念會： 紀念會緊隨研討會後在 8 月 15、16 兩日舉行。已經在美國成立的「紀念南京大屠殺受難同胞聯合會」，負責邀請香港紀念抗日受難同胞聯合會、教育專業人員協會、日本名古屋 No More Nanjing 等各地負責團體。正在接洽中的還有南韓、東南亞以及歐洲、美洲、澳洲等國家的相關社會團體。中國國內參加人數不限制；海外參加人數，由於食宿等考慮，以三百人為限。由「聯合會」及各地負責團體在各地邀請或接受自由報名。

紀念會活動項目： 紀念會基本上可以分為兩日，第一日為小組討論會、電影會、參觀圖片展覽、紀念館、展覽館和大規模屠殺地點、訪問倖存者等。第二日為大會、宗教儀式（例如佛教團體）、紀念音樂會、規劃今後紀念的工作會議等。

食宿交通： 旅費、機場往返，食宿及當地交通等一切費用由參加人員自理。在南京可以住學生大樓或賓館。

經過大量海內外協調工作和緊鑼密鼓的籌備，1991 年 6 月 16 日，「聯合會」正式宣佈 8 月將在南京舉行紀念會。

據邵子平回憶，赴南京的紀念活動得到海外華人的熱烈響應，短短幾日，報名參會人士迅速達到數百人，其中不少人已經預訂了往返機票，且捐款踴躍。

不料，1991 年 7 月 5 日，江蘇省外辦宣佈取消原定於 8 月舉行的紀念會，外辦解釋終止的理由為「接待困難」。

關於紀念大會夭折的這段歷史，張憲文在自己已出版的專著中有特別記錄：

1985 年侵華日軍南京大屠殺遇難同胞紀念館舉行破土典禮，我曾去參加破土儀式。如前所述，1990 年唐德剛先生來南京找我，協商舉辦抗日紀念活動事宜，江蘇省有關領導建議舉辦南京大屠殺遇難同胞的紀念活動和學術研討會。當時，江蘇省委和省政協均向中央打了報告，建議舉辦上述活動。後來中共中央宣傳小組和中共中央外事領導小組分別發佈檔，同意舉辦有關南京大屠殺的學術研討活動和遇難同胞的紀念活動，強調了這項活動的政治意義。為此，江蘇省、市外辦，省、市宣傳部和有關部門聯合成立了會議領導班子，並建立組

織委員會，由南京大學曲欽嶽校長擔任主任委員，我擔任秘書長，南京市委、市政府組織了會議領導小組，計畫於 1991 年 8 月 15 日在南京舉行。會議規劃議定二百人以上，其中包括海內外社會人士和研究學者。省、市多次開會研究會議籌備工作。一天，我與侵華日軍南京大屠殺遇難同胞紀念館段月萍副館長，去中山東路鐘山賓館（省委招待所）向正在那裡開會的省委常委、宣傳部長王霞林請示會議有關籌備事項。王霞林部長表示他將以江蘇省對外友好協會會長名義出席會議。臺灣李慶華先生也打電話給我，希望同意臺灣人士能出席會議，我在電話中表示贊同。唐德剛先生返美後，建立了「紀念南京大屠殺受難同胞聯合會」，他和邵子平先生，一方面積極組織在美華人出席南京的會議，另一方面計畫募捐五十萬美元作為基金，與南京大學共同開展南京大屠殺史的研究。

會議在積極籌備過程中，市委宣傳部接到通知說會議暫不舉行了。省委宣傳部理論處把我喊去告訴我，會議不開了。我說海外朋友已經訂了機票，並做好了出席會議準備，如何答覆他們。理論處處長告訴我，要求以我的名義通知海外朋友，第一，暑假期間，南大放假沒有學生，不好開會。第二，8 月份我要出國，沒辦法組織會議。我回覆處長同志說，這兩條理由都不恰當。第一，誰都知道 8 月份放暑假，會議本來就不要求學生參加。第二，8 月份我要去美國講學，美方朋友知道我是在 8 月 15 日會議之後於 8 月 20 日才啟程去美國，根本不影響會議。他們把我個人的作用看得太大了。

我沒有接受這兩條理由。海外朋友詢問會議不開的理由，我只好說：「無可奉告。」很久之後，我才知道是南京某部門不贊同召開這次會議。當時有種種傳言和議論，均不符合事實。[17]

1991 年 8 月 4 日，張憲文專門給邵子平寫信致歉，信中寫道：「子平兄：您好！紀念會不開一事，給您造成許多麻煩，也打亂了許多朋友的旅行計畫，我個人深感抱歉和不安。此事我個人盡了最大努力，請您能理解。」

1991 年 12 月 13 日是南京大屠殺五十四周年忌日。那一天，美國波士頓、舊金山、洛杉磯、日本京都舉行追思大會。

17　江蘇社科名家文庫《張憲文卷》，頁 66-67。

44、吳天威：喚起中國人不忘自己的「火劫」

吳天威簡歷：出生於1922年，瀋陽人，1945年金陵大學歷史系畢業，1965年美國馬里蘭大學歷史學博士畢業，長期在南伊利諾大學歷史系任教，著名中國近代史專家，曾任美國日本侵華研究學會會長，主編《日本侵華研究》。

「親歷和目睹南京大屠殺的中國人和日本人尚健在的已經不可多得了，能作見證的人亦即將與時俱逝。但是，這個中國歷史上空前的慘案還懸而未決，讓我們活著的，尤其是作為這段歷史的見證人的一代，有責任把「南京大屠殺」這件在第二次中日戰爭中最突出的慘絕人寰的日軍罪行，徹底澄清，以對祖先，以儆子孫，更為「南京大屠殺」中死難的卅四萬同胞伸冤。」[18] 1994年2月，吳天威教授在刊發於《日本侵華研究》雜誌第十七期的上《紀念「南京大屠殺」五十六周年》文章開宗明義地表明自己研究南京大屠殺歷史的立場。

1990年2月，《日本侵華研究》(The Journal of Studies of Japanese Aggression Against China) 在美國創刊，出版人是「日本侵華研究學會」，為發表研究日本侵華史成果的學術性季刊。

1995年，歷史學家唐德剛在「日本侵華聲討大會」上專題介紹海外華人團體推動索賠經過及目前相關組織，他的大會發言題目是《紀念抗戰對日索賠》，在先後介紹了「對日索賠同胞會」和「紀念南京大屠殺受難同胞聯合會」之後，他說：「上述各會遇有對日大事，則通力合作蔚為一體，平時則各為專業而分別致力。經常作綜合學術研究及新聞報導者，則有吳天威教授主編之《日本侵華研究》，及方志遠醫師主編之《對日索賠專刊》也。」[19]

這兩本刊物被唐德剛稱為「我紀念抗戰、對日索賠各單位之喉舌。亦保持我抗戰精神與對日研究之永久不懈也。」

18　《日本侵華研究》1994年2月，《紀念「南京大屠殺」五十六周年》吳天威，頁6。
19　《日本侵華研究》1994年2月，《紀念「南京大屠殺」五十六周年》吳天威，頁6。

关于《日本侵华研究》，唐德刚说，1990年创刊，如今已至第五年，发行廿余期，为当前华文期刊中之唯一以研究日本侵华为主题的大型刊物，主编人吴天威教授披肝沥胆，苦心孤诣。寝馈不忘，始有今日。然创刊海外，销行有限，经费短绌，艰苦之情可知。若非激于民族大义，抗战情怀之殉道精神，实难维持此一季刊之长短发行也。

姜国镇在2020年12月于2021年10月分别寄给我过两批资料，其中有零星几本吴天威主编的《日本侵华研究》期刊，红色的封面简洁醒目。

《日本侵华研究》刊发内容主要类别有侵华日军的暴行罪行、日本侵华史研究、批判为日本侵华翻案和日本军国主义复活迹象，及关于对日索赔问题。

没有更多关于吴天威教授的资料，我细细阅读仅有的这几本杂志。繁体字与竖行版式，读上去吃力，但从字里行间依然能深刻地感受到吴天威教授的披肝沥胆与苦心孤诣。我只能试图从能找到的文章中尽力呈现令人钦佩的吴天威教授。

该刊为十六开本，以中文为主体文种，但每期同时附有英、日两种文字的摘要。其撰稿人中有中国大陆、台湾、香港地区和美国、日本的学者。该刊主要分论文、资料选辑和通讯三个项目[20]。

《日本侵华研究》的编辑有吴天威、胡华玲、谭汝谦（从第三期起变为许介鳞）。杂志宣称，其旨在于推动中国海内外学术界对日本侵华史的研究走向一个新的阶段。该刊认为：「日本侵华历史实为中、日两国近代史的主流」，但过去「除军事及外交方面如中日两次陆争较有详实的记载外，其他如日本对华的政治阴谋与设施，经济的掳夺及绪果，以及对中国社会的影响至今仍没有系统和全盘性的研究」。该刊创办，期在「从学术立场唤起中日两国政府和民众，世界各地学术界积极从事日本侵华史材料的蒐集、整理、保存、检讨及研究，以挽救这段人类历史将遭到湮没的危机」。该刊载文提出了研究日本侵华史的态度，「不是诉之于盲目的仇恨的情绪，而是诉之于冷静的公平的理

---

20 《抗日战争研究》1991年4月2日，《海外〈日本侵华研究〉杂志简介》，京中，页229。

性」[21]。

吳天威教授逝世於 2005 年 3 月 20 日。

2007 年 6 月 22 日，著名歷史學家、美籍華人吳天威教授檔案資料捐贈儀式在遼寧省檔案館舉行[22]。遼寧省委常委、秘書長曾維，國家檔案局副局長、中央檔案館副館長楊繼波參加了捐贈儀式。儀式由遼寧省檔案局（館）長劉金樹主持。

吳天威先生之子吳錫碩先生將父親畢生收集、整理的檔案資料捐給遼寧省檔案館，為這些傾注吳天威先生畢生心血的檔案資料找一個理想的保管之處，完成了父親的遺願。

吳錫碩先生及其家人代表其父親向遼寧省檔案館捐贈吳天威先生的檔案、資料共八十二標準箱。其中，檔案三百八十六卷（吳天威書信三百五十一件）、圖書資料兩千六百八十四冊、期刊五百七十三冊、錄影帶七十五盤、光碟七十五張、幻燈片四百九十七張、縮微膠片四十四盤、電影拷貝片一部。遼寧省檔案局（館）將這些檔案資料登記、分類、整理、編目，入庫上架。

據遼寧省檔案局官網介紹，吳天威先生是遼寧省瀋陽市新民人，早年在東北中山中學就讀，1945 年畢業於金陵大學歷史系。日本侵華戰爭爆發後，他積極參加抗日救亡活動。抗戰結束，為揭露日本軍國主義的侵略罪行，他畢生致力於日本侵華歷史的研究，收集了大量的檔案資料。1952 年吳天威先生立志科技報國，留學海外，獲馬裡蘭大學博士學位，後任南依利諾大學歷史系教授。他還率先發動海內外愛國人士在美國建立了「日本侵華浩劫紀念館」，揭露日本軍國主義侵略中國的罪行。

遼寧省檔案局（館）副局館長趙煥林在捐贈儀式上宣讀了吳天威先生當年就讀東北中山中學同窗好友李濤發來的賀信：欣聞「美籍華人吳天威教授檔案資料捐贈儀式」今天舉行，很高興和激動。早年，我與吳天威先生均為東北中

21　《抗日戰爭研究》1991 年 4 月 2 日，《海外《日本侵華研究》雜誌簡介》，京中，頁 229。
22　《蘭臺世界》2007 年 8 月 1 日，頁 4。

山中學學生，同窗數載，友誼深厚。後天威先生立志科技報國，留學海外。日本侵華後，他積極參加抗日救亡活動。抗戰結束，為揭露日本軍國主義的侵略罪行，他畢生致力於日本侵華歷史的研究，收集了大量的檔案資料。他生前曾多次表達要將收集、整理、研究的檔案資料無償捐贈給家鄉的真誠願望，此情感人。」[23]

《日本侵華研究》編輯部編輯與吳天威教授同事的胡華玲博士撰寫的《吳天威教授——一位深愛中華民族的歷史學家》讀來令人感佩。

胡華玲博士先後在美國主流媒體上撰寫了多篇揭露日軍暴行的論文，她是海內外最早系統研究金陵女子大學魏特琳的專家。胡華玲女士於 2000 年出版的英文著作《金陵永生：魏特琳傳》，在美國學術界有廣泛的影響。[24]

「吳教授深愛中華民族，致力維護日本侵華血淚史的真相，他是美國華人維護抗日戰爭史草根組織的先驅；是研究日本侵華史的優秀史學家。在他有生之年裡，他不知策動了多少維護抗日史的活動，不知啟發了多少人，他不知撰寫了多少論著，實是鞠躬盡瘁。」胡華玲回憶了與吳天威共同編輯《日本侵華研究》的往事[25]：

在 1990 年，吳教授挺身獨力創辦《日本侵華研究》季刊，宗旨是希望由學術立場，喚起各地政界、學界，及民眾從事對日本侵華史的重視及研究，以挽救這段人類史將遭到湮沒的危機（見《日本侵華研究》第一期，第三頁，1990 年 2 月）。

然而，要辦一份定期季刊，在財務及人力缺乏之下，是件非常辛苦的事，我知道其中的辛酸，因為一開始，我就參與《日本侵華研究》編輯工作，當時我們一共有五個人，都是義務服務，除了在香港的譚汝謙教授和在紐約的傅運籌先生外，就是在 Corbondale 的吳教授，吳夫人孫英哲女士和我。雖然我們

23　遼寧省檔案館官網

24　《華人時刊》，2004 年 .01 期，頁 48。

25　《抗日戰爭研究》2005 年 9 月 10 日，《吳天威教授——一位深愛抓民族的歷史學家》，胡華玲，頁 202。

三人分工合作負責編輯工作，但是吳教授的負任最重，他不僅得寫稿，約稿，審稿，還得各處去為季刊籌款，因為即使出版一本像《日本侵華研究》這樣外表「其貌不揚」的刊物，每期僅印刷費就得兩三千塊美元，實非一般僅靠薪水維生的大學教授能個人負擔得起的。吳教授不但向外捐款，還叫子女不要送父母任何生日或耶誕節禮物，就把送禮物的錢折算出來給兩老用來辦《日本侵華研究》，所以每次在捐款人的名單上都有吳家兩個兒女的名字。

同時，每逢《日本侵華研究》該出版的月份裡，吳教授和吳太太天天都得忙到深更半夜。我這人生來不能開夜車，只能開早車，所以常常早上三、四點爬起來趕工，雖然我家先生埋怨我把家裡鬧得雞犬不寧，但是那段日子裡我著實在日本侵華史方面學到了很多東西，所以心中一直都感激吳教授。並且我還得到了一個附帶福利，就是常能吃到吳教授在他家後院種的中國蔬菜，原來他最大的消遣就是種種菜。

「除了辦《日本侵華研究》外，吳教授還常參與大城裡華人組織舉辦維護抗日史真相的活動。」胡華玲同時回憶：

1994年，日本明仁天皇夫婦訪美，吳教授聯合在紐約的對日索賠中華同胞會等組織在《紐約時報》上刊登全頁大廣告，在廣告中指責日軍戰時對中國的燒、殺、奸、掠罪行及對其他亞洲國家的殘酷蹂躪。並且痛斥日本政府不但沒對受害國及人民道歉賠償，還一而再地修改教科書，把東京審判的甲級戰犯貢拜在靖國神社裡，企圖抹殺其侵害亞洲的史實真相。同時強調日本在沒以行動正式道歉及賠償前，沒資格爭取安全理事會常任理會的席位（見 A Country That Doex Not Recogrise Its Ulrong Cannot Do Right，New York Timer，June17，1994）。

吳教授不但參與寫《紐約時報》上所登的廣告，還帶了一車子的日本侵華史方面的資料，大熱天裡，由伊州的 Carbondale 開了兩天的車，趕到華盛頓參加華人和亞裔代表在白宮前舉行的向日皇抗議示威大遊行。他在示威抗議的隊伍前發表激昂的演講，接受媒體訪問，又領頭呼喊口號，高唱「我的家在東北松花江上」等愛國歌曲。聽說當場不少人都流出了眼淚。

我在 1994 年 8 月《日本侵華研究》─全美華人向日皇抗議索賠示威專輯》上，讀到全美華人抗議索賠會會長裴詠菱在《回顧「六一二」向日皇抗議示威遊行》中寫道：南伊州大學吳天威教授，為了攜帶很多資料，開了兩天車來到華府，參與籌備工作，他是真正領導這次示威遊行的靈魂人物。[26]

1997 年，耶魯大學神學院出版了《美國傳教士目睹南京大屠殺，1937-1938》的英文書，彙集了貝茲、馬吉、芬奇、司邁斯、羅伯特·維爾遜、明妮·魏特琳、福斯特、麥可琳等九位傳教士的目睹見證。

「毫無疑問，受害者和加害者都可以證明南京大屠殺的真相，但就今天的情況而言，中國受害者提供的海量證據未能引起世界的關注。雖然數千名前日本帝國陸軍士兵、數百名陪同他們進入南京的記者以及一些現居日本的日本大使館人員都是南京大屠殺的目擊者，但他們一直拒絕談論。事實上，如果不是那些忠實、無畏、受過高等教育的美國傳教士作為南京大屠殺的目擊者，留下了大量不可更改的證詞，人類歷史的一個重要篇章可能會丟失。」吳天威教授為在序中寫道：「懷著感激和懷念之情，我們將這本著作獻給南京大屠殺期間在華的美國傳教士，因為世界應該永遠銘記他們對人類的偉大貢獻，這不僅是因為他們拯救了如此多的生命，還因為他們在捍衛真理和正義、珍視對人類善意方面的遺產，照亮了人類的未來。」

「吳教授最大的夢想是在舊金山建立一座永久性的浩劫紀念館，長期陳列日軍侵華的暴行圖片文物，報導中華民族滇沛流離的真相，為死於日軍屠刀下的同胞們申冤討回血債，維護公理正義，」胡華玲特別寫道：「雖然親友們見吳教授年事已高，都勸他不要再去為建浩劫紀念館去奔走效命，可是吳教授置之不理，抱著愚公移山的精神四面八方籌募建館的基金。」「他要使這段華民族的血流史一代代傳留下去，以期引之為誡，謹防這種人類悲劇重演。」

「曾經親歷和目睹日本侵華罪行和暴行的中日兩國的見證人逐漸離開人世，而世界各國人民對於日本侵華的歷史一向模糊，同時中日兩國的年輕一代幾乎一無所知。」1994 年 4 月，吳天威在《抗戰史實通訊》創刊感言中表示：

26　《日本侵華研究》全美華人向日皇抗議索賠示威專輯，裴詠菱，頁 31。

「在這種情形下，我們必須積極從事第二次中日戰爭的史料之搜集整理與研究，以拯救此關係中華民族之興亡歷史免於湮沒，進而使歷史真相大白於世，將日人在侵華期間所犯之滔天罪行載入史冊，使中日兩國子子孫孫永志不忘並為之戒。」

2000 年，因建立永久紀念館一時難以實現，吳天威在舊金山附近租屋設立了一個臨時紀念館。當年 2 月底開幕，首先展覽日軍遺留在東北的毒氣化學武器和七三一部隊的活體實驗日軍遺留在東北的毒氣化學武器和七三一部隊的活體實驗。他對胡華玲說：「我已經八十多歲了，今生恐怕是看不到永久紀念館建成的日子，不過只要我有一口氣，我都會去努力到底的。」[27]

大陸史學研究者米鶴都曾於 2008 年撰文回憶在美國與吳天威教授共同分發與郵寄《日本侵華研究》雜誌的經歷：

我在美國的時候，正好趕上這本雜誌的第一期出版，就責無旁貸地加入到吳先生和他太太的工作行列中來。記得一次，我們是開了兩個多小時的車，到聖路易士取回印刷好的雜誌，然後再把它裝信封、列印地址、貼標籤，再送到郵局和 UPS 分送到美國和世界各地。僅郵寄這點事情，我們三人就忙了整整兩天。記得寄出最後一本時，大家都非常高興，吳先生和吳太太還專門請我吃了一頓飯，以表慶賀。當時每出一期的經費大約是三千多美金，吳先生的親朋好友幾乎都為此捐過錢，但是其中多數還是吳先生自己出資的。這本雜誌是季刊，吳天威夫婦一直親力親為，從約稿、翻譯、校對到包裝、郵寄等，大多工作都是吳先生和他太太兩人親自完成的。當時南伊大就有三百多個來自中國大陸的留學生，而其中來自東北師大的留學生就有二百多人，另東北師大和南伊大結成姊妹學校，也是吳天威先生以他的影響力一手促成的。他在這些留學生中的威望可想而知，他只要開口，立刻就會有眾多的志願者來幫他完成這些瑣事，而且他自己帶的兩位來自國內的博士生，都曾主動要求幫助工作，但是吳先生都謝絕了。他曾對我說，這些學生平時學習任務比較重，而且還要打工掙生活費，比較辛苦。所以他能做的事情都自己做，儘量不給中國留學生們找麻煩。

---

27 《抗日戰爭研究》2005 年 9 月 10 日，《吳天威教授——一位深愛抓民族的歷史學家》，胡華玲，頁 206。

在斯坦福大學、哥倫比亞大學、南加州等許多著名的大學的圖書館裡都能看到《日本侵華研究》，它們在默默地發揮著作用。[28]

在姜國鎮自美國寄來的資料中，有一份姜國鎮寄給我的這幾本《日本侵華史研究》，顯然他自己沒有細讀過，因為每一本都是嶄新的面目，沒有閱讀的痕跡。我在《日本侵華研究——紀念抗日戰爭勝利五十周年專輯》中翻出一枚貼著郵票的未使用信封，一頁吳天威教授寫給讀者親筆信的影本上寫著：

敬愛的朋友和讀者：

《紀念抗日戰爭勝利五十周年專輯》（即一九九五年第廿三及廿四兩期合刊），為力求報導完備、翔實、內容精簡，經最大努力現已在紐約出版。對日本帝國主義十四年之侵華戰爭及滔天罪行作有力的見證，並緬懷我三千五百萬死難同胞，以其寶貴的生命贏得這次戰爭的勝利。同時更感到我們當前任務之重大，誓為他們討回公道，迫使日本侵略者謝罪道歉和賠償，並歸還在戰爭中掠奪的我國的物資及文物。

此《專輯》共二百五十六頁，內有「紀念論文」、「抗戰文藝」、「華僑抗日運動」、「世界各地慶祝勝利活動」、「日軍暴行資料」、「日軍七三一部隊罪行在美展覽」、「民間索賠動態」及「抗日戰爭圖誌」等章，皆由海內外著名學者及作家執筆，堪稱唯一之全面周詳公正之作，為關心我「抗戰」勝利者不可不讀，謹按成本零售每本十五美元，購置十本以上者每本十二元。尚祈廣為推介。

敬祝

健康愉快

《日本侵華研究》編輯　吳天威
一九九六年五月八日

28　《縱橫》2008年，10期，米鶴都，頁52。

幾乎在每一期《日本侵華研究》的開篇，吳天威寫的「致讀者」，都諄諄叮囑中國人「不忘歷史」。在第十七期的「致讀者」文末，吳天威說：「中國的『火劫』尚未被西方所承認和重視。這固然由於歐美人一貫的『重歐輕亞』，及日本政府的盡力湮沒，但是，我們中國人自己應該負主要責任。由於西方人的重視猶太人『火劫』，隨著《辛德勒的名單》電影的放映，已把『火劫』的關注帶上高潮，我們希望這會喚起我們中國人不忘自己的『火劫』。」

45、《黃河大合唱》 為和平而歌

「美國各地海峽兩岸老中青少四百五十名炎黃子孫紐約同臺演出激動人心催人淚下」，1995年8月14日，《僑報》以《「黃河大合唱」唱出抗戰勝利五十周年情緒》為標題報導了「抗日戰爭勝利五十周年紀念音樂會」的盛況。

1995年8月13日舉辦的這場盛大的抗戰音樂會執行主辦團體為紐約「紀念南京大屠殺受難同胞聯合會」、亞裔表演藝術中心和中國旅美科技協會。陳憲中對我說，舉辦這場音樂會是為突顯民族精神薪火相傳，強調日本侵華歷史不容忘記。

「健忘的民族沒有未來」。為了舉辦這場音樂會和同步舉辦的「抗戰勝利五十周年研討會」，「紀念南京大屠殺受難同胞聯合會」毫無保留地投入了全部人手，傾注了全部心血。2019年5月20日，陳憲中在北京東長安飯店交給我厚厚一摞從美國帶來的「聯合會」當年的資料，他特別挑出其中一本《五十抗戰音樂會——抗日戰爭勝利五十周年紀念音樂會》遞到我手上。「這場應約會，很多美國華人迄今難忘，好多人還保留著參加音樂會那天晚上穿的這件T恤。陳憲中還特意從美國帶了一件1995年為這場音樂會專門定制的白色T恤送給我，衣服胸前印著音樂會的標誌，足見這場音樂會是當年「聯合會」的大手筆與重頭戲。

「我們是一群身在異鄉心系故土的中國人。在這個重要的一年，為了緬懷歷史創傷、紀念苦難犧牲、不忘國恥夢魘，我們自動自覺、群策群力，共同組織籌備辦一次大型活動——「抗日戰爭勝利紀念音樂會」。」在代前言《我們不能忘記》中寫道：

一九九五年正是具有重大歷史意義的一年。

一百年前，我們的祖先慘敗，簽訂了《馬關條約》，割讓了寶島臺灣。五十年前，八年抗戰在兩千六百萬同胞犧牲，山河破碎的情況下慘勝。亞細亞的孤兒，在驚疑未定中，回到了祖國懷抱。

九一八事變後中國長期抗擊日本侵略的全民自救運動，是中華民族以弱制強，死中求生的重大歷史轉折。

可是，相對於日本軍國主義侵華時期所犯下的一切令人髮指的暴行，今天的中國人確實可以說寬大到糊塗的地步。從最近的一些新聞事件看來，軍國主義的意識並沒有在日本死滅。歷史教科書的惡意歪曲，雖經各方嚴加指責，右翼分子仍在百般狡辯，試圖開脫罪責；「七三一」魔鬼部隊慘無人道的劣跡，雖經揭發，該部隊至今未受懲罰的成員，居然毫無悔意。在世界經濟秩序重組、美國漸褪而日本更形擴張了的當前形勢下，大財團控制下的日本經濟勢力，已經為軍國主義的死灰復燃準備了溫床。世事變化隨時可以喚回「武運維揚」的幽魂。

回頭看看我們中國人，侵華之戰，這場廣度與深度遠遠超過猶太人「浩劫」的災難，我們在反省、檢討、記錄、追查、提醒和分析方面所下的功夫，不要說與猶太民族相比，似乎還趕不上日本有良心的知識界和美國的學者。

我們怎可忘記歷史，怎可忘記國恥與夢魘！

在《僑報》報導中：兩千五百多名中外人士，扶老攜幼，今晚（1995年8月13日）聚集在紐約哈德遜河傍，懷著激動的心情傾聽「黃河」的怒濤聲，以掌聲和喜淚迎接抗戰勝利五十周年紀念日的到來。

美東華人社團紀念抗日戰爭勝利五十周年的重頭戲——「抗戰音樂會」今晚在紐約曼哈頓林肯中心費雪大廳隆重舉行。這臺由四百五十名中國大陸、臺灣、新加坡、美國華人社區合唱團老中青團員、知名藝術家合力演出，氣勢磅礴的音樂會獲得了巨大成功。成為美東華人社區多年來少有的一次盛會。中國駐紐約總領事梅平、副總領顧品鍔，以及中國常駐聯合國代表秦華孫特命全權大使、副代表王學賢大使、紐約市副市長鮑爾斯等美中官員到場祝賀演出成功。[29]

29　1995年8月14日，《僑報》，李建偉。

至 2022 年,《黃河大合唱》問世已經有八十三年了,經過八十餘年的漫長歲月,它仍光輝不減,蜚聲於世。由光未然作詞、冼星海譜曲的《黃河大合唱》是一部氣勢磅礴,音調雄壯,感情深厚,表現中華民族偉大精神面貌的史詩性作品。它誕生於 1939 年 3 月,這正是中華民族災難深重,而民族解放和人民民主運動正烈火般進行的年代。

　　《黃河大合唱》分八個樂章,以其獨特的藝術魅力表現了黃河兩岸人民英勇抗敵、保家衛國,不屈於侵略者的英雄氣概;歌頌了在國家生死存亡的危急時刻,中華民族團結一心、抵禦外敵的民族精神。這一折射著中華民族精神的宏大史詩,在當年唱響遍華夏大地,鼓舞著抗日軍民團結一致勇敢殺敵。自八十年代起,《黃河大合唱》以各種形式在海外上演,產生巨大反響。這一產生自半個多世紀前的音樂藝術作品,一次又一次喚起海外僑胞的民族情感,產生強大的民族凝聚力。[30]

　　這場盛況空前的大型「抗日戰爭勝利五十周年紀念音樂會」,收到中國大陸的高度重視,中國文化部選派了約二十人的藝術家代表團前來共襄盛舉。音樂會的藝術總監由美國亞裔表演藝術中心主席廖英華博士擔任。廖博士是一位科學家,任美國羅斯福癌症研究中心高級研究員和美國科羅拉多州大學醫學院副教授,同時熱心於從事和推動音樂藝術,特別是致力於亞裔音樂家在美國的展現和發展。

　　參加音樂會演出的有來自海峽兩岸以及新加坡、馬來西亞和在美國的國際知名的華人音樂家、藝術家,如嚴良堃、杜黑、李默然、劉長喻、田浩江、鄧韻、汪燕燕、黎列剛等,並有由北京中央樂團合唱團、臺北復興崗合唱團部分成員和美國、加拿大十八個合唱團成員組成的約三百人的混聲合唱團,以及一個一百五十人的青少年合唱團參加演出,紐約大都會青年藝術家交響樂團伴奏,陣容壯觀。

　　音樂會的前半場首先由來自臺北的指揮家杜黑指揮《懷念組曲》——包括《長城謠》、《思想曲》、《中國一定強》(按,即《歌八百壯士》)、《一支鳥仔哮啾啾》、《漁光曲》和《松花江上》,由青少年合唱團演唱。每曲唱完,

---

[30]　《人民音樂》,1995 年,第 6 期,《黃河大合唱在海外——訪嚴良堃》,徐東,頁 15。

皆獲觀眾熱情的掌聲。在這組曲中，最令人感動的是由田浩江主唱、童聲合唱伴唱的《松花江上》。田浩江中氣十足，作為一位傑出的男低音歌唱家，他以卓越的演唱技巧表現出深刻內在的激情。他演唱的特點，主要在於他不僅表現出對日本侵略者殘暴行徑的血淚控訴，更鮮明地展示出誓與侵略者血戰到底的決心和氣勢，因此，觀眾報以長時間的熱烈掌聲。

1995年，距初演已三十年的京劇《紅燈記》，當年李鐵梅的扮演者劉長喻給兩代中國大陸的民眾留下了深刻印象。那晚，劉長喻在這次音樂會上一出場，即獲得觀眾的熱情掌聲。劉長喻再唱李鐵梅，仍是英姿不減當年。觀眾對她演唱的《我家的表叔數不清》反應特別熱烈。侯豔秋則用中國獨有的嗩吶吹奏出了刻畫抗日期間和勝利時刻淒涼婉轉和歡欣喜悅兩種不同的曲調，每一次演唱或演奏結束，觀眾均報以熱烈的掌聲和喝彩。

音樂會的壓軸戲為下半場的聽抗日戰爭時期冼星海創作的《黃河大合唱》，自然是最激動人心的時刻。這部刻骨銘心的不朽之作，在新作如潮的今天，仍顯示出旺盛的生命力。由來自中國大陸的年逾古稀、指揮了五十年《黃河大合唱》的嚴良堃擔任指揮，北京中央樂團合唱團和美國紐約、新澤西、華盛頓、賓州、德拉瓦、科羅拉多等地的廿個華人社區業餘合唱團三百名合唱團員聯合演唱。

1923年生於湖北武昌的嚴良堃，是中國交響樂團合唱團（前為中央樂團合唱團）創辦人之一，任中央樂團合唱指揮、中國音樂家協會副主席、合唱指揮學會理事長。他十五歲開始學習指揮，師從著名音樂家冼星海，並自學樂理、和聲。1940年，他首次指揮「孩子劇團」公演了《黃河大合唱》，曾被譽為《黃河大合唱》最權威的演繹者，指揮《黃河大合唱》達上千場。

嚴良堃指揮《黃河大合唱》細膩嚴謹，樂風含蓄抒情，動作瀟灑洗練。他每一個動作，無論巨細，皆激發和調動起全體合唱隊、樂隊以至全體觀眾的難以用筆墨形容的巨大熱情。他的指揮體現出他對《黃河大合唱》從整體到每個細節的深刻理解，以及他指揮該作品多年的豐富經驗。

「黃河！怒吼吧！向著全中國受難的人民，發出戰鬥的警號！向著全世界

勞動的人民，發出戰鬥的警號！」李默然在《黃河大合唱》中的朗誦，慷慨激昂，有如一言九鼎！田浩江獨唱《黃河頌》，充分體現對祖國、對整個中華民族的熱愛。汪燕燕獨唱《黃河怨》聲情並茂，淋漓盡致地表現出國土淪陷時民族的苦難，人民的悲哀、痛苦，以及奮起抗爭的民族主義精神。《保衛黃河》和《怒吼吧，黃河》將整個音樂會推向最高潮，觀眾的情緒隨著演員們「保衛家鄉、保衛黃河、保衛全中國」的高亢歌聲激動起伏。曲終，全體觀眾起立報以最熱烈的掌聲，經久不息。有的觀眾被強烈的音樂所震撼，禁不住淚流滿面。

1995 年 8 月 14 日，《僑報》以「《黃河大合唱》唱出抗戰勝利五十週年情緒」為標題，報導了「抗日戰爭勝利五十週年紀念音樂會」的盛況。

另外值得一提的是，這場音樂會票價分別是一百、五十和廿五美元。儘管兩千八百張門票銷售一空，但據廖英華藝術總監說，仍不夠支付開銷。音樂會後，許多熱情的觀眾爭相購買音樂會紀念冊，《黃河大合唱》（嚴良堃指揮）和田浩江演唱的一組中國歌曲的雷射唱片。所有收入皆用於補償這場音樂會開銷的不足部分。

這場音樂會通過電視轉播等媒體的廣泛傳揚，喚起整個海內外華人時抗日戰爭的歷史回憶，聯結不同地域的華夏同胞的民族感情，凝聚起堅不可摧的民族精神。[31]

---

31 《人民音樂》，1995 年，第 10 期，《記紐約「抗日戰爭勝利五十周年紀念音樂會」》，秦元平，頁 42；1995 年 8 月 14 日，《僑報》，李建偉。

46、日軍「七三一部隊圖片展」美國巡展

　　1995 年 9 月 23 日，為期一周的「侵華日軍七三一細菌部隊歷史圖片展」在紐約曼哈頓蘇荷區的王瑾畫廊開展。此次展覽是紐約華人作為紀念抗戰勝利五十周年的活動之一，由「對日索賠同胞會」、「中華發展基金會」與「紀念南京大屠殺受難同胞聯合會」等主辦。《僑報》在開展前大幅報導稱，紐約觀眾將有機會「目睹」及瞭解日軍細菌部隊之暴行。

　　《日本侵華研究》在 1995 年 12 月出版的第廿三、廿四期合刊中陶瑜撰文的《日軍「七三一」圖片展在紐約》[32]，詳細介紹了舉辦此次圖片展的緣由與具體開展情況。

　　侵華日軍在二次大戰時期中國戰場上曾違反國際法和人道法，對中國軍民施放毒氣。但對日軍本部在中國東北設立軍事基地，秘密從事大量製造各種病菌的實驗，以無數中國俘虜和蒙古、俄羅斯，甚至一些美軍戰俘充作活人實驗材料的事卻知之甚少。隨著許多二次大戰歷史檔案和實物材料陸續曝光才漸漸為世人知道。在中國，數年前的香港導演牟敦芾曾把七三一細菌部隊的史實用紀錄片加以情節化的手法拍成電影，引起一般民眾的認識。而在美國，約十年前即有一些英國和美國二戰時代的退伍老兵組織起來，向國會的委員會作證，揭發當年被日軍俘往瀋陽時有過充當細菌實驗材料的經歷，他們要求美國政府調查此事，並向日本索取賠償。1995 年 3 月期間，駐日本的紐約記者撰寫專文，《揭開恐怖面具：日本必須面對其戰爭暴行》，歷數日軍在細菌戰方面的罪惡，也指出美國軍方當時為攫取七三一細菌部隊實驗成果，以赦免其部隊成員為戰犯作交換條件，留下了可恥的記錄。時至今日，這一違反人性極端殘酷的暴行終於大白於人間。

　　雖然如此，但在 1995 年初美國史密松博物館在舉行二次大戰空軍史的展覽中，對投放原子彈的說明把日本說成是二次大戰的受害者，引起軒然大波。此事一方面受到美國某些歷史學者「修正主義」理論的影響，另一方面也是二

---

[32]　《日本侵華研究》，1995 年 12 月第 23-24 期合刊，陶瑜，《日軍「七三一」圖片展在紐約》，頁 170。

戰以來人們對當年日本侵略者兇殘罪行知之不深，或者逐漸淡忘有關。

美國這個展覽公然顛倒黑白，使得「紀念南京大屠殺受難同胞聯合會」日軍侵華歷史的專家吳天威教授憤怒萬分。吳天威教授認為，應該把日軍當年的罪惡史實公之於眾，使日本那些顛倒黑白的謬論無處遁形，更可以有力地駁斥「修正主義」史觀。吳教授為了實現此一心願，四方奔走，與美國東西兩岸華人社團聯繫，並與位於北京的中國人民抗日戰爭紀念館聯絡，得到中國人民抗日戰爭紀念館的支援，提供一百餘幅侵華日軍七三一細菌部隊的珍貴圖片，先後在紐約、聖路易、舊金山及洛杉磯展出。

美國《僑報》1995年9月22日刊發展覽報導，題目為《用圖片來控訴日軍暴行「七三一部隊圖片展」下旬華埠展出》[33]，報導中指出，二次大戰結束已半個世紀，日軍在中國的種種暴行罄竹難書，大小屠殺與慘案不下數百起，其最大的「南京大屠殺」漸為世人不知，而日軍以中國人作活體犧牲對細菌武器的研究製造及使用，以及造成的災難，歷來較少受世界注意。七三一秘密部隊是這種恐怖的細菌武器製造者中規模最大者，戰爭期間是日本的最高國防機密。

在美國展出的一百幅具有代表性的照片，翻印放大，附加中英文說明，從北京空運來美。北京中國人民抗日戰爭紀念館特派館長張承鈞、副館長劉建業親自隨同赴美，以示對這次富有歷史意義的活動的支持。

「歷史是人類同遺忘不斷鬥爭的成績。日本侵華的歷史要在今後中國人及世界各國人的記憶中保持長新，就還要繼續不斷地奮鬥。」陶瑜特別記錄了9月23日下午紐約展覽開幕的場面。

展覽吸引了僑界和新聞媒體的關注，學界教授、社團領袖和美國友人陸續前來參觀，中國人民抗日戰爭紀念館副館長劉建業先生更從北京隨同展覽圖片來到美國西、東兩岸，支援展覽活動。他對日本七三一部隊在中國的罪行更是瞭若指掌，並就每幀圖片作了詳細介紹。

33　1995年9月22日《僑報》

展覽在七天內接待了近兩千訪客，許多在蘇荷區觀光或欣賞畫廊的各國族裔的朋友順路參觀了展覽。「索賠會」配合展出，在場上連續放映英國電視紀錄片錄影帶，使英語觀眾和華裔第二代對展覽內容有了更深一層的瞭解。

　　許多華人帶著子女來參觀，用中英文夾雜的說明告訴第二代這些痛苦的歷史。一些在紐約各區主持中文學校的熱心人士看了展覽，主動要求把圖片移往新澤西州的中文學校展出，在那裡，還可以接觸到更多的念中文的華人子女和美國當地圖書館的一般民眾和青年。主辦單位經過協商，決定在畫廊展完後，即往新澤西州繼續展覽三天。一些香港來的年青學生對展覽甚感興趣，並計畫把圖片和說明輸入互聯網，使資訊能在更廣大的範圍內流傳。

　　1995年10月5日，《國際日報》在對《日軍「七三一」圖片展在紐約》[34] 10月6日至13日於蒙市長青藝文沙龍大廳展出的報導更為詳細。

　　報導指出，七三一部隊是日本最大的一支細菌部隊，總部設在中國哈爾濱，從卅年代中期開始，七三一部隊瘋狂地進行細菌實驗，慘無人道地用活人做試驗物件，先後殺害了三千多人。七三一部隊還多次進行細菌戰實戰演習，組織遠征隊，對中國軍民實施細菌戰，殺害了數以萬計的無辜百姓。

　　主辦方表示，這項展覽將通過一百二十多幅照片，真實地再現了七三一部隊的罪行。

　　展覽分六個單元，包括：

一、七三一部隊的來龍去脈，用廿四張歷史照片，三張圖表，介紹了七三一部隊的組建過程，組織機構和建設規模，說明瞭它是一支違反公法的法西斯殺人部隊。

二、細菌武器的研究與生產，用廿一張照片，反映了七三一部隊生產細菌武器的情況。

34　1995年10月5日《國際日報》

三、細菌武器的野外實驗，以十一張照片揭露了七三一部隊在野外進行細菌戰實驗的罪行。

四、活體實驗，以廿五張照片，揭露七三一部隊用活人進行細菌試驗的罪行。

五、細菌戰的實施，用十四張照片揭露該部隊對中國軍民實施細菌戰的罪行。

六、罪行與審判，用了廿二張照片介紹了該部隊戰犯的審判情形、對七三一部隊的研究和揭露。

《國際日報》報導「侵華日軍七三一細菌部隊歷史圖片展」

47、德丁：「日本人擅長改寫歷史」

1937年12月18日的《紐約時報》以《所有的俘虜均遭屠殺》為題刊登了記者德丁的報導，德丁在報導中第一次使用了觸目驚心的「南京大屠殺」一詞，引發世界輿論巨大震動與反響。

1992年5月18日，德丁應紐約「紀念南京大屠殺受難同胞聯合會」之邀，在紐約華埠舉行記者會。出席者有「聯

《紐約時報》記者德丁 (資料圖片)

合會」主席唐德剛、總幹事邵子平、著名歷史學者吳章銓，《世界日報》、《法國地球報》、《星島日報》等十餘名記者與學者。

德丁在九十五分鐘內答一百一十二問，以親身經歷徹底揭露日本政要引證日本記者採訪他的歪曲報導篡改歷史的卑鄙行徑。時任聯合國資深翻譯、著名歷史學家吳章銓，特別將此次採訪全部譯成中文，以《竇奠安在紐約記者會的發言——駁斥日本媒體對其關於「南京大屠殺」的報導》為題，全文刊發在吳天威教授主編的聯合會的喉舌之一《日本侵華研究》1992年8月第十一期上，引發海內外史學界高度關注。

石原妖言惑眾 德丁親身駁斥

2021年11月21日，時任「聯合會」總幹事、主持此次記者會的邵子平回憶：「紐約記者會的起因是1990年冬，日本東京市長石原慎太郎在接受《花花公子》專訪中公開宣稱『1937年南京打屠殺是中國人編的故事，是一個謊言』。」

時年八十五歲的邵子平記憶清晰，他說：「那年，石原慎太郎在接受雜誌採訪中引證日本《產經新聞》駐華盛頓記者森久村對德丁的採訪報導公開否認南京大屠殺」，「森久村在採訪德丁後刊發報道稱日軍在去南京的路上不可能發生暴行，因為德丁沒有看見」。

邵子平就此率先在記者會上開宗明義地提問。「當然嘍！我經過的路上沒有任何暴行，日本人還在上海。「時年八十五歲德丁立即回答。當日本人攻擊上海附近的時候，我正在上海《大陸報》，一個中英文的報紙，擔任經理編輯，同時也為《紐約時報》做些工作。紐約時報需要一名記者，負責從中國方面報導這個戰爭，他們雇用了我。於是我離開《大陸報》，從朋友那裡買了一部汽車便開往南京。這大約在日本人開始進攻上海後的十天或十一天。那時候他們還集中在上海戰役，因此我開往南京一路經過很平靜的鄉村。」

「有日本記者說，日本人在上海到南京之間不可能做出任何暴行，因為我沒看見，也沒有文字的報導。」德丁明確地說：「當然啦！日本人還沒有到來，我到南京是在日本兵開始從上海向南京進軍兩個月之前」

1992年5月18日，紐約「紀念南京大屠殺受難同胞聯合會」
在紐約組織媒體與學者對前紐約時報記者德丁（中）進行深度採訪。
「聯合會」主席唐德剛（德丁的左側）與邵子平（右一）共同主持記者會。

「日本人擅長改寫歷史」

記者會之後，邵子平在 1992 年 5 月 26 日致信德丁中寫道：「日本記者以一種高度暗示的方式歪曲使用了對你的採訪，以表明你支持他們對南京大屠殺的否認。」

石原慎太郎公開否認南京大屠殺激起了紐約華人的憤慨。邵子平說：「德丁在紐約的記者會上明確表示日本《產經新聞》駐華盛頓記者森久村在採訪他之後，並沒有給他一份副本，德丁絲毫不知道森久村在報導中寫了什麼。」

「對啦！日本人擅長改寫歷史。」在記者會上，針對日本記者的不實報導，德丁舉例證明：「你看見最近《紐約時報》關於湯姆遜、哈裡斯美國第一任上海領事的故事。日本人贈送給哈裡斯一個姘婦，他發現這位姘婦很骯髒而且有病，就把她趕出去了。現在她一變而成為日本的女傑，日本人把她塑成一個英勇的形象，說她不願意同哈裡斯同居。這便是日本人改寫歷史的另一個例子。」德丁認為，日本政要篡改歷史的動機是把他們以前所犯的滔天罪行對年輕的一代隱瞞起來。

「德丁在記者會上說得非常詳細」，邵子平介紹道，那次採訪很成功。美國華文媒體以《墨寫的謊言掩不住血寫的歷史 南京大屠殺鐵證如山不容篡改》為題揭露日本政要的無恥嘴臉，《世界日報》、《星島日報》等諸多媒體刊發報道。

張連紅認為，德丁回憶訪談有力回擊了日本右翼謊言。廿世紀九十年代初，日本東京都知事石原慎太郎假借日本《產經新聞》駐華盛頓記者森久村採訪德丁的歪曲報導，否定南京大屠殺，甚至在美國媒體上大肆刊發廣告，公開叫囂南京大屠殺是廿世紀最大謊言。德丁在接受「聯合會」採訪時，針對森久村的不實言論，通過自身所見所聞，圍繞日軍在南京街頭和碼頭大肆屠殺俘虜、淪陷前南京人口遷移範圍、南京遇難人數、西方傳教士揭露日軍暴行的客觀性等，對日本右翼的謊言進行了反駁。「實際上，在 1984 至 1987 年德丁曾二次接待日本南京事件調查研究會笠原十九司教授的長時間訪談，笠原十九司教授在日本也公開發表了訪談成果，對石原等極右勢力的謊言進行了有力回擊。」

據張連紅介紹，1988年6月，德丁曾重回故地南京，參觀了新建的侵華日軍南京大屠殺遇難同胞紀念館。回美國後在《聖地牙哥聯盟論壇報》上發表參觀感言，他說：「這個新博物館的建立，表示了中國政府並沒有忘記這段歷史，但是部分日本官員和右翼群體卻否認這段歷史，一次次地洗刷罪行，甚至不承認日本侵華的事實。」在接受紐約「聯合會」訪談後的六年後（1998年），德丁在美國聖地牙哥去世。

留下一手史料 戳破日本右翼謊言

聯合會組織與現場攝錄的九十五分鐘德丁詳細敘述親歷南京大屠殺的記者會影像實錄，極為珍貴。

「戰時擔任《紐約時報》記者德丁是南京大屠殺重要的歷史見證人，他的親身經歷對還原南京大屠殺真相具有很強的說服力。」張連紅表示，聯合會組織採訪德丁的影像與文字記錄，具有十分重要的史料價值，是世界記憶遺產南京大屠殺最為重要的歷史文獻之一。

「作為紐約時報的記者，德丁是報導戰時中國最具影響力的西方記者之一。」張連紅介紹道，德丁接受紐約時報的委派，在南京陷落前二個月就來到南京，對日軍空襲南京和南京保衛戰進行持續報導，在日軍攻佔南京時，他是留在南京五位原西方記者之一，他利用美國記者身份，在日軍佔領的南京城內進行了現場採訪，在南京淪陷後的三天才離開，目睹了日軍佔領南京初期屠殺戰俘的恐怖暴行。從12月18日開始，德丁撰寫的日軍在南京暴行的長篇報導在《紐約時報》持續刊發，引起世界廣泛關注。其後德丁一直在中國報導中國抗。1945年9月，德丁跟隨中國受降部隊再次回到南京，對戰後南京繼續進行系列報導。

張連紅認為，這份錄影中，德丁回憶訪談提供了許多其親身經歷南京大屠殺的歷史細節，豐富具體的細節產生「真實」的力量。作為南京大屠殺的親歷者，他回憶說他在從城門到江邊的那段路上，「我的車輪在很多死屍上打轉」，「有一群日本兵在附近吸煙談話，他們部隊的軍官正在屠殺有一個營的中國士

圖為 1992 年 5 月 18 日，八十五歲高齡的德丁在紐約詳細敘述自己
1937 年 12 月在南京親歷侵華日軍南京大屠殺的經歷。

兵」，「離開之前，我繞城一周，發現很多死人，尤其是中國士兵。日本人把射殺中國人士兵當作很好的遊戲，每見一個中國兵便射擊。在我去江邊的路上，經過城門到碼頭，死屍堆積很高。」德丁還回憶他在國際俱樂部的門前看到一位身受重傷的中國士兵，他愛莫能助，只能塞給這位士兵五塊錢。作為記者，身臨其境的德丁，對陷落後南京真實場景的觀察記錄，為歷史留下了極為珍貴的第一手資料。

德丁訪談摘錄：「日本人把殺中國士兵當遊戲」

問：你說在屠殺開始後，你留在南京三天，南京城的情況如何？

德丁：在日本人佔領南京一天後，我便全城開走，看見很多死屍！我必須把這個重大的消息發給報社，我決定搭乘奧阿胡輪去上海。離開之前，我繞城一周，發現很多死人，尤其是中國士兵。日本人把射殺中國士兵當做很好的遊戲，每見一個中國兵便射擊。在請我去下關江邊的路上，經過城門到碼頭，死屍堆積很高。

我的車輪在很多屍體上打轉，我所見到的最壞的暴行，就是當我在江邊等船的時候，有一群日本兵在附近吸煙談話，他們部隊的軍官正在屠殺有一個營的中國士兵。他們被分開，每十個人或十五人一次用機關槍射死。

　　問：你能不能描述一下你當場所見，受傷的人體橫死在街頭上的屍體。他們是頭部受刀傷、槍傷或炸彈傷等。

　　德丁：只有一次我仔細地察看他們受傷的情形。我經過叫做國際俱樂部的門前，那裡有一個仍穿軍裝的中國兵躺在路旁，他的下顎已經被槍彈打掉，他身體上的傷痕有的是燒的或刀砍的，還在流血。我不能對他做任何幫助，他伸出手，期望我能把他帶走。我不知道能把他送到哪裡，或者怎樣辦，我拿出五塊錢放在他的手裡，這當然對他毫無幫助，但我內心覺得應該為他做點事情，他還沒有死！

　　問：日本對於修改歷史所作的辯護理由之一，就是他們不願意把父輩們所犯的罪惡來加給日本下一代的負擔。你知道現在他們正培養下一代更堅強的自信心，你對於歷史怎樣看法？再者，有沒有客觀的歷史那回事？

　　德丁：好啊！我認為德國人完成了一件很好的事，他們把過去的事完全公開。他們承認所發生的罪行而且毫無疑問。今天日本人應像德國人那樣做法，由領導者把一切公開，再批評錯誤。把罪行歸咎於那一階段日本的低劣領導身上。

1937 年 12 月，德丁在《紐約時報》刊發報導南京大屠殺的消息，震驚世界。

第五部

三部紀錄片
成就歷史經典

2022年12月9日起，《大公報》連續五天推出五個整版新聞專題。《大公報》在《編者按》中表示：今年12月13日，是第九個南京大屠殺死難者國家公祭日。八十五年前，美國牧師約翰·馬吉用一臺十六毫米攝影機秘密地拍攝了侵華日軍在南京城大肆奸殺掠奪暴行的影片，是唯一留存至今有關南京大屠殺的動態影像。1991年7月，封凍了四十三年的馬吉影片再現美國，經日本記者與美籍華人爭相尋獲後先後拍攝了三部歷史紀錄片，震驚日本與西方。值此南京大屠殺八十五周年之際，《大公報》今起推出《發掘歷史真相》系列專題，與讀者分享一群海內外志士發掘大屠殺鐵證、還原歷史真相的堅毅與勇氣。

48、紀念館舉辦文物展 馬吉影像卅七分鐘膠片居首要

　　2022年12月13日清晨，在侵華日軍南京大屠殺遇難同胞紀念館偌大的集會廣場，國旗下半旗，南京大屠殺死難者國家公祭儀式在此舉行。同日，《為了共同的記憶——侵華日軍南京大屠殺遇難同胞紀念館海外徵集藏品展》在侵華日軍南京大屠殺遇難同胞紀念館舉辦，來自海外的五組代表性文物藏品對外展出：卅七分鐘版「馬吉影像」膠片；侵華日軍士兵保存的日軍暴行相冊；南京大屠殺加害者的自述音像；報導日軍在南京暴行的歐美報刊；東京審判中，加拿大檢察官亨利·格蘭頓·諾蘭質詢日本甲級戰犯松井石根的檔案等。這批文物藏品，再現了多年來一批國際友人和愛國華人在海外為收集南京大屠殺文物史料而輾轉奔波的經歷，他們為豐富紀念館館藏、維護南京大屠殺歷史真相、築牢共同的歷史記憶、捍衛正義與和平作出了重要貢獻。

　　香港《文匯報》於2022年12月14日A6要聞版對此報導：

【國家公祭日】實錄日軍暴行　卅七分鐘馬吉影像展出

　　展覽第一部分即展出了「馬吉影像」及相關藏品。八十五年前，約翰·馬吉用一臺貝爾牌十六毫米攝影機，留下了南京大屠殺期間的珍貴動態影像。1938年初，時任南京安全區國際委員會總幹事喬治·費奇，將馬吉拍攝的一部分影片縫在大衣裡，秘密帶出南京，將侵華日軍南京暴行公諸於世。

兩年十四版面介紹尋回過程　推動影片捐南京

　　1991年，時任「紐約紀念南京大屠殺受難同胞聯合會」（以下簡稱「聯合會」）會長邵子平幾經奔波輾轉，在約翰·馬吉兒子大衛·馬吉家中的地下室找到了記錄南京大屠殺暴行的膠片，並將這些珍貴膠片送到影片處理公司翻拍製成一套能直接在電視臺播放的時長約卅七分鐘的膠片。

2002 年 10 月，在「聯合會」的推動下，大衛·馬吉將馬吉攝影機和四盒膠片捐贈給紀念館，這批膠片在上海電影製片廠數位化後，被製作成「十七分鐘」版「馬吉影像」。

　　2017 年 11 月，南京大屠殺遇難同胞八十周年國家公祭前，香港大公文匯傳媒集團江蘇記者站站長陳旻在採訪邵子平先生的過程中，意外瞭解到「卅七分鐘」版「馬吉影像」的資訊，比南京館藏的「十七分鐘」版影像長得多。在大公文匯傳媒集團旗下《大公報》刊發以《拉貝日記》發現為主的系列專題之後，集團旗下香港《文匯報》又跟進刊發陳旻採寫的《美國傳教士馬吉原片湮沒四十三年被愛國華人追尋重現 卅七分鐘影片重現南京大屠殺》。

　　兩年時間裡，《大公報》、香港《文匯報》與大公文匯傳媒集團全媒體共推出十四個整版專題版面，詳細介紹了馬吉影像從發現、核實，到追尋、回歸的全過程，積極推動卅七分鐘膠片捐獻南京。

　　大文記者一路採訪挖掘史料，亦一路努力促成卅七分鐘版本膠片的持有方，能夠捐贈給南京紀念館。經過無數次溝通，2019 年 5 月 20 日，陳旻在北京東長安飯店，與「聯合會」前任會長陳憲中先生再次商談溝通，確定將馬吉影像卅七分鐘膠片無償捐贈給南京，同時獲得馬吉影像卅七分鐘高清數位版。2019 年 12 月 10 日晚，「聯合會」現任會長姜國鎮飛抵南京後，將馬吉影像「卅七分鐘」膠片鄭重交給大文傳媒集團江蘇記者站，由江蘇記者站交給紀念館時任館長。

　　紀念館的展覽呈現出馬吉影像卅七分鐘的「一寸盤」膠片所具備的重要史料與文物價值。因馬吉牧師的原片已被歲月毀損，張連紅表示，我們追回的這盤馬吉影像原始卅七分鐘「一寸盤」因其具有唯一性，本身具有十分重要的文物價值。

　　1937 年 12 月至 1938 年初，侵華日軍南京大屠殺期間，美國牧師約翰·馬吉冒著生命危險，留在南京紅十字會進行人道主義救援，在目睹日軍犯下駭人的戰爭罪行時，他用一臺十六毫米攝影機秘密記錄下日軍的暴行。這些影片是留存至今有關南京大屠殺的唯一動態畫面，成為審判日軍戰犯，揭露日軍犯下

南京大屠殺罪行的鐵證。2015 年 10 月,「南京大屠殺檔案」成功入選《世界記憶名錄》,約翰·馬吉拍攝的這段影片就是其中重要的組成部分。

1990 年冬,日本東京市市長石原慎太郎在美國雜誌上公開宣稱「南京大屠殺是中國人編造的」,點燃了在美華人怒火。1991 年,任紐約「紀念南京大屠殺受難同胞聯合會」總幹事的邵子平於 1991 年 7 月 12 日,在馬吉牧師兒子大衛．馬吉家地下室裡,終於找到有馬吉牧師親筆標注的馬吉牧師當年記錄南京大屠殺的膠片原片。邵子平將這些珍貴的原片,翻拍剪輯,製成一套時長卅七分鐘的「一寸盤」膠片。

1991 年和 1992 年,聯合會籌措了卅五萬美金,依據卅七分鐘馬吉影像,先後拍攝、編制了歷史文獻紀錄片《馬吉的證言》和《奉天皇之命》,在美國的社區、大學巡迴放映了近百場,並在臺灣、日本電視臺放映。

1997 年,聯合會將紀錄片製成三千套錄影帶,寄送聯合國所有的會員國辦公室,同時贈予美國各地圖書館、大學與有關機構。

張連紅認為,紐約「聯合會」於 2019 年 12 月捐贈南京的馬吉影像卅七分鐘膠片具有重要的文物價值在於:當年「聯合會」發現馬吉影像,製作成卅七分鐘的「一寸盤」膠片,並以此史料製作成兩部紀錄片廣泛傳播,產生了重要的國際影響。在廿世紀九十年代,日本右翼否定南京大屠殺言行十分猖獗的情況下,內容翔實的紀錄片《馬吉的證言》與《奉天皇之命》無疑有力地反擊了日本右翼的囂張氣焰。

49、《馬吉的證言》傳世　歷史真相必須銘記在案

　　2020年10月18日上午，一場主題為「銘記民族抗戰史 共護和平謀未來」「紀念臺灣光復七十五周年南京—臺北視訊交流」雲端舉行。海峽兩岸學者圍繞日軍在臺海兩岸都留下斑斑血跡，兩岸人民如何共同面對這樣的血腥記憶？面對這些共同的苦難，今日的我們應該如何面對？如何敘述？如何傳承？兩岸人民記取歷史教訓之後，要透過什麼方法，什麼途徑？如何成為生命共同體？如何攜手護衛和平，共創未來？當下兩岸如何通過多種有效的方法，進行檔案史料「搶救性」徵集研究？ 等議題進行交流。

　　這場視訊交流由南京大屠殺史與國際和平研究院、南京抗日航空烈士紀念館，臺灣財團法人民主文化基金會主辦，香港大公文匯傳媒集團江蘇記者站與臺灣新國際理論與實踐中心協辦。

　　國際法學者、紐約「紀念南京大屠殺受難同胞聯合會」創會會長邵子平和臺灣著名導演王正方作為臺灣學者、嘉賓參加視訊交流。

　　視訊交流現場播放了王正方拍攝的紀錄片《馬吉的證言》片段，慘絕人寰的畫面令臺灣學者數度落淚。

　　王正方那天因身體原因沒有去交流會現場，他寫下發言詞，委託中國文化大學大眾傳播學系教授楊祖珺代自己表態：

　　「馬吉牧師和他的家人，還有全世界所有愛好和平的人，他們有一個共識：世間每一個生命都是相同的、無比的珍貴，不容許任何人任意殘殺、侮辱。這是我拍攝「馬吉的證言」得到的深刻體會。自私兇惡的軍國主義者、霸權主義者犯下的滔天罪行，必須銘記在案，後世人類當引以為戒。」

　　1991年12月5日，著名導演王正方義務拍攝編導的《馬吉的證言》在紐約中華新聞文化中心公開首映。這部片長卅分鐘的紀錄片由「紀念南京大屠殺受難同胞聯合會」籌措拍攝，前後花費一個月時間。

　　當年12月，在世界十餘處舉行的南京大屠殺受難同胞紀念會，「聯合會」

提供王正方的《馬吉的證言》放映，並將此片提供給英國 BBC 電視臺製作日軍侵略片。

自 2007 年起，這部紀錄片在侵華日軍南京大屠殺遇難同胞紀念館展廳內每日迴圈播放，迄今已播放了十六年。

「卅年後這部電影仍受到關注，繼續有更多的觀眾，作為本片的編劇和導演，感到無比的欣慰。美中不足的是該片沒有配置中文字幕。」回憶 1991 年拍攝這部紀錄片，王正方說：「1991 年，我默默地看了約翰馬吉牧師 1937 年在南京拍攝的幾卷南京大屠殺八釐米紀錄影片，痛苦、震撼，悲憤而不能自持。日軍血淋淋的殘害殺戮無辜平民，鐵證如山。先人遭受慘絕人寰的苦難，後世不肖子孫應該做什麼？」

當時臺灣在美國讀研究生的林立給「聯合會」捐款二萬五千美元，「聯合會」就著手利用馬吉影像的珍貴畫面拍攝紀錄片。

「我訪問馬吉牧師的兒子大衛；他又提供了他父親在南京大屠殺時期的日記、書信等。」製作時期短，預算低，王正方苦苦思索，「這是一部英語紀錄片，重點是《馬吉的證言》，希望爭取美國觀眾對南京大屠殺有正確的瞭解。」

王正方的構想是：希望能藉著約翰馬吉先生留下的珍貴歷史紀錄，向西方觀眾陳述呈現南京大屠殺，平鋪直敘地說明事實，歷史真相不容扭曲。

1990 年冬，日本東京市市長石原慎太郎在接受《花花公子》雜誌採訪時說 1937 年的南京大屠殺「是中國人編造的謊言」。

正是因為石原慎太郎公開否認南京大屠殺，點燃了紐約華人的怒火，紐約「紀念南京大屠殺受難同胞聯合會」的華人們立即行動起來。他們籌款在《紐約時報》刊登全頁廣告，全球徵集和傾力尋找侵華日軍史料證據。 邵子平感慨地說：「這完全是被日本右翼分子一而再、再而三地否認南京大屠殺的言論激起的。」1991 年 7 月 12 日，邵子平輾轉找到了馬吉影像，這些影片在大衛·馬吉家的地下室裡沉默了半個多世紀。

從 1937 年 12 月 13 日到 1938 年 2 月初，日本士兵在南京城大肆奸殺奪掠，

犯下了無數的暴行。馬吉牧師是美國人，因此從日本軍方領到各種通行證，其中一張證書准許他照相，他悄悄拍下了許多日軍暴行。

「1937年這段時間，我母親帶著我兄弟兩人住在英國，父親一個人在南京，因為我父母只能靠寫信通消息。下面就是父親給母親寫的信。」大衛·馬吉手裡拿著幾頁當年父親寫給母親的信，對著王正方的鏡頭念道。在大衛·馬吉努力克制住憤怒的聲音裡，紀錄片的畫面是與馬吉牧師所拍攝的寫給妻子的信中相對應的受害者案例：

1937年12月17日，上星期發生的事我這一輩子沒有碰到過，我做夢都沒有想到日本兵會那麼野蠻，整個星期都在殺人、強姦，大概在歷史上是少見的。他們不僅抓到戰俘就殺，許多普通老百姓，不論男女老少也不放過，許多人像兔子一樣在街上被槍殺。從南京城南到下關，到處是屍體，我自己在下關看見好幾百個屍體。南京城裡的外國人，每天都看到這種事，而在外國人沒看見的成百上千個地方，同樣的事也在發生，你可以想像那幾天的恐怖情況。

今天在鼓樓醫院看到的情況真難以描述。一個小男孩只有七歲，肚子挨了四、五刀，沒法救了。

我看見兩個人登記就醫，兩個人都被日本兵用刺刀刺傷。一個人頸子上的傷口，真嚇人！我還看到一個十歲的小女孩，同她父母親站在難民營的壕溝邊，日本兵進來先把他父母殺死，再給小女孩手肘上一刀，她就此終身殘疾。

我見到一個十三歲的男孩，抬進醫院的時候，渾身都是血。日本兵用一根鋼管打得他遍體鱗傷，然後用刺刀刺穿他的耳朵。最慘不忍睹的是，先用刀砍，後用槍射，還沒死就潑上汽油點火，一個撐船人的屍體，燒成一團焦黑。

最可怕的是，強姦婦女隨時隨地進行，毫無顧忌。昨天在醫院裡，我看見一個婦女身上到處是刀傷，頭差點被砍斷。她們一共五個人，被日本兵從南京大學帶走，說是去替他們燒飯洗衣服。她們幾個人白天做工，晚上被十個到廿個人強姦。一天，兩個日本兵把她帶到一個空房子，要砍她的頭，她頸子上一刀，深可見骨，能夠活到現在是個奇跡。

還有一個十九歲的少婦，有六個半月的身孕，她因為抵抗，臉上挨了七刀，腿上八刀，肚子上一刀深達兩寸，胎兒因此就保不住了，但母親總算保全了。

　　從我描述的情況，你可能瞭解到南京人民的慘痛經歷就像一場噩夢，你一早醒來卻發現並不是做夢，噩夢變成了事實。

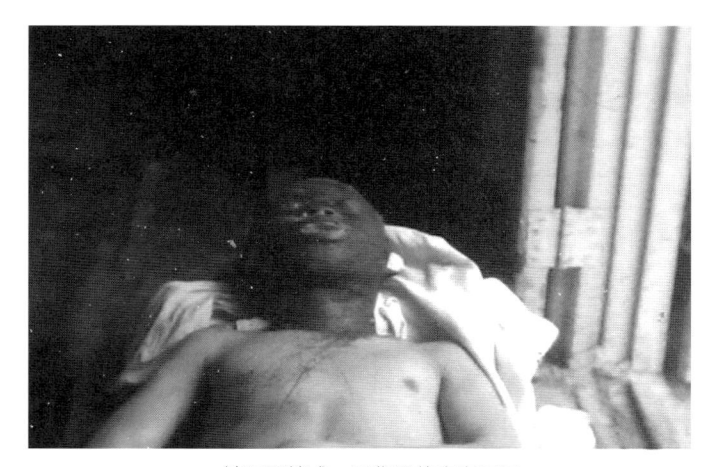

被日軍燒成一團焦黑的南京平民

　　上帝啊，還要多久才會結束？一再重複這些恐怖的事情，真叫人難受。但我認為應該把事實記錄下來，讓大家瞭解真相。

　　「我父親在1938年離開中國，把影片偷帶了出來。他在美國和歐洲各地放映這些影片，向許多教會團體揭露日軍在南京的暴行。」

　　大衛‧馬吉指出：「有誰看過我父親關於南京暴行的電影嗎？那些事確實發生了」。「歐洲和美國有許多人看過這些影片。傳播媒介刊登的許多照片都是從影片中選出。」

　　「半個世紀的歲月流逝，足以讓記憶淡去。以至於為了政治目的，可以歪曲歷史事實，甚至暴行記錄也可以任意篡改，或者矢口否認。」

　　針對日本修改教科書，刻意掩蓋侵略本質，王正方在紀錄片中揭露真相：

在日本，年輕人學到的這段歷史，都經過修飾或遮掩醜惡的一面。新出版的日本高中歷史教科書寫道，這場戰爭歷時十五年，三百萬日本人喪生，以日本帝國戰敗崩潰告終。教科書完全不提其他國家死亡的人數，只是在中國就有一千五百萬人喪生。

關於南京大屠殺，日本教科書這樣說，1937年底，日本佔領中國首都南京，由於中國國軍退往重慶繼續抵抗，日本政府雖然企圖談判和平，但沒有成功。教科書對日本士兵的暴行隻字不提。

不僅如此，日本著名作家兼議員石原慎太郎在《花花公子》雜誌的訪問中談到南京大屠殺，他這樣說：「有人說日本人在南京大肆殺掠，這絕非事實，這是中國人編造出來的謊言，日本的形象因此受損，但這只是個謊言。」

大衛·馬吉不同意這個說法，「只要看過我父親影片的人都知道，南京大屠殺的的確確是歷史事實。有很多不同意石原慎太郎的人。」

「我們全力完成了這部英語紀錄片，紐約公眾電視臺播放過本片，大衛·馬吉曾攜帶這部電影在普林斯頓大學及其他美東各大學放映。」王正方解釋道，這部英語紀錄片主要是向西方觀眾講述中國歷史，以西方觀眾熟悉的步調和方式來呈現馬吉先生的見證。

大衛·馬吉接受王正方的採訪，拍攝《馬吉的證言》。

50、出資籌款 用藝術銘記歷史傷痕

陳憲中簡歷：

陳憲中先生，美國華僑，「著名社會活動家」。1939 年出生於臺灣，畢業於臺灣政治大學新聞系。陳先生畢業後，赴美從事美國著名期刊《新土》的編輯工作；而後，創辦印刷企業，為 EXPEDI 印刷公司董事長。

1991 年，陳憲中參與創立「紀念南京大屠殺受難同胞聯合會」，1992 年起曾擔任該會會長職務。卅年來，一直從事日軍侵華歷史的史料收集和研究工作，並多次舉辦相關社會活動。

在「紀念南京大屠殺受難同胞聯合會」裡，陳憲中的作用舉足輕重，做所有的事都離不開經費的支持，而陳憲中在「聯合會」裡負責籌錢與出錢。陳憲中在紐約經營一家印刷廠，自「聯合會」成立至今，他為各種活動個人出資累計超過百萬美元。1991 年 7 月，邵子平從大衛·馬吉家中找到馬吉影像之後，為了向西方有效傳播這段歷史，是陳憲中憑著個人的影響力分別請到著名導演王正方與崔明慧先後拍攝了紀錄片《馬吉的證言》與《奉天皇之命》，留下了珍貴的歷史見證。

北京時間 2020 年 8 月 25 日上午十點，我通過微信電話採訪了陳憲中先生。

問：請介紹您的個人簡歷，在臺灣上大學，去美國創辦印刷廠的時間、經過，少年時期、青年時期成長的經歷。

答：我是我是臺灣新竹人，1939 年在廈門出生，六歲的時候又回到臺灣，那是 1945 年。那個時候正逢臺灣光復，本來那一年我應該上學，但是那一年 8 月，日本投降，臺灣情況有點亂，我父母就是說你先不要上學，所以我晚了一年，到民國 35 年，即 1946 年才上學。

我先入學臺北的一個小學，後來轉到北師附小，一路升入臺灣最好的中學，大學是在臺灣政治大學，我念的新聞系，畢業以後當然當兵了，服完兵役做了一年助教，就到美國。那個時候臺灣大學畢業生一個主要的出路就是留學，出去深造為留學的主要目的。

　　我是1965年在美國繼續學新聞攝影，畢業拿了學位。我回到紐約，正好我有一個朋友，他是我們新聞系的香港僑生，姓蘇，他接辦《星島日報》美國版，我就去幫他忙印報紙，很意外的就陷入印刷行業，還算是跟新聞沾點邊。後來，我去開了個印刷廠，本來只想做一、兩年，但因為這個工作蠻繁重的，很難脫身，這一做就變成我這一輩子的事業。

　　問：陳先生，您父母是做什麼職業？

　　答：我父母是做生意的，做小生意，他們開個雜貨鋪。

　　問：你當時到美國做印刷廠，你最初創業的資金是父母給的？還是自己賺來的？

　　答：是這樣，因為我們是印《星島日報》，《星島日報》是香港的大報，因為有這個報紙，我們開印刷廠就等於有一個固定的大客戶。我那個朋友是受委託在美國辦《星島日報》，他找了一些朋友出錢，正好我那個時候剛畢業到紐約來，正要找事做，我們是四個股東。後來印刷跟報紙就分家，各自獨立了，報紙歸報紙，印刷歸印刷，印刷部分就由我來負責。

　　可以說我是無本起家，我用我的勞力去做。四個股東，他們三個每個人出三千美元，我的三千塊錢就欠著，我是全職的在裡面工作，那時候我領的薪水也很少，就八百塊錢一個月，等於二百塊錢一個星期。我拿這麼少部分的薪水，算用勞力買回我的股份。我們講好四個人，每個人占百分之廿五股份。我因為拿的錢少，做幾年，就撈回我的股份。就這樣，然後就慢慢越做越大。

問：您是怎麼認識導演王正方與崔明慧的？

答：我到美國留學時廿六歲，念書念完以後是卅一歲，我1970年畢業的。那個時候辦印刷廠，主要是印報紙跟雜誌出版物。1970年印刷廠剛成立，1971年保釣興起，這是海外留學生最大的一個運動，相當於海外的「五四運動」，那時候我就幫忙印了很多保釣的刊物，結交了很多朋友，像王正方、崔明慧，當時所有有頭有臉的人，沒有一個沒有參加保釣。我因為印刷廠有這個方便，他們都需要找我印東西，我跟他們也都變得很熟了。當然這個只是開始了，我們一道會還做了很多其他活動。反正這些朋友都是當時可以說是有理想、有抱負，有目標的年輕人，大家都想做一些事情。所以就物以類聚，這些朋友都混在一塊了。

問：您對南京大屠殺是什麼樣的認識？我這次才知道您學新聞的前輩。

答：沒有、沒有，我是印報紙，但並沒有編輯出版。大概1975、76年，我認識了邵子平，還有學歷史的教授唐德剛、吳天威，我們常常聚在一起談些包括談南京大屠殺的中國歷史。當時我們中有很多是從臺灣來的人，因為臺灣很少提到南京大屠殺的事情，我們是到美國才知道侵華日軍這段殘暴的歷史，我們跟學歷史的朋友碰在一起提起南京大屠殺就非常生氣，就開始注意南京的事情。因為我有印刷廠，就出版了一個雜誌，叫《新土》，我已經忘了是哪一年。刊物取名《新土》，是因為我們是從外地來的，到美國新的土地上，就叫《新土》。

以《新土》為中心，又認識了很多人，有作家、有讀者，大家開始辦一些活動。當時還有一件事情，日本開始修改教科書，應該是一九七幾年的事情。日本修改教科書否認日本侵華，認為日本只是進入中國，並不是侵略。我們都很憤怒！我們就用寫文章、出版刊物來反駁，等於算是我們海外留學生的覺醒了，開始注意到中國歷史的問題。在臺灣念書時是不能談政治，就到了美國以後，資訊發達，大家發現原來還有很多事情，包括對中國大陸，當時我們也都完全不瞭解，認為大陸人還在吃草根吃樹皮啥的，那當然不是。

我們瞭解到很多歷史事情，尤其是我們搞文史方面的人，對歷史的研究還想進一步知道真相，認為中國近代史很重要，加上我們認識一些歷史學教授，像唐德剛、吳天威，還有楊覺勇，我們這一批人覺得南京大屠殺事件應該是日軍侵華史中最重要的一個事情，而且南京大屠殺不只是中國人知道，1937年的《紐約時報》也登了這個事情，所以我們認為西方世界對南京大屠殺還知道一些，其他關於中國的事情，可能都不太知道，所以，大家認為南京大屠殺歷史事件我們應該特別去關注。

1990年冬，日本石原慎太郎否認南京大屠殺，他說南京大屠殺是中國人跟美國人合起來編造的一個假事件。我們當時就很氣憤，在1991年成立「紀念南京大屠殺受難同胞聯合會」，當時是楊覺勇教授幫我們去登記的，唐德剛等於算我們的指導，實際上做事的是邵子平，邵子平是第一屆的會長。我當時因為自己全職在做生意，並沒有參與很多，但是因為這個事情我覺得應該做，反正有活動的時候我都參加，其實我並不是很主要的。

姜國鎮是後來參加我們的，因為他比我們年輕很多，參加了我們辦的一些活動，他非常熱心，他懂日文，也知道南京大屠殺。他是中學就到日本去念書，念完書以後到美國來，他變成我們主要的一分子。

問：關於拍攝紀錄片《馬吉的證言》與《奉天皇之命》，這個過程是怎樣的？

答：關於南京大屠殺，起初我們一點資料都沒有，一直在尋找突破口。當我們找到馬吉牧師的影片，有了作為事實的根據，就可以去做文章了。當時拿到馬吉影像的膠片，是十六毫米家用攝影機拍攝的，片子已經很舊了，而且很脆弱，我們翻拍後做成比較現代的膠片。

影片素材要做成電影，可以重複放映，不像寫文章，寫了以後，過期就沒有了。其實就有很多做法，但是我們覺得做成電影是容易推廣的，可以到處演，而且可以保存下來，不會像文章過期就沒有了。我就去找王正方。

我跟王正方是「保釣」認識的，當時他拍了部電影，還拍得相當不錯。但

是我跟他，你說熟也不是很熟，不熟也蠻熟的，談起來都有很多共同的話題，有共同的朋友，也有共同的事業在做。他是學電機的，我是搞印刷的，其實沒有什麼直接的關係，但是後來我們變成非常好的朋友，我就跟他提了，他非常熱心，很快就把電影弄出來，因為有材料嘛，他就容易用，而且他也沒有算我們錢，就是義務的幫我把這個電影弄出來，他弄的那個片子叫《馬吉的證言》。

《馬吉的證言》這個片子因為要趕時間，也沒有預算，算是小製作，不過因為王正方本人在電影方面才華出眾，所以電影拍得還蠻像樣子的。

後來我們覺得電影還不夠充分，就找上崔明慧。我認識崔明慧，也是因為「保釣」，她是一半韓國人、一半中國人，她在紐約大學的電影系，原來在那裡教書，後來變成研究所的系主任，也經常一起辦活動。這個人很愛喝酒，我也愛喝酒，我們是酒友。在一起喝酒，她很豪爽，我呢，喝起酒來我也不差，有機會就聚在一起，有她在就很熱鬧。她這個人非常非常豪爽，她也愛交朋友，她的朋友比我的還要多。

我們經常在一起，想這個電影還要再拍，我就徵求崔明慧的意見，問她有什麼想法？她看了材料後，覺得這個事情可以做，她就另外還找了一個助手湯美如，然後一起，用心把它拍成一個比較正式的紀錄片。

也不能講王正方的片子就不正式，王正方基本上沒有更多的訪問、採訪什麼。請崔明慧拍電影，我們就準備在中國大陸去採訪倖存者，到日本去採訪。後來，我們到日本找到一些人，電影中大部分訪問的人或者是在美國，或者是在日本，中國大陸幾乎是沒有。

影片中在美國採訪到兩個最主要的人物，一個就是當年採訪報導南京大屠殺的《紐約時報》記者德丁，另一位是馬吉牧師的兒子大衛·馬吉，對不對？那時，他們都在，他們在影片裡面對親歷南京大屠殺歷史的講述，這些都是很珍貴的。因為這些人那時候還活著，還參與了這個事情，由他們來說這段歷史是騙不了人的，所以《奉天皇之命》還是非常重要的。

《奉天皇之命》到日本採訪了日本老兵像東史郎等，當時我們去採訪東史郎的時候，還不是很多人知道認識他的，後來他成為南京大屠殺事件的一個重

要見證人。

　　拍《奉天皇之命》本來沒有預算，先拍了再說。開始我們覺得大概四、五萬塊錢就可以了，拍著拍著，從五萬、十萬，就覺得停不下來了，錢也不夠，本來自己湊點錢，再找幾個朋友湊幾萬還是可以的，但是後來就不行了。我們拍了一半，就拿出一些片花放映，開始籌錢。

　　崔明慧她們到中國白跑一趟，雖然什麼都沒有拍到，但是錢我們還是要負責出的，一些協助拍攝的外國人，我們也不能不給錢。我們也沒有經驗，不知道拍這個片子一定要花多少錢，總共大概花了超過廿五萬美元，接近卅萬美元，有一些臨時產生的費用都由我印刷廠付出去，但是因為沒有記錄，最終究竟花了多少錢，我沒有精確統計。我們想既然拍了，就希望把它拍好，崔明慧她是知名導演，是系主任，用她的名字拍出來的東西也不能太不像樣，所以她要把片子弄好，我們也希望弄好。

　　拍這個紀錄片唯一的問題就是沒錢，崔明慧已經很節省了，很多地方她替我們節省，但是她有製作的標準，這個標準我們也很珍惜，所以最後做出來的是很好的一個紀錄片。當時我們拍電影的時候，中國好像還沒有一個正式的紀錄片講南京大屠殺的，我們算是很早了。

　　包括王正方拍的大衛馬吉在海邊徐徐地敘說，那種很收斂的情感畫面呈現，真的是非常好！王正方他是鬼才，他是很有才氣的，他拍這個電影根本沒有花什麼錢，他自己是白乾，我們付錢是給他那裡其他的工作人員。

　　這個事情本身是所有中國人都覺得只要有能力參與，就應該參與，我們認識的人都很熱心，不要報酬，但是我們在外面請的人，比方說找攝影師、剪輯師什麼，這些我們就要付錢了，這兩部紀錄片能拍下來，實在是跟我們當初最早的計畫也完全不一樣。

問：您還記得為拍《奉天皇之命》去籌錢時印象比較深的事情嗎？

答：我們總共辦了好幾次籌款會。晚會裡面反正我是忙得要死，有名的人

我們都把他們找出來，當時有很多朋友來助陣。一邊放映一些片花，吃一點點心，很便宜，因為我們主要是籌款，不是吃飯，讓大家捐錢，能籌多少就籌多少，陸陸續續籌了一些。

我記得籌款籌得非常辛苦，因為當時還沒有內容出來，只有一些小片花，有在日本拍的東史郎的鏡頭，就是讓人家知道我們這個片子大概內容是怎麼樣。崔明慧當然也幫忙了，她是作為一個製作人，很熱心，又有紐約大學的招牌，她幫我們找了一些人捐款，有哪些人捐款我現在也忘記了，反正這部紀錄片拍得很辛苦，但是最後終於出來了。

出來以後，我們就到處去放映了，在美國東、西部，學校、社區，我們都找機會去放，然後也拿到香港、臺灣放映。因為我們在美國每年12月13號紀念南京大屠殺遇難同胞的日子，我們就會找不同地方放映，紐約市、新澤西、舊金山，不同社區，很多學校，然後也拿到西部放映，就這麼到處放映，持續了好幾年。

在「聯合會」裡，我們三個人是有這麼一點分工了，邵子平是專門負責跟中國大陸的聯繫，姜國鎮懂日語是聯絡日本，我是負責美國。我們三個人分工的很好，也沒什麼好鬧的，大家各幹各的，算計的少，合作得很好了，幾十年下來我們還在一起。

問：邵子平他們對您都非常敬重，因為很多的事情他們跑來跑去出力，但是您是出錢的人，你自己生意中賺的錢，很多都貼在「聯合會」的活動上面，您是怎麼看的？太太有沒有不同的看法？

答：前前後後我是貼進去了很多次錢，所以我也不記得，尤其拍電影的時候沒錢，沒錢我就拿，因為當時我還算是有一個生意（印刷廠）在那裡，所以錢比較鬆動一點。我應該是捐了很多，但是我都沒有記下來。我太太真的蠻支持我做的事情。「聯合會」一些活動花錢很多，例如，舉辦《黃河大合唱》音樂會就花了很多錢。我們辦音樂會虧了很多錢，都是我在墊，有幾年我買房子的貸款都付不出來，拖了很久，反正很慘了。

因為大家很多都是上班族，也不會有特別的閒錢。我雖然是有生意，但我不是很有錢，只是我的錢比較鬆動，進來一大筆錢再出去，錢比較活一點，有時候我就先把它挪用了，因為這個老闆是我自己，假如老闆是別人就沒辦法這樣做了。

有時候，事情做下去以後你就收不回來，然後就沒辦法停，沒有辦法收手。不過，反正到最後總是熬過來了。

問：您是否統計過您這麼多年為「聯合會」的大大小小的事情一共貼進去多少錢？有沒有大概的數字？

答：我從來不記，沒有了就去湊，但是但應該有上百萬美金。音樂會就花了我很多錢。

我們辦活動，比方說拍電影，希望給更多的人看到歷史。辦音樂會也是，會有比較多人參與的，紐約合唱團有廿個，要把他們湊起來，辦一些活動，也是我很想做的事情。辦音樂會有個好處，每一個合唱團要表演，他們在唱歌，就會找親友們來看，影響面就大。

我們要辦就得辦好，在林肯中心舉辦要花很多錢，光是場地費就是五、六萬美元，然後從中國國內請著名藝術家嚴良堃、杜黑、李默然、劉長喻等都沒有要錢，但是很多費用是我們主要出，花的錢都不少，還有中央合唱團十幾個人，每一個人花費蠻多錢的。

問：1987 年，為紀念侵華日軍南京大屠殺遇難同胞遇難五十周年，您曾專門組織一批當年在美國學習的大陸、港澳臺很有才華的青年藝術家，創作了八十餘件各種類型的藝術作品，並在美國展出，血照丹青，具有很高的歷史和藝術價值。2016 年，您把這些藝術作品全部無創捐贈給中國人民抗日戰爭紀念館。2015 年，為紀念第二次世界大戰結束七十周年，您邀請十四個國家與地區的六十二位原藝術家創作作品，舉辦《私密的傷痕——哭慰安婦》畫展，先後

在紐約、北京、杭州、臺北展出。請問您為什麼要以藝術的方式來呈現南京大屠殺這個主題？

答：我在美國做印刷廠，我當時的工廠在藝術區，我認識很多藝術家，有大陸來的、臺灣來的，還有香港來的，都很多。日本有一個畫家，叫什麼名字我現在忘記了，他很關心人類的災難，他最有名的作品就是廣島，我在他的作品集裡看到有一幅畫是像畫南京的。我在想好像還沒有以南京大屠殺災難為主題的畫作，而畫展就是集體呈現，以藝術作品的視角，揭開那一幕幕慘絕人寰的場面，揭開那一件件滅絕人性的事情，揭開那一段段駭人聽聞的故事，從另一個方式記住歷史。

我就跟幾個藝術家談，他們都很支援，所以前後我們辦了兩次，一個是以南京大屠殺為主題，另一個是以「九一八」為主題，連續兩年在紐約畫廊區舉辦展覽。紐約的畫展辦得很成功，紐約藝術家聯盟，還為我們畫展開了一個座談會，也蠻成功的。

用藝術的方式來表達這種人類的災難。在西方很普遍，但在中國比較少。我們舉辦這樣的展覽、音樂會，就是把歷史的聲音慢慢往外傳，用藝術的方式，讓人們記住。反正在日本沒有懺悔之前，我們要做的事情是沒有完的。

51、導演：看了原片 悲憤不能自持

王正方簡歷：

1938 年出生於北京，父親是語言學家王壽康，任北師大國文系教授，兼任國民政府教育部創刊的《國語小報》副社長。1948 年，國民政府決定在臺北創立《國語日報》，聘請王壽康擔任副社長。1948 年秋，王正方隨母親與全家人赴臺灣，插班進入小學五年級，中學就讀臺北市建國中學。從臺灣大學電機系畢業後，在美國賓夕法尼亞大學取得電機博士學位，先後擔任過工程師、研究員、大學教授等職位。廿世紀八十年代，特立獨行的王正方辭去大學教職，進入電影圈，成為著名演員、導演。其後撰寫出版多部散文集等文學作品。

2020 年 5 月 31 日至 2021 年 7 月 31 日，我先後數次採訪王正方。以下是對王正方先生的採訪整理：

陳憲中，一臉大鬍子，人稱 Sam 哥，坐在我紐約市 SOHO 區的辦公室不走，進行說服工作，他說：「拍一部有關日軍『南京大屠殺』的紀錄片怎麼樣？」

時在 1991 年。

身在紐約市幹電影這一行，有如「老鼠賽跑」（rat race），我這兒每天忙著拍大小影片混飯吃，快喘不過氣來了。Sam 哥的提案當然非常值得做，但茲事體大，預算有多少，時間緊迫嗎？

老陳拈著鬍子作茫然狀，他說：「當然希望愈快愈好。」

聊了大半個下午，就想問出個預算的範圍，否則真的不好拿捏。Sam 哥沉吟了半晌，捋捋鬍子說：「我們就來個 zero budget（零預算）怎麼樣？」

哎喲！零預算計畫又來了：它是個沒有錢卻想幹出點事兒來的計畫，我做過幾次。這個活兒特別辛苦。必須處處節省，有了開銷就趕緊去張羅，每分錢都要花在刀口上。

Sam 哥和我是七十年代保釣運動的老哥們兒了，他為人仗義，樂善好施。有一次我的某部電影後期工作吃緊，急著向他調頭寸。這一天 Sam 挺著肚子、戴著一副大黑眼鏡，神神秘秘地進了我的辦公室，從背包裡拿出來一疊疊的鈔票，說：「你們點一點吧！」都是廿元以下的小額票子，辦公室的年輕員工們忙著數錢，解救了燃眉之急；以後大夥兒就叫他：「唐人街黑手黨頭子 Sam 哥」。其實 Sam 哥在紐約經營一家大印刷廠，那些小票子都是他當天向顧客收來的賬。

如何進行這項「零預算計畫」？Sam 哥說最近認識了一位大衛馬吉（David Magee）先生，他擁有好幾卷有關南京大屠殺的實況紀錄影片，四十多年前的老影像，還都很清楚，已轉成 Video，有興趣看看嗎？

大衛的父親約翰·馬吉（John Magee），是一位基督教傳教士，1912 年起就居住在中國，1937 年末約翰·馬吉全家親身經歷了這場慘絕人寰的「南京大屠殺」。馬吉先生是大屠殺時期南京安全區國際委員會的委員，曾協助拯救了成千上萬的中國平民。約翰·馬吉熱愛電影攝影，在大屠殺時期，他冒險拍下了許多日軍殘殺南京受難者的實況，之後將影片偷運到安全地帶。馬吉牧師回到美國之後，在他有生之年，始終沒有機會處理這些南京拍攝的珍貴電影紀錄。

數十年過去，邵子平在約翰·馬吉兒子大衛·馬吉家地下室裡發現了這幾卷老影片。「紀念南京大屠殺受難同胞聯合會」與大衛·馬吉取得聯繫，Sam 哥馬上就跑到我的辦公室來了。

默默地看完了老馬吉拍攝的幾卷影片，俱是日軍暴行的真實犯罪記錄：滅絕人性的帝國主義侵略者，其殘暴甚於猛獸，視中國老百姓如草芥：影片中有位婦女，頸後被日本軍刀嚴重砍傷，有四指寬，深數吋，垂著頭在鼓山醫院接受治療；另一位年輕的婦女，被多名日軍性侵後砍傷，在病床上哀泣⋯⋯。一段接著一段，不忍卒睹的鏡頭令人憤怒悲戚，怒火在五內翻滾，這是真實的歷史紀錄，先人遭受如此的苦難，馬吉牧師拍攝了下來，後世不肖子孫應該做什麼？

沉重到站不起來，我對 Sam 哥說：「好的，我們這個『零預算計畫』的

頭一項開銷是組個三人攝製組，訪問老馬吉的兒子大衛。」

大衛·馬吉是位退休的財經專家，身材高大，他在家門口迎接我們。簡單佈置好了燈光、攝影角度，我的第一個問題是：

「令尊拍攝的珍貴紀錄，可以提供給我們使用嗎？」

「I'll be delightedly to do so.（我非常樂意這麼做）」

進行了一整天的訪問：大衛回憶他童年和他哥哥在南京的許多趣事，父母親在世時經常談起中國，南京大屠殺時期他父親與日本佔領軍的鬥爭、對峙、折衝……，他談到許多，我能想到的問題都問了。大衛挺上相的，在鏡頭前不溫不火，侃侃而談，訪問的過程順暢。

拍攝了更多的圖片資料，剪接出來第一稿，由大衛馬吉談他的家族開始，穿插歷史圖片，當然大量採用了約翰·馬吉 1937 年拍下的珍貴影片，力求簡潔明快、抓住重點的陳述了這段慘絕人寰的歷史事實。幾經修改、重新編組，但是總覺得不滿意，它缺了點什麼，問題出在哪裡？

約翰·馬吉拍下的紀錄，是最具體的日本軍國主義者屠殺南京市民的鐵證，我們不僅僅是在整理保存這個珍貴紀錄，更必須向西方觀眾說明這快被遺忘，或是他們根本不知道的日本軍國主義者的滔天罪行！影片旁白字斟句酌的以英文撰寫，以西方觀眾熟悉的步調和方式來呈現馬吉先生的見證，這樣就舒暢多了；然而它還缺少一個能夠「畫龍點睛」的結論。

煩惱了好幾天，突然想起來：大衛·馬吉在訪談中曾經多次提到他的哥哥小約翰·馬吉（John Magee Jr.）；小約翰比大衛年長三歲，做弟弟的自然仰慕兄長，但是小約翰·馬吉在美國航空界是一位響噹噹的知名人物。1940 年馬吉全家回到美國，全面二次大戰即將爆發，在中國南京親眼目睹過日軍暴行的小約翰·馬吉，痛恨法西斯軍國主義，自幼嚮往飛行，一心要當戰鬥機飛行員，他要在空中痛擊滅絕人性的敵人。礙於規定十八歲的小約翰無法成為美國空軍的一員，加拿大空軍接受了他，十九歲正式成為戰鬥機飛行員。1941 年 12 月，小約翰在一場意外中墜機殉職。

小約翰的去世，對馬吉全家人來說是個永遠不能平復的傷痛！馬吉牧師的長子為了抵抗法西斯暴行犧牲性命，無怨無悔，因為馬吉牧師全家篤信：人人生來平等，堅決反對殘殺無辜的無恥暴行。

　　小約翰更是位才華洋溢的詩人，1941 年 8 月 18 日他寫下膾炙人口的詩篇「高飛」（High Flight）。這首詩飛揚澎湃，朝氣盎然，讀者隨著他的優雅字句直上萬裡雲霄盤桓不已，盪氣迴腸久久難以平復。1942 年美國國會圖書館推出這首詩，立即受到廣大讀者的喜愛，小約翰·馬吉的手稿，永遠存放在國會圖書館內。

　　多少年來「高飛」是美國和加拿大飛行員最愛也是最熟悉的一首詩，美加兩國的空軍官校，要求學生必須將「高飛」整篇背誦下來。有好幾位美國的著名太空宇航員，出發前寫下「高飛」詩篇中的名句，帶著它登上太空艙。1986 年 1 月 28 日，美國太空船「挑戰號」（Challenger）在空中意外爆炸，雷根總統做電視追悼演說，引用了「高飛」的後半闕做結語。

　　每次大衛馬吉談到哥哥，他總會流露出對乃兄的深切懷念與仰慕。我問他會背「高飛」這首詩嗎？大衛不假思索，立刻充滿情感的誦念起來。這部影片的結尾不就在這裡嗎？

　　仔細又重寫了一次旁白，最後引用日本右翼份子對「南京大屠殺」的質疑：他們認為「南京大屠殺」有三十多萬人殉難，此說法過於誇大，最多不過三萬。然而馬吉一家人卻有不同的看法：他們認為每一個生命都是無比珍貴的，每個人都像小約翰·馬吉一樣，能夠為人類做出有價值的貢獻……，無論是誰都沒有權力去殘殺任何一個無辜的生命。此時的畫面是大衛·馬吉望著遠方，他抑揚頓挫、鏗鏘有力的誦念著那首知名的詩篇「高飛」；劇終。

　　很感謝 Sam 哥找我拍攝這項「零預算計畫」，讓我透徹地瞭解了中華民族的苦難，人類不可以再愚蠢的重複悲劇。馬吉一家人給了我啟發：不分種族、文化、傳承，善良人的仁者之心比比皆是，我們不容忍滅絕人性的殘殺、迫害、歧視；付諸行動需要勇氣、睿智和犧牲。

　　大衛·馬吉於 2013 年離開人間。

52、錢要花在有意義的事情上

林立簡歷：

1958年6月出生於臺北。1989年6月取得美國加州大學聖地牙哥分校物理所博士學位，1994年1月完成德國明斯特大學第一理論物理所博士後研究員學業。現為臺灣臺中中興大學物理系專任教師（至2000年7月，研究領域為格點規範場論；自2000年8月起，研究領域轉為凝態物理與統計型。）1991年8月，林立先生捐款兩萬五千美元，資助紐約「紀念南京大屠殺受難同胞聯合會」拍攝《馬吉的證言》紀錄片。

採訪林立

採訪時間：2020年5月28日至2022年4月22日

採訪方式：郵件往來

2020年10月19日，我在微信朋友圈發出一條動態：

【記取歷史傷痕，守護兩岸和平】昨天的一場「紀念臺灣光復七十五周年南京臺北視訊交流」，帶來很多的感動。

在螢幕上見到了林立，今年5月，因為採訪需要，我與臺灣中興大學物理系教授林立建立聯繫。

1990年9月，在美國留學的林立被一篇標題為「向日索賠：民間的聲響」報導打動，報導中邵子平先生和吳天威教授為南京大屠殺倖存者向日本索賠所付出的行動，使得林立認為應該出來貢獻自己的一點力量了，1991年捐款兩萬五千美元，資助紐約「紀念南京大屠殺受難同胞聯合會」拍攝《馬吉的證言》紀錄片。

林立迄今不用手機,只以電郵對外聯繫。我發郵件邀請他參加我們的活動,他立即回覆「我很樂意去參加視訊交流。」

　　在臺灣朋友回饋給我的臺灣學者對此活動的感受中,林立說:「我期待兩岸交流繼續維持,且擴大學術的交流,尤其是因為我是物理系的老師,更希望有更多物理學方面的學術交流。今天非常高興能遇到對岸的朋友,尤其是能遇到陳旻女士,前陣子她有與我通信,我覺得她是一個非常熱心的人。」

　　昨天臺灣會場的主持者是中國文化大學大眾傳播學系教授楊祖珺。祖珺老師是名人,我們年少時愛聽的臺灣民謠和臺灣校園歌曲是她宣導的,她是臺灣民歌運動的重要推手。

　　這幾天,與祖珺老師聯繫密切,我剪了準備現場放映的記錄南京大屠殺的馬吉影像片段,她看哭了。為增強放映效果,她讓兒子填字幕、加音效,竟通宵未眠。她對細節的極度較真令人驚訝與欽佩。

　　昨晚,她微信中向我道晚安時寫道:「道聲晚安,我們這兩天在工作中交朋友,真是美好的經驗!」

　　儘管有社會壓力,臺北仍有數十位學者、民眾趕到會場。南京審判戰犯軍事法庭庭長之子石南陽,生病住院,執意從醫院來到臺北的會場參加活動,還有臺灣排灣族詩人莫那能,眼睛看不見,也來到會場並發言。

　　感謝所有為我們視訊交流付出努力的老師與朋友。

　　2020年5月28日,我第一次給林立發郵件聯繫採訪,我寫道:「林立老師,非常敬佩您,您卅年前捐出的那筆錢在現在看來依然是很大的一筆數字,《馬吉的證言》這部紀錄片如今在侵華日軍南京大屠殺遇難同胞紀念館 內不間斷迴圈放映,有力地實證南京大屠殺的歷史。可見您的奉獻意義之重要!」當日就收到回覆。我請林立教授「儘量回憶您與邵子平先生打交道的感受,對他們聯合會所做事情的看法,以及自己參與的經過。」

　　2020年5月,正在臺灣旅居的邵子平先生在臺中遇見林立,發郵件告訴我,林立曾經捐款兩萬五千美元資助「聯合會」拍攝《馬吉的證言》。我就盯住不

放了。

　　林立回信說：捐款是覺得自己活到三十三歲，總不能老是坐著批評，應該出來貢獻自己的一點力量了。所以我就毫不猶豫的主動聯絡並且表達參與的意願。在南京會面期間，我從邵先生和姜醫師口中得知他們想要製作影片，當時我就在心中盤算，我覺得自己有一筆閒錢，大家可以通力合作：有才華的出才華，有力的出力，有錢的出錢，團結起來把想做的事情做好。所以後來我就毫不猶豫的捐款．大家不都在說錢要用在刀刃上嗎？

　　2020年10月11日，我去信邀請林立先生參加海峽兩岸紀念臺灣光復七十五周年的視訊交流活動。他爽快應邀去臺北會場參加，還作了發言。

　　我們隔著螢幕相識。

　　2020年5月28日，我用郵件給林立先生發去採訪提綱：

　　林立老師，非常敬佩您，您當年捐出的那筆錢在現在看來依然是很大的一筆數字，《馬吉的證言》這部紀錄片如今在侵華日軍南京大屠殺遇難同胞紀念館內不間斷迴圈放映，有力地實證南京大屠殺歷史。可見您的奉獻意義之重要！

　　2020年6月2日，根據林立先生的文字回覆，我又發去採訪提綱。經過多次採訪交流，林立先生以書面形式回覆了我的採訪。以下是對林立先生的採訪整理：

　　1990年，我在德國漢堡的德意志電子同步輻射中心的理論組擔任博士後研究員。當年的9月或10月，讀到香港九十年代月刊九月號第五十頁到第五十一頁上一篇標題為「向日索賠：民間的聲響」的報導，文章一開始說：8月10日至12日在香港中文大學召開了一個「近百年中日關係國際研討會」，會中提出二次大戰之後日本應該對中國做出賠償的問題，其中以邵子平先生和吳天威教授的意見較為突出。所以該篇報導接下來就是對邵先生和吳教授的問答內容。這篇報導完全打動了我的心弦。那可能是我初次知道邵先生與吳教授。不過，我在讀完之後，並沒有任何舉動。

到了次年的 4 月初，我看到報紙（應該是《聯合報》的航空版）報導邵先生領導美國紐約的華人團體要在當年 8 月去南京辦紀念會，接著舉辦學術研討會，我很想去參加。我是在這個時候才動了起來。但因為不知道邵先生和吳教授的聯絡地址，於是先寫信給加州大學聖地牙哥分校物理所（我原先是在那裡攻讀博士學位）的程貞一教授詢問。程教授很快回信說：「吳天威地址不詳，邵子平的地址是……」，於是我立即寫信給邵先生表達參與的意願，邵先生也很快回信，時間大約是 1991 年 4 月中旬。邵先生回信的內容十分明確而簡單，他寄來一份紀念會和研討會的議程影印，然後就在上面寫了一兩句文字：「林立先生：想你是熱心人，……」這充分顯示出邵先生直來直往的爽朗性格。接著，邵先生又打電話來。我們通了若干次電話，記得都是邵先生打來找我。

　　大約到了 1991 年 7 月時，中國政府宣佈終止紀念會和研討會。我仍然很想去南京，邵先生顯然也很想去。於是我們就直接在電話中商量，決定仍然去。我當時是怎麼想的？我感覺到：邵先生想要舉辦的紀念會意義十分重大，雖然已經被終止了，但是如果能夠和邵先生見面，至少可以當面交換意見，並且商討往後該如何進行。更何況南京是當年重大事件的發生地，我覺得應該去現場走一遭。那時並未考慮到其他問題，在電話中約好日期以及在南京下榻的飯店之後，我立刻擬定行程，訂妥機票，並依約於 8 月 12 日下午抵達南京。在金橋飯店（位於玄武湖旁邊）的櫃檯辦理住房登記時，得知邵先生已經到了。晚餐後先打個電話到邵先生的房間，邵先生接到電話，頗為興奮。他在電話中說：「林立，你來啦，要不要過來？我們正在討論」。

　　我們？所以還有其他人在那裡，我下意識地問了一句：「都是中國人嗎？」邵先生顯然知道我的意思，回說：「是，你放心」。於是，我就過去了。走到邵先生房間門口時，邵先生正站著和一位年輕人交談。他見到我（那是我和他第一次見面），就介紹說那位年輕人是李固平。哦，是他。我有在中華雜誌上讀到相關的報導，他是大陸較早提出並呼籲民間對日索賠的人士之一。介紹完畢，大家走進房間坐下來談話。我看到在房間中還有侯老伯（當年的一位倖存者）和關天智（跟著李固平一起呼籲索賠的年輕人），以及邵先生的兩位小女兒。原來邵先生那次是全家四口一起到大陸，邵夫人當時回河南老家探親，所以不在場。記得那天晚上在邵先生的房間，主要是李固平對邵先生敘述侯老伯

當年的親身經歷．聽得出來，李固平對侯老伯的經歷是熟爛於心的。

接下來，根據我當年帶在身邊的小記事本，第二天，邵先生沒有安排會議，應該是各方人馬尚未到齊的緣故（日本方面預計會來若干人），所以那天上午我是去飯店附近的雞鳴寺遊覽，好像是跟邵先生一起去的。下午，我一個人走路到江東門去參觀侵華日軍南京大屠殺遇難同胞紀念館。參觀完畢後，我走路到鄰近的一些當年發生大屠殺的地點去看豎立在那裡的紀念碑，然後走路回飯店。

應該是在1991年8月15日的上午，各方人馬都到齊了，邵先生向飯店借用會議室開了一個討論會。參加的人有：紐約方面是邵先生和姜國鎮醫師；日本方面來了大約四個人；大陸方面是侯老伯、李固平、關天智和另外幾位一起呼籲對日索賠的年輕人，還有一位年紀大約三十來歲的英國記者，再加上我。日本人士不會中文，但是姜醫師通日文，所以他做現場翻譯，那位英國記者也通日文。

會議進行的過程是：先由李固平代侯老伯敘述當年的倖存經歷，接下來是大家就往後如何舉辦紀念會發表看法，交換意見。會議在接近中午時結束。當天晚上，在我的房間又開了一次會。這次只有那幾位日本人、姜醫師、邵先生與我參加。李固平等人以及侯老伯則沒有來。會中仍是在討論往後如何舉辦紀念活動。姜醫師和邵先生提到了保存倖存者的證言和製作紀錄片的事情。感覺起來，邵先生他們想要做很多事情，所以不斷地提到想要做這件事那件事。

1991年8月16日那天是否有再開會討論，我不記得了。我的記事本中沒有記載，所以可能沒有。我和邵先生都是在8月17日離開南京飛到上海的。我們搭乘不同的航班，我是在傍晚時分抵達。

卅一年前的往事，很多細節現在都不記得了。首先，當年在南京的聚會，有來自香港的人士嗎？2020年的5月，邵先生來臺中看我，向我問起這件事，他覺得有。可我的印象是：沒有香港方面的朋友（例如杜學魁先生）參加，至少我的小記事本中沒有提到。又，紐約方面，除了邵先生和姜醫師之外，還有來人嗎？好像有第三位朋友。因為我記得，在某次不是開會的場合（好像邵先

生也在場），有一位來自美國的中國人說，當年他們住在南京，城破之後整個家庭就被打散了，……那位朋友是誰？是陳憲中先生嗎？前幾天陳旻小姐轉來當年我寫給姜醫師和邵先生的信，看著自己當年寫的信，才發現有許多事情我早已淡忘。而即便重新看著當年自己寫的信，我還是想不起來。所以，那些細節就無法在這裡交代了。

由於邵先生跟我提起一位來自紐約名為 Pat Young 的美國記者也有來，而且已經住進金橋飯店，所以 8 月 15 日下午我就去找這位美國記者。他看起來大約六十歲左右，交談之後，覺得一方面他確實是經驗豐富，另方面又感到他好像比較滑頭。他一開始和我交談時，是在抱怨飯店的服務，說什麼他在外面買了食物要進飯店，被服務人員攔了下來，說不能帶外食。我心裡想：我又不是飯店的人，你跟我扯這些幹什麼。8 月 16 日下午第二次和他交談時，他倒是提了一個重要的意見。他認為邵先生當初為了辦紀念會和研討會，在和大陸方面聯絡時，找錯對口單位了。他認為應該要和第二歷史檔案館聯繫。我以為這個說法有一定的道理。另外，他有跟我說如何念 CAMAJ（將 CAMAJ 當成是一個英文單詞來念）。又，那一年的 7 月初，釣魚臺爭端又起，臺灣和大陸接續譴責日本。在臺灣發行的英文《中國郵報》（China Post）刊出相關報導時，用的標題是 China Joins Taiwan in Denouncing Japan. 我告訴他這個標題，他立刻指出：根據行文，聽起來像是某某記者寫的稿件。好吧，既然是脫口而出指名道姓，我相信這位 Pat Young 確實是新聞界的老油條，對其中的人和事頗為熟悉。我在跟他交談時，並沒有看到他有對我拍照，我甚至不記得有看到過他的相機。但是，1993 年上半年，我去柏林參加一個關於「慰安婦」的研討會，紐約「同胞會」的譚女士也來參加。譚女士一見到我，就認出我來，主動向我打招呼。我覺得奇怪，他怎麼認得我？他說他有看到現場拍的照片。（至於是什麼人告知我當時有這麼一個關於「慰安婦」的研討會？我完全想不起來了。）

結束了在南京的討論，我按照原定計劃，先到上海拜訪朋友，然後飛去加拿大溫哥華參加美國物理學會粒子與場論組的年會。1991 年 8 月 17 日抵達上海的那一天晚上，朋友帶我去黃浦江邊散步。當時向浦東地區眺望，只見一片漆黑，跟今天的景象相比，完全是兩回事。

經過在南京接連兩三天的討論，我得知各方面都想要做一大堆事情，而又都需要經費，我當時正好有一筆閒錢。所以從南京到上海再到溫哥華的路上，我心裡就在盤算，應該如何出手相助。我覺得錢要花在有意義的事情上，而且要用在刀刃上，於是我決定捐款給邵先生。

　　8月23日在溫哥華的會議結束後，當天晚上我抵達美國加州聖地牙哥，次日上午就去 La Jolla 的 Wells Fargo 銀行將我的帳戶關閉，將裡面的錢換成一張銀行現金支票，記得抬頭是寫 CAMAJ，這是對日索賠中華同胞會的英文名稱 Chinese Alliance of Memorial and Justice 的縮寫。我將支票寄出，並附上一封信，說明這是資助邵先生製作影片的錢。邵先生後來對我說，他們收到支票時，一開始沒有注意文字的部分，只看數位，但是少看了一個零，以為我捐了兩千五百美元，很高興。後來才發現漏看了一個零。

　　辦完最重要的一件事情，我鬆了口氣。

　　由於收到一筆金額較大的捐款，紐約方面立刻動了起來。邵先生以他超強的行動力開始做他很想做的事情。大約花了一年多一點的時間，影片就製作好了。在這期間，邵先生寫了好幾封信給我，語氣都很興奮，除了謝謝我的捐款，還告知工作進度。在某一封信中還說，我捐的錢仍然在開花結果。我看了之後感到很欣慰，當初捐款的目的就是希望大家能通力合作，有力的出力，有才華的出才華，有錢的出錢，團結起來把想做的事情做好。如今真的將想要辦的事情辦成了，真的是太好了。誰說中國人不能團結？我手頭邊有保留邵先生於1992年12月14日寫給我的信（應該是跟紀錄片的VHS錄影帶一起附上的），另外還附了一張12月6日美洲《世界日報》的一篇報導的影印本，其中提到王正方導演製作好的紀錄片《馬吉的證言》已在全世界各地的紀念會中放映。所以估計影片大約是在11月的時候完成的。邵先生在前面幾封信中並沒有提到找誰製作紀錄片，等到我看到那份報導之後，嚇了一跳。我沒想到邵先生能找到那麼有名的人（王正方導演），可見邵先生確實很有辦法。在邵先生忙碌的同時，我在1991年的9月底從漢堡轉到明斯特的明斯特大學第一理論物理所，開始了第二任博士後研究的工作。

　　應該是在1993年的12月13日左右，我在德國明斯特的中國人圈子中辦

了一個小型的紀念會。在一開始我講了一段話作為引言，然後就播放《馬吉的證言》。我是和在場的其他人一樣，一起第一次看到那部影片，那天大約有十人在場。明斯特是一個大學城，人口大約廿多萬，中國人本來就不多，多半是訪問學者和短期的研究員。我事前也只是在我認識的圈子裡發通知。我當時看到影片之後，立刻感覺到王導演確實有功力，影片製作得很好，能感動人心，當場就有人因為忍不住而哭了出來。為什麼我會認為那次在明斯特的紀念會是在 1993 年（而不是 1992 年）的 12 月？因為我在一開始的引言中有提到：當年 3 月，貴州省的人大代表在全國人大會議中提出民間對日索賠的提案。那次的人大會議應該是在 1993 年的 3 月召開的。

2015 年，紀念南京大屠殺遇難同胞被定為國家級的公祭。我得知此事之後，感到十分欣慰，覺得過往的努力終於有了結果。2020 年 5 月邵先生來臺中找我，我有問他是否覺得過去的努力有了成果？他說是。

我為什麼會如此的支持並資助邵先生推動的事情？這當然是出自我一貫的想法和主張。而我為什麼會有那樣的想法和主張？這是與我的成長經歷分不開的，所以我接著簡述一下自己的成長經歷。

我是 1958 年在臺北出生長大的，從小學到大學的十六年中，我受到的教育大體上是大中國意識的教育，我在小學時代就從老師的口中得知南京大屠殺。當時每年過年期間，電視臺會播放紀錄片「中國之怒吼」，其中就有提到南京大屠殺，重慶大轟炸和長沙大捷。我也因此得知在勝利後，政府宣佈以德報怨，所以沒有向日本要求賠償。（不過，很多年後我才知道所謂「以德報怨」是誤傳。在抗戰勝利消息傳來之後，蔣介石在廣播中是說要「與人為善」。）我記得很清楚，當時作為小學生的我對於放棄要求賠償就大大的不以為然。這個大大的不以為然，從小學時代，到大學時代，研究所時代，一直到今天，都始終保存在我的心中。在大學時代，又知道日本在侵略期間，掠奪了許多文物。所以我也認為必須索回那些文物。（至於甲午戰爭期間的旅順大屠殺，我是在讀大學期間收看電視臺播放的紀錄片「大時代的故事」之後才知道的。）

話說回來，我從小受到的大中國教育中的這個大中國其實並不很純粹，因為其中夾雜著國民黨的黨派意識形態。只是，我很幸運的在高中階段遇到了一

位非常好的國文老師：辛意雲老師，他幫助我打開了通向文史哲領域的大門，使得我在專精數理之餘，又看到了文史哲的世界。我因此看到了人類學問的全體，眼界變寬廣了，所以考慮問題時會比較全面。辛老師對我有許多啟發。在他的幫助下，我在文史哲方面的認識越來越豐富，思辨判斷能力越來越好。

辛老師對我講述了許多的事情。其他的就不說了，這裡只單講影響到我支持並贊助邵先生的部分，那就是他對我講的三件事情（其中以第一件事最為關鍵）。第一件事情是：在我大一或大二的時候，他告訴我，中華雜誌社在每年的七月七日晚上有主辦七七抗戰紀念會。所以從那時起，只要情況允許，每年的七月七日晚上我都會去參加七七抗戰紀念會。我因此認識了胡秋原先生（中華雜誌社的創辦人），曾祥鐸先生，陳映真先生，王曉波教授。第二件事情：1982年，日本政府的文部省竄改歷史教科書，將侵略改成「進出」，引起軒然大波。當時，臺灣大學一位專精邏輯學的教授撰文附和日本的說法，認為將侵略改為「進出」是「合乎邏輯」的，這引來李敖撰文駁斥。辛老師對我指出，那位邏輯學教授已經做了漢奸了都還不知道。第三件事情：他說從前有一次他去參加一個聚會，剛好胡蘭成也在場。他走進去時，胡蘭成正在發表議論（是關於臺灣對日本貿易逆差的問題）。當時胡用平淡的語氣說：「臺灣怎麼可以和日本對抗？」胡認為臺灣就應該接受對日貿易逆差。辛老師對我說，聽了那段話之後，他才發現胡蘭成不只是漢奸，還是個大漢奸。

在如上所述的背景下成長的我，對於紐約華人成立的「對日索賠同胞會」，以及邵先生從其中獨立出來成立的「紀念南京大屠殺受難同胞聯合會」，當然都是毫無保留的支持。邵先生的父親曾經擔任國民政府駐韓國大使，推測可能是國民黨黨員。但是邵先生本人並沒有受到政黨意識的束縛，談論起事情來和我一樣，因為民族情感相同，理念相同，所以我和邵先生見面之後，有一見如故的感覺，很自然地就走到一起。其實，邵先生第一次打電話給我時，我就感到和他是「一談如故」了。我當時還覺得自己已經卅三歲了，總不能老是坐著批評別人，應該要站出來貢獻自己的力量。所以，我在得知邵先生他們要舉辦紀念會時，就毫不猶豫的主動聯絡並表達參與的意願。

53、《奉天皇之命》殺戮 日軍出鏡懺悔

1995 年 4 月 30 日,歷史紀錄片《奉天皇之命》,在美國舉行了首映式。

這部長達五十三分鐘的紀錄片是「紀念南京大屠殺受難同胞聯合會」繼拍攝紀錄片《馬吉的證言》之後,又一部精心拍攝、製作的精品力作。

與影片風格平實敘事的《馬吉的證言》相比,《奉天皇之命》以對親歷南京大屠殺的前《紐約時報》記者德丁、大衛·馬吉、日本學者與親身參加南京大屠殺的侵華日軍老兵、「慰安婦」等受害者的採訪,對日本發動的侵華戰爭作了深刻的思考。

1995 年是第二次世界大戰結束五十周年,也是南京大屠殺五十八周年。《奉天皇之命》,不僅記錄了這場戰爭的兇殘暴行,還提出了關於戰爭的哲學、心理和倫理問題——人類如何對鄰國犯下如此可怕的罪行?一個普通人為什麼會變成一隻無情的野獸?為什麼平日裡可能是一位循規蹈矩的好兒子、好丈夫、好爸爸,卻會在戰爭中對婦女犯下殘酷的罪行?其背後的文化原因是什麼?肇事者迄今在頑固否認這些罪行。

正是這些原因,促使「聯合會」下決心拍攝一部更進一步揭露侵華日軍南京大屠殺暴行的紀錄片。

據「聯合會」現任會長姜國鎮介紹,著名電影導演王正方拍攝的彩色紀錄片《馬吉的證言》,由馬吉影像中不那麼殘忍的鏡頭組成。影片內容有馬吉家族、馬吉家族的背景介紹,和 1937 年的南京,以及對南京大屠殺倖存者和戰爭雙方人民的採訪。「這種影視產品更適合年輕一代。」

「聯合會」1991 年 7 月重新發現由美國傳教士約翰·馬吉 1937 年在南京拍攝的卅七分鐘電影,包含了令人震驚的南京大屠殺場景。「這可能是唯一一部拍攝南京大屠殺的真實影像。」

姜國鎮說:「我們在 1992 年初決定要拍《奉天皇之命》這部紀錄片,不是一個倉促的決定,也不是經過什麼周密的計畫而實行的,只是覺得想留下什

麼東西，為了歷史，為了國家，為了我們自己的價值觀和信念，也為了我們自己的子孫，而做出的決定」。「聯合會」選擇唯一獲奧斯卡最佳紀錄片提名的華人女導演崔明慧和副導演湯美如擔綱拍攝。

約翰·馬吉拍攝的電影膠片半個多世紀以來，一直在馬吉家族的地下室裡積滿灰塵。這段罕見的鏡頭記錄了南京大屠殺中的受害者與被輪奸後倖存的婦女和兒童，她們被侵華日軍用作「人類使用刺刀的目標」。「聯合會」在對南京大屠殺歷史的進一步研究中，發現了幾本由親眼目睹了南京大屠殺的美國教育工作者和醫生所寫的日記。「這些是拍攝新的紀錄片的重要素材」，姜國鎮陪崔明慧與湯美如兩次前往日本採訪，熟悉日本的姜國鎮聯繫受訪學者等，擔任翻譯，他們成功地採訪到三名參加南京大屠殺的侵華日軍老兵，詳細回憶他們是如何野蠻強姦和殺害中國平民。

《奉天皇之命》是一部五十三分鐘的紀錄片，記錄了發生在 1937 年，日軍入侵了當時中國的首都南京。在日本佔領南京的頭六周內，有卅萬人被殺，二萬名婦女被強姦，然後又被殺害。馬吉的鏡頭、《魏特琳日記》和採訪成為《奉天皇之命》的關鍵內容。

「1937 年，隨著日軍逼近南京，空襲不斷。沒有任何警告。飛機只是來投下炸彈。我在金陵大學的房間裡，經常能聽到城牆上猛烈地撞擊聲」。金陵女子大學教育系主任魏特琳女士的日記，將發生在 1937 年的侵華戰爭展現在人們視線中。

影片中，著名的日本現代史學家藤原彰說：「第二次世界大戰後，日本學校教科書沒有披露我們的戰爭責任，特別是關於南京大屠殺，強姦是日軍在南京最大的暴行之一。」

1937 年 12 月 18 日的《紐約時報》以《所有的俘虜均遭屠殺》為題刊登了記者德丁的報導，《奉天皇之命》片中，時年八十五歲的德丁認為：「在日本，有人試圖將暴行最小化，這段歷史應該更多的為世界所知。」

「我父親拍下了一個個活生生的證據，證明南京大屠殺這些可怕的事情確實發生過。」而大衛·馬吉對著鏡頭表示：「有一個很有權勢的日本政客試圖改

寫歷史，試圖否認曾經發生過的南京大屠殺這件事。」

日本一橋大學教授吉田裕則說：「老實說，我甚至不相信有這樣一場有組織的大屠殺。我清楚地看到，在南京，大屠殺是由軍方系統地執行的。我作為一個日本公民，我對這個系統所顯示的殘暴感到非常震驚。」

吉田裕說：「根據最近發現的檔。日本士兵被命令殺害戰俘，這是事實。」

對於南京大屠殺發生的原因，藤原彰教授認為，日本並不準備在中國打一場全面戰爭。當他們進攻上海時，他們沒有預料到會有如此強大的抵抗。因此，當戰鬥升級時，日軍對中國人民的敵意在他們向南京進軍時加劇，加之前線的補給不足。此外，「日本士兵沒有經過適當的訓練。戰爭的突然升級讓他們絕望而瘋狂。所以才會發生南京大屠殺。」

美國羅徹斯特理工學院教授朱永德在影片中態度鮮明地表示，南京大屠殺的真正意義不在於侵略中國的日本兵殺了多少中國人，而在於日本兵殺中國人的方式，在於日本士兵以最殘忍的方式殺害平民的事實。朱永德無法克制憤怒，他說：「在南京，他們把人活活燒死，不分青紅皂白地折磨人；大量強姦婦女。這些在廿世紀是前所未有的！從那時起，日本士兵在侵略中國這場戰爭的後續時間裡，將此作為他們軍事戰術的典範。」

《奉天皇之命》從採訪日本街頭的年輕人切入，通過歷史目擊證人、戰爭親歷者、歷史學家等採訪，多視角考證日本侵華戰爭中發生南京大屠殺慘案背後的根本原因。

日本天皇對日本人，特別是對當時的軍人來說是絕對的神，是不允許有絲毫懷疑的像神一樣的聖上。從大將到士兵，都是侍奉天皇的僕從。日本軍隊是天皇的私兵，不是國民的軍隊，因此被稱為「皇軍」。

針對此，朱永德教授認為，天皇實際上是日本人崇拜的活神，因為他們認為他是太陽女神的直系後裔，而天皇本身就擁有改造日本的神權。因此，侵略中國被認為是榮耀這位神的一種方法。參加這場戰爭的日本士兵認為自己。這是一種獲得榮耀的方法，這是他們一生中的最高榮譽。

日本「慰安婦」研究專家、歷史學者吉見義明表示，日本至今沒有向中國道歉，是「也許有些人擔心，如果我們承認這一責任，就會有成千上萬的補償和賠償等要求，那將很難處理。確實會有。」

　　《奉天皇之命》副導演湯美如根據拍攝採訪資料主編的《南京 一九三七年十一月至一九三八年五月》中「一九九二年夏天訪問記」中記錄：

　　如果沒有前日本兵的作證，對整個大屠殺的認識是不可能全面的。

　　1992年夏天，紀錄片《奉天皇之命》攝製隊去了一次日本，並採訪了三名前日本兵。第一位是前情報員永富博道，在南京淪陷期間，他是以極右翼學生身份到達南京，並參與屠殺的。其後，他成了訓練中國人偵察共產黨員的教官。當我們握手時，才驚覺他的手是如此溫暖與柔軟，一雙當年也曾沾滿血腥的手。

　　第二及第三名被訪者同樣住在以溫泉聞名的丹後市，他們本身是老朋友。東史郎戰前是丹後唯一一所電影院東主，他在1937年9月到達中國天津，之後，他殺了許多人，並且對殺人已無動於衷。訪問中，當他在示範怎樣捅死一位老人和他的孫子時，顯得栩栩如生，他的動作是如此準確並令人震栗。

　　東史郎的朋友上羽武一郎，個性則完全相反，他在接受訪問時，偶然會表現得猶疑不決。年輕時曾夢想成為藝術家的他，向我們展示了作戰期間在中國買來的中國畫，並堅持要我們拍下昭和13年（1938年）一份日本政府的入口許可證。當年他身在南京。[01]

　　影片中受訪的三名侵華日軍老兵均以親身經歷作證：之所以發生震驚世界的南京大屠殺慘案，天皇與皇族是日本戰爭犯罪的源頭，而他們肆無忌憚地侵華殺戮正是「奉天皇之命」。

01　《南京 一九三七年十一月至一九三八年五月》，湯美如主編，章開沅編譯

前情報員永富博道：必須向中國人民真誠地謝罪

永富博道，永富在中學時代是一名受洗的基督徒。他說：「在那個時候，天皇制與軍國主義教育正在盛行，所有日本人都奉命為侵華效勞，侵華戰爭被稱為聖戰。我們所受的教育 是把昭和天皇看作不僅是日本的，而且也是全世界的活佛。」永富入東京國史館大學後，成為一個右翼學生，未及畢業，即於1936年受雇於日本特務機關控制之民間調查公司來華服務。南京淪陷後兩周抵南京，正值日軍強迫「良民登記」，成千上萬人受騙承認曾加入國軍或為國軍服務，於是被拉往下關屠殺。永富同往並在下關親手殺人。他說：「日本士兵在南京殺死的中國人有數萬乃至數十萬。」

前日軍情報員永富博道

採訪[02]：我七十七歲了（1992年時）。在戶籍上的姓名是永富博道。我在中國則叫廣行（譯名）。我有許多名字，由於我從事秘密工作，故必須改變姓氏以掩蓋身份。

我現在從事一種特殊的醫療工作。與氣功略有不同，是一種太極療法，把宇宙能彙聚在手掌，再傳給我的病人。我就是用這種方式為別人治病的。

我是一個基督徒。由於小時候體弱多病，我經常啼哭。因為常常生病，我接受基督教信仰，並且上主日學。在初中時代，我參加聯合基督教會並且受洗成為一個基督徒。但在那個時候，天皇制與軍國主義教育正在流行，所有日本人都奉天皇之命為侵華效勞，侵略戰爭被稱為「聖戰」。我們所受的教育是把

---

02 《抗日戰爭研究》，1997年3月30日，吳天威《讓全世界都知道南京大屠殺》，頁5。

昭和天皇看作不僅是日本的，而且也是全世界的活神。

當牧師問我：「誰更應當受到尊崇，耶穌基督還是昭和天皇？」我認為更應當尊崇天皇，但牧師說基督更應當受到尊崇。我無法使自己相信這一點，便跑到東京進入 Kokushikan 大學，成為一個右翼學生。

那時候我不能留在家裡，由於受到軍國主義和天皇的軍國主義的毒害，我認為每個日本人都應當到中國作戰，於是我沒有畢業便離開學校。右翼領袖光江（譯名）要求我到中國去。我是與同學岩田同行的，他是反共青年協會的成員。我們在 1936 年到達中國。當時對華戰爭已以上海作戰為發端。我是作為右翼學生代表前往中國的，並看到日軍一個月以來在中國如何作戰。

到達上海以後，岩田與我為御香（譯名）宣傳部工作，這是一家民營機構。我們 1937 年 5 或 6 月在那裡。由於成立了一間民間調查服務公司，便奉命調往。我們為這個新機構工作，一直到 1940 年 12 月。我們以民間雇員身份為一個特務機構幹了三年。

至於南京情況，我們從 1937 年 12 月至 1938 年 1 月在那裡。我們乘軍用火車從上海到南京，那是貨運車廂。我們準時到達南京下關，看見鐵路兩側屍體一個壓著一個堆積起來。

第二天，我們從中山路前往南京特別情報部門，在那裡商討我們的任務。與特務機構其他官員一道，我們在以後幾天去了金陵大學和金女大。這些大學收容中國難民。

在那兒的每間教室裡，中國難民只有身上穿的衣服，和睡在水泥地板上。那裡沒有床墊，人們緊挨著睡。我們看了幾間房以後便出去了。我們看見許多老百姓在金女大前門排隊。

當我們走近隊伍，看見日本官員和士兵正在發良民證，它們用白布製作，以顯示佩帶者是守法公民。由特務官員向他們發證。許多中國人在 12 或 1 月的寒冬等候發證。

與此同時，日本士兵正靠攏火堆取暖。附近則有日本官員集合一、兩百人

向他們發表講演。我注視著他們講些什麼。他們說，現在皇軍已進駐南京，中國公民無需再擔心受怕。他們試圖使中國人相信，日本軍隊將讓他們安全地生活與工作。有個官員告訴中國人要信任皇軍。他說：「國民黨士兵請站出來。蔣介石沒有為你們的服役付錢，但皇軍將給你們應得的工資。我們將為你們找工作。不要害怕，國民黨士兵站出來。老百姓請留在隊伍裡。」

中國士兵於是站出來了。他們被裝上卡車，我們也奉命登上卡車。當我們駛往下關時，日本士兵用鐵條和鐵棒襲擊大約廿個中國人的腦袋。中國士兵終於悟到他們中了圈套，但為時已太晚了。

我們到達下關南京火車站，這裡有一個鋪著草席的帳篷，我們看不見裡面。在進口處有個士兵站崗。卡車上的中國人下車並被帶進帳篷，我們跟隨著。

當我們走到靠近鐵路橋梁的路上時，看見這條狹窄的道路兩側有數百乃至數千具屍體。一個日本軍官命令所有中國人坐在這裡。將軍對我們說：「你們來自日本的學生，可以用你們喜歡的任何方式殺死這些中國人」。由於我們僅只是右翼學生，我們所能想到做過的事，（只是）譬如空手道之類。但殺死中國人卻不是很容易的事情。於是這個軍官抽出他的刀，並且說：「大家都來看我怎麼做。我要試試我的刀，這就是怎樣殺人。」他隨即強迫一個中國人坐在他面前，迅速揮刀劈過去，血從死者頸部兩條動脈管噴出。坐著的其他中國人，看到這種情景便跑出去並跳進長江裡。有個日本士兵給我一支步槍，我向著一個中國人射擊，他沉下去又浮上水面。這是我第一次親手殺人，也是我在中國犯罪的開始。

所有中國人都在這種狀況下被日本士兵處決。另外一個軍官有次說過（雖然我沒有親眼看見）：「起初這裡的中國人太多，日軍便用汽油燒，接著以機槍掃射。」因此，日本士兵在南京殺死的中國人有數萬乃至數十萬。

這就是日本人在南京對中國人施加暴行的方式。從上海到南京的京滬鐵路沿線的村莊都受到日軍破壞。這些村莊被搶劫，婦女被許多日本人強姦。他們對婦女的獸性摧殘到這樣程度，以致到處皆無童貞可言。這就是鄉下人何以要跑到上海和南京。

讓我告訴您，我在上海到南京的火車上看到什麼，我看到靠近南京的軌道兩側遍佈中國士兵的屍體。南京地區有很多小溪，好些就在軌道兩側，而許多屍體就棄置在溪流中。到處躺著死了的軍馬，野狗和烏鴉正在吃它們。我們從上海到南京全程都看到戰場的可怕景象。

　　我曾作為雙重間諜在中國被監禁十三年。我犯過那麼多殘暴罪行，理應被處決多次。但中國人民把我從一個魔鬼重新變成有良知的人。十三年來我反省自己的罪行，並強烈感到我們不應再發動侵略戰爭以欺騙日本人。我強烈感到，必須向中國人民真誠地謝罪。

　　我開始向公眾坦白我的罪行，好讓我們從此再不要發動這樣的侵略戰爭。我願向公眾暴露我的可恥，並宣佈我們再不會把槍指向中國人和朝鮮人。我沒有其他任何意圖。這就是我唯一能為自己贖罪的方法。

侵華日本老兵東史郎：「皇軍決不關心人道」

東史郎，他是日軍第十六師團第十聯隊第一大隊第三中隊第三分隊的士兵。9月來華北，曾參加子牙河之役。該師團南調淞滬戰場，於11月16日在揚子江滸浦鎮登陸，一路殺向南京。該師團於1937年12月22日接防第六師團，警衛南京，殺人之多僅次於第六師團。東史郎老年懺悔，發表其陣中日記，以《我們的南京小隊：一名被征士兵對南京大屠殺的體驗》為書名（1987年東京青木書店出版）[03]。

侵華日本老兵東史郎

03　《抗日戰爭研究》，1997年3月30日，吳天威《讓全世界都知道南京大屠殺》，頁5。

採訪[04]：我在昭和12年（1937年）9月到天津。到達天津以後的兩個星期，我殘忍地殺了卅七個人，我在日記中寫下這件事。這是很不正常的。此後是進攻南京。我在12月12日進入南京。在12日那一天，我們晚間發動攻擊，隨即佔領南京。

當我在家時，我是一個好父親、好哥哥和好丈夫；但上戰場一個月後，我對殺人已經無動於衷。我常常感到困惑，為什麼會這樣？

我認為這由於日本軍隊是屬於天皇的軍隊而不是日本人民的軍隊。戰爭期間，我們常常看見天皇穿著軍服騎在一匹叫「白雪」的馬上。我們從沒看過他穿便服。所有剖腹或上吊自殺以向天皇謝罪的人，最後的一句話都是：「天皇陛下萬歲！」他們絕不會說任何關於人民的事情。

戰爭結束的時候，他們（日本政府）舉行了一次御前會議，討論應否接受《波茨坦條約》。他們提出的唯一條件便是保存天皇制。他們從不考慮任何有關人民的事情。

靠近天津有一條河叫子牙河。當我們沿著子牙河前進時，發現有一群老頭、老太太和婦孺，總共有卅七人。我們抓住他們，命令他們坐在廣場上。有個婦女左右兩臂各抱一個孩子。我們刺死了她。接著又殺了另外兩個人，他們好像是一串土豆。

接著輪到一個老人，我想他已是爺爺了，手正拉著他的孫子。當他們握著的時候，我們卻殺了大概七歲大的孫子。鮮血不斷地湧出來，對嗎？祖父開始吮吸孫子的血。當我看見時，覺得真可憐。祖父想通過吮血把死去的孫兒救回來。但我們把祖父也刺死了。兩個人都死了。

我想我離家僅僅一個月，卅天以後已能無動於衷地殺人了。即使我看到悲慘的情景，我仍能冷酷無情地刺死那個爺爺和殺死左右臂各抱一個孩子的母親。

04　《南京 一九三七年十一月至一九三八年五月》，「一九九二年夏天訪問記」，湯美如。

通常一個有良心的人絕不會做這樣的事情。我們能夠不動感情地做，不感覺有罪就是問題，這就是為什麼應重新審視日本軍隊的理由。它是這樣的殘酷。而我真的感到很對不起他們。

我先告訴您，我們怎樣去殺農民。每當我們佔領了一個鄉村，有時候農民還沒有離去，所以那裡通常有一些稻草留在糧囤裡。我們就縱火讓它通宵燃燒。由於衛生條件很差，我們全都腹瀉，就用這火去燒我們水壺中的水。然後又用水壺去暖和身體。

我們還必須尋找食物，因為日本軍隊決不允許我們攜帶糧食。我們在佔領區搶劫糧食，稱之為「徵發」，於是常常捅刺和殺死農民。我們為什麼要殺他們？他們無非是農民，與我們毫不相干。我們殺死他們僅僅是由於想平平安安地睡覺。我們殺他們，因為我們需要放心地睡四、五個小時直到天亮。

我們更要確保他們不會向中國軍隊報告我們在這裡睡。為了我們的安全，我們常常在睡前殺死當地的居民。

隨後我們佔領了南京，是在12月12日晚上，我們發動突襲與進攻，一場白刃交手戰。我們在第二天即13日進城。

三天以後，在16號，來了命令說有兩萬俘虜，要我們加以警戒。所以我們到馬准市（譯音）去接收他們。我們到達時，站在一個高地上，看到俘虜列隊站在我們下面。在晚上，俘虜們在抽煙，就好像螢火蟲在黑暗中閃亮。稍後我們把俘虜帶到一個叫作下吳村（譯音）的地方，他們總共有七千三百人。這是數量很大的一群人。我們連隊原有士兵二百人，但在作戰時已損失了一半，所以現在只剩九十人。在整個夜晚，我們九十人要押送七千多個俘虜。

因為路途很遠所以我們曾中途休息。有些俘虜問我們：「你們要殺死我們嗎？」我們說不會，讓他們輕鬆一點。到達下吳村時，我們把他們留在U形的屋子裡。早晨，我回到馬准市（譯音）。後來我聽說這七千三百個俘虜分配給許多部隊被殺死了。有好幾天我們部隊都在議論這件事，不知究竟是謠言還是事實。我甚至在日記上寫道，殺死七千多人是極度不近人情的，為什麼這麼殘酷要把他們全部殺了。

1975 年舉辦的一次戰爭展覽中，我聽說有一本中島中將寫的日記。我讀過他的日記，上面提到這事件。他寫道：「今天高山芥子到達，幸好我們有二萬個俘虜，可以用他們試試我們的新刀。」他還說事先沒有處理這批俘虜的計畫，唯一的處理方法就是分配給各個部隊「管理」。「管理」就意味著殺死他們。我讀後才弄明白，我在五十年以前聽說的竟是事實。

　　還發生過一件事，一個戰友幹了一件極為殘忍的事。他把一個人捆起來放入郵袋，然後澆上汽油並點火。郵袋立刻跳動起來。那個人被捆在袋中，我不知道他怎麼能夠移動。於是橋本（譯名）說：「很熱嗎？讓我給你降溫。」然後他在郵袋上系了一顆手榴彈並把它丟進小溪裡。手榴彈爆炸，濺得遍地是水，這個人死了。我親眼看見這一幕。

　　四十天以後，朝鮮「慰安婦」到達。起初我還以為四十天以後就可以回日本，因為我們已經佔領敵人的首都，就如同攻克日本的東京一樣。

　　我們帝國的幾千噸級輪船停泊在揚子江中間，我們必須首先上一艘駁船，然後才能登上大輪船。我們上駁船的港口叫作下關。大批屍體在江面上漂浮，它們全都腫脹起來。駁船不能靠攏碼頭，因為浮屍堵塞了水道。我記得屍體是如此之多，我們必須在上面跳下去才能到達駁船。那些死屍太可怕了。我不知道他們是被日軍殺死的，還是本來已死而被用來封江的。啊，對了。有個士兵正好站在這裡，我問他：「你是做什麼的？」他說：「皇軍把俘虜用卡車拖來，然後推入長江。我的責任就是射擊並殺死他們。」我清清楚楚地看見，長江上的浮屍不只是一般的多，而是數量極其巨大。

　　我們沒有獲得任何食物，他們（日軍當局）從來不為我們提供食物。因為我們是前線部隊，必須自己尋找食物。每當我們進入村莊，總是要搜索糧食的。而當我們尋找糧食時又往往會發現婦女。我們發現躲起來的婦女，這是另一種美味。雖然不是食物，但也是一大享受。

　　首先我們會說一些怪話，之後，我們就會說「今天讓我淋個浴」，便輪流強姦她們。如果我們只是強姦就好了（我不應這樣說），事實我們常常用刺刀把她們捅死。因為憲兵稍後會來，而死屍不會說話，所以我們消滅罪證。

我看見這類事情發生好多次。我每次只是看而不幹，只看不幹（苦笑）。其他士兵都幹這種事。好多次哩。因此我想那時中國好多婦女懷的都是日本人的孩子。真的，我恐怕所有部隊都這樣幹，特別是衛戍部隊。

但是日本軍隊怎能這樣冷靜地幹這種事？服從紀律的日本軍隊怎麼會這樣墮落？

日本軍隊不是人民的軍隊。首先這是天皇的軍隊。其次，這個軍隊由服從的士兵組成，他們只效忠天皇。士兵沒有自己的見解，服從得像機器人一樣，絕對服從。無論發生什麼情況，只知道絕對服從。

在皇軍中，上級對待下級非常嚴厲，就像軍官對待軍校學生一樣。無論他們受到怎樣的苛待與責打，下級必須盲目服從。日本軍隊就是由這種人組成的。士兵不知道人情與道德，因為沒有受過這方面的教育。

由於已訓練成像冷酷不仁的戰爭機器一般，士兵變成了為天皇而戰的犧牲品，沒有個性的犧牲品，地地道道的炮灰。

皇軍有很多偏見。上級與下級之間界限分明。地位高的人打擊、虐待地位低的人，這種歧視與種族歧視相關聯。在國內（日本）我們歧視鄉巴佬，我想這種種族歧視與侮辱和冷酷地屠殺中國人是有關的。

可以說，士兵已被訓練成完全沒有靈魂的工具。

上下級之間的關係充滿著侮慢與歧視。若士兵不懂這一點，便逐漸失去人性。我想這使他們就像野獸一樣地對待其他種族。只要士兵忠誠地遵從天皇，皇軍就毫不在意什麼是人道。軍隊造就了這一種人。皇軍決不關心人道。

在沖繩，一個叫作 Choisamu 的中將說，中國人像豬，你們對他們可以為所欲為，只要走上前去做吧。這個 Choisamu 說得很坦率。第十六師團司令官中島也說過類似的話。

我認為，事實上士兵已被訓練成這種人，他們可以冷漠地從事殘忍的行為。這與大屠殺有關。如果他們有任何一點人類感情，大屠殺決不會出現。絕對不會。

我並不覺得像是自願作證的。在京都舉辦的那一次戰爭展覽中，有位工作人員請求我作證。我對他們說：「如果我是唯一將要作證的人，我會感到很孤立。請也找幾個其他證人吧。」於是上羽和松田先生也來了，我們一起作證。

　　但我在第二天就受到嚴重攻擊。我接到許多電話。當我受攻擊的時候，我變得熱衷於反擊，我想這就是我的脾氣。我想：「我說的是事實，你們說些什麼？」第一個批評我的人是一位住在東京的太太。她說這會傷害為戰而死的人的靈魂。她連續三、四天給我打電話，提醒我不要忘記死者的靈魂。來信越來越多，而本地員警必須在我家周圍巡邏以保護我。

　　起初，大多數的信都罵我是國家的叛徒。有的信說：「要知羞恥。你講朋友的壞話不覺得有愧嗎？」飛驒區有個叫高山的人，在 Shokun 月刊撰文談到南京大屠殺時涉及到我。他的文章攻擊我，雖然他是全國對華戰爭退伍軍人協會的主席。也有些來信對我勇敢的講話表示敬意，並鼓勵我繼續努力。

侵華日軍老兵上羽武一郎：「現在我們懂得這些是暴行」

　　上羽武一郎，他於 1937 年 9 月應徵入第十六師團衛生隊當衛生兵，參與南京戰役。他的陣中日記和備忘錄已編入下裡正樹所著之《被隱藏的聯隊史：廿聯隊下級士兵所見之南京事件之真理》（1988 年東京青木書店出版）。上羽揭露日軍進攻南京路上強抓中國壯丁搬運日軍傷兵及器材，時被殺戮。他對慰安所的情形有較詳盡的報導，證實 1938 年 1 月慰安所已在南京設立。又日本人自小學時代養成崇拜天皇，瞧不起中國人之優越感，此種優越感廿聯隊官兵在佔領南京後達到最高潮。[05]

侵華日軍老兵上羽武一郎

05　《抗日戰爭研究》，1997 年 3 月 30 日，吳天威《讓全世界都知道南京大屠殺》，頁 6。

採訪[06]：我叫上羽武一郎，是大正 4 年（1915 年）7 月 18 日生。現在七十八歲（1992 年）。

我是在昭和 12 年（1937 年）入伍的，之後被派往京都第十六近衛師團長島聯隊松田中隊。9 月 1 日我離開大阪港口，9 月 16 日到達一個叫作塘沽的地方，這是天津的海岸。第二天，我們在 月光倒照江面時登陸，並在陸地上過了一夜。天冷得難以入睡，我們眺望著月亮，和在日本時一樣的月亮，不知正在降臨的戰爭將給我們帶來什麼樣的遭遇。我們希望戰爭很快結束，而我們能夠回家。

我在戰場上看到的首先是敵人的屍體，還有馬的屍體，在華北一帶。

談到南京，在登陸的時候，我們看到殘忍的行為，並且接到命令去搶劫、去強姦、去放火，如此等等，我們懂得從現在起必須像這樣行動。我們是在經歷過一連串困難才進入南京的，戰鬥非常激烈。我們進了城，並且看到破壞。我們看到在紫金山和靠近敵人陣地的地方，埋著許多燒焦的骨頭，不知是士兵還是老百姓的屍體。1 月 20 日前後，我看到敵人屍體在靠近下關的江面上漂浮，那時我真誠地感到被稱之為戰爭的事情是悲慘的。

我們登陸的地方叫塘沽。我們進入這一帶的民房，停留了兩天。正如我以前所說的，民眾哀求饒命⋯⋯我們來到周圍的村莊，看到裸體婦女的死屍。這個婦女的衣服被脫光，有個日本人對此曾有記載，他說：「日本士兵確實曾用竹棍插入這個婦女的陰戶。」

關於殺頭，靠近登陸的時間，從臺灣軍隊來了一批學生兵，他們到處亂跑並且殺頭。那時我知道他們是臺籍士兵。

明確地說，並非是人頭遍地亂滾，（可怕的）是那種聲音，好像尖叫的聲音，死亡的聲音。當我們親眼目睹這些，都受到極大震撼。

對砍去已解除武裝的俘虜的頭，我感到那是戰爭，我們無能為力。

---

06 《南京 一九三七年十一月至一九三八年五月》，「一九九二年夏天訪問記」，湯美如。

南京戰役以前，當我們夜間行軍時，把中國老百姓抓去當苦力。先頭部隊必須用手電筒帶路，他們（苦力）則抬傷患。如果他們當中有人試圖把隊伍弄亂或跑掉，我們就槍決他們。白天也是一樣，如果有的老百姓表現出不順從或不肯老老實實抬擔架，我們就命令他們走到小溪或水庫附近（當時壕溝中有很多積水），要他們站在那裡，然後從背後槍殺他們。苦力總共約一百人，其中或許有十人被殺。如果把他們全殺掉，誰來抬擔架？

　　當我們登陸的時候，由於殘酷的戰爭，許多人，特別是年輕人和兒童都逃走了。於是我們進入一家民居，一個大約七十歲的白髮老婦人從裡面出來。她緊緊地拉著我的手說：「先生，先生，先生，先生，別，別，請別殺我」。她合攏雙手哀求著。當她抓住我的手時，我內心很害怕，因此我所能想到的，可以對老太太說的，就是「我不會殺你，不要擔心」，然後便走開了。第二天上午我到那兒，老太太沒有被殺。但在此之後，當我經過那兒時，老太太已經死了，可能是用刺刀捅死的吧！我不知道。她不是仰臥在地上，靠近她還有個婦女被強姦了。當時發生過不少類似的事情。

　　日本小學生都說天皇是偉大的，法律規定學校必須懸掛天皇御照，在教科書裡的，在各種報紙書刊中都這樣寫的。我認為由於這些原因，我們都瞧不起中國人。

　　這些事件好多年以前在中國發生，現在我們懂得這些是暴行，而且成為一個問題。在我去電視臺作證以前，我從來沒有考慮太多。作證以後，一些近似恐怖主義分子的人恐嚇我。我想：「當我說出事實的時候，為什麼他們感覺那樣壞？」今天不同過去，我認為說出真相，可以使今天的日本更好。我們必須使日本變成一個能夠與世界（和平）相處的國家。這就是我為什麼要公開講自己年輕時在軍隊中，以及我從戰場回來以後的感受，就好像我人生那一個階段的結束。

　　我有四個孫子，他們很快就會長大成人。長孫是高中的新生，另一個讀初中二年級。當這些孩子長大的時候，如果又有什麼徵募把他們送上戰場，對於像我這樣一些經歷過戰爭的人來說，我會說我已經受夠了（戰爭之苦）。

54、「奉天皇之命」東京之旅

姜國鎮（Kevin Chiang）簡歷：

1950 年 12 月出生於臺灣新竹，1985 年畢業於洛杉磯加州大學，現為紐約大學附屬診所醫師。1991 年 3 月 15 日加入紐約「紀念南京大屠殺受難同胞聯合會」，現任「紀念南京大屠殺受難同胞聯合會」會長。

採訪姜國鎮

採訪時間：2020 年 5 月 29 日至 2022 年 6 月 20 日

採訪方式：微信往來

採訪提綱：

一．您是在哪一年、因為什麼原因參加「紀念南京大屠殺受難同胞聯合會」，並成為其中重要成員？

二．參加「紀念南京大屠殺受難同胞聯合會」至今，有哪些事情令您印象深刻？

三．請回憶在與攝製組一同赴日本拍攝紀錄片《奉天皇之命》過程中，令您難忘的事情，以及印象深刻的細節。

1992 年 5 月 14 日，著名歷史學家唐德剛先生專門為姜國鎮發表在《傳記文學》雜誌上的《南京大屠殺與日本從軍「慰安婦」》紀實作品作序。唐德剛在序中這樣描述姜國鎮：

姜國鎮醫師是我們旅美華僑所首先發起組織的「紀念南京大屠殺受難同胞

1991年，姜國鎮（中）專程赴加拿大蒙特利爾演講傳播南京大屠殺歷史。

聯合會」的發起人之一，也是最熱心工作的負責人之一。姜國鎮醫師祖籍臺灣，今才四十中年，所以我民族對日抗戰，特別是南京大屠殺等悲慘事蹟，對他們這一輩在寶島出生成長，且有成就而忙碌的科學家們，簡直像是遙遠的古代史。但是姜醫師精通中、英、日三種語文，並能講國語、閩南語、客語等多種方言。除他的專精的醫學之外，他平時對中英日文的人文學科書報的閱讀，也十分廣闊。這樣足使他拓開科學專業和人文區域比較偏狹的圓圈，而注意到較為廣泛的政治社會歷史等各種問題；尤其是近百年來，日本軍國主義之再起，姜醫師竟經常犧牲他的行醫時間——在美國收入最豐的專業時間，和我們攜手來推動「受難同胞聯合會」的會務活動，並擔任會中最繁劇的經濟事務。

以下是對姜國鎮先生的採訪整理：

我的前半生

我出生在臺灣的新竹鄉下，是個客家村，聽說是專門種植柑橘的小村，是我父親的老家。我父親在附近的縣城當醫生，他年輕時本來是一位小學校長，

後來有一天一位小學生在學校裡的池塘裡淹死了，他不能原諒自己眼看著學生死去而無法救助他，就毅然決然地辭去了校長的職位，而去了日本學醫（當時臺灣還是日本的殖民地），帶著我母親和孩子。

他們在日本的冰天雪地的城市住了十幾年，我父親拿到了醫師執照也行醫了幾年，於日本投降之後回到了臺灣。幾年之後就生下來我。

我雖然出生於鄉下，可當我有記憶的時候，我已經在臺北了。小時候沒什麼記憶，只記得吃飯時我剛拿起筷子想吃飯時，菜都已經沒了！只因為我是全家八個兄弟姐妹裡最小的，他們都比我大得多而且吃得快。因為這樣，所以我小時候營養不太好，容易生病。後來我母親就想出來一個方法：端菜出來之前先給我留一點，這樣就解決了一些營養的問題了。

我小學時，父親離開大醫院自行開業做外科醫生和兼看內科，家境就好多了，可因為要養八個孩子和交學費，他還得工作得很辛苦。

因為父親工作的關係家裡遷徙了四次，所以我小學也轉了四次學，從城市到鄉下，又從鄉下到臺北更繁華的地方，最後又搬回原來的地方住，可學校再也不能換了，只好從大安區每天來回兩個鐘頭坐公車到中山區的中山「國小」讀書。

還好我念書不怎麼用功還跟得上，高中考上了建國中學。可高一的時候，有一天被教務主任叫了過去，他跟我說日本大使館那邊來的指示說我父親替我辦的簽證下來了，要我下個月就到日本去報到。當時我父親受了日本醫院的邀請到日本短期工作，所以他就順便替我申請了簽證，而沒想到一下子就下來了。

我是一月到了日本，到東京已經覺得有些冷了，坐了火車第二天到了父親工作的城市鶴崗，一下車已經是冰天雪地，沒有換鞋的話連車站都走不出去。父親替我買了雙膠鞋，換了鞋子才走出了車站。

可以後等著我的並不只是這些，而是語言的障礙和想家。我那時從來沒學過日語，一句話都不會說，每天看到的只是雪，吃的又是一些有腥味的魚類，所以整天想的就是回臺灣吃東西，見朋友。以前不知道什麼是「以淚洗面」，

現在終於明白了它的意涵了。

　　經過了三個月不懈的努力，我很幸運的經過很多人的介紹和幫忙進入了當地一個最好的高中，當時被當作「聽講生」，因為沒經過入學考試而被編入的。校長跟我父親說的就是要先做個「聽講生」，而因為我日語程度幾乎是零，所以大概至少需要兩年以上的時間才能趕上他們的程度，才會被允許當「正式生」。

　　結果他們四月開學以後，我被編入了高一四班，開始了我在日本的高中生活。四月也是日本的櫻花季節，校門口對面的公園裡滿開的櫻花承托著蔚藍的天空，從未見過的美麗景色讓我心曠神怡，也隱藏不了我心裡的惶恐和對未來的擔心。

　　結果出人意料的是四月過後的第一次月考的成績公佈之後，校方再次聯繫了我父親，告訴他我正式的變成了正式生了，因為月考是三科目的平均，國語（日語）、英語和數學，我的數學是九十九分，英文九十二分，國語廿七分，而三科平均是全年級三百五十六人當中的第十一名。校長更說道：如果不讓我當正式生的話如何向其他三百四十五名學生交代呢？就這樣我就變成了這所名校的高中生，開始了我在日本的「正式」高中生活。其實這只是煎熬的開始，因為我最需要克服的是日語的學習。經過了六個月的苦難學習，每天寫日記，反復的聽 NHK 的十五分鐘的電視劇不下廿次（當時還是用磁帶的），看書籍，翻字典，背誦等等，終於在日文方面可以相當自由的在學校學習，跟老師交談請教，更可以交些朋友，過正常的生活了。

　　看似一帆風順的生活裡頭，也到處有心理上的暗礁。我翻開了當時的日記，幾乎每天都是自己在日本的感受，精神上的矛盾和對日本人和日本這個國家的分析和批判。比方說日本人一般都非常注重形式和成規，可總是有表面的和不表現出來的裡面性，對於歷史的詮釋也是如此，比如對納粹的侵略歐洲可以陳述的非常詳細，而自己對中國和亞洲的侵略卻支支吾吾地說不清楚。尤其在高中歷史教科書上對南京大屠殺的描述更是粗略的兩行就帶過了，說是日軍在南京戰在混亂之中殺了一些平民。我因為在臺灣受過的教育，已經成型了，對這種對這種歪曲歷史的寫法，在我當時即使還未成熟的心靈裡已經埋下了深刻的

印象。

　　三年一晃而過，雖然坎坷，可還是有很多歡樂，很多學習，很多尊敬，也很多朋友，在我的人生當中是一個重要的里程碑。這些日本的高中朋友一直到現在還時常聯絡問長問短的。

　　我考大學選了最靠近臺灣的九州大學，因為三年的冰天雪地讓我總想奔向南方，尋求太陽。我選擇醫學的原因當然有我父親的影響，可更多的是我尊敬的孫中山先生也是一位醫生，而且有一句話點燃了我的良知：不為宰相當為良醫。

　　可沒想到進了九州大學醫學院才發現有位校友是我的前輩，學校裡還有他寫的匾額，他就是郭沫若先生。我就覺得一下拉近了好大一段距離，也感到人的命運和緣分的不可思議。因為我從小大人問我要上哪個大學，我就毫不猶豫的說「九州大學」其實我當時根本不知道九州在那裡，九州大學為何物，只是隨口而出而已，沒想到十幾年之後就真的進入了九州大學。

　　我結束了短暫又漫長的醫學院生涯，學到的不僅是醫學和技術，更是最基本的做人的道理和原則，還有就是如何做一個好醫生而不受其他價值觀的擺佈，走出自己的路。

　　畢業以後的進修和實習我現在自己的母校一年，然後去了大阪大學進修了兩年，最後來到了美國紐約愛因斯坦大學及其附屬醫院以及加州大學洛杉磯分校完成了我的麻醉科專科醫師的資格和專科考試。

　　在去加州大學之前，那個受我尊敬也深愛我的父親很不幸的因肝病而去世，幾乎讓我放棄了去加州大學深造的機會，可讓我挺住的還是父親那句「絕不放棄」的教誨。

　　實習研究完成之後，為了陪伴母親我和妻子、女兒回到了紐約的美國東岸，開始了我麻醉科專科醫師的工作。

　　而就在那個時候，在報紙上我看到了日本東京都知事石原慎太郎關於「南京大屠殺是中國人製造的謊言」的文章，很是憤慨。又看到了在紐約中國城要

舉行抗議活動，我就馬上去參加了。如此這般，我就走上了不歸之路了。

當時紐約組織這場活動的是「對日索賠同胞會」，主張日本應該為侵華戰爭負責，並對所有受害者進行賠償，也時常做一些向一般人傳播日本侵華歷史的史實以及增強大家的認識和對日索賠的必要性。這次石原慎太郎的言語激怒了所有中國人，尤其是海外的華人。他們寫了公開信，告狀石原和日本政府，在美國用中文和英文發表。他們這些人當中有中文的大師如唐德剛先生，有英文專家如叢蘇者，更有德語博士的邵子平先生等等，就是缺了日語這個管道。我看了之後就毛遂自薦說替他們翻譯成日文，並從紐約朝日新聞特派員處詢問到了石原的居家地址。我就把它翻譯成日文的公開信直接寄到了石原的家裡，也把它寄給了朝日新聞駐紐約的記者，還有讀賣新聞的記者。然後朝日新聞記者給了我各大媒體在日本的位址，我都寄給了他們，像日本的朝日新聞，讀賣新聞，每日新聞，等等。而最讓我吃驚的就是他們都用很大的篇幅刊登了出來，讓我深深的瞭解到從紐約發出的稿件真是不一樣？更讓我驚奇的是，他們去採訪石原慎太郎的時候，石原還說他接到了這封信，很希望在日本或紐約能跟我們對談，來討論這個題目。結果，一直都沒有發生，他食言了。

這些事情會發生主要還是當時的日本社會，雖然有一些右翼的勢力，可還隱藏在背後，只是蠢蠢欲動而已，社會層次上，尤其是一些新聞記者還很有見識，可以發出正義之聲的，所以有很多記者，尤其是朝日新聞和每日新聞的記者們都比較敢言，而且也願意幫助我們。這跟以後的右翼崛起的時代比起來真有天壤之別的感覺。

後來，經過這次的經驗，我們認為可以把南京大屠殺的問題和研究從「索賠」獨立出來，如此更可以做出更專業的，更有特定性和歷史性的貢獻。就這樣我們就在 1991 年 3 月 15 日成立了「紐約紀念南京大屠殺受難同胞聯合會」。

赴日本拍攝《奉天皇之命》

1992 年初，我們那次決定要拍《奉天皇之命》這部紀錄片，不是一個倉促的決定，也不是經過什麼周密的計畫而實行的，只是覺得想留下什麼東西，為

了歷史，為了國家，為了我們自己的價值觀和信念，也為了我們自己的子孫，而做出的決定。

　　是我們經過多次的會議的討論之後做出的決定，當然做出決定倒不是什麼難事，最難的就是隨之而來的經費問題了。

　　我們的會：「紐約紀念南京大屠殺受難同胞聯合會」，當然不是一個堅固的組織，當然就更談不上背後有什麼經濟支援了。所有的活動和項目都是靠我們自己的力量來完成的，所謂「有錢出錢，有力出力」而已。而這部《奉天皇之命》的記錄片就是在陳憲中的全力主持之下完成的傑作。

　　我們當時開會決定就是要拍一部比較客觀的紀錄片來描述這段歷史，希望它能永遠留在抗日的史實當中，更能教育我們的下一代。可我們的經費預算只有廿五萬美金，是我們的上限，而且很大部分還要靠社區的捐獻。當時要拍一部記錄片，一般至少需要花兩三倍以上的費用的，我們的這個預算等於是極端克難的預算了，後來陸續又有一些費用，總共花費了卅萬美金。

　　為了這個預算，我們一定要找非常適當的導演人選，第一當然要有熱愛中華民族的情操的人，第二還要有理性和智慧，也要知道如何用客觀的手法，用正反兩面的證人和證言來展現我們的觀點。第三，也是非常重要的就是為了民族大義可以幾乎無償的來奉獻出自己的時間和精力的人。

　　我們挑了幾位有名和無名的導演，看了他們的經歷和他們的作品，最後我們決定採用當時在紐約大學執教的崔明慧來擔當這個重責，因為她符合了幾乎所有的條件。

　　我們看重她是因為看了她的紀錄片「誰殺了陳果仁？」那種思維構造，正反兩面的採證，整個影片的節奏、緊迫感和它所產生的效果。（有關陳果仁的事件，我在此就不多說了）而崔明慧本身因為身世比較坎坷而且在韓國長大的緣故，對自己民族的熱愛是絕不後人。而她為人更是非常豪爽，儼然是一位女中豪傑，與此相比她的影片的手法卻是細膩且嚴謹。最讓人欣慰的是她願意以這種幾乎一般的美國導演看來是不可能的製作費用來替我們，也是替近代中國多難的歷史留下了珍貴的一頁，讓人感動。我舉個例子，比方說當時（1992年）

的拍攝是沒有數碼相機的，她用慣了的相機是長有一米多，寬十五公分，重量大概有十公斤左右吧？一般的導演一定是讓助手扛的，可她從頭到尾都是她一個人扛，從乘火車到拍攝從未離開過她瘦小的肩膀過。當然或許可以解釋為她對自己的攝影機的愛惜，其實很大一部分是為了沒請助手為了節省費用。當時我們去日本拍攝這部《奉天皇之命》時只有崔明慧，她的攝影副導湯美如和我三個人而已。崔明慧扛著她的行李和她的攝影機，其他的攝影工具，有兩個箱子就是我們的工作了。

就這樣我們就相約 1992 年 9 月 2 日在東京見面會合，我從美國，她們從中國到東京。因為她們會先在南京採訪一些倖存者，在南京七天的計畫都訂好了，人也在南京了。結果沒想到的是，不知怎的露了風聲，她們的計畫全部給南京方面阻擋了。結果去時壯志滿滿，本以為可以從南京到東京，可以拍一部完整的紀錄片，結果沒想到只在中國浪費了七天無一事成，而只能彙集到後來只能在日本拍大量鏡頭，實屬又一段沉澱在歷史的令人傷心的往事，為什麼想拍一段中華民族最悲慘的歷史都要受到這樣的阻礙？

終於，我們於 1992 年 9 月 2 日在東京會合。當天我們就馬不停蹄地去訪問了一橋大學歷史學教授，日本現代史，特別是軍事史的專家吉田裕先生。他也是我的舊知了，他是一位學問淵博，溫文有禮，人品一流的學者。他時常談到他為什麼會開始研究日本戰爭史，軍事史等，只是因為他恨透了戰爭，對於侵略戰爭的不合理和殘忍更是恨之入骨。他從事日本戰爭史是因為在一橋大學念書時受到他的恩師藤原彰（也是我們的下一個要訪問的學者）的教誨和影響而開始的。

藤原彰是吉田的老師，他本人和洞富雄兩人是在日本專門研究南京大屠殺的開山鼻祖。

藤原彰是戰前在陸軍軍官學校畢業後被派到中國戰區作戰的，後來做到大隊長的時候被派回日本，日本戰敗時他的所屬部隊本來是要保衛日本本土的敢死隊的，可幸的是他沒有敢死而倖存下來了。戰後他再考進東京大學，選擇了日本近代史的研究，而正是因為他在日本侵略戰爭中當過日本軍幹部的經驗，讓他更瞭解侵略戰爭的禍害而義無反顧地開始研究日本的侵略戰爭和南京大屠

殺的那段歷史。他在日本教科書篡改那段時間裡，立場鮮明的出版了「戰後史與日本軍國主義」（1982）和「南京大屠殺」（1985）是一個非常值得尊敬的學者和鬥士。

我們的採訪都是經過我用日文問問題，然後他們再重複我的問題，接著再說出他們的回答的。所以很多時候崔明慧她們因為不懂日文，有時也會鬧出一些笑話，可有時還沒進入攝影時的重要鏡頭反而崔明慧忘了拍攝，變成了遺憾。比方我和上智大學教授一直都在與否定南京大屠殺的極右派學者渡部昇一在採訪前交談時，他問我出身那裡，我說是臺灣，他聽了馬上就說臺灣應該是親日的，你怎麼在搞南京大屠殺這種反日的活動呢，我當時想故意惹怒他，我就說歷史的真相只有一個，就是因為日本政府和右翼一直否定南京大屠殺，我才會挺身出來維護歷史的，我雖然出身臺灣，在日本留過學，那不意味著我一定要親日，我有做人有原則，我是「知日派」，可不是「親日派」。接著我們就大吵了起來，可很可惜的是崔明慧不懂日文，以為還沒有開始採訪，就沒有把我們放進了鏡頭。她後來知道以後也後悔莫及了。

9月4日和5日我們訪問了先前提及的渡部昇一和南京大屠殺的研究和報導上最有名的朝日新聞記者本多勝一。本多勝一以一個新聞記者獨自做了很多的研究，並親自到中國從上海到南京，幾乎採訪了所有的日軍犯下罪行的村莊和城市，寫下了開創先河的「到南京之路」。他的結論是日軍的屠殺是從上海出發到南京的路上一直都在發生的事實，所以廣義的南京大屠殺是從1937年11月日軍登陸上海開始一直到攻略南京之後的六個月為止。

在我訪問本多勝一時，我問了他，在他的所有採訪中，那一個片段留給他最深刻的印象，他當時突然被問了這個問題反而無法回答。後來我回到美國之後，他寫了一封信給我（1992年9月22日）向我道歉，當時突如其來的問題讓他無法回答。他在給我的信上寫到經過他再次的回憶，他覺得自己採訪過印象最深的就是倖存者羅大興那個悲慘的故事。

羅大興是南京大屠殺的倖存者之一，當時六、七歲，他和兩個小妹妹和媽媽一起，在路上被日軍發現，他媽媽被日軍殺死躺在路邊，而他最小的妹妹一直以為她媽媽還活著，還一直吸著媽媽的奶。他沒辦法又怕再給日軍看到，所

以就只好帶著比較大的妹妹去茅屋裡躲避，可第二天早上，他們走到媽媽的屍體處才發想最小的妹妹已經死了，嘴裡還含著媽媽的奶。說到這裡羅大興已經是泣不成聲了。後來他們兄妹兩人各被不同的人家收養，以後就再也沒見過一面了。

之後，我們到了京都的郊外去訪問了幾位以前的日本兵，一位是東史郎，他因為言辭直率，反省了以前在南京日軍的獸性而受到日本右派和流氓的大規模的攻擊，時常車子裡都裝著一把日本刀來做自衛。第二位是當時在南京日軍的衛生兵，就是管衛生和保健的。他也說了他自己的故事、最後一位是以前在日軍裡當特務的永富博道，當時的照片是留著黑鬍子騎在馬上的他，一看就是惡行昭彰的混混，可被訪問時候已經變成了老淚縱橫的老人了，他說這是他唯一贖罪的方法，再也不讓侵略戰爭再次的發生。這三位都說的很好，也很誠懇，只是他們的說法都是壞事是別人幹的，自己只殺了一個人，自己沒有強姦，只看過別人強姦殺人等等。這些其實是常人為了保護自己都可能會有的反應，只是通過他們的自白我們可以一窺整個南京大屠殺的全貌。

這個紀錄片的結尾以慰安婦收場是因為我給崔明慧看了我以前在《傳記文學》裡頭寫的一篇關於慰安婦的起源的文章。其實慰安婦是因為南京大屠殺時日軍姦殺了太多的婦女，所以為了預防此事重演，也為了滿足軍人的性欲，日本軍部才會有「慰安婦」的組織性的開始。這些就促成了崔明慧在這記錄片裡頭放置了慰安婦的歷史部分，並痛批了日本政府的作為。

9月8日，我們訪問了政治家和日本教育部的人之後，於1992年9月9日離開東京飛回紐約，完成了很短暫，可很充實的採訪和紀錄片之旅，心裡只希望能夠剪輯成一段可以在歷史上流傳的一部紀錄片《奉天皇之命》。

55、「日本的男孩三歲就被洗腦」

崔明慧簡歷：

美籍亞裔導演，紐約大學電影系主任。十四歲移民美國的她，父親是朝鮮人，母親是上海人，1989年憑藉策劃、執導的《誰殺了陳果仁》獲得第六十一屆奧斯卡最佳紀錄長片提名，成為奧斯卡紀錄片獎史上第一位華人導演。崔明慧認為自己拍攝紀錄片的目的是：為沒有機會講話的人說話。

　　美國「聯合會」寄來的資料裡，有一份英文資料，封面是鉛筆寫的中文「崔明慧拍攝《奉天皇之命》的大意與大綱，只是很可惜，在南京不能拍到一丁點，全無採訪任何。」

　　我用翻譯軟體將此件拍攝大意與大綱翻成中文。

　　《奉天皇之命》的導演崔明慧，2020年5月，我發郵件約她採訪，發去採訪提綱，我們約定在2020年5月28日以微信電話形式訪談。崔明慧熱情、豪爽，有問必答，我們一口氣談了三個多小時。

採訪崔明慧

　　採訪時間：2020年5月28日

　　採訪方式：微信電話

問：崔明慧老師，您好！請回憶當年紐約陳憲中先生他們聯繫您用馬吉影像為素材拍攝《奉天皇之命》的經過。

答：可以開始了嗎？好。

我記得是在 1992 年，大概是 6 月份的時候，我在公司裡面辦公室裡，那時我自己有一個工作間。有個女孩子打給我電話，姓于，她說她是和陳憲中一起工作的，問我「你願不願意拍一個關於南京大屠殺的片子？」我說「什麼南京大屠殺？我幾百年都沒聽說過。

我在上海出生，小時候，我只聽說我外婆說日本人從上海撤退的時候，我外婆到黃浦江那邊去看撤退的日本人，是去罵他們的。因為再沒有一個日本人「牛」了，都回去了。上海那時候有日本租界、英國租界，法國租界，很多中國人到黃浦江邊看日本人坐船離開。我外婆特別不喜歡日本人，覺得他們太可惡了。那時，中國人就叫他們「日本小鬼子」。

我好像在學校裡就沒有讀到過關於南京大屠殺的故事，也沒有人提過。

這個姓于的女孩子跟我講南京大屠殺，我說什麼？那是我外婆那時候的故事。她說，是啊，不過他們現在發現有一個影片，這個影片是卅五毫米的膠片，就是以前的那種電影膠捲。她問用我現在的設備可不可以放一下？我說可以。她說，是沒有聲音的。我把那個膠片拿來在紐約大學放了，一看，不錯，很多東西拍得非常好！那是約翰·馬吉拍的。

我說，好！你資金從哪來呢？她說他們有一個組織（即：紀念南京大屠殺受難同胞聯合會），有一點錢，不過那時候到中國拍片，一定要經過中國電影合作製片公司允許才可以。

我那時候是攝影師，至少要找一個人可以錄音，他們給的那些錢不夠找很多人，所以就只能是兩個人，一個拍攝，一個錄音。我做攝影，給我錄音的人還得打燈布光。Nancy Tong（湯美如）就加入了，她還兼做監製，和我一起參加做準備工作，她先去中國，她是從香港來美國的，普通話不太好，我們的拍攝申請得到了中國電影合作製片公司的批准，說：「你可以過來」。

我記得是 1992 年 8 月 18 號從美國動身前往北京，拍攝計畫中除了《奉天皇之命》，還有到河南省嵩山少林寺拍攝《禪學與少林》。計畫中的拍攝地點包括河南省嵩山少林寺、上海、南京，此外，還要去日本和香港。

　　到了北京，在溝通去南京採訪時就遇到困難，我們是很希望能去南京拍攝，因為一些南京大屠殺倖存者老人家還活著。我們先去了少林寺。我們離開少林寺是 8 月 20 號，之後去了蘇州，8 月 28 號，我們從蘇州坐火車到上海。去上海原因有兩個，一個是我老家在上海，這次想拍《回鄉之旅》，要拍我老家的弄堂，在上海富民路上，弄堂裡的人都認得我。另一個原因是，上海有復旦大學，我們聽說復旦知識份子多，復旦的學生比較見識廣很活躍，我們就把一群年輕的大學生叫過來，在我們的旅店裡面去訪問他們關於南京的故事。當然回答就是七七八八的，一點都不滿意。好多學生都不太瞭解南京大屠殺，那時候那中國的書本裡面提的是很短的一段，訪問的結果一點不好。

　　那麼，關於南京，我們什麼都沒拍到，就拍了幾個學生而已。後來我們遇見一位日本女孩子，她在日本 NHK（日本廣播協會）做記者。真是很奇怪，我們就認識了她，我們問她，我們現在不能拍南京，你有沒有什麼聯絡的人在日本？你知道什麼？這個女孩子本人是非常反對日本帝國主義，非常反對日本把南京的故事按下來了，日本在課堂裡也不教，而且教科書裡面亂七八糟寫說是日本沒有佔領中國，就是進入中國。一說起這些，這個女孩子就非常生氣，不過她是在 NHK 做事情，要比較小心。她說：「我在其他不在工作的時間，多半是在找資料。我認得很多人，尤其是有教授寫過這類書，反對日本政府，反對日本軍閥制度的教授」。「在東京，我還訪問了幾個以前到過南京當兵的人，他們現在願意講話。」

　　我說這太巧了！太巧了！去東京！

　　我們到東京的時間是在 1992 年 9 月 2 日，與姜國鎮會合。在東京馬不停蹄地訪問了兩個學者，還採訪了一名記者。記者在他辦公室裡面戴著黑眼鏡，戴的假的頭髮，他很謹慎，他說日本官場現在找他麻煩的人很多。

　　我們租了個私人的車子，不是普通的車子，開到一個鄉下的地方，什麼都

沒有，晚上去很小的旅店在裡面睡了一覺。一路上，生怕外面有人在後面跟著我們，這些採訪都是秘密的，好像我們做偵探一樣。

第二天，我們採訪日本老兵，我們是這樣分工的，姜國鎮會中文、英文和日文，在訪問時，我攝影，湯美如錄音。訪問一段以後，姜國鎮翻譯完之後，再繼續採訪。

在日本老兵東史郎家裡，他是坐在地板上接受訪問。我這次出來，只帶了普通的三腳架，沒有帶矮的三角架，我那個機器是個很老的機器，是德國的，很重。天氣熱的要死，沒有空調，我開始拍的時候，我就拿不動了，機器太重了！我坐在地板上，一手撐著地板，機器扛在肩膀上，旁邊錄音的人倒不受影響。

那時候錄音設備不是很大的機器，是瑞典的答錄機，用帶子錄的，配有麥克風。老頭子講話「啪啪啪啪」不停，翻譯的人翻了一半就跟不上了，再加上我是太累了，而且我們時間有限。我脾氣也蠻大的，我跟翻譯說：「你就直接問他了，我不行，我不能停了，太累了，太累了！」我坐在地板上扛了個機器連續拍攝，全身都是汗，全身！

後來又到一個旅店，在奇奇怪怪的旅店裡面過了一夜。第二天訪問另一個當過兵的，接著又訪問了三、四個當過兵的日本人。我有一個他的故事非常恐怖，不過不是發生在南京，是在東北的。你看可不可怕？！

他說把中國人用槍打死了以後，他們把他的心臟挖出來，當時人已死了，心臟還在跳。你知道可不可怕？真的是把心臟挖出來，日本兵還用槍把心臟再槍斃一下。

還有一個老頭子，眼睛眯眯的，他說日本宗教裡有一種教，與其他宗教唯一的不同，就是你在死之前要把以前犯過的罪惡都要說出來，這樣你死的時候靈魂才能乾淨。所以這個老頭子就開始講了，一開口就剎不住，也是嘀嘀呱呱講了半天，怎麼樣強姦的女人，表情沒有悲傷，說了好些都是同一類故事，都是怎樣強姦的。他們排著隊一個一個地去強姦。

好，在日本拍完了。1992 年 9 月 9 日，我們回到紐約，9 月 8 號是紐約大學開學。我那時候的課是禮拜三，我糊裡糊塗的回來了。回來了就立刻沖洗膠捲，一段一段看。完了，在上海訪問的那些復旦學生，他們講中文我都聽得懂，但內容不太好，不是我需要的。而在日本東京拍的東西屁都不曉得，全是日語。

我們就找了一個日文文字翻譯，翻譯完了，我們一看到，我說：「我們真的坐在一座黃金山上」，那個內容太豐富了，太豐富了！我找了一個學生幫我整理，這個紐約大學學生現在蠻出名的，後來得到奧斯卡提名的。第二天就開始整理，把聲音和畫面連接起來，那時候不像現在用電腦製作，你都要一段一段連接起來的。

完了！看了資料以後，我們發現沒有一個受害人是從南京來的，我們採訪到的被日本軍人強姦的這些女人叫慰安婦，有韓國人，被送進慰安所去做慰安婦，但沒有從南京來的，這就是缺少很大一個大大洞！我們就開始找到處找，哎呀，找到了一個女人在夏威夷，是在南京長大的，親自看到的南京大屠殺，而且她家裡人都被殺了。我和 Nancy 就背到機器下午趕去夏威夷。我們飛到夏威夷去訪問老太太，她也不讓我們到她家裡，好像很害怕。那時候好像講南京的故事，中國人很害怕，還要在公園裡面，在外面拍，拍完了以後，效果還可以。她有一點緊張，她講的故事我們用了一段，她以前的照片都沒有了，全燒光了。

我們在日本的時候，當時還有一個反對日本政府的政治家，小小瘦瘦的，他到處演講，我們還跟拍了他一天。他以前參加過很多次運動，在東京與很多人一道反對日本制度。

好，現在資料差不多完整了。我們就去訪問大衛·馬吉，馬吉牧師的兒子。我們到他家裡，他以前是做銀行融資的，很有錢，家裡乾乾淨淨的。

到了後期製作，我們發現錢不夠了。那麼要籌錢，因為製片人 Nancy（湯美如）是加拿大來的，她有資格申請加拿大電影委員會的基金資助，這個機構蠻進步的，常常用基金幫助很多亞裔的人完成影片製作。我們申請了，好，有一個條件是我們一定要在加拿大境內剪片，一定要用加拿大的剪輯師，就是一

定要跑到加拿大去做後期。我們把很重的一大堆東西都放在車子上，我和湯美如一起，從紐約開車到加拿大。

開到那邊，見了一個剪片的剪輯師，一個男的。他看片以後，一句話都不講。然後，神經爆發了，他是非常敏感的，他說他不能剪，「這是太慘的故事，我心理、感情沒有準備，不能剪！」他是他們電視臺裡面最好的剪輯師，片子內容已經翻譯成英文了。他說「嚇死了」。

好，再找，找了個女孩子。這個女孩子每隔五分鐘要到外面抽個煙、喝杯咖啡，她是法國人，什麼都不懂。過了兩天，她只減了兩分鐘，兩！分！鐘！把我氣死了。我說：「這不行！」怎麼辦？因為有前提條件，你一定要在加拿大剪片，不然的話就沒有資金了。

後來怎麼辦？好。Nancy，你留在加拿大，我回紐約。我到紐約再找一個剪輯的人。就只能騙他們了。

我們兩邊在剪，Nancy 就一直停留在加拿大，大概有一段時間了，那個女孩子效率太慢了，但她就這個習慣，不像我們幹活利索的人。

我把剪片的機器放在我辦公室裡。那時候我在紐約大學已經做系主任了，我的辦公室比較大，比一般的辦公室大，有一個房間是專門是我辦公的，我秘書有另一個房間，還有個小房間是招待客人的。我就把機器搬到了招待客人的那個房間，我們研究院的一個學生在那裡開始剪片。

終於剪完了，加拿大的錢正好夠。之後，就是要把片子再整理，美國人不喜歡看字幕。片子裡的很多日本教授的採訪要加英文配音。可我又沒有錢了。我找了一個同事，是紐約大學的教授，現在還在學校，我請他做配音，他也不是演員。配音以後還要做音樂，音樂從哪來呢？因為在美國做音樂是要付錢的。

我在哥倫比亞大學建築規劃及保護專業讀碩士的時候就認得譚盾。你知道譚盾嗎？

2001 年，譚盾憑李安的片子《臥虎藏龍》獲得第七十三屆奧斯卡金像獎最佳原創音樂獎，他一炮打響，就出名了。

1992 年的時候，他還沒出名，窮得要死，一個錢都沒有。我那時候剛開始和他的好朋友談戀愛，我的男朋友在哥大讀物理博士，長得像猴子一樣，人是聰明的不得了，比較有錢。譚盾那時候在哥大讀音樂博士，我是在哥倫比亞大學讀建築系的，都是讀研究生的時候，我們三個人經常一起吃飯喝酒。

　　我就跟譚盾說：「我沒錢，你可不可以幫我做個曲？」他說，好吧。我就租了一個錄音社。他來了，沒有樂器，只有一個人。我說：「你的音樂呢？」他說，我唱。我說：「什麼？我唱」。

　　他就開始唱了，我們就把這個弄進去了。我記得我給他三百美金，他高興死了！我覺得這部片子音樂特別適合，因為譚盾是從河南來的，河南有一群少數民族，他們都是會唱的。

　　片子做完了以後，我們就開始做申請參加各種影展，開始賣片子。臺灣來買，香港來買，泰國買了，韓國都買這個片子，差不多東南亞都來買了。那時候很便宜的，具體價格我不知道是幾千塊錢。

　　美國電視臺也買了一次放映。就是日本不買。不過，日本駐美大使的女兒看過這個片子，她覺得是特別好，她就跟他爸爸說，我們能不能在大使館放一次。她爸爸當時就考慮了。當然，他要聽天皇的命令，直接跟日本的電視臺聯絡，問他應不應該放這個電影？日本的電視臺將來有沒有興趣在日本放映？

　　好，他們就幫我聯絡了日本的電視臺，日本電視臺說我們特別喜歡這部電影，不過你一定要改這個名字，因為電影的名字叫《奉天皇之命》，用「天皇」了，在日本你不能用天皇。

　　我說：「你幫我改」。他們大概討論了不知道多少次，想不出一個適當的名字。最終，日本沒買這個片子。

　　那時候美國有一個電影發行公司，他看了以後馬上就接收，就發行。那個片子的效果很好，很多大學各個系都放了。有一個影院只開在紐約，比較小型的，是一個女人開的。他們放的電影多半是歐洲的老電影，和好萊塢的電影不一樣，注重新潮故事。小小的一個電影院，現在還存在，他們放映的多半是在

大眾影院裡面看不到的片子。這家影院就接收了我們的片子，他們就在電影院裡放了。放映當時有《紐約時報》會寫影評的記者，影評寫得很好，影響最深的是最後一句話，「可惜這個片子太短了！這個故事可以講很長。」

太短了屁！哈哈！

紐約大學的校長看了影片也看過評論，對我特別好，請我去紐約大學的法律學院放這個電影。

法律學院有一個教授叫布萊卡維，女教授。她對這個片子特別喜歡。放映結束，有一個座談會，四個白男人在臺上劈裡啪啦的講話，會議室滿座。

紐約大學法律學院每年都放這個電影，因為南京大屠殺以後不是有一個東京審判嗎？東京審判中有些國際法律問題沒有解決，日本只有七位甲級戰犯被執行死刑，沒有一個人承認犯罪。很多日本人認為他們就是「愛國」，「愛」到這種程度。很可怕！很可怕！

為什麼侵華日軍會那麼兇殘？因為他們從三歲開始已經被洗腦過了，沒有其他的信仰，只是崇拜天皇。天皇是老天爺的兒子，你不能直接看他，他講話是百分之百對。你一定要聽他的，重複他的。這種態度很難改變，所以在東京審判中，竟然沒有一個人承認犯錯。所以，紐約大學法律學院的教授都說，「這個故事就是好」。

香港有一個香港影展，也是國際影展，也放了這部片子，那時候很多大陸過來的電影界人士也參加影展。

臺灣的「金馬獎」沒放過，但已經有這麼多買家就夠了！拍這個片子把我累死了，同時還要教課，還有一個孩子，還做電影系系主任呢，把我忙得要死。

問：您說到自己本來對南京大屠殺不瞭解，但是為什麼就同意來拍這個片子呢？

答：好奇心。你知道吧，我去北朝鮮拍了一個片子，關於韓國的家庭，

1950 年朝鮮戰爭爆發，戰爭結束之後，一些家庭一直南北分離。我跑到北朝鮮去拍了個片子，我在非洲也拍了幾個片子。什麼東西我不知道，我就要去看一下。

當時在自己做研究，拍攝《奉天皇之命》對我來講是一個挑戰，我從來沒見過戰爭。小時候常常聽我外婆講，上海那個地方是很奇怪的，因為上海是最後一個解放軍過來的城市，大家都很緊張。我媽說，解放軍到了，只聽說「滴滴叭叭」幾個槍聲，第二天滿街都是五星紅旗了。所以，對於從來沒見過戰爭的人，拍這樣的片子是蠻有意思的一個經歷。

再加上我是從唯一從大陸過來，我覺得我應該做這事。我來的時候陳憲中他們都是臺灣的人。我一直對國民黨的感覺非常不好，我是受共產黨教育的，所以好像他們是敵人一樣的。我是經過韓國來美國的，我讀本科的時候，是唯一的從大陸來的學生，他們都以為我是共產黨員。

問：另外我想問一下您在日本的那些採訪對像是怎麼找到的呢？

答：是在上海為 NHK 工作的日本記者提供的。

在美國，陳憲中他們只是跟我講，他們有馬吉影像這個素材給你用。因為當時陳憲中講，他們剛開始是把馬吉影像直接拿到社區去放，很多人看不下去，太恐怖。然後他們就覺得光放素材片不行，得拍成兩個紀錄片，因為素材片沒有音樂，沒有情節。

問：陳憲中先生跟您講，他們現在有馬吉影像素材，希望您拍一部關於南京大屠殺的紀錄片，您在構思的時候是怎麼想的？您想把它拍成一個什麼樣的紀錄片？您是怎麼思考的這個過程？

答：最重要的過程是首先到南京去訪問還活著的這些受害者，這是第一步。我就跟中國電影協會聯絡，給他們寫了個大綱，他們接了，他們說好。不過，

到了北京才告訴我不能去南京。我們花了一大筆錢,卻去不了南京,我就覺得對不起陳先生,不能去能南京怎麼辦?那就跑到少林寺了,拍完跑到上海,柳暗花明,遇見 NHK 的日本女記者,就去了日本東京。

我拍片子不是為賺錢,我覺得可以實現到全世界到處看,可以學到很多東西,對我來講是一個很有意思的事。一部紀錄片,就是一個很有意思的學習方式。當然我也不需要很多的收入,因為我已經在紐約大學工作了,那時候我薪水很少,不過夠吃夠住就可以了。我住在學校教授宿舍,很便宜,所以經濟方面百分之百夠吃夠花了。我不太喜歡很虛榮的東西,我住的非常簡單,我什麼東西都沒有,我不喜歡名牌。

問:您在《奉天皇之命》裡面選用了一部分的馬吉影像素材,您在選的時候是怎麼樣的考慮?選什麼樣的鏡頭?

答:有的鏡頭和南京沒有關係,首先把那個去掉。我要看馬吉在南京拍的那些鏡頭。

問:您拍《奉天皇之命》起了這樣的片名,主要想說明什麼問題?您想表達什麼?

答:拍攝最初當然沒有想到這些。是因為後來我們還從美國國家檔案館找了很多美國人拍攝的歷史資料。美國有很多資料,拍了日本怎麼樣訓練洗腦,日本的男孩子從三歲開始給他們洗腦,這些內容都是在美國的資料館拿到的。

我想表達的,就是在拍攝大綱中寫的:在當今的全球經濟融合和不斷變化的時代背景中,愛好和平的國家必須牢記我們從歷史中吸取的教訓,緬懷在南京大屠殺中死去的卅四萬多人,尊重人類尊嚴,維護歷史真相,將是我們正義的回報。

問：您那時候是怎麼想到到美國資料館去找這些歷史資料的？

答：因為廿世紀三十年代除了德國和美國，攝影技術在全世界是很稀少。德國的資料很多，希特勒就派了個女攝影師，把他的歷史好的壞的全部都拍了下來。那個女人特別會拍片。

美國從很久就開始在軍隊裡已經設置訓練攝影社，不過他不是同時錄音的。美國很早就開始在電影院放電影之前，會有一段世界新聞記錄片，是英文片子，這些新聞片子都是沒有聲音的，放有旁白。1910年發明電影，美國就開始用電影記錄很多東西。大概1930年開始，開始有美國軍隊裡專門拍攝不同的活動，攝影機是德國做的。美國的電影資料裡面有日本就從孩子很小開始洗腦、訓練，他們只聽天皇的話，這些，都發展成為侵華戰爭爆發的根源。

紀錄片《奉天皇之命》中有大量日軍訓練士兵的歷史畫面

56、《驗證南京大屠殺》 日媒戳破右翼謊言

1991年10月6日，日本「每日放送」播出記者加登英成採訪製作的日本國內第一部追尋南京大屠殺的紀錄片《驗證南京大屠殺》，當時在日本國內掀起滔天巨浪。

1991年7月，卅二歲的日本每日放送時政記者加登英成隻身啟程赴美，經「紀念南京大屠殺受難同胞聯合會」牽線搭橋，在洛杉磯採訪了南京大屠殺前進參與南京安全區組建、並擔任安全區國際委員會總幹事喬治·費奇的孫女湯婭．昆頓，並在洛杉磯歷史影片協會看到了喬治·費奇孫女捐贈的十一分鐘馬吉影像，耗時數月拍攝了一部以大量史證、人證復原南京大屠殺真相的紀錄片《驗證南京大屠殺》。

加登英成是全日本第一個以新聞為基礎，赴海外（美國、中國、德國）採訪與收集資料製作南京大屠殺歷史節目的媒體記者。

2021年，時年六十二歲的日本記者加登英成（下稱：加登英成），兩年前從供職廿年之久的日本每日放送（MBS）退休後平靜度日。然而，這年1月起，一封又一封來自中國南京的郵件令他陷入回憶，其中一幅隨郵件中發來的南京大屠殺倖存者夏淑琴的黑白肖像照片，將他在卅年前採訪、製作紀錄片《Special film—驗證南京大屠殺》的特殊經歷拉近在眼前。

沒錯，加登英成的平靜是被我打破的。我將尋找日本記者加登英成的經歷以整版篇幅的新聞專題刊發於2021年4月2日香港《文匯報》A10版上。

南京大屠殺倖存者夏淑琴的照片是我隨郵件發送給加登英成，卅前他曾專程來中國南京採訪過她。「夏淑琴的表情上刻著歷史的長度，她在八歲時的悲慘體驗還留在心裡。」加登英成在回信裡寫了自己看到南京攝影師速迦拍攝的夏淑琴黑白照片的感受。

2020年12月，我收到姜國鎮從美國寄來的四盒關於南京大屠殺歷史的錄影帶，均拍攝於卅年前。

我把這四盒錄影帶全部數位化，一部部打開播放。其中，一部由日本每日放送記者加登英成拍攝、製作的紀錄片《驗證南京大屠殺》引起了我的關注，這部時長五十分鐘的影片裡有馬吉影像十分零一秒，很多是現存馬吉影像中的標誌性畫面。

加登英成完成這部紀錄片的時間早於臺灣導演王正方拍攝的《馬吉的證言》和美國紐約大學原電影系主任崔明慧與湯美如拍攝的《奉天皇之命》同類影片，其影片中馬吉影像的來源引起我的好奇。

加登英成紀錄片裡的馬吉影像是從哪裡得到的？我太好奇了。

2021 年 1 月，我開始尋找加登英成。

我請求美國「紀念南京大屠殺受難同胞聯合會」的幾位老先生提供線索。一天，邵子平先生告訴我，旅日華僑林伯耀先生跟他提起近期見到過加登英成。我要來林伯耀的日本手機，打電話給他。林先生經常在開會中，說開完會聯繫我，但是，始終沒有等來他的電話。

微信聯繫新華社駐日本記者鄧敏，向他求助。鄧敏熱心地幫我找林伯耀先生，向加登英成要到郵箱地址。

2020 年 1 月 16 日，我給加登英成發出第一封郵件：

尊敬的加登英成先生：

您好！

費了很多周折，終於聯繫上您。

我是香港大公文匯傳媒集團記者陳旻。一個月前，美國的姜國鎮先生寄給我四盒錄影帶，其中有一盒是您贈送給他的，記錄了您在廿世紀九十

年代去美國尋找馬吉牧師拍攝的記錄南京大屠殺的影片的採訪。

我在2017年底採訪了邵子平先生，瞭解到他於1991年在美國尋找到馬吉影像的經歷。邵子平先生告訴我，當年您也在美國尋找此片，您已經找到了馬吉牧師的孫子馬吉三世，但是，記錄南京大屠殺的影片卻被邵子平獲得。

我目前在寫《尋找馬吉影像》這本書，特別想知道您在1991年前後去美國尋找馬吉影像的經歷，期盼您能告訴我。我希望能寫進這本書中。

我是用翻譯軟體與您通信，您可以用日文回覆，我再使用翻譯軟體閱讀。

給您添麻煩了，非常感謝您。

給加登英成去信，我使用有道翻譯，先把中文翻譯成日文，然後把翻譯過的日文再翻成中文，修改詞不達意之處，如此反覆數次，直到確認翻譯出的日文能更為準確地接近我的表達。

2020年1月18日，我收到加登英成的回信：

陳旻

初次見面。我是加登英成。

關於當時採訪的事實關係，我可以通過郵件回覆。但是，我不會中文，所以請在小陳身邊找一個會日語或英語的人，如果能找到的話，我想效率會更高。

當年是費奇把馬吉牧師拍攝的電影影印本經由上海帶回美國，我找到了費奇牧師的孫女，進行了採訪。我拿到了膠捲的影本，播放權是由當時工作的「每日放送」公司付費獲得的。

如果有什麼其他具體的問題，請再回覆我。

那麼，希望 2021 年對小陳和家人來說，是一個美好的一年。

成功地與加登英成通上郵件，令我久久興奮著，當日回信：

尊敬的加登英成先生：

您好！

非常感謝您回覆我。給您的郵件發出後，我一直在期待著您的回信。

我想把需要知道的內容用提綱列出來，請您仔細回憶並寫下來，發郵件給我。您直接用日文寫就可以了，我有辦法翻譯成中文。

我正在把 1991 年和 2017 年，分別尋找到馬吉影像的故事寫成一本書，記錄下歷史中值得記住的經歷。我想知道：

1. 您為什麼想到要去美國尋找馬吉影像？那是哪一年？你們去了幾個同事？具體的時間，那時候，您的年齡是？是什麼樣的原因促使您去美國尋找馬吉影像？

2. 您是如何找到費奇的外孫女？您尋找馬吉影像是為了什麼？

3. 我隨這封郵件發去兩張電視上的截圖，那個與馬吉三世在一起的記者是您嗎？

4. 您那次採訪在美國停留了多長時間？採訪過程中有沒有印象深刻的事情？

5. 採訪前，您是如何認識南京大屠殺歷史？採訪後，您的認識有改變嗎

如果您能詳細回憶去美國尋找馬吉影像的經歷，那真是太感謝您了！

祝您與您的家人健康平安每一天！

　　從 2021 年 1 月 16 日至 2022 年 11 月 2 日，我與加登英成往來郵件一百一十七封。加登英成認真地回答了我不斷提出的多個問題。

　　我問他答。2021 年 3 月 23 日，在完成全部採訪後，我給加登英成寫信：

　　「您在卅年前拍攝的記錄南京大屠殺的紀錄片具有非常重要的歷史資料的價值，只是這在中國卻沒有人看到和認識到。我希望通過我的報導，讓更多的中國人瞭解卅年前的這段歷史。我認為，中國人，尤其是南京人應該記住您，您是一個專業的日本記者，您的職業精神值得我學習。」

　　加登英成給我印象是專業，嚴謹，謙和。

　　對一名記者專業水準的評價是看其新聞作品。日文版《驗證南京大屠殺》，我反復看了很多遍，即便是用翻譯機翻譯，加登英成撰寫的紀錄片解說詞令我感動，他對馬吉影像中拍攝的南京大屠殺倖存者夏淑琴與李秀英的採訪也令我印象深刻。

　　片中加登英成採訪夏淑琴：

　　問：「你恨不恨日本人？」

　　答：「要不是日本軍國主義，我一家人現在都還活著。不過，我還是願意儘量同現在的日本人做朋友。因為人民之間該友好，是不是？」

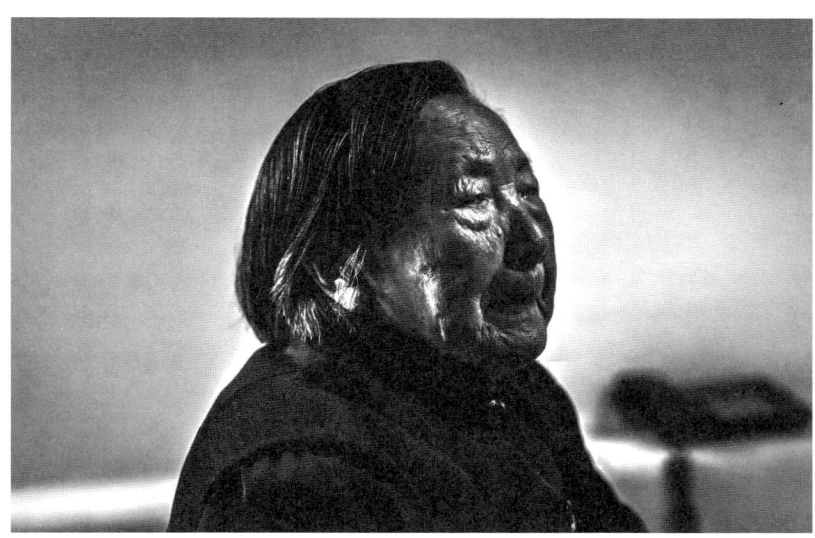

2021 年，九十二歲的南京大屠殺倖存者夏淑琴，八十三年來苦等待日本政府的道歉。攝影：速迦

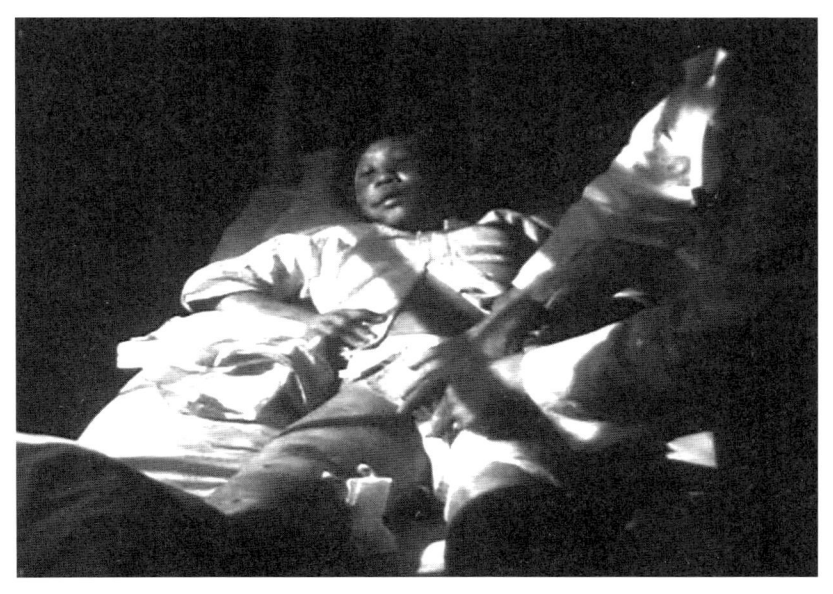

馬吉牧師在影片解說詞中記錄：這個十九歲的女人（李秀英）懷孕了，她在反抗日本士兵的強姦時被刺刀刺傷，當她被送往一家難民醫院時，頭部和身體上至少有廿九處傷口。

加登英成採訪李秀英：

李秀英：「有時候我同日本年輕人講話，就會想起從前的事，就很傷心。這都是因為軍國主義。」

問：「你那些傷口現在還痛嗎？」

答：「陰天時候會痛，現在就全身都痛。」

問：「心裡還痛吧？」

答：「已經五十多年了，我也老了。時間一久，痛苦也就減輕了。」

旁白：「李秀英告訴我們，現在她最喜歡的事是替孫子織毛衣。」

張連紅認為，1991年10月6日，日本每日放送播出記者加登英成採訪製作的日本國內第一部追尋南京大屠殺的紀錄片，立即成為日本各大媒體關注的焦點，在當時日本右翼否定南京大屠殺言論甚囂塵上的背景下，加登英成紀錄片的播放具有特別重要的意義。

這卷記錄南京大屠殺的馬吉影片膠捲，在加登的紀錄片中多次出現。

「夢幻膠捲」仍靜靜地轉動著

中國有句老話,「真金不怕火煉」。卅年的漫長時光並沒有湮沒加登英成的新聞作品《驗證南京大屠殺》。2015 年 3 月,這部紀錄片在日本以「南京大屠殺的證據:當時的記錄影像和生存者的確鑿證詞」為題,被匿名上傳至 YouTube,截至 2022 年 4 月,有接近六點四萬日本線民從互聯網上觀看了這部敏感紀錄片。由日本記者拍攝的歷史真相觸動著日本年輕人:

「在充斥著屠殺否定論的當今社會,這個視頻是相當珍貴的。作為日本人感到羞恥,這不是被允許的行為。」

「日本人不太明白的事情之一是南京大屠殺。在中學裡,在戰爭結束前的歷史中,我們很少學習到這段歷史。」

「實際體驗過戰爭的人們正在逐漸消失,所以我認為以這樣的形式留下是很重要的。很多年輕人不知道和平這個詞的重量。」

目睹著自己卅年的新聞作品在當下被播放超過六萬次,「現在是對 YouTube 可以簡單加入感想的時代,有各種各樣的意見。」讀著那些跟帖,加登英成非常吃驚。

美國牧師約翰·馬吉在 1937 年拍攝的記錄侵華日軍南京暴行的影片,因戰爭結束後影片膠捲杳無蹤跡,被日本歷史學界稱為「夢幻膠捲」。

「過了半個世紀,我們找到並重新審視了馬吉影像,夢幻膠捲靜靜地繼續轉動,從膠捲裡聽不到叫喊聲槍聲,但我們感受到了一直守護著真相的拍攝者深深的悲傷。」加登英成在 1991 年拍攝的紀錄片解說詞中如此敘述,這樣的感覺如今在 YouTube 上延續著。

隻身赴美尋找「馬吉影像」

1991 年,卅二歲的每日放送時政記者加登英成一直關注戰爭歷史。當年 3 月,他從日本歷史學家、早稻田大學教授洞富雄的家裡借到了一本美國傳教士

喬治·費奇的回憶錄《我在中國八十年》。南京大屠殺期間，費奇在南京擔任國際救濟委員會執行主席。

「費奇在書中詳細地敘述了自己把有南京大屠殺影像的膠捲縫在駱駝毛大衣上，經由上海帶回了美國。」為了尋找費奇的後代，加登英成多方委託美國的朋友，「那時只有電話和傳真可以聯絡，我每天晚上都從日本打電話和發傳真到美國。」

在朋友的幫助下，加登英成通過紐約「紀念南京大屠殺受難同胞聯合會」成員姜國鎮，聯繫上了喬治·費奇的女兒及孫女。

1991年7月，能說一口流利英語的加登英成隻身啟程赴美，在洛杉磯採訪了費奇孫女湯婭·昆頓，並在洛杉磯歷史影片協會看到了費奇孫女捐贈的十一分鐘馬吉影像，「終於遇到了半個多世紀前穿越太平洋的夢幻膠捲。」

在美國，加登英成不放過任何一條接近馬吉影像的新聞線索。他採訪了費奇女兒夫婦，他們對著加登英成的攝像機鏡頭說：「在日本，政治家和學者都說南京暴行並沒有發生。這完全是胡說八道！父親的這些影片無疑是殘酷的，這些可怕的事情確實發生了。」

馬吉影像拍攝者約翰·馬吉的兒子大衛·馬吉在接受採訪時說：「第一次看這部電影時，我像大多數人一樣被嚇到了，大多數鏡頭是在醫院拍攝的，那些受害者的可怕遭遇，他們被燒死，被槍殺。」

1991年，赴美國採訪的加登英成搶在邵子平之前找到馬吉影像。加登英成在美國找到大衛·馬吉的兒子約翰·馬吉三世，從他那裡獲得祖父在南京拍攝的電影膠片。

邵子平在1991年的工作記錄上曾記錄了加登英成當時花了兩千美金在攝影公司查看與轉錄這些膠片，遺憾的是加登英成獲得的那些膠片內容全部是教會的活動，與南京大屠殺無關。邵子平說：「約翰·馬吉三世拿錯了膠片」，這才使得邵子平在第二次前往大衛·馬吉家地下室尋找時得以幸運地「撿漏」。

加登英成在給我的來信中說：「關於南京大屠殺的歷史，我在書上讀過很

多。實際採訪之後，我覺得這並不是捏造，而是千真萬確的事實。」

1991 年夏，加登英成專門赴南京採訪了馬吉影像中記錄的受害者李秀英和夏淑琴。這段採訪的影像被王正方用在紀錄片《馬吉的證言》裡。

馬吉影像解說詞中記錄的李秀英：「這個十九歲的女人懷孕了，她在反抗強姦時被刺刀刺傷，頭部和身體上有廿九處傷口。」

馬吉影像中有長達卅五秒的影像，清晰地再現了夏淑琴一家祖孫九口人中七人慘遭日軍殺戮陳屍遍地的慘景。

加登英成在南京特別用心實地採訪馬吉影像的南京大屠殺倖存者，李秀英和夏淑琴都領著加登英成去當年的受害現場實地拍攝。回憶卅年前的採訪經歷，加登英成告訴我，「李秀英與夏淑琴兩個人平時說話的表情都很溫柔，但在採訪中談到 1937 年的經歷時，真的會變成悲傷的表情。」加登英成感歎：「即使歲月流逝，人類內心深處的痛苦和悲傷也絕不會消失。」

「我跑遍了整個日本，南京大屠殺完全沒有被報導」

加登英成拍攝的紀錄片《驗證南京大屠殺》，我看了不下十遍，用翻譯筆逐字逐句瞭解影片解說詞。加登英成說，解說詞是他自己撰寫的。

「當年，南京淪陷的消息傳遍了全日本，但南京大屠殺完全沒有被報導。」紀錄片中，加登英成用旁白敘述道：「我跑遍了全日本」，沒有找到關於南京大屠殺的報導」，「在美國和歐洲成為譴責的南京事件的實際情況不被日本國民知道，只有稱讚戰果的新聞裝飾了現實版面。」

「與日本國內的狂熱反應形成鮮明對比。在歐美各國，日軍在南京的殘暴行為同時被新聞報導」，加登英成找到了《紐約時報》、美國《生活》雜誌等西方媒體對南京大屠殺的多篇報導，並用特寫鏡頭一一呈現，「我從一本 1938 年 5 月出刊的美國《生活》雜誌中日戰爭特輯中，看到了很多從馬吉膠捲上翻拍的照片。這篇報導在當時引起了很大反響。」

加登英成調查發現，由於懼怕「南京事件真相會令日本皇軍威信喪失成為禁止的理由」，「有關日軍殘暴行為的報導全部被封鎖。」

　　「在日本，當時從外國進入的出版物全部接受了內務省的審查。南京事件以後，日本特別關注有關南京的出版物。」

　　加登英成在紀錄片中平鋪直敘，大量使用馬吉牧師拍攝的受害者歷史鏡頭、美國知情者回憶、南京大屠殺倖存者證言、德國外交官《羅森報告》、羅伯特威爾遜大夫日記等，多角度向日本觀眾揭開南京大屠殺的歷史真相。

　　「在日本，我是極少數能說這件事的人之一，我所知道的只不過是整體的一小部分而已。但是我已把曾在南京發生的地獄般的遭遇，已經充分傳達了」。「我想我得把這事說出來，否則，我的心情就無法平靜。我相信這件事在現代史上是無與倫比的。」

　　姜國鎮寄給我一張加登英成在1991年10月節目播出後寄給他的明信片，上面寫著：

姜國鎮　先生

您還好嗎？

非常感謝您協助採訪等事宜。在您的幫助下，節目製作的挺好，周邊的反響也不錯。在節目最後部分，提及了不被重視的補償問題，原本想使用您的採訪內容，不過因為沒有其他的鏡頭畫面，所以就放棄了，請您理解。

不過，這是一個持續的課題，如果有機會的話，希望能與您相會。請向家人問好。

加登英成

据张连红介绍，早在1938年4月前後，英國基督教和平主義活動家莫瑞爾·萊斯特（Muriel Lester）從美國傳教士費奇手中獲得一份馬吉影像的拷貝，曾托在上海的四名日本基督徒將馬吉影像帶到日本進行秘密播放，但只有少數人觀看後便被迫中止。

多角度採訪、考證　交叉印證歷史

1991年7月2日，加登英成在洛杉磯電影中心最先發現喬治費奇外孫女湯婭昆頓捐贈的十一分鐘馬吉影像。「同一時期，日本共同通訊社也對馬吉影像感興趣，我們就德國的羅森資料進行過交流。最先拿到膠片的是我，之後，共同社、京都通訊等都與洛杉磯電影中心進行了確認。」

「在美國實際發現膠片時，我還記得當時既興奮又高興的心情」，加登英成對我說：「發現了膠捲，採訪就結束了是不行的。為了提高膠捲的可信度，我得想辦法找出膠片中的被害者」。「膠片上的文字資訊成為關鍵，我想這應該是根據兩位牧師所掌握的資訊做的。」

循著影片中馬吉牧師在拍攝的每一處場景做的簡要文字說明線索，加登英成聯繫南京，找到了被害者時年七十四歲的李秀英與的六十二歲的夏淑琴。「影片上的資訊成了尋找受害者的關鍵。」加登英成說。

為避免資訊源單一，加登英成採取多角度採訪，以多方證據交叉印證影片的真實性。半年的時間內，他採訪了約翰·馬吉的兒子大衛·馬吉、費奇的女兒和女婿；循著不斷發現的新線索，查找東京審判證人證詞詳細資料；從耶魯大學圖書館找到了南京大屠殺期間留在南京的唯一外科大夫羅伯特威爾遜的日記；在柏林波茨坦檔案館找出《羅森報告》的附件——馬吉牧師寫的詳細英文影片鏡頭目錄；專赴南京實地採訪。

在美國，加登英成不放過任何一條接近馬吉影像的新聞線索。他採訪喬治·費奇女兒夫婦，他們對著加登英成的攝像機鏡頭說：「在日本，政治家和學者都說南京暴行並沒有發生。這完全是胡說八道！父親的這些影片無疑是殘酷

的，這些可怕的事情確實發生了。」

馬吉影像拍攝者約翰·馬吉的兒子大衛·馬吉，不僅展示父親拍攝用的那臺十六毫米攝影機，還帶著記者下到地下室，看父親留下的膠片。在接受加登英成採訪時，大衛·馬吉說：「第一次看這部電影時，我像大多數人一樣被嚇到了，大多數鏡頭是在醫院拍攝的，那些受害者的可怕遭遇，他們被燒死，被槍殺。」

「關於南京大屠殺的歷史，我在書上讀過很多。實際採訪之後，我覺得這並不是捏造，而是千真萬確的事實」。加登英成說：「南京大屠殺的節目在日本反響很大，給我的職業生涯留下了深刻記憶。」

南京實地考證受害者

李秀英：即使過了五十四年，被日軍刺傷的傷疤也沒有消失

線索：

● 馬吉影像中場景說明：

這個十九歲的女人懷孕了，她在反抗日本士兵的強姦時被刺刀刺傷，當她被送往一家難民醫院時，頭部和身體上至少有廿九處傷口。

卅四秒的畫面中，羅伯特·威爾遜正在為面部及身體腫脹、遍體鱗傷的李秀英檢查傷口。

每日放送記者加登英成的考證：

● 《羅森報告》附件馬吉影像說明詞：

這個十九歲的女子在難民區的美國學校裡避難。她懷第一胎已經六個半

月。一個日本兵要強姦她,她進行反抗,因此被他用刺刀狠狠刺了一通。她的胸部和臉部被刺傷十九處,腿上挨了八刀,下身挨的一刀有二英寸深,因此她在被送進鼓樓醫院一天後就流產了。這期間她的傷口已經癒合。

● 羅伯特·威爾遜醫生日記:

12月21日前天在五臺山,一位懷孕六個半月的十九歲姑娘因抗拒兩位日本兵強姦,臉上被砍了十八刀,腿部有幾處傷口,下腹部也有一個很深的刀口。今天上午我聽不見胎兒的心音,她可能會流產。

● 赴南京侵華日軍南京大屠殺遇難同胞紀念館,館內展示的關於南京事件的各種資料,其中有一張很大的女性照片,這張照片中的女性也出現於加登英成在美國發現的馬吉膠捲中,照片下面寫著李秀英這個名字。

● 被受害者李秀英帶到加登英成當年被害現場地下室及救治她的南京鼓樓醫院講述事實,並露出累累傷疤,「即使過了五十四年,被日軍刺傷的傷疤也沒有消失。」

李秀英口述:1937年12月19日上午九點鐘,來了六個日本兵,跑到地下室,準備拉走我和另十多個年輕婦女。我寧死也不能受辱,就一頭撞在牆上,昏倒在地。中午,又來了三個日本兵,其中一人上來解我的紐扣,我去奪下他腰間的刀,日本兵大驚,同我爭奪刀柄。我奪不了刀,就用牙咬。另兩個日本兵聽到喊叫聲跑過來,用刺刀向我身上亂戳。一個日軍用刺刀向我肚子刺來,我失去了直覺,被父親送進鼓樓醫院搶救。經美國醫生威爾遜的檢查,我身上被刺了卅七刀,嘴唇、鼻子、眼皮都被刺破了。經過七個月的醫治,我才恢復了健康。

夏淑琴：「如果不是日本軍國主義，我不會失去寶貴的家人」

線索：

● 馬吉影像中場景說明：

當日本人進城時，他們全家都被屠殺了。其中兩名婦女被強姦，然後被處死，其中一人被以一種特別可怕的方式處死。南京大屠殺倖存者夏淑琴一家祖孫九口人中七人慘遭日軍殺害，鄰居四人同時遇害，陳屍遍地的慘景長達卅五秒。這組畫面是東京審判中的出庭證人許傳音和馬吉牧師赴現場拍攝。

每日放送記者加登英成的考證：

● 東京審判中許傳音的證詞：

1946年7月26日，侵華日軍南京大屠殺期間，擔任國際安全區住房委員的中國證人許傳音在東京審判中作為起訴方證人出庭作證：「在南門的新路口五號，有這樣一家，我曾和馬吉先生到過那裡。就在那裡，十一個人被害、三個被強姦，其中兩個少女，一個十四歲，一個十七歲。強姦後，日軍把異物塞到她們的陰道裡。後來，她們的祖母把異物拿給我看」。「年輕姑娘都是在桌子上被強姦的，我到那兒去的時候，血跡未乾。然後我發現了屍體，所有的屍體都在那裡。我和馬吉先生把屍體的慘狀拍了下來，作為控訴日軍罪行的證據。」

● 東京審判約翰·馬吉的證詞：

1946年8月15日，約翰·馬吉在遠東國際軍事法庭出庭作證。被馬吉視作「最可怕的東西」即為許傳音領他去拍攝的夏淑琴家慘狀。馬吉在法庭的證言中對目睹的現場做了極為詳細的敘述後，強調道：「如果我的攝像機，如果我當時有彩色膠捲的話，就可以看出女孩被強姦的桌子上

和另外一個人被殺的地上都有鮮血。」

● 《羅森報告》附件馬吉牧師寫的詳細英文影片鏡頭詞中以整整一頁紙，詳細說明瞭日本兵是如何殺害這個名字的一家人的。而且其中寫著八歲和四歲的姐妹躲在舊床單下倖存下來的事情。

● 夏淑琴領著加登英成來到一家被慘殺的現場。「夏淑琴的心中充滿了當時的記憶。」夏淑琴口述：這是當年的新路口五號，南京事件當時我八歲。1937 年 12 月 13 日上午，一隊日本兵約有卅人到我家門前敲門，父親跪在日本兵前，懇求他們不要殺人，卻被日本兵用槍打死。然後他們把住在隔壁的父子四人全部殺了，再往裡走。

抱著一歲小妹妹的母親被日本兵從她手中強行奪過小妹妹，直接摔死在地上，扒光母親的衣服，輪奸後，用刺刀殺死，並在她下身裡塞進一隻瓶子。我在另一個房間的窗戶中看到這一切，就是這個窗戶。

走進我們房間的日本兵首先沖向外祖父、外祖母，槍殺了他們。然後把十六歲的大姐推倒在桌上，把褲子脫下來。十四歲的二姐也被拖倒在地板上，衣服被扒光。我嚇得大哭，就日本兵用刺刀在背後刺了三刀，昏了過去。醒來的時候，第一眼看到的是兩個姐姐那光著身子死去的樣子。外祖母也倒下了，腦漿都出來了。

張連紅認為，事隔五十四年後，作為日本人的加登英成先生不畏壓力，獨自前往美國尋找馬吉影像，採訪相關知情人，到中國南京訪談了馬吉影像中南京大屠殺倖存者當事人李秀英和夏淑琴，製成南京大屠殺的專題紀錄片，在每日放送電視臺的黃金時段，第一次向日本民眾公開播放了馬吉影像的主要內容，通過南京暴行的原始活動畫面和當事人的訪談，揭露了日軍在南京暴行的真相，有力打擊了日本右翼否定南京大屠殺的囂張氣焰。

「加登英成先生製作的南京大屠殺紀錄片再次發掘了馬吉影像的歷史價值，引起了國際社會的廣泛關注」，張連紅表示，其後以馬吉影像為題材，《馬

吉的證言》、《奉天皇之命》等許多南京大屠殺專題紀錄片不斷湧現，在世界各地極大地傳播了南京大屠殺的真相。

不過，令人遺憾的是，加登英成耗時一年拍攝的這部以大量史證、人證復原南京大屠殺真相的紀錄片，雖然當時在日本國內反響強烈，但卅年來在南京這個歷史事件發生地卻籍籍無名。

據南京媒體報導：1992年，南京鼓樓醫院建院一百周年的時候，一位名叫加登英成的日本人向醫院贈送了南京大屠殺期間在鼓樓醫院救治受害者的羅伯特·威爾遜大夫日記的影本和錄影帶。

據核實，鼓樓醫院將加登英成贈送的日記影本與錄影帶立即轉贈給侵華日軍南京大屠殺遇難同胞紀念館。那盤錄影帶即為加登英成拍攝的紀錄片《驗證南京大屠殺》。

加登英成擁有廿年餘的記者生涯，主要從事日本的政治和社會報導。1996年至1999年，被每日放送派駐德國，成為駐海外記者。

「南京大屠殺的節目反響很大，在我的職業生涯中，給我留下了深刻的記憶。」加登英成在給我的信中寫道。

加登英成喜歡南京，1991年的南京仍深刻地留在他的記憶中：「卅年前，整個中國還在發展中。長江和古老的城牆給我留下了深刻的印象，但是人們的生活仍然很簡樸。自行車很多，路上也很擁擠，這給我留下了深刻的印象。」

我給加登英成寄去了南京雲錦滑鼠墊、侵華日軍南京大屠殺遇難同胞紀念館贈予他的根據馬吉牧師拍攝南京大屠殺使用的攝影機製作的模型鑰匙扣、馬克杯和書籍等禮物，真誠邀請他再來南京。

2022年2月14日，我收到加登英成從日本京都寄來的禮物：手袋，皮手套，桌布，文創產品「三百六十度地球與月亮」，還有一件文化衫。

加登英成在信中說：

禮物能平安送到真是太好了。通關好像花了很長時間，寄到日本郵局之後花了三周以上。

為了表達「地球上的人們都要和睦相處」的想法，還放入了地球儀的紙擺件。

想去南京看看。能和陳旻見面的話，真是太好了。」

當然，我期待著陪加登英成去看歷經六百年風雨滄桑的南京明城牆。

2023年10月31日，我給加登英成發去郵件：

加登：

收到郵件，您提出的這些具體問題，我已經發給紀念館，請他們瞭解清楚後告訴我。你不用擔心。

12月，南京的氣候寒冷，請注意多帶保暖的衣服。

南京的紀念館已經擴建，與你在卅二年前的模樣相比，有非常大的改變。

很感謝您，決定把自己最重要的工作採訪筆記慷慨捐贈給紀念館，我會建議紀念館頒發收藏證書給你。這些珍貴的DVD、原稿和採訪筆記，承載著一段重要的歷史。

在1991年，您從美國找到馬吉影片，比邵子平要早十天。

紀念館有消息，我會立即寫信告訴你。

祝每天有好心情！

「邀請加登英成來南京參加南京大屠殺死難者國家公祭儀式」成為我的心願，自 2023 年 10 月起，我就執著地為此努力，同年願望達成。

2023 年 10 月 25 日，我將紀念館發出的邀請函轉發給加登英成。

尊敬的加登英成 先生：

2014 年 2 月 27 日，中國的全國人大常委會通過法案，將 12 月 13 日定為南京大屠殺死難者國家公祭日。每年的 12 月 13 日，在南京舉辦南京大屠殺死難者國家公祭。

今年，中國政府將照例舉行第十次南京大屠殺死難者國家公祭。在此，我們誠摯邀請您於 2023 年 12 月 12 日至 14 日訪問中國，並於 12 月 13 日參加南京大屠殺死難者國家公祭儀式及相關活動。本館將承擔您從日本往返南京的機票、抵達南京後的食宿等費用。

2023 年 12 月 11 日晚廿一時許，紀念館工作人員與我一道去南京祿口國際機場迎接來南京參加南京大屠殺死難者國家公祭儀式的日本友人。前日本每日放送資深記者加登英成在其中。

我是第一次見到加登英成本人，我們通過翻譯軟體郵件往來迄今早已過百封。我見過他的照片，很容易就認出了他。熱列握手之後，一下不知道該說什麼，加登英成會日語與英語，而我，只會中文。

加登英成拿出手機，點開一款 App，對著手機說了句話，然後，點擊螢幕上的按鍵，中文出來了，是「等行李用了很長時間」，我點頭表示看懂了。

但是如果周圍環境聲音雜亂，這款 App 就不靈了。紀念館的俞月花推薦我使用百度翻譯中的對話翻譯。

當晚回到家，我將手機裡的幾款翻譯 App 逐一試用，選出一款「翻譯」。

昨天下午，陪同松岡環女士與加登英成先生去參觀南京利濟巷慰安所舊址陳列館，車上，我打開「翻譯」試給他們看，果然，這款 App 最靈。

加登英成在日本時，我在郵件中建議他下載微信。他果真下載了，但還不會用。他到南京下了飛機後，我們互加微信，我成為他的第一個微信好友。

微信自帶文字翻譯功能。這幾天，我們隨時用微信聯繫，相比於郵件，微信實在方便太多太多。

這次來南京，加登英成特別帶來自己非常珍視的採訪《驗證南京大屠殺》的三本採訪本、撰寫的五十頁紀錄片旁白手稿原件，《驗證南京大屠殺》紀錄片 DVD 和陪同日本老兵三谷翔赴南京作反省之旅的新聞特輯 DVD，捐贈給侵華日軍南京大屠殺遇難同胞紀念館。

2023 年 12 月，日本前每日放送記者加登英成將記錄南京大屠殺大量史料的三本採訪本捐贈給南京。

「我是第一次參觀南京利濟巷慰安所舊址陳列館，第一次看到場景復原的『慰安婦』房間，非常震驚！我很悲傷，我能感受到八十六年前日軍對中國犯下的罪行。」2023 年 12 月 12 日下午，時年六十五歲的日本每日放送（MBS）前資深時政記者加登英成用潔白的毛巾輕輕地、仔細地為「慰安婦」拭去臉上流不盡的淚。

2023 年 12 月 14 日晚，在結束紀念館給此番邀請來南京國際友人嘉賓安排的行程之後，我邀請加登英成到記者站辦公室做客。

我特別泡了一杯祁門紅茶，請他品嘗。我們用翻譯軟體交流，有不準，半數以上準。

我給他看了費奇外孫女寫給邵子平的信件，內容與他有關。加登英成拿出手機拍攝信件，我告訴他不用拍，當即把信件掃描件發給了他。

這兩年，加登英成對我是有求必應，我沒完沒了地提出各種問題，他從來都是耐心回覆。然而，我們卻是未曾謀面的陌生人。

加登英成對我的信任與真誠幫助，最為珍貴。我將從家裡帶來的三張羊皮畫慷慨地全部送給他，送了一把紫砂壺、一個高仿明代雞缸杯，還有長白山野山參。

總覺得還不足以表達。

徐慧紅專門趕來見加登英成，送給他一件琺瑯彩工藝的「金陵帝王州 六朝金粉地」圓盤擺件。精緻盤面完美展現了古今交融的南京獨特魅力和歷史故事：秦淮河畔，遞次呈現中山陵博愛坊、雞鳴寺、大報恩塔、南京城牆門樓；和平鴿翔翔的天空下，南京紫峰大廈、雙子樓、南京眼等現代南京地標熠熠生輝。

「您當年製作紀錄片《驗證大南京大屠殺》，在日本國內有沒有受到壓力？」徐慧紅關切地問。

「紀錄片播出後，我們『每日放送』辦公室的電話整日整日被打爆，都是

来罵我的。他們罵我不愛國，讓我『滾出日本！』還好，沒有公佈我家裡的電話號碼。」加登英成平靜地說：「我們總要把真實的歷史告訴年輕人。」

2022年12月12日，那組以「發掘歷史真相」為主題的系列報導之四——《尋大屠殺活證 戳破日右翼謊言》整版新聞專題刊發在《大公報》A10版，我在「記者手記」中寫道：

在眾多有關尋獲馬吉影片的報導中，都有當年「聯合會」在美國與日本記者賽跑，最終獲得馬吉影片，這個日本記者就是加登英成。事實是：1991年7月2日，加登英成在洛杉磯發現十一分鐘費奇版馬吉影片，而「聯合會」的邵子平是在1991年7月12日，從大衛·馬吉家地下室內找到馬吉影片。其中，有關日本侵略中國的內容長達卅七分鐘。

加登以職業記者的公正、嚴謹與執著，勇敢地揭露了被刻意遮蓋的日本歷史中最黑暗的南京暴行。他值得尊敬。

後記

守護歷史真相

2024 年 12 月 29 日，南京公共外交協會舉行第九屆「梧桐獎」頒獎儀式，八十八歲高齡的邵子平榮獲「友好交流使者獎」。正在美國紐約探親的邵子平提前錄製的獲獎感言視頻，在頒獎會場正中的大螢幕上播放。螢幕上的邵子平，在喜慶的音樂背景下，目光坦率，言辭真切。他說：「龍盤虎踞、鐘靈毓秀的南京，是我的出生地與成長地，金秋桐葉，是我夢中勝景」。南京重新成為邵子平人生情感天平上最重的砝碼。

目睹這一幕，我由衷欣慰。

廿世紀九十年代初起，紐約「紀念南京大屠殺受難同胞聯合會」（以下簡稱：「聯合會」）主動擔當作為，在尋找南京大屠殺鐵證、守護真相和推動日本侵華史研究上開了先河，唐德剛、楊覺勇、吳天威、陳憲中、邵子平、姜國鎮、吳章銓等，值得被歷史記住，值得被我們尊敬。

2025 年是中國人民抗日戰爭暨世界反法西斯戰爭勝利八十周年與臺灣光復八十周年。我寫下《從南京到紐約 追尋馬吉影像》，忠實記錄了香港大公文匯傳媒集團自 2017 年 12 月起，歷經兩年曲折，鍥而不捨，聯合社會各界，推動美國牧師約翰·馬吉於 1937 年拍攝記錄侵華日軍南京暴行影像「卅七分鐘」版珍貴膠片，從美國回歸祖國的全過程，為歷史留下印記。

作為本書作者，完成這本書對於我個人，不僅是記錄與守護歷史真相，更是信守諾言。

2019年5月19日,在北京東長安飯店,我與美國「聯合會」前任會長陳憲中先生達成口頭協定:我著書記錄「聯合會」於上世紀九十年代在美國為維護侵華日軍南京大屠殺真相所做的重要歷史貢獻,作為交換條件,「聯合會」就馬吉影像卅七分鐘膠片放棄「一千萬元人民幣」的價碼,無償捐贈給南京。

2019年12月13日下午,「聯合會」如約將「卅七分鐘」版珍貴馬吉影像膠片無償捐贈給侵華日軍南京大屠殺遇難同胞紀念館。而今,我也履行了自己許下的鄭重承諾。

守護歷史真相究竟有多艱難?整件事情的起因,是我在採訪中發現並質疑存在對歷史真相的扭曲,卻被要求用我自己去考證的結果來證實與澄清。求實存真的記者職業操守促使我去考證歷史,才意外地有了一個個「後來」。

在全球化背景下,歷史記憶的傳承面臨新的挑戰。江蘇廣播電視總臺節目研發與受眾研究中心主任張建賡認為:「在所有紀錄歷史的介質中,影像具有資訊的豐富性、事件的真實性、場景的可感性。無論從歷史、傳播還是法律的角度來看,影像史料都是最為珍貴的。所以,尋找馬吉影像的意義不言而喻。」

馬吉影片卅七分鐘版膠片作為國寶得以回歸南京,首先得歸功於香港大公文匯傳媒集團上下齊心的全力以赴。

自從2017年12月第一次採訪邵子平,到2019年實現馬吉影像卅七分鐘「一寸盤」捐贈給南京,對江蘇記者站追尋史料,香港大公文匯傳媒集團從董事長到普通編輯都給予全力支持。整個過程中,每當有階段性進展和重大發現,報紙與各新媒體平臺及時發表專題與動態消息,向讀者和社會各界公佈,推動史料回歸。至2024年12月,七年時間裡,《大公報》、《文匯報》共推出廿三個整版專題版面、百餘篇文章,詳細介紹了馬吉影像從發現、核實,到追尋、回歸等的全過程,展現了香港大公文匯傳媒集團的文章報國與歷史擔當。

歷史記憶的傳承不是簡單的重複,需要有更豐富真切的表達方式。《從南京到紐約 追尋馬吉影像》,我用平實的文字與現場圖片記錄歷史。在追尋過程中,我們不僅找到了馬吉影片卅七分鐘版膠片,更找到了人性中最珍貴的東西:勇氣、善良、對生命的敬畏與責任心。

2024 年 12 月 4 日，我在由美國牧師約翰·馬吉創辦的南京市第十二中學約翰·馬吉圖書館舉行「仁愛之舉和平傳奇」——尋找馬吉影片分享會。

　　1912 年，約翰·馬吉先生受美國聖公會派遣來到中國南京傳教並在道勝堂生活了廿八年。1917 年，約翰·馬吉先生創辦了基督教會的「益智小學」，為南京第十二中學的前身。

　　在專場講座中，我與師生們分享了紐約「聯合會」、香港大公文匯傳媒集團與社會各界，橫跨卅五年接力追尋與推動馬吉影像「卅七分鐘」版珍貴膠片從美國回歸中國的全過程，冀以此激發青年學生使命擔當。

　　我對同學們說，初中的時候，老師向我們推薦的書是《鋼鐵是怎樣煉成的》。深刻影響我們這一代人的，是該書作者奧斯特洛夫斯基所說——「人的一生應該這樣度過：當他回首往事的時候，他不因虛度年華而悔恨，也不因碌碌無為而羞愧。」

　　「對自己要有要求，不要碌碌無為。」我向學生們傳遞：對國家、對民族、對歷史要有自覺擔當。

　　感謝紐約「聯合會」的信任，感謝張連紅老師的援助，感謝臺灣朋友林深靖、鐘秀梅、楊祖珺老師的相幫，感謝楊善堯博士的支援。他們期待本書在臺灣出版，期望有更多的青年從觸摸歷史中感悟民族苦難，更加珍愛和平，擔當歷史使命。

　　歲月摩挲，讀史明世。撰寫《從南京到紐約 追尋馬吉影像》一書，我希望自己的文字，不只是對歷史事件的忠實記錄，而是透過歷史事件呈現背後敢於擔當、勇於作為的民族精神，讀者能從我的文字中聽得見歷史悠長的回聲。

陳　旻
2025 年 2 月 13 日於南京

附錄

1、萊茵哈特夫人致戴克牧師的信件

邵華翻譯

烏蘇拉·萊茵哈特夫人（Ursula Reinhardt）

Barlachweg 4 b

12277 柏林（Berlin）

電話：7215789

1997 年 6 月 5 日

尊敬的戴克（Decke）牧師：

邵博士和我在此期間有了一次更具和解性的傳真聯繫。然後我就親自給他打了電話。

我在紐約一直強調：我不是繼承人，並且沒有版權。

幾個月來，我必須有思想準備會在白天黑夜隨時接到從中國和美國打來的電話，同時我也在繼續與媒體律師進行交流，尤其是與約翰·拉貝的兒子（八十歲）聯繫。我終於與我姐姐取得一致，不把我母親牽扯進來。

Erwin Wickert 博士將在秋季出版他選編和注釋的約翰·拉貝日記。由於拉貝的兒子將「日記的」國際版權授予了斯圖加特（Stuttgart）的德意志出版社（Deutsche Verlagsanstalt），所以日記在手的人對這些背景和準備工作都一無所知。

在德國，沒有人理解為什麼將翻譯權授予南京而非北京是一項政治性的決定。我在給出版商的幾封信中說明瞭這一點，並向他們推薦了紐約的紀念南京大屠殺受難同胞聯合會（AMVNM）。

我既不是「版權的」協議方,也不參與利潤分配。

您是事情初期的發起人和幫助者,我要在很多方面感謝您。您是我紐約之行的擔保人,此行的後果雖然於當時不可預知,但從總體的發展來看,應該說是正面的。

您指出這件事也關聯到德國社會,並建議我找律師「來處理一些相關事情」。您和夫人允許我們在您家複印了第一批日記。「戴克夫人是老師,家裡有一臺影印機。」我又必須重新直面在記憶深處已隱藏了幾十年的生活。回憶在中國和德國同時發生的事件對我是一種煎熬。

約翰拉貝的墓碑現在有了自己的歷史。我寫信給墓地管理人,他告訴我,租用期已於1985年到期,他們要清除碑石,將地塊另作他用。於是我們一致同意,我兒子可以把碑石「從墓地」拿走並放到我家。我先打電話給波恩的中國駐德大使館,然後又給他們在潘科區(Pankow,「柏林的一個城區」)的分支機構打電話。我提出把碑石捐贈給南京紀念館。他們將在六十周年之際舉辦一個展覽獻給一批人,包括約翰·拉貝。1月29日,潘科的「中國」大使從我的車庫裡搬走了墓碑。它現在立放於紀念館入口的右側。

西門子公司(Siemens)現在想捐贈一個紀念碑。柏林歷史墓地利益共同體想立一塊紀念石碑。2月13日,ARD(德國公共廣播聯盟)的「對比」節目播出,主播 Jürgen Engert 在其廿分鐘的節目中對約翰·拉貝作了報導,這可能引發了他們的這個行動。

ARD/ORB(勃蘭登堡州廣播公司)/Süddeutscher Rundfunk(南德廣播公司)想要做一個一小時的電視節目,包括訪問中國。我預計將在九月初與他們一起被邀請去南京和北京。發言稿已完成,調查工作正在進行中。

現在我休假十四天。七月/八月我要在洛爾(Lohr)照顧我的母親五周。可惜她什麼都不懂了。

我丈夫和我非常感謝您，向您和您夫人致以最美好的祝願

您的

（烏蘇拉·萊茵哈特夫人（Ursula Reinhardt），無簽名）

- 注：方括號裡面的內容為譯者加注。

2、戴克報告：找回《拉貝日記》

德文原件之中文翻譯文本

找回《拉貝日記》

邵子平博士是我在 1963 至 1968 年間就讀海德堡大學時結識的老校友，我與他多年來一直保持著聯繫。1996 年，邵子平懇請我幫他聯繫拉貝的外孫女萊茵哈特夫人（Ursula Reinhardt）。他不想自己直接去聯繫她，因為他覺得一名基督教牧師在其眼中肯定是非常值得信賴的人 — 她會願意向我展示祖父約翰·拉貝的日記或許還會同意我複印日記，而不是他，一個素不相識的中國人。

邵博士當時在美國紐約聯合國人力資源部任要職，多年來一直擔任「紀念南京大屠殺受難同胞聯合會」主席。他曾在 1993-1995 年期間來柏林找過我，並在柏林基督教福音教會的檔案館查找拉貝在中國活動的相關資料，但查詢未果。（柏林基督教福音教會自十九世紀八十年代起在廣東北部的珠江沿岸設有宣教機構，之後又在青島建立宣教站，主要開展學校教育、醫療和慈善工作。）

邵博士有意借 1937 年 12 月發生的南京大屠殺六十周年之機公開《拉貝日記》。他從張純如《南京大屠殺（The Rape of Nanjing）》一書的作者那裡得知，約翰·拉貝的外孫女烏蘇拉·萊茵哈特夫人（Ursula Reinhardt，大約 1931 年生）生活在柏林，是一所文理中學的歷史老師。他希望我能取得她的信任，然後她會同意公開日記。

萊茵哈特夫人與先生一起來到我們柏林基督教福音教會。見面後，我介紹自己是邵子平博士的老友，多年前就知道他要公正地面對 1937 年 12 月發生的南京慘案的想法，而且他於 1994 年在紐約向我展示過美國傳教士馬吉牧師拍攝的日軍殘酷掠殺慘景的原片。那時我第一次聽說曾任南京安全區國際委員會主席的約翰·拉貝這個人，並瞭解到他拯救了數十萬中國人生命的事蹟（大概多達廿多萬人）。

萊茵哈特夫人真的對我產生了信任感，向我講述了她六歲時在南京的生活經歷以及她於 1938-1950 年間在柏林與外祖父共處的時光。她告訴我自己是外公最喜歡的外孫女，聽他講述了許多他在中國和之後在納粹德國以及戰後德國的生活經歷。外公告訴她自己曾就南京慘案和日本人犯下的罪行做過演講，並曾致信時任德意志帝國總理和領袖的阿道夫·希特勒，請求他讓德國政府出面要求盟國日本人道地對待中國人。他還告訴外孫女蓋世太保曾威脅他必須停止就此公開發表演講，否則他將遇到很大的麻煩。

萊茵哈特夫人說，外公因必須對日軍違反戰爭法規對中國百姓所犯下的罪行保持沉默而十分苦悶。二戰結束後，德國人民的境況非常絕望，因此幾乎無人關心日本佔領軍在中國的暴行。約翰·拉貝為營救數十萬人中國老百姓所起的作用沒有引起廣大公眾的共鳴，他們的關注完全淹沒於德國所犯下的令人髮指的罪行以及二戰末期德國百姓所遭受的暴掠之中。

萊茵哈特夫人接著說，1950 年外公在臨終前將日記（裝訂成九卷），題為「轟炸南京，一位活菩薩的日記」，作為遺物交給了自己。但是在其後的幾年裡，戰後的困境令她無法忍受在自己的家裡看到這些文卷。她告訴我，她似乎看見血從紙頁流出。她無法也不想講述兒時在南京的可怕經歷。她的心靈滿是創痛，無法將日記留在身邊。因此，她把這些日記託付給舅舅奧托·拉貝，約翰·拉貝之子，他應該還保存著日記。數十年來她沒有再看一眼日記。經過一段時間的躊躇不決之後，萊茵哈特夫人最終被我說服，認為向國際公眾，特別是中國、日本以及德國公眾公開這些不尋常的原始檔有極其重大的意義。

經我不斷地請求，她同意借一次度假之機去德國南方看望已年滿八十的舅舅奧托·拉貝並請求他交還日記。這樣終於事成——廿年前即 1996 年 11 月 19 日，我和前妻在我們家中的影印機上複印了日記的第一卷、第二卷和第三卷（共九百多頁）。然後萊茵哈特夫人和先生又去複印店複印了其他卷本。我將前三卷的複印本郵寄給紐約的邵博士，郵件及時送達。邵博士非常重視請萊茵哈特夫人作為證人到紐約親自參加於 1996 年 12 月 12 日的南京大屠殺五十九周年紀念活動。她要求意與先生一同去紐約 – 於是兩人成行。

我想借萊茵哈特夫人自己的表述來展示此事及其影響。她於 1997 年 6 月 5 日寫信給我，感謝我說服她同意公開日記。（這封信的公證副本存於南京拉貝紀念館。）

萊茵哈特夫人在信中指出，我在此事件中所起的作用，就像布萊希特（Brecht）在詩中描述老子出關時寫下道德經的故事中稅吏的角色。沒有稅吏的迫切請求，老子就不會寫下其思想。

維克特（Erwin Wickert）編輯了德文版的《拉貝日記》節選「約翰·拉貝。南京的德國好人」（John Rabe. Der gute Deutsche von Nanking）並為之寫了序，由斯圖加特的 Deutsche Verlags-Anstalt 出版社於 1997 出版發行。（維克特在大學時代曾於 1936 年在中國拜訪過約翰·拉貝，他在 1976-1980 年間擔任駐京德國大使）。此書有英文、中文和日文翻譯版。2009 年，根據日記拍攝的電影「約翰拉貝」，反映了約翰·拉貝任國際委員會主席的事蹟及其在南京非同尋常的救助行動。很典型，這部電影沒有找到日本的電影發行公司。

萊茵哈特夫人 1996 年 12 月與先生一同前往紐約，後來又去了日本和中國（到南京的紀念館）。她非常生動地讚揚外祖父的個性和他所起的作用，因為她對其本人及其思想世界記憶猶新。她因對外祖父經歷有濃厚的興趣而得到了他的信任，因此在所有人當中拉貝應該向她吐露了最多的實情。

萊茵哈特夫人此後又曾兩次徵求過我的意見。第一次是因外祖父的墓地取消之事。當時她不想毀掉墓碑石。我在與其交談中萌生了把它贈給南京的紀念館而取代處理掉約翰·拉貝碑石的想法。

第二次是她請求我陪她接受一個日本電視團隊的採訪。她不想獨自一人在家中與日本人進行訪談，因為她害怕這些人會為銷毀有損日本的史料文本而竊取她保存的《拉貝日記》。她這樣做也許是日本在南京所犯下的戰爭罪行負面地影響了她與日本的關係的表現。

柏林，2016 年 11 月 11 日（2019 年 2 月略有修改）

Gerd Decke （蓋爾德·戴克）

原柏林福音教會副會長，南部非洲、非洲之角、韓國和日本處負責人（已退休）

德國哈姆（Hamm）高級法院宣誓翻譯 Hua Offenberg 邵華

登記號 3162 E - 1. 3694

3、原《大公報》副總編李慶義在馬吉影像卅七分鐘捐贈儀式上的發言

尊敬的張建軍館長、各位朋友，大家好！

感謝南京大屠殺遇難同胞紀念館邀請我參加今年的公祭活動，同時也祝賀卅七分鐘馬吉影像這一珍貴的歷史文物順利回歸，使侵華日軍在中國犯下的滔天罪行再添新證。

中國常講「以史為鑒」，就是要告誡世人從過去汲取教訓，勿讓歷史悲劇重演。八十二年前，侵華日軍侵入南京，對我同胞實施長達四十多天滅絕人性的大屠殺，卅餘萬生靈慘遭殺戮，留下人類文明史上最悲慘、最黑暗的一頁。但時至今日，日本仍不肯正視這段歷史，不僅不反省、不道歉、不賠償，反而變本加厲地否定侵略、美化戰爭，試圖為歷史翻案。特別是近年來，日本政府在歷史問題上大開倒車，用「安倍談話」替代「村山談話」，推動解禁集體自衛權，企圖突破「和平憲法」。一時間，每年靖國神社春、秋祭，都會有群魔亂舞，為軍國主義招魂，否認南京大屠殺的言論甚囂塵上。亞洲新的戰爭策源地正在形成，中國和世介面臨重蹈戰爭覆轍的風險。

但謊言篡改不了歷史，紀念館所展示的累累罪證，早已把日本軍國主義者的暴行牢牢地釘在歷史的恥辱柱上。馬吉影像的新發現，再次戳穿了日本右翼的謊言，這是對中國的貢獻，也是對世界的貢獻。

我在《大公報》主管中國新聞和國際新聞的工作，做好抗戰報導是我個人興趣所在，也是《大公報》使命和定位使然。

我出生在東北，那裡是經受日寇鐵蹄蹂躪時間最長、抗戰條件最為艱苦的地方。1995 年，我參加了所在《中國青年報》紀念抗戰勝利五十周年的專題報導，歷時十餘天遍訪這片黑土地，採訪了多位尚在人世的抗聯老兵，首次在中央媒體報導了有「亞洲馬其諾防線」之稱的東寧要塞、勞工墳及日本在華遺孤問題，所做的有關日遺化武問題的報導曾在日本引起強烈反響。自此，我與抗戰報導結下了不解之緣。

《大公報》是香港一家綜合性大報，也是中國發行時間最長的中文報紙，至今已走過一百一十七年歷程。抗戰時期，《大公報》視「明恥教戰」為己任，宣傳抗日，警策國民。七七事變之後，《大公報》義不屈辱，六遷其址，努力以深入戰區的報導和清醒睿察的言論，發出抗日最強音。「日本投降矣」五個超大號字，力透紙背，既說出了全國軍民浴血抗戰最後勝利的苦澀歡欣，也浸透了大公報人以筆抗戰輾轉棘途的感慨，成為中國新聞史上的經典版面。自國家公祭日確定之後，相關的現場報導及對抗戰史料的深度挖掘一直是我們的工作重點。

發掘卅七分鐘馬吉影像的報導純粹來自一個偶然的創意。2017年11月初，本報駐江蘇記者陳旻女士發來資訊，說今年是南京大屠殺八十周年，希望除公祭日當天的新聞外，還想在報導上做點什麼。她提議在《大公報》做一專題──「為了永遠不忘卻」，內容寫幾個不同年齡層次的人，多年間一直不斷地在海內外收集侵華日軍罪行史料實證，再捐贈給大陸的抗戰博物館的故事。

此提議與我的想法不謀而合。總結前幾年的報導，雖然篇幅大、內容多，但絕大多數僅限於程式性報導，採訪的人物也多是老面孔，鮮有有深度、有新意的文章面世，致使報導整體上站位不高、可讀性不強、社會影響不大。2017年11月4日，我對記者提出建議，希望她開闊思路，深入挖掘一下海外華人推動中國記憶成世界記憶的事例，包括南京大屠殺紀念館的對外交流。沒想到，這一意見竟然成為江蘇站兩年來不懈追蹤卅七分鐘馬吉影像的原動力。

坦率講，當時提出這一建議，並無系統的想法和計畫，更沒有想到採訪過程中會有新的重大發現。提出這一建議的初衷主要有以下幾點考慮：一是南京大屠殺本身不僅僅是中國記憶，而且是世界記憶，正如中國的抗日戰爭是世界反法西斯戰爭的有機組成部分一樣，只有讓世界更多的人記住這場人間浩劫，才能形成強大的國際壓力，迫使日本深刻反省，才能防止歷史悲劇重演，亞洲乃至世界和平才更有保障；二是長期以來，一批海外華人不圖名、不計利，為還原歷史真相而奔走呼號，不懈努力，他們的條件艱苦，他們的事蹟感人，他們的成就巨大；三是國內對民間人士的活動鮮有認真發掘和詳細報導，社會對他們的貢獻知之甚少，從一定程度講，這是新聞界的一片空白。介紹海外民間

人士的活動是《大公報》職責之所在，對讀者來說，可提供一個觀察歷史、思考問題的新視角，對社會來說，可為激發民眾的愛國熱情輸入正能量。這類題材的報導，站位高，視野廣，可讀性強，可有效提升報紙的公信力和影響力。

之所以把這一採訪任務交給陳旻，是因為她工作認真負責，有一種不達目的誓不甘休的執著。她經驗豐富，駕馭史料的能力強，此前曾出色完成了歷次國家公祭日的報導，並在「在華日遺化武」系列專題報導發揮過主導作用。更重要的是她是南京人，她心系祖國，熱愛家鄉，真心想為南京做實事。事實證明，這一決定是正確的。經過兩年多鍥而不捨地追蹤、努力，在國內外各界的支持和幫助下，卅七分鐘馬吉影像終於來到紀念館。

對陳旻記者的工作，大文集團上到董事長、下到普通編輯全力支持。整個過程中，每當有階段性進展和重大發現，報紙總會及時發表專題，向讀者和社會各界及時推介。兩年時間裡，《大公報》、《文匯報》共推出近十個專題版面、三十多篇文章，詳細介紹了馬吉影像從發現、核實，到追尋、回歸的全過程，還原了邵子平先生「萬裡穿梭美利堅 尋獲日軍暴行片」的曲折經歷，記錄了本報記者陳旻在數千頁「沉睡」逾廿年的資料中，尋獲五十八頁手記的意外之喜，見證了張連紅教授率金陵專家組遠赴耶魯的重要收穫⋯⋯史料回歸過程的一波三折，跌宕起伏，每每陷入「山窮水盡疑無路」的絕境，常常會出現「柳暗花明又一村」的欣喜。由於在這項工作中的出色表現，陳旻記者榮獲集團董事長嘉許獎，相關文章多次獲評集團優秀稿件。

卅七分鐘馬吉影像落戶紀念館，是一具有歷史意義的重大事件。作為親歷者和見證者，大文集團和集團江蘇記者陳旻只是在力所能及的範圍內做了一點促進工作，盡了一名新聞工作者應有的本分和職責，真正的英雄是幾十年來發現和保存這份珍貴史料並決定無償捐贈的邵子平、陳憲中、姜國鎮先生，是不遠萬裡親赴美國考察的張連紅、楊夏鳴、劉燕軍等金陵專家組，是為史料回歸而嘔心瀝血、辛勤付出的張建軍館長和紀念館全體人員。

借此機會，真誠感謝紀念館一直以來對我報江蘇站工作的支援，也希望紀念館加強與《大公報》和大文集團的合作，推動這段中國記憶走向香港，走向世界，讓更多愛好和平的人士瞭解日本在華侵略暴行，讓更多珍貴史料回歸中國，回歸紀念館。

4、邵華自述：三追戴克與發現耶魯特藏

　　1985 年是侵華日軍南京大屠殺遇難同胞紀念館在南京西南江東門落成開放之年，也是我高中畢業離開南京去北京讀大學之年，它與我擦肩而過。此後再回南京總是匆匆地來又匆匆地去，一直未曾有機會去關注它。出國後我回南京更少，南京大屠殺漸漸成為記憶中歷史課的一個片段。流年似水，卅幾年後的偶然給我一個機會，走進家鄉的這段歷史。

一追戴克：聯繫採訪

　　2017 年 11 月，擔任香港大公文匯傳媒集團江蘇記者站站長的好友陳旻托我聯繫在柏林的戴克先生。她給了我戴克的電子郵寄位址和聯繫電話，希望我能協助她採訪戴克，我欣然答應。由於我住在德國西部，離柏林五百多公里，所以就通過電子郵件的方式聯繫戴克。郵件發出後石沉大海，杳無音信。換位思考一下，戴克沒有反應也不足為奇，他與我素不相識，遠住在柏林，也未見過陳旻，當然不能確定來自北威州的郵件發寄人是否靠譜。而且採訪的內容也不是新近的事件，那是發生在九十年代的往事。在他眼裡，當時的一切早已塵埃落定。事過多年，現在突然有人又問起這檔陳年舊事，他的確沒有把我的郵件當真。我將情況告訴陳旻，她懇請邵子平先生發郵件聯繫戴克，告知其中原委。這樣，我再次寫郵件聯繫上了戴克，告訴他《大公報》記者陳旻希望能採訪他，瞭解他當年勸說萊因哈特夫人將拉貝日公開的一些細節。很快，他就寄來電子郵件，作為掛件附上了把萊因哈特夫人向他致謝的信的掃描本和電腦謄寫本。在 12 月 2 日回覆我的郵件中，他又附上大約一年前撰寫的一篇回憶文，因為南京將舉行南京遇難同胞八十周年的紀念活動。文章當時以郵件形式寄給了邵子平，文中詳細地描述了他當年是如何找到封塵數十年的《拉貝日記》的前後經過，還有他與邵先生在海德堡大學時的往來。他認為，這些事實的記錄應該足以回答陳旻的問題。我們約好晚上通電話。

　　晚上電話鈴聲如約響起，戴克的聲音響亮、言談熱情開朗，很有親和力。他告訴我自己是基督教牧師，一直在柏林福音教會工作，已經離職退休，現在

的妻子是中學語文老師，有兩個年幼的女兒，他每天負責去幼稚園接送快要入學的小女兒，參加教會的很多活動，生活依然忙忙碌碌。我也介紹了自己的情況，感謝他抽出時間來與我交談，並詳細解釋了採訪他的事由及其背景。戴克爽快地答應接受採訪，耐心地回答我（實際上是陳旻）的問題，回憶和講述著當年的經歷，從與邵子平在大學時代的相識到給萊因哈特夫人打電話、日記的複出等等。不知不覺間，我們聊了一個多小時。我再次感謝他的協助，希望以後不會再佔用他的寶貴時間。幾天後我又幫助陳旻聯繫他，希望他可以為專題版面提供一張相片。戴克很快寄來一張他在德國海邊度假時拍的照片，花白的頭髮映襯著被陽光曬成棕色的臉，面帶笑容，慈善、親切又陽光。

回顧《拉貝日記》的公開，戴克對自己所起的作用自有一比，他如同老子出關傳說中的關令。小縣令無意之間的要求，讓老子寫下其學說思想，使它源遠流長。戴克以局外人的身份勸說萊因哈特夫人公開日記，促成了一份重大史料的再現，他為此感到欣慰。

陳旻拿到採訪內容後，很快寫出了她的專題，並將刊登戴克回憶的整份報紙寄到德國。我把報紙轉寄給戴克，並附上粗略的德文翻譯，意在讓他能瞭解整篇報導的內容，而不是只看見自己的照片。他收到後很開心，還和我約好就專題文章通話。他是個非常嚴謹和認真的人，讀完翻譯稿後還仔細地問我一些問題，與我討論個別用詞，並把一些句子修改得很通順。最後，他說要把這些給自己的親戚看，然後收藏起來留給後代。

二追戴克：萊因哈特夫人的信

戴克在與邵子平的郵件中提到，南京出版的《南京大屠殺的見證人：拉貝傳》（英文版：John Rabe: a German Witness to the Nanjing Massacre）隻字未提日記的發現以及出版前的跌宕起伏，令他失望。他希望書再版時能把這個被遺漏的部分補上。我覺得這是非常合理的要求，就把他的心願轉達給陳旻，問是否有此可能。陳旻痛快地承諾要去努力爭取。

時隔數月，陳旻認為萊因哈特夫人致戴克的信可捐贈給拉貝故居，它是一

段歷史的見證，是非常難得的文字史料。於是，我 2018 年再次聯繫戴克，寫郵件向他介紹前次採訪的成果，以及由此衍生出的新發展，還描述拉貝紀念館的大致情況，指出捐贈對他本人的意義。我說：在拉貝紀念館，信將作為藏品展出，戴克這個人也隨之進入公眾的視野。這一次戴克的反應不如前次積極，沒有立刻表態是否同意這樣做。當時我也在想，很多德國人都非常重視歷史資料的保存，就像《拉貝日記》，經過不同的後代人之手得以保存下來，修過歷史專業的戴克很可能捨不得把信的原件捐出來。為了不讓他為難，我想到可以用公證複製件的折中方式來解決這個難題，而他退休前任職的教會管理機構正好是有公證權的機構，去那裡做公證文本並不麻煩。於是，我又在郵件中寫道：我不能確定他是否願意捐出原件信，如果有困難，可捐贈信的公證複製件，給拉貝紀念館。這一方面豐富了南京的資料收藏，同時也將他為南京所做的努力記錄在案，成為南京的史料的一篇。為了與他保持聯繫而又不讓他心生厭煩，我每隔一段時間就寫郵件聯繫他，報告一下南京的各種相關活動和新發展，還有他的老朋友邵子平的訊息。戴克幾次在滯後回覆的郵件中對沒有即時回覆我表示歉意，因為他每天也很忙碌，還有各種其他的私人社交活動。4 月復活節後，我告訴他我有秋假去南京探親的計畫，希望能把信的公證複製件帶去，並再次委婉地催促他辦理複製件的公證。他回覆我，對於基督教牧師，復活節是非常忙碌的時段，教堂有很多活動，期間還有親戚來訪。妻子這段工作很忙，所教的畢業班面臨高中畢業考試，他要跟多地照護兩個女兒和承擔家事。5 月，他終於寄來了公證影本，我如釋重負，馬上聯繫陳旻，告訴她這個好消息。

　　金秋季節的 10 月 18 日，萊因哈特夫人致戴克的信的公證複製本，我登上了飛往南京的航班。

三追戴克：簽名回憶文章

　　10 月底回到德國後，回想與戴克的聯繫，覺得對他多有打擾，同時也很感動他所做的一切。在德國的人際交往中，最寶貴的是人的時間和精力。他本與南京毫無干係，在前後的事件中也沒有任何利益，中國和南京方面甚至無人知曉其名。當素昧平生的我每次去麻煩他時，他也都非常友善地應答和合作。因

此，我覺得有義務告訴他在南京捐贈檔的過程。通過郵件，我簡單地描述了捐贈儀式，告訴他認識了他的老友邵子平夫婦，等整理照片後會寄給他。

其間，陳旻看到了戴克的紀念文，覺得也是一份有價值的史料，可以讓《拉貝日記》的複出有更加清晰的脈絡。她再次托我找戴克，請他把寫在郵件中的文字列印出來並簽字，一式兩份，然後分別捐贈給遇難同胞紀念館和拉貝紀念館收藏。我還是用老方式，寫郵件請戴克完成這件事，他也答應下來，要先看一下我轉給他的文字。我將他當年發的帶有文稿的郵件截屏寄給他，說明他回憶當時的情況。

進入 12 月後，德國的耶誕節季節拉開序幕，聖誕樹的燈光、各種掛飾和物件、烘烤食品的香氣、熱騰騰的果酒和溫馨歡快的氣氛吸引人們湧入聖誕集市，這個季節也是小孩子最開心的時段，他們積極參加各色文娛活動、期待著禮物。耶誕節是宗教大節日，對神職人員和虔誠的信徒，節日一直延續至 1 月 6 日主顯節（Epifaniafest / Epiphany）。按照德國的習慣，我給他寄去聖誕賀卡，巧克力和中國的綠茶，還有一個優盤，裡面有南京之行的相關照片。進入新的一年後，冬假結束，大家的生活又回到日常，戴克便也有時間回信，表達了謝意，告訴我他喜歡喝綠茶，就著巧克力，很享受這份很搭的中西組合。糖與妻子女兒愉快地一起分享了，茶則要慢慢地品味。看到我們在南京的照片，他很開心，對我也有了個真實具體的印象，感謝我在南京代替他捐贈檔，把他「介紹」給南京，能成為一個注腳留存在中國歷史的宏偉篇章，於他是一件極有意義的事。如果我有機會再見到邵子平，請帶為轉達他對老朋友的問候。我一一答應著，心裡惦記著他的文本。

雖然退休在家，戴克也不閒著，除了照顧孩子之外，他還積極參加各種活動，包括教會、公益以及親友方面的聚會、慶典等等，也承擔撰寫追憶故去老友的紀念文章。因此，又一個月過去，沒有他的音信。陳旻這邊也多次問起，我心裡有些忐忑不安，不知道戴克會不會不了了之。2 月 3 日，我再次以祝賀新春為由，通過郵件聯繫他，附上豬年的電子賀卡，同時詢問了大約何時能收到他的文本。2 月 16 日他很抱歉地回覆因為忙，沒有及時回我，希望我們通電話，他發現文中有幾個他疏忽而打錯的字，個別句子不太順暢，想修改一下。

為了減少他的負擔，我把郵件的文稿製作成 Word 格式，方便他修訂和列印、簽名。我們把通話時間約在隔天上午九點。可是當我如約撥打他的手機，卻無人接聽。第二天收到他的郵件，告訴我手機出了問題，讓我撥打他的固定電話。終於我於 18 日上午順利接通戴克！我們的通話是輕鬆愉快的，在互道了一番家常後，我詳細講述了 2018 年 10 月在南京的各種活動，和邵子平先生的幾次見面，陳旻的報導等等。他提起文章有幾處要修訂，答應將很快完成修改，然後把初稿寄給我。我指出了幾個檔案格式問題後寄回給他。來來去去不覺已是冬去春來。3 月 1 日，做事認真的戴克在郵件中告訴我，除打字錯誤和語句外，還更正了維克特（Wickert）在北京拜訪拉貝的時間（1936 年而不是廿年代），他畢竟當時是隨手寫下，沒有仔細查證。另外他補充了維克特在北京任駐華大使的時段（1976-1980）。為了實事求是，他問我是不是不應該只留用撰文的日期，而是要在署名處注明撰寫日期和這次的修訂日期。我非常敬佩他的一絲不苟，贊成他這樣署名。3 月 9 日，我終於收到了戴克郵寄來的信，裡面是他簽名的回憶文章列印本，一式兩份。我深深地吐了口氣，把好消息傳給陳旻。

《羅森報告》

採訪戴克結束後，我漸漸對侵華日軍南京大屠殺的事實有了一些粗淺的瞭解。陳旻在與我聯繫時也講述邵子平先生等人的一些往事，他們一直在找馬吉當年拍的原片。出於好奇，我開始閱讀一些資訊，瞭解影片的來龍去脈，無意之中看到《羅森報告》有對膠片的描述。由於這些是德國史料，我想或許在德國還能找到更多的線索，畢竟我人在德國，各種聯繫更方便。在網上我查到《羅森報告》收藏在波茨坦的德國聯邦檔案館，我想試試是否可以索取檔的複製本，因為德國的公共資訊資料庫都可以免費提供給研究人員使用。根據聯邦檔案館網頁上的資訊，我得知檔案館已遷入柏林。2018 年 3 月初，我以圖書館的名義通過電子郵件向他們詢問 1938 年 2 月 10 日的《羅森報告》。檔案館的工作人員服務非常好，14 日就回覆我，指出《羅森報告》這批資料目前存放在外交部的政治檔案館，成為他們的長期借藏物，並給我政治檔案館的在柏林的詳細位址和聯繫方式，而且還告訴我，如果去查詢，請給出相關的文獻標號

（R 9208/2208），以方便工作人員查找。我第二天聯繫政治檔案館，他們當天找到檔，並把 PDF 版的複製文本附在郵件裡寄給我，同時還特別告訴我這些檔已經數位化並提供了檔的新索取號，以備後用。我很高興地把電子檔寄給邵先生和陳旻，希望能對他尋找馬吉影片有所幫助。邵先生細心地發現《羅森報告》2208 上記載有兩份附件，一份是馬吉的影片解說，已隨報告拿到，而另一份卻沒有。於是我向政治檔案館詢問，另一份附件是否存在。凱培爾博士（Dr. Gerhard Keiper）經過查找後回覆我，館藏裡面沒有第二份文本附件，外交部存留下的報告原件收藏和駐華使館的抄本收藏裡都沒有，他查看報告後認為，第二份附件應該是馬吉影片的膠片，政治檔案館裡沒有。在多次詢查後，我發現聯邦檔案館有一個下屬的影片檔案館，專門負責收藏影像資料。於是我抱著一線希望又聯繫他們，詢問馬吉默片是否收藏在館內。他們寄來了服務申請表，我填寫回寄後，他們開始查找影片。可惜查找無果，只找到德國 1937/38 年在南京和上海拍攝的幾部新聞短片。這樣，我再次表達了謝意，結算了近四十歐元的服務費，結案影視資料的查詢請求。

二戰後期，德國在投降前曾沒有系統地銷毀了一些於己不利的檔案資料，還有一些毀於柏林的戰火，也許馬吉片就這樣消失了。

2019 年 12 月 13 日，我應侵華日軍南京大屠殺遇難同胞紀念館的邀請參加一年一度的公祭活動，將戴克牧師簽名的回憶文章交付紀念館和拉貝與國際安全區紀念館，由他們作為史料收藏。真實的歷史需要史料來佐證，而不能按某些人群的意願來再現。歷史學者的專業研究更離不開每一份珍貴的史料。作為生活在遠方的南京人，有機會能為還原南京的歷史做點實事，是一件非常開心的事。

發現耶魯的特藏專案

2019 年初，我一邊在慢慢與戴克聯繫，一邊又在閒暇之際上網查詢一些與馬吉影片相關的訊息。陳旻告訴我，邵先生他們根據原片複製的卅七分鐘影片現在是唯一存留的版本，比紀念館的十七分鐘內容更多，尤為珍貴。我也覺得

他們當年的決定和工作意義非凡，複製了珍貴的馬吉原片。據說他們要把膠片捐贈給紀念館，為他們增加史料的收藏。又有資訊說這次聯合會希望作有償捐贈，所報價格超出了南京可以自己決定的額度。在我看來有償捐贈完全合情合理，畢竟影片是聯合會的成員當年滿懷真情、出人力出資金的辛苦勞動結果。況且他們沒有私人收益的目的，而是要把這筆錢作為聯合會的基金，為今後的活動提供財務支援。現在如果因價格而不能順利捐贈，將是非常遺憾的事，於是我尾隨陳旻寫郵件，勸邵先生放棄這樣不現實的報價。

同時我想，如果還有其他版本，可能會讓聯合會重新考慮影片的價值。這樣我又回到了互聯網繼續查找。無意間耶魯大學神學院圖書館公佈的一條資訊映入眼簾：他們設立了南京大屠殺專案，完成了資料的數位化處理，並上傳了兩部影片的片段。這兩部片來自馬吉牧師後人的無償捐獻，是馬吉十三盤影片中的第一卷和第九卷，其中包括南京大屠殺的部分。這些材料都公開供學術研究之用。我喜出望外，馬上把頁面截圖和連絡人傳給陳旻，稍後又給了紀念館的劉燕軍老師。劉老師告訴我，特藏項目的連絡人 Smalley 與他們有過合作，是老熟人了。在陳旻的不斷推動和南京市的支持下，紀念館組隊去耶魯查看新材料，並複製副本帶回南京收藏。由於這些膠片的存在，使得聯合會的影片不再是絕版片，紀念館因收集史料而對它形成的依賴隨之縮減，雙方又可以友好地溝通和交流。最後經過陳旻的不懈堅持，聯合會爽快地捐贈了他們製作的膠片，紀念館的史料得到了重要的補充。在 12 月的公祭活動期間，紀念館專門舉辦了捐贈儀式，感謝各方熱心人。

5、1991 年，邵子平在美國尋獲馬吉影像卅七分鐘原片時間線

自 1991 年 7 月 1 日起，邵子平全力以赴在美國尋找馬吉影像，緊張忙碌的間隙，他以「關鍵字」在紙上記錄了每天的工作要點和重要進展。

1991 年 7 月 1 日，查紐約聖公會馬吉在何處？

1991 年 7 月 2 日，查美南德克薩斯聖公會總部，詢問馬吉牧師下落；

1991 年 7 月 7 日，匯總各方面提供的關於馬吉牧師的材料，找到馬吉牧師所在的聖公會總會電話，追查至耶魯大學和華盛頓特區教會；

1991 年 7 月 9 日，獲得大衛·馬吉的電話號碼，「與我竟住在同一村莊，巧！」

1991 年 7 月 11 日，邵子平寫下：「專訪馬大衛家」。

這一天中午十二時卅分，邵子平聯繫上了馬吉牧師的兒子大衛·馬吉，被告知他家中地址，邵子平當日就登門拜訪，「馬大衛提到十三卷默片」。當日未找到與南京大屠殺相關的影片，以為膠片被大衛·馬吉的兒子馬吉三世送給了當時同樣在美國尋找馬吉影像的日本記者加登英成。

7 月 12 日，邵子平不甘心，再度登門，在大衛·馬吉家中地下室仔細查找，終於在四個銅盒裡發現了十三個小方盒，每個小方盒裡盛放著一小卷膠片。小方盒上有馬吉牧師親筆標注的膠片內容。這就是馬吉牧師當年記錄南京大屠殺的十三本膠片原片。

第一至四本膠片的鏡頭攝於 1938 年 1 月 10 日以前，並和《羅森報告》中的未署名目錄相符。

第五至十本膠片的鏡頭攝於 1938 年 2-3 月，也是與暴行有關，由於屠殺的高潮大致已經過去，許多鏡頭攝於醫院之外。

最後第十一至十三本膠片的鏡頭攝於 1938 年 4 月,紀錄了難民營內的宗教活動。

　　大衛·馬吉將這些拷貝中有關南京大屠殺的十本膠片慷慨地交給了「聯合會」。

陳旻整理

6、陳旻歷時兩年追蹤馬吉影像卅七分鐘「一寸盤」時間線

2017 年 11 月中旬，聯繫邵子平，採訪尋找《拉貝日記》與馬吉影像過程，在邵子平撰寫的刊登在中國《抗日戰爭研究》1992 年第四期的學術論文《約翰·馬吉拍攝的南京大屠殺紀錄片》上，發現邵子平於 1991 年在紐約找到的馬吉影像時長卅七分鐘。

2018 年 3 月 11、16 日，採訪中發現南京紀念館館藏馬吉影像時長只有十七分鐘，重點尋找紐約卅七分鐘版「一寸盤」：下載《馬吉的證言》、《奉天皇之命》，計算其中使用的馬吉影像素材時長為五分廿秒，自此開始追尋卅七分鐘版「一寸盤」。

2018 年 10 月 8 日，赴北京邵子平家，找出其廿七年前記錄尋獲馬吉影像過程的五十八頁手記，同時獲知卅七分鐘版「一寸盤」在紐約重現，但聯合會計畫將影片歸屬中國國家檔案館。

2018 年 10 月 17 日，推動南京邀請邵子平夫婦重返家鄉，說服他將卅七分鐘版「一寸盤」歸南京。

2018 年 12 月 4 日，多方奔走，推動南京破格為邵子平辦理了中國大陸身份證，邵子平成為其嚮往已久的南京市民。

2019 年 1 月 6 日，塵封廿七年的卅七分鐘版「一寸盤」在紐約檢測並數位化，圖像清晰完好。

2019 年 1 月 26 日，建議南京官方推動專家赴美促史料回歸南京。

2019 年 1 月 28 日，南京成立課題組，擬赴美就卅七分鐘版「一寸盤」與「聯合會」面商。

2019 年 2 月 1 日，紐約方面就卅七分鐘版「一寸盤」開價一千萬人民幣，致使影片回歸擱淺。

2019 年 2 月 3 日，德國波鴻魯爾大學東亞系圖書館員邵華從美國耶魯大學圖書館網頁上查到，約翰·馬吉牧師的孫子馬吉三世在 2015 年 11 月將祖父拍攝的全部影像資料捐贈給耶魯大學神學院圖書館。將此資訊通報給南京課題組，建議課題組先赴耶魯。

　　2019 年 4 月 27 日，南京課題組赴美從耶魯大學獲得六版本馬吉影像。與「聯合會」會面，觀看了卅七分鐘馬吉影像數位版，認為其歷史價值重大。

　　2019 年 5 月 20 日，在北京與紐約聯合會前任會長陳憲中交換影像資料，獲得紐約卅七分鐘「一寸盤」高清數字版，交給南京紀念館。同時與陳憲中商定，聯合會將於 2019 年 12 月赴南京無償捐贈「一寸盤」。

　　2019 年 12 月 13 日，美國紐約紀念南京大屠殺受難同胞聯合會原會長邵子平、繼任會長陳憲中和現任會長姜國鎮，在南京將約翰馬吉拍攝「卅七分鐘」版「一寸盤」影像史料捐贈給侵華日軍南京大屠殺遇難同胞紀念館。

陳旻整理

7、紀念南京大屠殺受難同胞聯合會活動

吳章銓記錄

1991 年

- 3 月 15 日／聯合會成立，在新澤西州登記為非營利教育團體，享有州免稅地位。

- 6 月 16 日／聯合會宣佈 8 月在南京舉行紀念會。

- 7 月 5 日／中國宣佈取消原定於 8 月舉行的紀念會。

- 7 月 7 日／費吳生（George Fitch）長女 Marion 贈送珍藏五十年的日本在南京暴行照片五十張。

- 8 月 2 日／聯合會舉行記者招待會，正式介紹馬吉牧師（Rev. John Magee）次子 David 贈送的馬吉 1937 年在南京親自以十六毫米攝影機拍攝的日本暴行紀錄片。

- 8 月 2 日／聯合會主席唐德剛教授要求日相訪華時向中國道歉。

- 9 月 22 日／波士頓萊剋星屯中學舉行中日戰爭展覽，由聯合會提供資料。

- 12 月 5 日／請名導演王正方先生義務編導《馬吉的見證》完成，片長卅分鐘。本日在紐約中華新聞文化中心公開首映。

- 12 月／本月在世界十餘處舉行的南京大屠殺受難同胞紀念會，聯合會提供王正方的《馬吉的見證》放映。並提供給英國 BBC 電視臺製作的日軍侵略片。

1992 年

- 5 月 18 日 / 邀請《紐約時報》名記者 Tilman Durdin 到紐約,舉行記者招待會,採訪他 1937 年從上海到南京親自看見的日本暴行。
- 5 月 / 邀請崔明慧和湯美如拍攝關於南京大屠殺的訪問紀錄片。
- 8 月 13 日 / 聯合會連同六個團體發表聲明,要求訪華的日本天皇明仁向華人鄭重認罪和道歉,並要求日本政府承擔責任。
- 11 月 28 日 / 聯合會理事會聯名寫信給南京外辦要求在南京舉行紀念會。
- 11 月 / 呼籲華人要求美國國會撥地,由華人籌款籌建「日本暴行受難者紀念館」。(仿照猶太人爭取到由國會撥地建 Holocaust Museum 的辦法)
- 12 月 12 日 / 在紐約華美協進社舉行紀念南京大屠殺受難同胞五十五周年演講會,放映王正方編導的《馬吉的見證》紀錄片。
- 12 月 / 聯合會為十二個城市舉行南京大屠殺受難同胞紀念會提供資料和王正方紀錄片。

1993 年

- 2 月 20 日 / 在紐約大學舉行籌款會,為邀請崔明慧和湯美如拍攝《回憶 1937 年的南京》紀錄片。除放映卅分鐘毛片外,還邀請學者演講。
- 12 月 12 日 / 在紐約大學舉行南京大屠殺受難同胞紀念會,邀請五位專家學者演講,放映又一部分崔明慧《追憶 1937 年的南京》毛片,並演奏《江河水》作曲。

1994 年

- 5 月 / 發表聲明，譴責日本法相永野茂門謬論，要求他辭職。
- 6 月 1 日 / 與 Korean American Coalition on Junshindee 聯合發表聲明，主張日本沒有資格成為聯合國安全理事會常任理事國。
- 6 月 / 在華文報登廣告，抗議日皇訪美，宣佈 12 月舉行紀念會。
- 12 月 10 日 / 我會代表參加在舊金山成立的全球性世界抗日戰爭史實維護會。
- 12 月 13 日 / 在紐約大學法學院舉行追悼受難同胞紀念會，放映崔明慧編導的 "In the Name of the Emperor"，並邀請學者和受難人章楚葉演講。

1995 年

- 4 月 10 日 / 在亞洲協會舉行《奉天皇之命》In the Name of the Emperor 首映。
- 8 月 13 日 / 與大專同學會、中國科技會等卅餘團體在林肯中心費雪堂舉行紀念抗戰勝利五十周年大合唱，並發行抗戰勝利紀念刊。
- 10 月 / 在蘇豪區（Soho）畫廊舉行盧溝橋紀念館提供的日本七三一細菌戰部隊照片展覽。
- 11 月 / 協助日本有良心人士在大阪等地舉行「南京大屠殺畫展」，提供紐約華僑畫家名畫廿幅參展。
- 12 月 8 日 / 發表聲明，譴責日本青年自由黨要在《紐約時報》刊登否認南京大屠殺的廣告。
- 12 月 9 日 -10 日 / 在新州 Morristown 和華埠新都戲院首映牟敦芾《黑

太陽：南京大屠殺》。從香港邀請導演前來參加首映討論會。然後前往洛杉磯、舊金山首映。

- 12月13日-19日 / 在 Film Forum 戲院公映《奉天皇之命》。

1996 年

- 1月3日 / 本會決定推動「南京大屠殺錄影帶集計畫」，募集捐款，向各國駐聯合國代表團、美國政要名流、新聞媒介贈送三種關於南京大屠殺錄影帶，宗旨為阻止日本成為安全理事會常任理事國。本會提供的南京大屠殺畫展在日本各城市展出，受到日本極端分子騷擾。東京展於12月9日閉幕。

- 10月 / 發現德商《拉貝日記》，獲得拉貝外孫女萊茵哈德夫人慨允贈送全套印本，並以印本轉送耶魯大學和中國。

- 12月12日 / 在紐約中城洲際飯店舉行記者招待會，邀請萊茵哈特夫人和先生前來出席，公佈《拉貝日記》。

- 12月14日 / 在法拉盛文教中心舉行紀念會

1997 年

- 繼續募款，進行反對日本成為安全理事會常任理事國的錄影帶計畫。

- 2月15日 / 發表聲明，聲援李秀英等十位同胞在日本東京法院正式提出關於南京大屠殺、七三一部隊、強迫勞工等罪行的控訴。

- 4月15（18？）日 / 在華埠假日酒店舉行記者招待會，宣佈錄影帶計畫，阻止日本成為安全理事會常任理事國。已經做好一千套錄影帶，7月寄出給聯合國代表團，第二批將寄出給美國國會議員。

- 9月16日 / 聯合保釣聯合會等八團體在聯合國廣場舉行反對日本軍國主義大示威，反對日本對二戰受害者不道歉、不賠償。

- 12月7日 / 邀請大陸、臺灣、本地合唱團，在卡內基音樂廳舉行「為和平而歌」大型合唱會，會上首次演出作曲家金湘專為本會作曲《金陵祭》。協助華府、波士頓舉行音樂會，為全球同步紀念受難同胞的一部分。

- 12月13日 / 在紐約中城舉行燭光晚會紀念抗戰死難同胞。

- 12月16日 / 在紐約美德文化廳舉行紀念抗戰受難同胞音樂會，中國音協愛樂男聲合唱團演出。

1998年

- 3月12日 / 參加新澤西州 Somerset County，Raritan Valley 社區學院舉辦的「全球大屠殺問題會議——從歷史經驗中學習」，主講「南京大屠殺」專題。

- 3月 / 本會資料在萬維網上網。

- 3月11日（？）/ 在新澤西 Riperly 高中 Holocaust and Genocide Studies 介紹南京大屠殺。

- 3月21日 / 在紐約中城萬壽宮餐館聯合其他團體歡迎《南京大屠殺》作者張純如。

- 4月17-28日 / 在紐約新世界畫廊展出日本在中國遺留的化學武器照片展（盧溝橋紀念館提供照片）。

- 5月 / 在紐約與亞裔團體亞洲專題研究會座談南京大屠殺專題。

- 6月28日 / 在法拉盛金唐宮酒樓舉行歡迎「日本侵華見證團」餐會。

- 6月29日 / 在中城伍瑞可旅館（Warwick Hotel），上午舉行中外記者招待會，下午舉行討論會，除日本見證團外，有章開沅、葛拉克、哈裡斯、張純如等參加。

- 7月7-19日 / 在紐約中城新世界藝術館展出日本在中國的生化武器（盧溝橋紀念館提供照片）。

- 8月16日 / 本會與洛杉磯猶太人權團體西蒙·威森塔中心舉辦越洋錄影會議，邀請四名懺悔日本兵見證，中美日專家學者討論南京大屠殺案和七三一部隊案。姜國鎮參加主持。

- 9月21日 / 與韓、菲、美四團體聯合，在聯合國前哈馬紹廣場示威，反對日本成為安理會常任理事國。

1999 年

- 9月 / 本會提供武漢華中師範大學、南京師範大學歷史系研究生獎學金一名，給予研究南京大屠殺相關題目的研究生。

- 12月 / 本會發起，後參與組織日本民間團體聯合在大阪、東京舉辦日本侵華戰爭研討會，捐款並邀請中國代表出席。我會姜國鎮、邵子平代表參加大阪、廣島、岡山的集會並作主題演講，在大阪引起右派反集會。

2000 年

- （？）月12日 / 法拉盛圖書館舉辦「阿媽的故事」，邀請 Judge Gabrielle Kirk McDonald 和 Rhonda Gopelon 報告東京大審。

- 4月（？）日 / 邀請紐約團體與吳天威、朱永德舉行會議，商討日本侵華浩劫紀念館的籌畫事宜。

- 8月／組織並拍攝 Magee 和 Mills 第二代 David 和 Harriet 的訪問，製成數碼錄影帶，送日本十五個地方在南京紀念會上放映。

- 9月16日／與四團體聯合在紐約大學舉行郁達夫先生紀念研討會，張旭東、李培德、趙淑俠、金介甫專題介紹郁達夫的文學，楊立律師主講郁達夫被殺案的控訴法律問題。並致公開信給日本B先生，要求公開史實。

- 12月10日／舉行同胞受難六十三周年紀念會，首發本會資助盧溝橋館出版的《廿世紀的浩劫水墨畫：南京大屠殺受難者牆》畫冊，並捐贈紐約市立大學法學院五千美元，協助東京法庭控訴日皇日政府的慰安婦罪行。同時報告關於鹿島組賠償花岡奴工案與日本右翼組織南京研究會的問題。

- 12月13日／與盧溝橋抗戰紀念館同時發起舉行畫集發佈會，邀請臧英年先生代表發言。

2001年

- 7月7日／與保釣聯合會、對日索賠中華同胞會等團體合作，在紐約法拉盛圖書館舉行「舊金山和約簽訂五十周年——論中國與日本的和約與日本賠償問題」。

- 9月6-14日／在（？）舉行九一八圖片展覽。

- 9月14日／在林肯中心舉行紀念音樂會

- 9月15日／在亨特學院演出日本話劇「重逢」。

- 9月16日／與中國近代口述史學會、對日索賠中華同胞會等團體合作，在紐約法拉盛圖書館舉行九一八事變七十周年紀念會。

2002 年

- 4 月／寫信給南京市協李洪遠、吳野等委員，反對「侵華日軍南京大屠殺遇難同胞紀念館」更名為「和平中心」。

- 5 月 30 日／在大頸圖書館禮堂舉行演講會，Dan Barenblatt 講七三一部隊生化戰。Barenblatt 在南京會的資助下研究數年，已經完成一部研究著作，將由 Collins Publishing Co. 出版。

- 9 月 18 日／在哥倫比亞大學國際問題學院東亞研究所舉行九一八紀念討論會，Daniel Barenblatt 用紀錄片講日本七三一細菌戰，秦建用電影預告片介紹電視影集《緬甸戰役》，說明他拍攝緬甸戰役電視系列片的意義。

- 10 月 2 日／王渝中代表本會與大衛馬吉先生（David Magee）夫婦將馬吉的攝影機贈送給南京紀念館。

- 11 月／大衛·馬吉贈送了四盤關於南京大屠殺的原版電影膠片給侵華日軍南京大屠殺遇難同胞紀念館，該館委託專業機構對膠片進行維護和保養，並做了膠轉磁。

- 12 月 7 日／在紐約市立大學法學院，舉行紀念南京大屠殺六十七周年和珍珠港被襲六十一周年紀念會。Linda Goets Holmes 講美國檔案館的日本檔案開放情況，和她對七三一部隊的研究。王渝中放映贈送馬吉錄影機的錄影。

2003 年

- 8 月 1-3 日／在王子中心舉行「日軍細菌戰罪行展覽暨研討會」，邀請湖南常德細菌戰訪問團提出報告和進行討論。朱永德主持，王選、楊萬柱、陳玉芳、王一新、郭嶺梅、高宏明、Daniel Barenblatt 主講。

- ？月／在王子中心舉行討論會，邀請盧溝橋紀念館新舊館長和館員討論。主題是馬立誠等的親日論（可能是 2004 年）。

- 11 月 29 日／接待侵華日軍南京大屠殺遇難同胞紀念館訪問團，團員陳沈張、劉相雲、劉燕軍，龔文俊。我會提供若干收集資料的資訊。

- 12 月 13-14 日／在王子中心展覽圖片和資料兩天，並於每日下午二點至四點舉行討論會。

2004 年

- 1 月 6 日／我會陳憲中資助的 Daniel Barenblatt 著 A Plaque Upon Humanity 由 Harper Colins 出版。

- 9 月／陳憲中、姜國鎮、邵子平參加在北京舉行的中日問題研討會。

- 11 月 13 日／在王子中心舉行張純如追思會。

- 11 月 26 日／接待南京侵華日軍南軍大屠殺遇難同胞紀念館朱成山和曹勁松、吳江三人代表團。

- 12 月 11-12 日／在法拉盛王子中心舉行紀念南京同胞受難六十七周年圖片、書刊、錄影帶展覽，並放映記錄片。

- 12 月／與皇後區社區大學浩劫中心（Holocaust Center）主任和外聯辦主任共同舉行記者招待會，宣佈合作於明年 7-9 月在社區大學舉行關於南京大屠殺的文物和圖片展覽。

2005 年

- 1 月 23 日 / 與亞太事務研究中聯合，在法拉盛王子中心舉行新春茶會。

- 3 月 4-6 日 / 在法拉盛王子中心舉行保衛釣魚臺圖片展覽，並於 6 日下午同時舉行座談會。

- 4 月 16 日 / 在法拉盛王子中心舉行「馬關條約一百一十周年：中日關係座談」，邀請專家學者提出主題演講。

- 6 月 / 我會與中國近代口述史學會共同贊助的日本侵華戰爭遺留問題民間研究網何天義研究室「二戰擄日中國勞工口述史」專案完成，本月出版，共五冊。

- 7 月 14 日 / 與皇後區社區大學浩劫中心合作，開始在該中心舉行關於南京大屠殺的文物和圖片展覽，兩個月。展覽資料隨後將在美國國內中學和大學巡迴展出。

- 7 月 31 日 / 在法拉盛王子中心舉行「東海海權爭議」座談會。邀請熊玠、劉實等提出主題演講。

- 8 月 13-16 日 / 在法拉盛王子中心放映《去大後方》和《東京大審》。

- 11 月 12-13 日 / 在法拉盛王子中心放映《去大後方》和《馬吉的見證》。

2006 年

- 1 月 21-27 日 / 與亞太事務研究中心、中國近代口述史學會合作，邀請杭州中美友誼民間紀念館，在王子中心舉行中美並肩抗日圖片紀念展，同時展出其他圖片書刊資料，放映記錄片。

2007 年

- 8 月 16 日 / 在皇後區社區大學浩劫中心合作，舉行「氣壯山河：1941-1945 中美聯合抗日圖片展 Forgotten Heroes： Chinese – American Partnership」
- 12 月 8 日 / 在曼哈頓 Helen Mills 劇場舉辦渡邊義治和橫井量子夫婦的「地獄的十二月：南京悲劇」話劇

2009 年

- 10 月 18 日 / 贈送張琪凱創意裝置藝術品《日本戰犯》給皇後區社區大學浩劫中心。

2010 年

- 10 月 / 在皇後區法拉盛華僑文教中心放映日本松岡環女士製作的《南京戰——尋找被封閉的記錄》。
- 10 月 8 日 / 在紐約華埠中華公所放映日本松岡環女士製作的《南京戰——尋找被封閉的記錄》。
- 11 月 29 日 / 邀請並接待江蘇省中國近現代史學會代表團。
- 12 月 12 日 / 與（紐約）保釣會合辦，在法拉盛商場放映《拉貝日記》，同時舉行保釣運動四十周年紀念會保釣圖片展覽。
- 12 月 18-19 日 / 與（美東）保釣會等其他團體在法拉盛合辦釣魚臺運動四十周年紀念會，陳憲中並主持 19 日的小組會。
- 2015 年 10 月 / 聯合國教科文組織世界記憶過程諮詢委員會確認南京大屠殺檔案例如《世界記憶名錄》（取自「與我共用」節目：「大衛

馬吉捐贈攝像機」——邵子平 19/4/1 傳來的微信）

2019 年

- 12 月 13 日／向侵華日軍南京大屠殺遇難同胞紀念館捐贈馬吉影像卅七分鐘「一寸盤」。

8、關於約翰·馬吉攝影機與膠片捐贈南京的情況說明（南京紀念館）

1、背景

　　約翰·馬吉先生原為國際紅十字會南京委員會主席、國際安全區委員會主要成員。1912年被美國聖公會派往南京，直至1940年的廿七年（其中有一年時間回美國）時間內，約翰·馬吉牧師一直在南京下關德勝教堂（今十二中校址）傳教。特別是在南京大屠殺期間，他與廿多位留在南京的西方人士一起，拯救了廿多萬南京人民的生命。期間，他不僅將日軍在南京的暴行以日記形式記錄下來，更利用自己特殊身份，用一架「貝爾牌」十六毫米家用攝影機，將日軍在南京的暴行拍攝下來，成為迄今以來反映南京大屠殺的唯一動態畫面。該電影膠片記錄了日軍攻佔南京後所犯下的包括屠殺、強姦、縱火、搶劫種種罪行，其中包括了南京大屠殺倖存者李秀英在鼓樓醫院治療和夏淑琴在新路口五號住處屍體堆旁活動的影像。

2、聯繫準備

　　1953年約翰·馬吉逝世後，其兒子大衛·馬吉繼承了父親遺留的拍攝日軍暴行所用的「貝爾」拍攝影機及四盤原始膠片拷貝，並將其珍藏在自己家中的地下室裡。

　　2002年9月美國東部紀念南京大屠殺受難同胞聯合會致函本館，告知美國大衛·馬吉夫婦及該會王渝中先生一行三人，將於10月1日至7日赴南京，專程向本館贈送其父約翰·馬吉先生在南京大屠殺期間用以拍攝日軍大屠殺暴行的攝影機一臺，並在南京市第十二中學舉行「馬吉圖書館」命名典禮等活動。紀念館獲知情況後，立即向上級部門進行請示，組織了捐贈儀式等活動，並給予接待禮遇。

3、捐贈情況

2002 年 10 月，在美東紀念南京大屠殺受難同胞聯合會邵子平先生等人的聯繫幫助下，大衛·馬吉攜夫人弗蘭西斯·馬吉，不顧年邁體弱，專程前來南京，將其父親珍藏了半個多世紀的攝影機捐贈給本館永久保存和公開展出。

10 月 2 日，在本館舉行捐贈儀式上，時任市委常委、宣傳部長王燕文出席捐贈儀式並講話，影片中南京大屠殺的倖存者李秀英、夏淑琴，與大衛·馬吉及其夫人親切會面。

10 月 3 日，安排大衛·馬吉夫婦參觀南京第十二中學，並參加該校圖書館命名為「馬吉圖書館」典禮。

10 月 3 日至 10 月 6 日，紀念館工作人員陪同馬吉夫婦參觀閱江樓、中山陵風景區、莫愁湖教堂等地。

期間，還以南京市市長名義為大衛·馬吉和美東紀念南京大屠殺受難同胞聯合會頒發感謝狀。

4、後續情況

應本館的再三懇請，2002 年 11 月，大衛·馬吉夫婦回美國後，又寄贈了保存在他家達六十多年之久的四盤南京大屠殺內容的原版電影膠片。

紀念館收到電影膠片後，委託專業機構對膠片進行維護保養，實現了影像膠轉磁。

2003 年 10 月 17 日，本館組織專家會，邀請孫宅巍、楊宗仁等一批知名史學專家，觀看並考證了這一珍貴的史料。

2004 年 11 月 27 日，市委宣傳部原副部長曹勁松、本館原館長朱成山一行專程至紐約，拜訪大衛·馬吉夫婦，表達感謝之情。大衛·馬吉又將家中「民國三十七年（1948 年）國民政府授予其父約翰·馬吉的獎章（已失）證書」捐

贈給紀念館。

2007年紀念館三期展陳改造時，約翰·馬吉十六毫米攝影機及膠片盒被展出，同時，約翰·馬吉的兒子大衛·馬吉回憶父親的紀錄片《馬吉的證言》在展廳觀影區中進行迴圈播放。

2015年10月，聯合國教科文組織的世界記憶工程諮詢委員會阿布達比會議，正式確認將南京大屠殺相關檔案資料列入《世界記憶名錄》。這些檔案資料中，就包括約翰·馬吉拍攝的有關南京大屠殺的原始膠片及攝影機。

大衛·馬吉於2013年離開人間。
1930年代馬吉牧師全家福，攝於南京。
大衛·馬吉（後排左），母親Faith（後排中）、小約翰·馬吉（後排右）；
馬吉牧師（前排左）、幼子Hugh坐在父親的腿上、三子Christopher。

從南京到紐約 追尋馬吉影像 | 473

Photo Courtesy of The Magee Family

9、約翰·馬吉影像資料解說詞

引言

下面放映的畫面只能讓人簡單瞭解一下 1937 年 12 月 13 日，日本人佔領南京之後發生在該市的無法用言語描述的事件。假如攝影師（馬吉自稱）有更多膠捲和更多時間的話，他就會拍下許多其他的場景。他像其他人那樣，這期間從早到晚忙著保護這個城市的居民，或是以某種方式說明他們，因此偶爾才有時間去攝影。此外他還必須非常小心謹慎地行動，攝影時千萬不可讓日本人看見，因為如果讓日本人看見，就有被他們砸壞或沒收攝影機的危險。因此，他不能直接拍攝處決的鏡頭，或是拍攝該市幾個城區中堆放著大量屍體的場景。教會醫院（鼓樓醫院，下同）收治了許多傷患和日本人暴行的其他受害者，假如攝影者能在那裡逗留較長時間，那麼，這部電影的內容必定還要豐富得多。他特別記得一位七十歲的老太太，一顆子彈從她肩膀打進去，又從她的背部鑽出來。僥倖的是，這顆子彈沒有打中其要害部位，傷口很快就癒合了。還必須考慮到這個情況，就是在成千上萬受傷的人中，只有極少數可以被送進醫院或是為我們所知。在鄉下，在小城鎮裡，也有成千上萬的人被殺，我們外國人卻無法看到這些暴行，也無法瞭解到這方面的詳細情況，只是到後來才偶爾傳來一些這方面真實可信的報告。

看來日本的軍官和士兵們都認為，他們有權利對中國人採取任何一種暴力行為，因為中國人是他們的敵人。上級軍官把強姦看成是輕微的過失，表面上之所以認為強姦也要被懲罰，只是因為它給外國的公眾輿論產生了惡劣的印象，或是出於最高政府部門的一種壓力。

為了公正，必須提到，許多日本人也承認他們的一些士兵表現非常糟糕。有兩個文字記者對攝影者談了這樣的看法。一個記者認為，這類事件也許是「不可避免的」。一個日本總領事也表示了相同的意見，他承認日本部隊確實缺乏紀律約束。這對日本軍隊是怎樣一種評價？

在戰爭中任何國家都會有沉渣泛起。當然也不可否認，犯罪分子和色情暴虐狂者就利用這機會，放縱自己醜惡的本性。在日本士兵身上所看到的這些殘

忍和嗜殺成性，在一個今天還崇尚「剖腹自殺」陋俗和讓兒童閱讀殘暴好殺故事的國家裡，也許是難以避免的。把這些場景拍攝下來，並不是為了煽起對日本的復仇情緒，而僅僅是希望所有的人，包括日本人在內，牢記這場戰爭的可怕後果，並使他們明白，應該使用一切合法手段結束這場由日本軍隊挑起的爭端。

影片的拍攝者（馬吉自稱）經常到日本去，熟悉這個國家的名勝古蹟，知道在它的人民中有許多人具有高尚的精神。要是日本人民知道這次戰爭是怎樣發生的和怎樣進行的，他們的內心就會充滿厭惡！影片的解說詞一號影片這段影片主要紀錄了 1937 年 9 月和 10 月期間日本人對南京的空襲。該影片的結尾和二號影片的開頭出現有中國的基督教徒，他們於 1937 年 12 月 19 日在安全區一個難民收容所的露天空地做禮拜。

二號影片畫面序號

1. 日本部隊佔領南京後幾天，日本轟炸機飛越南京上空。

2. 1937 年 12 月 16 日，上海路。中國婦女下跪請求日本士兵不要殺害她們的兒子和丈夫，他們僅僅是因為被懷疑當過兵而被無情地驅趕在一起。成千上萬的平民也被這樣用繩索捆綁起來，驅趕到下關的揚子江邊、眾多的小池塘邊和空曠的場地上，在那裡他們遭到機關槍掃射、刺刀砍殺、步槍齊射，甚至被用手榴彈處決。

3. 下關模範村四所村的中國聖公會信徒劉廣偉（音譯）和基督教教友們在日本人佔領城市前逃進了安全區。12 月 16 日他和基督教會其他十三位教友被日本士兵帶走，據他估計約有一千個中國人的隊伍被強迫趕到下關的揚子江岸邊，在那裡他們一排排站著，被機關槍掃射致死。當時正值黃昏，但是沒有機會可以逃走，因為日本人用機關槍圍住了三面，而中國人的背後是揚子江。劉本人站在將被殺害者的後排，緊靠江邊。當一排排中國人被機槍打死時，他也倒了下去，雖然他沒被擊中，卻和幾個被打死的人一起倒進淺水裡，得以藏在屍堆中達三

小時之久。後來他拖著被嚴寒凍得幾乎不能走路的兩條腿，爬上了岸，逃進一間無人居住的草屋中，他在那裡脫去身上的濕衣服，鑽進在那裡找到的被褥裡。在草屋中他沒吃沒喝躲了三天。最後，饑餓迫使他出去尋找食物。他又穿上了還未完全乾透的衣服，走到以前工作過的一家英商瑞記行祥泰木行，在那裡，他沒有遇見任何人。當他離開時，碰上了三個日本士兵。他們先是揍了他一頓，然後把他帶到下關的復興街，要他給他們煮飯。幾天後他們放了他，兩個士兵交給他一張蓋有圖章和簽名的證明。他拿著那張證明，穿過城門回到了安全區他的家人那裡。

4. 這個十九歲的女子在難民區的美國學校裡避難。她懷第一胎已經六個半月。一個日本兵要強姦她，她進行反抗，因此被他用刺刀狠狠刺了一通。她的胸部和臉部被刺傷十九處，腿上挨了八刀，下身挨的一刀有二英寸深，因此她在被送進鼓樓醫院一天後就流產了。這期間她的傷口已經癒合。

5. 日本士兵闖入這青年女子在下關的家裡，一家人除去她僥倖不在家的丈夫外，均被他們殺死。她是一家英國公司和記洋行的職員。日本人用刺刀劈傷了她的脊柱，留下了一個可怕的傷口。她最後死於腦膜炎。她沒有對日本士兵進行過任何反抗。

6. 日本人侵入這座城市時，這個約十一歲的女孩和她的父母站在難民區一個防空洞的附近。這些日本士兵用刺刀刺死她父親，開槍打死她母親，用刺刀刺中她的肘部。她的傷口現在已癒合，但留下一隻殘廢的臂膀。

7. 這是一個七歲男孩的屍體，他被送入大學醫院（教會醫院，鼓樓），三天後死去。他身上被刺刀刺了五刀，有一刀刺進了肚子。男孩的母親最先被日本人殺死，這個男孩跑向他的父親，他父親也被殺死。

8. 這個男子是一家中國飯店的職員，就他所說，他是被日本士兵從難民區的房子裡拉出去，並在該區西側一座小山上槍殺的八十個男人中唯

一的倖存者。他自己的脖頸、面頰和手臂上各挨了一槍，現已治癒。當時他裝死，後來得以逃脫，到了教會醫院。

9. 這個男子的胸部挨了一槍，因為他不明白日本人要他做什麼。他是個農民。在教會醫院裡有許多這樣的情況。

三號影片

1. 這是一具男子的屍體。他和其他七十個人被從金陵大學的蠶廠拉出來，他們全都或是被槍打死，或是被刺刀刺死，然後被澆上汽油焚燒。這個男子被刺刀刺了兩刀。雖然他臉上和整個頭部被燒得很可怕，但他還能拖著身子來到醫院，到醫院廿個小時後死去。

2. 一個日本士兵向一家搪瓷店的職員要香煙，因為他沒有香煙，頭上就被這個日本兵劈了一刀，這一刀砍破了他一隻耳朵後的腦殼，腦子都露了出來。這是在這個受傷者被送進教會醫院六天後拍攝的。大家可以看到腦子還在搏動，一部分腦漿從傷口外溢，他身體的右側因此完全癱瘓，但病人並未失去知覺。他在被送進醫院後還活了十天。

3. 這個抬擔架的人和一大批中國人被帶到江邊，他估計有四千人，他們在那裡被日本人用機關槍掃射。他和其他約廿個人成功地逃脫了，只是他肩上挨了一槍。

4. 這個男子是揚子江上一條小舢板（小船）的主人，他被一個日本兵用槍擊中下顎，然後被澆上汽油焚燒，他身體的上部和下部被嚴重燒傷。他在被送進教會醫院兩天後死去。

5. 這個中國人當過兵，但當他被日本人抓到時，已經手無寸鐵。他的頭部挨了兩刺刀，還有一刀刺穿了脖子，他躺著等死。但是在教會醫院治療後，又痊癒了。

6. 這個小男孩從吳淞逃到常州，被經過常州的日本部隊抓走。他今年

十三四歲，已經為日本部隊幹了三個星期活。在他們兩天不給他飯吃之後，他於12月26日懇求他們放他回家，他得到的回答就是挨刺刀戳和鐵棍往頭上一頓打。這個畫面是他被送進鼓樓醫院時拍攝下來，當時他正血流如注。後來他痊癒了。

7. 這個男子的家在城南門內。日本人於1937年12月13日入侵這座城市時，打死了他的兩個兄弟，用刺刀刺進了他的胸部。他於12月27日以後才被送進醫院。這個畫面是在鼓樓醫院的藥房裡拍攝的。這期間他必定已經死去，因為他胸腔裡格格的響聲說明他受了重傷。

8. 這個女子和她丈夫、她的老父親及她五歲的孩子住在光華門內。日本人入侵城市時，來到她家要食物。日本人叫她和她丈夫走出去。丈夫隨著叫聲來到外面時，立即就被刺刀刺死；她因為害怕，留在屋裡沒有出去。日本士兵隨即沖進屋子裡，槍殺了她抱在懷裡的孩子，同一顆子彈還打傷了她的手臂。

9. 這個姓吳的女子和她家六口人住在南京城隍廟後面。四個日本士兵在12月18日闖進她家，用刺刀刺死了她六十多歲的老父親以及她兄弟的十一、二歲的孩子，用刀兇殘地砍傷了她丈夫並企圖強姦她。由於她解釋說自己有病，他們才放過她。但這些士兵每天都去要錢，還刺傷了她鄰居的臉。

10. 下關電話局職員於西棠（音譯）是住在金陵大學難民收容所裡的四千多個難民之一。12月26日，日本軍官來到難民收容所，對所有的成年人進行登記入冊。這些軍官告訴中國人，如果他們中間有當過兵的，凡主動承認者，即可免於一死，而不報告被抓出來就殺。軍官們說，自願承認者要編入勞工隊，並且給他們廿分鐘時間考慮。接著約有二百個男子承認當過兵，他們被帶走了。在街上還有一批被日本人誣指為當過兵的中國人被抓走，於（西棠）是其中的一個，他是在路上被抓走的。據他說，他和其他幾百人被帶到金陵女子文理學院附近的山丘上，在那裡日本人用刺刀刺殺他們。他被刺了六刀，其中二刀刺入胸部，二刀刺入小腹，二刀刺在腿上，他失去了知覺。當他重又醒

過來時，朋友們把他送進了教會醫院，這個畫面是威爾遜大夫給他動手術時拍攝的。威爾遜大夫在這些日子裡一直為他的生命擔憂，但他卻在此期間恢復了健康。

11. 這個男子是南京的一所房子的主人。日本人闖進他的房子裡要女人，他回答說沒有女人，日本人就用刺刀刺他，他挨了兩刀，刺刀深深地刺入後頸部。在這期間他的傷將會癒合。

12. 一個日本兵強迫難民區的一個中國員警帶走一個中國女子，因為這個日本人想避免親自把她拖走。他們來到國府路時，天已經黑了下來，這個員警得以逃脫。可是他又落到了其他日本士兵的手裡，他們用繩子把他捆綁起來，從後面用刺刀刺他，然後把他拋棄在那裡，因為他們以為他死了。日本人走了以後，他成功地掙脫了繩索，在一所房子裡躲了起來。他在那裡找到一張床過夜。第二天，他身體非常虛弱，在一個中國人的幫助下到了醫院。他一共被刺了廿二刀，但他被救活了，並且已痊癒，這確實是個奇跡。

四號影片

1. 這個女子和其他五個女子被強行從難民區的一個收容所裡拖出來，去給日本軍官們洗衣服。她被帶到一所看上去像是軍人醫院的樓房中。白天她必須洗衣服，夜晚供日本士兵們取樂消遣。根據她的報告，年齡較大的和普通的女子一夜要被強姦十至廿次，而一個比較漂亮的年輕女子一夜被強姦達四十次。這裡拍攝下的是一個普通女子。1938年1月2日，兩個日本士兵要她跟他們走。她被帶到一所空房內，他們欲砍下她的腦袋，沒有成功。人們發現她躺在血泊中，就把她送進了教會醫院，在那裡她逐漸又恢復了健康。她的後頸被砍了四刀，刀口很深，頸部肌肉都撕裂了。此外，她的手腕有一道嚴重的刀傷，身上挨了四刀。這女子一點也不明白他們為什麼要殺死她，她也不瞭解其他女子的情況。

2. 一個尼姑和一個八、九歲的小幫手：這孩子被刺刀刺入背部，刺傷數星期後仍然因傷口未愈而發燒；尼姑因槍擊造成左髖骨穿破骨折並因此引起嚴重感染，如果有救的話，就需要進行一次特殊的手術，才能使她恢復行走。這尼姑和別人合住在城南一座廟後面的一所房子裡。日本人佔領南京時，殺死了這寺廟旁邊的許多人。把這尼姑送進醫院的那個裁縫估計，那裡被殺死的有廿五人。在這些死者中，有尼姑庵的一位六十五歲的住持和一個六、七歲的小幫手。畫面上的這個尼姑及其小幫手也是那次受的傷。她們逃進一條溝裡，在那裡待了五天，沒吃沒喝。溝裡有許多屍體，其中有一具六十八歲尼姑的屍體，她是被倒在她身上沉重的屍體壓死或窒息而死的。第五天這尼姑聽到有一個日本兵看到這些屍體時說了這樣一句中國話「好慘啊」，她隨即睜開眼睛，懇請這個士兵救她。隨後他把她從溝裡拖出來，叫來幾個中國人把她送進陸軍救護站，她在那裡受到一個軍醫的治療。之後有了機會，她被一個鄰居轉移到了教會醫院。

3. 1月11日，三個日本士兵強迫這個十三、四歲的男孩把蔬菜挑到城南，在那裡他們搶走了他的錢，用刺刀向他背部刺了兩刀，一刀刺進下腹。兩天後他被送進教會醫院時，他的內臟從傷口裡拖出來約一尺長。送到醫院五天後死去了。給他攝影時，病人非常痛苦，連醫生都不敢把傷口上的繃帶解開。

4. 這個人聽說他母親被打死了，就離開國際委員會建立的安全區，去證實這消息是否確實。他前往第二區，這是日本人稱之為安全的市區，並催促難民返回該區居住。他沒有找到他母親的屍體，卻碰上了兩個日本兵，他們把他以及他朋友的衣服都搶光，只剩下了褲子（這天是1938年1月12日，是寒冷的一天）。隨後兩個日本兵把他們的登記證撕得粉碎，用刺刀刺倒他們，把他們拋到一條溝裡。這個男子一小時後從昏迷狀態中醒來時，發現他的朋友已經失蹤。後來他終於回到難民區，進了教會醫院。他被刺了六刀，其中一刀刺破了肋膜，導致肋膜下的外傷性氣腫。在此期間他痊癒了。

5. 這個男子是四千個難民中主動承認自己以前當過兵的二百名中國人中的一個，因為日本人答應過他們：自動承認者可以免受處罰。他和其他許多在街上被日本人抓到的人（雖然他們以前是平民）一道，共約三百到三百五十人被帶到座落在五臺山附近的一所房屋裡，在那裡他們被分成十個人一組。日本人用鋼絲把他們的手捆在背後，要把他們押到水西門外（他聽人說）去處死。在快輪到他被押走時，他和房子裡的另外三個人躲在一堆墊子下，但他們還是被發現了，因為他們中有一人發出了咳嗽聲。他們後來被拖到外面，廿人一組站著，日本人用刺刀刺他們。刺了幾下，他即失去知覺，後來又從昏迷中醒來，連滾帶爬地來到美國學校的一棟大樓裡，那裡的一個中國人給他解開捆在手上的鋼絲。他在一條溝裡躲藏了一些時候，最後才去了教會醫院。醫生診斷他被刺了九刀，此外被鋼絲捆綁的手也受了傷。他現在已恢復了健康。

6. 這個中年男子在 1 月 10 日回到坐落在對過山上的太古洋行附近他的住房裡。他在自己的院子裡遇到三個日本士兵，其中一個無緣無故地開槍打傷他的兩條腿，有一處傷口相當嚴重，但是他現在很可能已痊癒。

7. 1 月 24 日，日本士兵企圖命令這個男子縱火焚燒坐落在大學醫院附近雙龍巷裡的中和（音譯）飯店。由於他拒絕縱火，他們就用刺刀擊打他的頭部，他的頭部裂了三個口子，但是沒有危險。這次攝影時，他差不多已恢復了健康。

8. 12 月 13 日，約有卅個日本士兵出現在門東新路口五號房子前並想入內。姓哈的房主人是伊斯蘭教徒，他剛剛打開門，就立即被左輪手槍打死。一位姓夏的先生在哈死後跪在士兵們面前，懇求他們不要殺害其他居民，但他也遭到同樣命運。哈太太質問日本士兵為什麼殺害她的丈夫，也同樣被槍殺。先前抱著一歲的嬰兒逃到客廳一張桌子下的夏太太，被日本兵從桌子下拖了出來，她的孩子被刺刀刺死，她的衣服被搶走，一個或幾個士兵強姦了她，然後在她陰道裡塞進一隻瓶子。後來幾個士兵走進隔壁房間，那裡有夏太太的七十六歲的父親和

七十四歲的母親及十六歲和十四歲的兩個女兒。他們要強姦兩個女孩時，祖母試圖保護她們，立刻就被左輪手槍打死了。祖父去扶祖母，也遭殺害。他們撕下了兩個女孩身上的衣服。她們分別被二、三個日本士兵輪姦。後來大女孩被匕首刺死，而且他們還用一根木棍插進她的陰道。小女孩也被刺死，只是她沒有像她母親和姐姐那樣遭受到用東西插入陰道那麼殘暴的惡行。後來，士兵們又用刺刀刺傷了也躲在房間裡的夏太太的另一個七、八歲的女兒。最後還殺死了房子裡哈先生的四歲和二歲的兩個孩子。四歲孩子被刺刀刺死，二歲孩子的腦殼被軍刀劈開。那個七、八歲的小女孩受傷後爬進隔壁房間，那裡躺著她母親的屍體。她在那裡同她沒有受傷的四歲妹妹待了十四天。兩個孩子靠著炒米和她們在一隻鍋裡找到的鍋巴活命。攝影者從這位小姐姐的口中瞭解到了以上報告的一部分情況，將孩子的敘述與被殺害者的一個鄰居和親戚的敘述作比較，並在此基礎上修正了一些細節。這孩子還說，士兵們每天都回到這房子裡，以便把屋裡的東西拖走，但沒有發現她和她妹妹，因為她們藏在舊床單下麵。在發生這些令人毛骨悚然的事件之後，所有鄰居都逃進了安全區。畫面中的這個老太太十四天後來到她的鄰居家，發現了這兩個孩子。就是這個老太太把攝影者領到了擺放屍體的院子裡。她、夏先生的兄弟和被救出來的大女孩對我們講述了這個悲劇的詳細情況。畫面上也可以看到十六歲和十四歲兩個女孩的屍體，她們和其他屍體排列在一起，這些人都是在同一時間被殺害的。夏太太和她的嬰兒同樣可在畫面中看到。

五號影片

1. 這是 1938 年 2 月 15 日南京上海路一景，難民區的臨時集市。拍這幅畫面時，棚子已大大減少，因為有些人已返回城裡各個城區。目前這裡最棘手的問題是如何在人群擁擠的馬路上開出一條道來。因為不時有中國遊擊隊出沒的報告，因此日本飛機在市郊上空巡邏，偶而還聽到槍炮聲。

2. 吳昌德（音譯）是一名附屬衛戍司令部的員警。他於 12 月 26 日被日本兵抓住，他們宣稱他是士兵，被帶到首都劇院對面的一處地方。這裡已有被抓來的大約一千名男子，他在那裡待了好幾個小時，然後被一起帶到了漢中門，並命令他們坐下。他們七十至八十個人一組，被迫走出城門，每組人都被機槍掃射倒地。幸運的是，吳所在的組走在最後，這時天色已晚，機槍一響，他雖然未受傷，但立即倒地裝死。日本人弄來一些燃料，開始焚燒屍體，一些士兵用鎬把柴火堆成一堆。一個士兵走近吳時，發現他仍在呼吸，就用鎬猛擊他的後背，然後拿柴火放在他身上，點著火後他才離去。吳在火燒到他之前爬出柴堆。他不得不在城外待了十天，第三次進城時他扮成一個乞丐才得以成功。這幅畫面攝於 2 月 15 日，這時他的傷實際上已治癒。

3. 這位年輕的姑娘被日本兵從安全區的一所小房子抓走，在城南關了卅八天，這期間她每天被強姦七至十次。她患了三種最常見的性病，而且陰道大面積潰爛，士兵無法再接近她了。後來她被釋放，1 月 26 日被送到教會醫院。這幅畫面是幾周後拍攝的。在她死去的同一天，她的當員警的丈夫也被抓，並從此杳無音信。有充分理由可以相信，他與那時被屠殺的一千多人一起遇害。

4. 這是鄉下人把傷患運往南京近郊的急救醫院的情景。攝於 1938 年 2 月 17 日。

5. 病人在醫院排隊等候。

6. 這是駐南京某旅被打散了的一個士兵。他和其餘八名同伴於 12 月 13 日在紫金山向日本人投降。他們連續三天沒有吃的、喝的，然後又和二百名平民以及被俘士兵被押至紫金山附近一個地方拉貝所收藏的影片說明記載是「押至江邊一塊空地」，見《拉貝日記》，第六百卅一頁。日本兵讓他們站成三長排，然後用機槍射殺。他雖未被擊中，但也倒地裝死。日本人向他們身上澆一種液體燃料，點著後很快燃成大火。由於天色已黑，這名士兵乘人不備爬了出來，雖然他的一條腿被嚴重燒傷。他於 12 月 18 日到達教會醫院。他的傷口難以治癒，但兩個月

過後拍攝這幅畫面時，他已基本恢復了。

7. 這是南京郊區長利鄉（音譯，Ch'ang Li Hsiang）的一位農民。2月15日，兩名日本兵闖入他家索要姑娘。他說「沒有」，他們將其手部射傷，當時去鼓樓醫院治療，其傷勢非常嚴重。

8. 這位六十三歲的農民姓周，家住烏龍鄉，距南京和平門約六英里地。日本人第一次來這裡時他正出去找他的水牛。其中一些士兵開槍射中了他。直到1月26日他才被送進醫院。此畫面是在他入院三周後拍攝的。

9. 這位四十九歲的婦女和她丈夫是在2月14日夜晚被中國盜匪傷害的，他們家離南京大約有十英里。盜匪索要錢財，他們說沒有，盜匪就用凳子砸在她的頭和胸部，然後點火燒她的雙腳，直到她說出藏了四塊多錢的地方，這才饒了他們。

10. 這位姓褚的農民五十六歲，家住南京近郊的東流鎮（音譯，Tung Hiu）許巷（音譯，Hsu）。日本兵先闖入他家，命令他全家人離開房子。老人廿六歲的長子頭中兩彈而死，次子被刺刀刺死。老人背後也中了一槍，子彈從他下腹部穿出。他妻子及幾個年幼的孫子未受傷害。

六號影片

1. 這名孩子的母親前往一個受外國人保護的難民收容所，但其丈夫和三歲的孩子留在家中。2月14日，孩子的父親看見日本兵來了就撇下孩子單獨逃走。事後，一位鄰居救了孩子，孩子告訴他，日本兵曾問他媽媽在哪裡，他們沒找到他媽媽，就放火燒了房子。一位鄰居從火中把這個已嚴重燒傷的孩子救了出來。這個孩子能否康復還是個問題。

2. 這是住在南京附近一位年輕農民。2月9日，幾名日本士兵闖入其家中索要錢財。他說沒有，日本兵就在他身上澆上煤油，點著了衣服。請注意他上身的燒傷。

3. 中國士兵被處決後又被扔進了池塘。他們被處決時手臂都被綁在背後，這點看得很清楚。這是日本人處置成千上萬的士兵和平民的典型做法。

4. 一些四川籍士兵的屍體躺在南京近郊路上的兩幅畫面。

5. 這輛軍用小汽車毫無疑問乘坐了一些軍官，它在南京附近一條馬路上遇上了地雷，血濺得滿車內都是。或許兩個騎馬人也被炸死，因為附近有兩匹死馬。

6. 一位老婦人的屍體躺在鄉間馬路附近的一塊空地上。她也許是上流社會的婦人，因為戴著灰色假髮。很顯然她正在路上蹣跚前行，曾在她躺的那塊地後面躲避日本兵。她是被故意謀殺還是被流彈射殺，現在還很難說。在這場殘酷的戰爭中，成千上萬的無辜者就這樣死去，她是其中一個典型例子。大約有廿五個村的村長說，在南京以東的鄉村地區，每五英里方圓的地方，至少有七百至八百平民已被殺害。

7. 一位很本分的農民被燒毀的房子。據村長估計，在南京以東約十五英里的地方，在通向龍潭（Lungtan）的主幹路兩旁的房屋約有百分之八十已被燒毀，一些較小的馬路兩旁約有百分之四十至五十的房子被摧毀。這幅畫面再現了一家開始重建房屋的情景，石頭砌的牆仍聳立在那裡。這個村子的幾戶人家沒有一人被殺死。

8. 一座由外國人保護的難民營一萬名難民集中在一起的情景。難民自帶糧食，用稻草搭建柵子。這幅畫面攝於 1938 年 2 月 17 日，當時，大部分難民所帶糧食只夠吃一個多月。他們不敢回家，因為日本兵經常去索要姑娘，而不能滿足他們要求時，就焚燒房屋或幹其他壞事。

七號影片

1. 一名十五歲的姑娘站在教會醫院的汽車旁邊，她乘這輛車剛到醫院。她的父親余文華（音譯，Yu Wen-hua）在蕪湖有一家店鋪。一些日本兵闖入他家翻找值錢的物品。他們把住宅和店鋪都搶劫了。姑娘的哥哥在一邊幫助他的父親，他和當時大多數年輕人一樣受過軍訓並有一套軍裝。日本兵發現了這些就說他是個士兵。據姑娘講，日本兵想砍掉他的腦袋，要他跪下，但他拒絕了，因此被殺害。她父母跪在日本兵跟前，乞求他們饒了孩子們的性命。然後這群日本兵試圖強姦姑娘的嫂子，她是一名受過訓練的護士，她堅決不從，他們就把她殺了。他們又要強姦她大姐，她也不從。然後，在她父母跪下乞求時，日本兵把他們也殺了。全都是用刺刀刺死。父母臨死之前告訴她女兒，日本兵要做什麼就做什麼。這位姑娘已昏了過去，日本兵把她捆起來帶走。到了另一個地方，她蘇醒過來，發現自己躺在地板上，在毫無知覺的情況下已被強姦。她發現她是在一棟樓房的二樓，這座房子現在是座兵營，有兩百至三百名士兵。樓裡有許多妓女，她們很自由，待遇也不錯。也有許多像她這樣的良家婦女，有的來自南京，有的來自蕪湖或其他地方；她不知道這樣的人究竟有多少，因為她們都像她一樣被鎖在房間裡，而且她們的衣服也都被拿走。她認識的一個和她同時從蕪湖抓來的女孩子自殺了，她還聽說其他人也有自殺的。日本兵想強姦她，她拒絕了，因此挨了耳光。她每天要被強姦兩到三次，這樣一直持續了一個半月。當她病得很厲害時，日本兵就不靠近她了。她病了一個月，這期間她經常哭泣。一天，一位會講中文的軍官進了她房間問她為什麼哭。她把她的遭遇告訴這位軍官後，軍官用汽車把她送到南京，在南門釋放了她，並在一張紙上給她寫了「金陵女子文理學院」幾個字，這是一所著名的美國差會辦的女子學院，在最危險時期曾保護了一萬名婦女。這個女孩子病得太厲害，第一天連金陵女子文理學院都去不了，途中在一家中國人的房子歇腳。第二天，她終於到了金陵女子文理學院，然後被帶到了教會醫院。

2. 在南京的幾輛日軍坦克,大約有六十輛坦克列隊慶祝一個日本的節日

3. 一名婦女正由醫院救護車帶往教會醫院。她是教會墓地看護人的妻子,墓地位於南京城牆外一英里。3月11日,一個日本兵在很遠的地方喊她,她不敢快跑,但開始慢慢移動,這時日本兵開槍擊中了她。子彈已被取了出來,傷口會很快治癒。

4. 這是南京國際救濟委員會總部的日常一幕。人群中有許多婦女,她們的男家眷被抓走或殺害。這幅畫面攝於3月15日,她們正在向委員會遞交請願書,請求幫助。

5. 朱女士大約四十七歲,她母親七十七歲,她小女兒十歲。多少年來,他們一直住在南京南門不遠的一條很偏僻的街上。她當寡婦已經九年了,她的丈夫曾在國家造幣廠工作,他死時給她留下一大筆錢。這筆遺產已投資到煤礦。12月13日上午,日本兵闖入她家,這一天,他們光顧她家大約有廿次,搶走她所有的錢。14日和15日,日本兵每天又去十至廿次,搶走十三件金飾品和十二只箱子、提包中的大部分物品。這三天裡朱女士被強姦了十二至十三次,大多以很粗暴的方式。15日下午,城南開始燃起大火,她領著老母親和小女兒帶著鋪蓋卷向北城區逃跑。在離她們家不遠的地方,這位老母親走散了,朱女士和女兒悲痛萬分,一起跳進了路邊的一隻井裡,幸運的是井很淺。她們在井裡從五點一直待到八點,這時一位過路的商販發現了她們,並堅持要救她們。一開始她堅決拒絕,但後來同意了。她和她女兒在這位也很可憐的救命恩人的家裡住了一晚上。16日下午她們到達金陵女子文理學院難民營。同時,老母親也在很艱難地朝北走去,最後在一家小店的前面的長凳上歇腳。一個日本兵從裡面走出來,喊她「老姑娘」,讓她進去。她想這個日本兵可能覺得她很可憐,讓她進去休息;但哪想到根本不是對她友善,而是把她強姦了。他喝醉了酒,吐得老婦人滿身都是。第二天晚上,又有一個士兵強姦她。在她離家後的第三天,她終於到了金陵女子文理學院難民營,並與女兒、孫女團聚。這位老婦人自卅二歲起就開始守寡,她丈夫曾是一名官員。這兩晚上

她都是在路邊睡的，到難民營後她路都走不動了。12月22日，大量的年輕姑娘湧入金陵女子文理學院，難民營不得不勸說老年婦女回家，儘管這意味著很危險，而且要遭受極大痛苦。當時很擔心，如果難民營外沒有一名婦女，日本兵就會闖入難民營，用武力搶走婦女，這樣不論年齡大小，所有婦女都會遭殃。朱女士和她的母親、女兒就回家了。那晚上三個士兵輪奸了她，其中一個傢夥逼她脫下所有的衣服，還有一個逼迫她張開嘴把他的汙物吞下。他以刺刀威脅，她不敢抗拒。那晚老婦人免遭傷害。第二天天剛亮，她們不得不返回難民營尋求保護。畫面順序如下：

A. 她們站在大院的門口。

B. 從大街去她家的入口處。當攝影者趕來時，站在左邊的第三個婦女正在哭泣。她丈夫姓王，租了朱女士的一間房子。她和她的女兒、兒子在日本人進城前就搬進了安全區，她丈夫還留在家裡。日軍進城後的第一天，日本兵就闖入他家索要婦女。他說他不能那麼做，日本兵就用刺刀刺傷了他的頭。第二天，他們再次向他索要一個年輕的姑娘。他說他實在找不到，日本兵就把他殺了。王夫人的大兒子從在安全區的家中被抓走，從此沒有音信。王先生五十八歲，兒子廿四歲。

C. 朱夫人和她的小女兒站在井邊。這是她們試圖跳進去自殺的那口井。

6. 這幅畫面應接在四號影片的第九個案例，一戶有十一口人的家長被殺死。

A. 在發生這些慘劇的地方，每家院牆上都貼著日本人的宣傳畫。畫上有一名日本軍官抱著一個（中國）小孩，把一桶米送給小孩的母親，糖和其他食品送給小孩的父親。宣傳畫右上角寫著：「回家吧！我們會讓你們有飯吃！請相信皇軍！我們會救你們、幫助你們。」這樣的宣傳畫在發生慘劇的房屋或附近隨處可見。

B. 這是兩個孩子的畫面（在四號影片第九個案例曾提到）。這個小女孩有七八歲，她弟弟有三四歲，正站在通向院子的大門口，院裡的房間躺著她們的兩個姐姐，一個十五歲，一個十四歲，都被強姦後殺死。他們穿過門站在一張桌子的旁邊，這是這些慘劇發生的地點之一。血濺在桌子上、地板上和房間其他部分。祖父和祖母被殺死在同一房間，大一點的那個孩子被刺刀刺進背部和一側而死。畫面中出現的那個男人是他們的叔叔，他和妻子在慘劇發生前逃到安全區。

C. 還是上述那些孩子站在他們母親被強姦、殺死的房間門口，他們在那裡待了十四天，直到有人救出他們。這是三個月以前這個女孩被刺刀劃的傷痕。

D. 這是姓哈的穆斯林在小院被殺的地方，那塊石頭上仍有他的血跡。

E. 日軍進城後，在城東南的新路口街，離這場慘劇發生地點不遠，曾殺害了四百至五百人。

八號影片

1. 這幅畫面接著七號影片第六個案例中的畫面 C。

2. 一天之內，有兩萬兩千份申請遞交給南京國際救濟委員會，請求幫助。每份申請必須調查核實。

3. 這是一所基督教學校的劉廚師一家。畫面左側的是他大兒子，十六歲，1937 年 12 月 14 日，他正在為一群基督徒難民淘米準備做飯時被抓走了。他和另外一群大約有一百人被帶到下關滬寧鐵路附近的一個地方，他們的手都被反綁著。據他講，這群人中包括兩名十三歲的男孩，兩名和他同樣年齡，一隊南京員警，還有十二人是著綠色制服的郵政職員。對這個小男孩幸運的是，他和一位住在鼓樓的四十二歲的小店主都站在隊伍的後面，日本兵在一個個射殺這群人時，他們有時間用牙

咬開繩扣。他們在一條溝裡躲了兩個晚上，直到認為安全時才走出來。他們遇見一個日本兵提著一大桶酒，日本兵就讓他倆抬進城裡，因此，他們得以回到安全區。

4. 六十五歲的俞夫人（音譯），家住南門外五英里遠的俞家村（音譯，Yu Chia Ts'un）。3月14日夜裡，一群中國盜匪闖進她家要錢。她說沒有，他們就把煤油潑在她身上然後點火。當時她一人在家，但第二天，她孫子和一個鄰居把她抬到教會醫院。她上半截背和部分手臂、胸被嚴重燒傷。此畫面攝於她到醫院後不久。

5. 這個男孩姓徐，十四歲，和他父親（也在畫面上）住在南門外三英里的地方。日本兵在2月27日下午竄到他家索要姑娘，他說沒有，一個兵就開槍打中他的腿，造成股骨穿破骨折。醫生認為他可以恢復。

6. 王培相（音譯，Wang P'ei-hsiang）家住南京九江路。3月9日晚上八點鐘，一個日本兵敲他家門，要王和他一起出去尋找姑娘。王拒絕了，這個士兵至少是個中士，他抽出軍刀向王掄去，王用手去擋，被砍掉了一個手指；但這卻救了他的性命，要是砍的地方再高出四分之三英寸，他就沒命了。他趕緊跑到街上，日本兵在後面追，但很快就不追了。

7. 夏夫人，廿七歲，家住南門外，她丈夫廿九歲，受雇當警衛。她母親六十三歲，夏夫人兩個孩子，分別是三歲和一歲，他們都住在一起。有四、五個日本兵去她家並叫她丈夫出來，出來後把他槍殺了。日本兵然後在她家房子四周放火，其中有個日本兵告訴夏夫人和孩子跟著他們走，但不讓她母親跟著。她被帶到一間空房，一個日本兵強姦了她。她逃到一戶中國人家，然後在稻田的一堆草裡藏了廿天，這個中國人給她送飯。直到3月下旬，她仍未找到她母親，她擔心母親已經死了，因為分手時她已經病了。

8. 這是蔡盼生（音譯，Ts'ai P'an-sheng）的遺孀，蔡被殺害時僅卅六歲。他們住在城西南的五福壽街（音譯，Wu Fuh-shou）。3月10日，一

群日本兵闖入他們家。兩個人在外面放哨，三個人竄進屋內要錢。他們全家人跪倒在地乞求饒恕。這群士兵搬了一個木頭梯子放在門前，把蔡的雙手綁在背後，吊在梯子上，雙腳在地板上晃來晃去。然後他們對屋內所有人開始徹底搜查，偷走他們能找到的所有錢財，並打開箱子，拿走了所有的衣服和其他物品。臨走之前，他們在蔡的大腿上刺了六刀，每個肩上二刀，最後朝他頭部開槍擊斃。當蔡夫人跪在他們面前時，他們向她的頭和背部刺了數刀。一位姓王的老傭人的腿被刺傷了三處。此幅畫面是蔡夫人家及四個孩子：一個十三歲的女兒和三個兒子，分別是八歲、三歲和一歲。注意吊蔡的那個梯子和蔡夫人背部和王的腿部上的刺傷。

9. 攝影者在蔡家時，另外四名婦女進屋來說她們的男人也被殺害（參看八號影片，第七、九案例；九號影片，第一、二案例）。南京有數千名婦女的丈夫不是被殺害就是被抓走再也沒有回來。這幅畫面的主人是俞更時夫人（音譯，Yu, Keng-shih），卅二歲。她有四個孩子，分別是十一歲、七歲、三歲和一歲，住在城西南的明陽街。她丈夫卅九歲，是一名紡絲工人。日本人進城時，有十多個士兵闖入他家，把俞叫到一個小院子，在那兒把他槍殺了。俞家房子是租了另一家的，這家主人也在同一時間被槍殺。

九號影片

1. 蔡文江太太（音譯，Ts'ai Wen-kiang）的丈夫四十九歲，在南京南門外廿五英里處的陸潭橋鎮（音譯，Lu Tan Ch'iao）的一家店鋪當店員。蔡太太卅九歲，有四個孩子，一個女兒十六歲，三個兒子分別是十三歲、十歲和八歲。大約在12月中旬的某天清晨，天還未亮，一家人還在睡覺，一夥日本人破門而入，用他們隨身帶的鐵棒抽打蔡氏夫婦，逼迫蔡和他們一起走，蔡太太跟在後面。他們走到一個池塘時，扒掉了蔡的衣服，把他的雙手反綁起來扔進池塘。日本兵站在一邊直到他被淹死，而蔡太太無法去救他。她說那個鎮有另外八個男人被淹死，

還有七、八人被槍殺。這個小鎮的人們都逃到山裡去了，蔡太太在一個朋友家裡住了五十天。她3月16日到了南京，既沒有錢也沒有糧食。這幅畫面是她與她的一個孩子站在城西南的一條街上。

2. 這是李考實（音譯，Li Kao-shih）夫人，現在成了寡婦，在日軍進城之前就逃到了江北。1938年3月16日她返回南京尋找她七十一歲的父親，以前和她生活在一起。這時她才知道她丈夫被殺害了。他一直住在洪武路虹橋（音譯，Hung Ch'iao）的房子裡。日本兵到他家要錢，他不願把他僅有的那點錢給他們，他們朝他頭部刺了兩刀。在同一處房子裡，還有三名男子被殺死，另外三名在街上被殺死。

3. 這是一位姓何的農民，家住在秣陵關（Mo Lin Kuan）附近，離南京南門約十五英里。2月13日，日本兵去他家要牛、驢和姑娘。他一樣也沒有，因此他們把他用繩子捆起來，與地面平行放倒，離地面約有三英尺高，然後撕開他的衣服，在他身體下面點火，燒他的小腹、生殖器、大腿、胸部和左臂，毛髮都燒焦了。其中一個士兵因為他的年齡反對這樣做，他撲滅了火，還把正在著火的衣服扯了下來。日本兵離去後，家人為其鬆了綁，和親友一起走了十七英里路，才把他送到了教會醫院。

4. 這是一位十八歲的姑娘，被兩個日本兵輪姦。她正在醫院治療腳氣病和性病，性病是由這些士兵傳染的。全城像她這樣的人有幾千名。

5. 這些是從金陵女子文理學院難民營拍攝的畫面：從12月1日起，金陵女子文理學院就開始為收容婦女和孩子難民做準備。12月8日，第一批難民湧入：主要是城牆周圍地區的婦女、孩子，中國軍隊對這一地區的房屋進行了清理，以便於更好地防衛南京。金陵準備最多能接納兩千七百五十名難民，但到12月20日，有一萬多人擠進了校園，難民懇求如果屋內沒地方，在室外就行。在拍攝這幅畫面時，難民營裡只剩下三千人，年紀大一些的婦女都回家了，她們可以找一些沒有燒掉的房子住下。

A. 大學教堂。每天下午大約有三百名婦女和姑娘可進去聽聽關於基督教的談話。復活節前數周內她們學習了什麼是基督的生活。

B. 她們下午禮拜後走出教堂。注意：她們很願意被拍攝。左側是四個盲人姑娘，來自市盲人學校。工作人員大部分從難民中招聘，在許多新組建的學習班幫助教授課程。

C. 背著鋪蓋剛來的難民。這些人大多來自現在已解散的難民營，或是來自對女孩子還很危險的鄉下。她們說日本兵正在焚燒鄉下的房子，以發現姑娘藏在何處。許多姑娘住進仔細遮蓋的地下洞穴長達數周，只有在晚上沒有危險時才敢出來。

D. 這是買開水的畫面。校園裡有兩隻燒水鍋爐，難民只需花幾文錢就可買到開水。鍋爐主人很樂意把它們搬進校園，因為這既是一樁賺錢的買賣，又可以得到保護。

E. 難民在洗衣服。每天早晨校園就變成一個洗衣店，每棵樹、每棵灌木和每道籬笆都掛滿了衣服。因為有幾百名嬰兒和小孩，婦女們每天都在忙著給他們洗衣服。

F. 難民在尋找丈夫和兒子的請願書上簽名。在數千名失蹤的丈夫和兒子中，現在有一線希望，部分人能在模範監獄中找到。為了他們的獲釋，婦女們在請願書上簽了名，請願書將送交有關的中日官員。在頭兩天有六百名婦女簽名。大部分婦女連自己的名字都不會寫，因為她們大多是出身貧寒的農民或菜農。因此，先由識字的中國先生把她們的名字寫下來，然後她們在上面按個指印。有些簽名的婦女失去了她們唯一的兒子——這是她們年老時唯一的依靠；有些婦女失去了三四個兒子；還有一個婦女家中失去了三位男性。12月16日是失蹤人口最多的一天。一個人很難硬起心腸告訴這些痛苦、心碎的婦女，她們的丈夫和兒子也許就在城門外的一堆堆屍體之中，或者在紅十字會或其他機構及個人掩埋之前，他們的屍體已在偏僻的山谷中待了好幾個月。許多婦女將來除了

討飯，還能做些什麼呢！在目前形勢下，她們又到哪裡去乞討呢！

G. 體育館。三個月以來它擠滿了數百名難民。她們中許多人在中國軍隊從上海、蘇州、無錫和其他沿線城市撤出之前就撤到南京。

H. 難民排隊等候種痘。金大醫院的柏睿德博士（Dr. Brady）為校園中近兩千人種了痘。

I. 難民在學習識字。這個班每週用五個下午上課，學習一些漢字。現在一共開了廿三個班，有一千人參加。

十號影片

1. 這幅畫面主人是位於南京湖北路八十號的一家小店店主，叫陳經河（音譯，Ch'en Ching-ho），四十二歲，和一個十六歲的男孩站在一起。1937 年 12 月 14 日，他們倆一起從一個殺人現場中逃出。（關於這個男孩的經歷，請看八號影片，第三個案例。）12 月 11 日，陳和妻子及六個孩子去了安全區，住在寧夏路七號。12 月 14 日下午四點，他被日本兵抓走，和一百零三名中國人一起被帶往下關。他注意到沿途有好幾群被抓的中國人。他這一群中有三個和尚，七個或八個孩子，還有一些年過六十歲的老人。他前面的那群人有卅多名南京市的員警，六名著綠色制服的郵局職員。到了下關的熱河路，他又注意到中山橋附近有三百個中國人雙臂被綁到背後。他這一群人走到和記公司時又返回四所村，是苦力階層的居住地，在滬寧鐵路附近。他們被分成兩隊，面朝不同的方向。被殺死的第一個人離他很近，他（指第一人）雙手被綁在腰帶上，日本兵把他推倒，抽出大刀朝他頭上砍去，這把刀一邊是鋒利的刀刃，一邊是鋸齒。陳看見這人被殺死，趁日本兵不注意，溜進另外一隊，這隊所有人手臂都已捆綁完畢，他因此倖免。他站在姓劉的小男孩後面幾排。同時，小男孩在用牙咬手腕上的繩扣，最後終於咬開了。在他們前面的人一個接一個地被手槍、步槍射殺時，他們倆成功地溜進鐵路路基下麵的涵洞裡。當時是晚上九點鐘，天上

有雲，因此月光不是很亮；否則，他們是不可能逃脫的。他們在那兒待了兩個晚上。第二天晚上，陳做了一個夢，夢見他岳父出現在他面前，並說他將明天帶他出來。第二天他看見一隻蜜蜂飛來，在這個季節這是很奇怪的；他自言自語。蜜蜂向北飛去，然後向西，又轉向北。他們跟隨著蜜蜂走出了他們的隱藏地，最後到了漢西門外的一個地方。在這兒他們碰見一個日本兵帶著一大桶酒，日本兵就讓他倆抬進城裡，這樣他們就能通過城門。把酒抬到朝天宮後面的軍營後，他們被釋放，到了安全區。

2. 日軍在城南一帶破壞的情景。

   A. 在太平路聖保羅教堂的塔頂所看到的房屋被日軍焚燒後的斷壁殘垣。

   B. 這是一座中式大建築被毀壞的畫面，它是美國聖公會的財產，用於傳教目的；在12月下旬和1月26日兩次被日軍焚燒。

   C. 這是聖保羅教堂的牧區議事室，在南京陷落前曾遭受炸彈破壞。

   D. 從南門附近中華路使徒會教堂頂端所拍攝到的畫面。

   E. 使徒會的兩座建築已被日本人燒毀。

   F. 位於中華路的中華基督教青年會建築被破壞後的畫面。

3.

   A. 這是南京眾多池塘中的一個。許多人被日本人殺死後又被扔進了池塘。大約在12月26日，這裡有四十多人被殺死，他們的雙臂都被反綁在背後。紅十字會把屍體埋在遠處可見的土堆裡。在拍攝那天，有一具屍體浮出水面，雙臂仍被捆綁著，在這幅畫面上可以看得見。

   B. 這是上述池塘附近的另一池塘。鄰居們站的那個地方，曾有九十六個男子雙手被捆在背後，澆上汽油和煤油，然後放火焚燒。有幾

名外國人親眼看見被燒焦的屍體堆得很高。一隻汽油桶在拍攝那天被打撈上來，僅這一次焚燒就用了好幾桶汽油。在焚燒這些人的那塊地方，連草根都燒焦了，沒有一點綠色，而池塘其他岸邊則綠草茵茵。一些人身上著火時就開始逃跑，但被機槍射殺。有兩三名成功地逃到遠處的房子，這座房子又被他們燃燒的身體引燃了家用燃料，房屋起火了。

C. 這是上面提到的那座房子的近景。那家人站在殘留的牆邊。鄰居們看見這些事情發生時都四處逃散，但一些離得近的人聽見焚燒的聲音，後來又聽到機槍聲。一個年輕人在遠處看到這一切，但他本人沒有被發現，因為當時已經是下午五點，天快黑了。可能就在這兒，或是在其相鄰地方，那個男子被燒死，他的屍體放進了醫院停屍房（見三號影片，第一個案例），一位鄰居在路上碰到一個行人，他描述了死者頭部被燒的情況，與停屍房的屍體特徵一致。從1月23日紅十字會開始掩埋屍體，到3月19日，在南京及近郊區（城牆附近）共掩埋三萬兩千一百零四具屍體。他們估計也就剛做了一半的工作。還有許多屍體是由親屬或其他機構掩埋的。日本人在城區燃起許多大火，很可能是為了焚屍滅跡。在城牆以外的地區仍有大量的屍體有待掩埋。十一號影片一）葛業石夫人（音譯，Koeh Yieh-shih），七十四歲，和一個十六歲的姑娘住在觀音門，從南京往下游走約五英里。12月日本兵闖入她家中，搶走了她所有值錢的家當，大約值一千塊錢；還帶走了這個姑娘，從此再沒有人見過她，也沒她的音信。當時她試圖保護這位姑娘，一個士兵把她推倒在地，致使其肩肘錯位。她不得不在三個月後來醫院求治。

4. 陳楚石夫人（音譯，Ch'en Chu-shih），四十六歲，住在南京東邊馬群鎮附近的鄉下，她丈夫是個農民。12月日本兵放火燒了她家的房子。她沖到前門想搶救一些物品，沒看見房後有一個日本兵，他開槍打斷了她的腿。

5. 王夫人，只有十八歲，住在南京水西門外。一個日本兵向她索要錢財（她只有一兩塊錢），她不給，這個傢夥就開槍打中她腿部，並把錢搶走。因為她沒能馬上去醫院，腿上生了壞疽，膝蓋以下必須截肢。

6. 董良益（音譯，Tung Liang-yi）夫婦住在南京水西門外大勝關鎮（音譯，TaKuan）附近的一個村莊。日本人來到時說他是個士兵，就在他後背刺了好多刀，他當時昏了過去。日本人又回來四次看他是否真死了。但每次他都裝死，儘管還活著。

7. 胡經寶（音譯，Hu Ching-pao）住在南京附近一個村莊。2 月 20 日三個日本兵來到村莊時他正和他哥哥站在一起。不知什麼原因，日本兵在二百碼以外的遠處向這弟兄倆開了槍，哥哥被子彈穿透了肩膀，但傷口很快就癒合了。他的臂骨碎成多塊，有大有小，在他去醫院時已嚴重感染。他拒絕了截肢的建議，因此，醫生正在全力挽救他的手臂。

8. 金陵女子文理學院難民營。1938 年 4 月 18 日。說明：從 2 月 27 日至 4 月 9 日，共有廿三個班集中學習「主的生活」。這個活動在復活節前一周和復活節期間達到了高潮。這個為期六周的學習班的結業儀式於 4 月 18 日星期一下午舉行，有各班的六百名學員出席。每個班都準備了一些節目，多是她們從這次活動學來的一些內容。最後，給每個班從來不缺課的學員及成績最好的學員發了很簡單的獎品，這些畫面拍下她們的種種活動，次序如下：

    A. 列隊行進。八點廿分，所有的學員在廣場集合，排成一隊前往大學教堂。學員年齡在九到卅七歲之間，但大部分人十五到廿一歲。文化程度從文盲到高中畢業生都有。各個班級是按她們的文化程度劃分，大部分屬於三到六級，雖然有近廿名高中畢業生。

    B. 全體學員齊唱讚美詩「古老的岩石」（Rock of Ages）。大部分學員已記住了這首詩，而且很喜歡唱它。

    C. 十八到十九歲年齡段的認字班在結業典禮上背誦了八福，另一個

識字班背誦了十誡。

D. 三至四級的一個大班在唱「愛之主，和平之王」（God of Love, King of Peace）。

E. 上述同一個班的一位學員上臺講述了耶穌十二歲時的故事。

F. 由十二至十七歲的文盲姑娘組成的一個大班在演示她們在六周課堂學習中認識的漢字。

G. 受過幾年私塾或小學教育的已婚婦女班代表表演了《詩篇》第一二一節和廿三節。

H. 一位難民在教一組上過二年學的學員背誦《詩篇》一二一節。

I. 六年級的學員排了一個獨幕劇，詮釋了「厚生」的生活方式，劇名叫「通向厚生之門」（The Door to the Abundant Life）。「厚生」，abundant life，是金陵女子文理學院的校訓，來自《約翰福音》十章十節：「我來了，是要叫人得生命，並且得的更豐盛。」

J. 六年級的學員在唱新讚美詩集中的「起來，從罪中求解放」（Arise, Be Free, Ye Slaves of Sin）。

十二號影片

1. 1938年4月17日，金陵女子文理學院的難民舉行復活節慶典。

    A. 復活節上午。（地點：實習學校南邊）

       i. 抹大拉的馬利亞告訴另一個馬利亞和莎樂美，基督正從死亡中蘇醒。

       ii. 她們正在談話時，約翰和彼得過來告訴她們，他們看見過復活的主。

    iii. 眾人跟隨著他們，都在歡呼主的復活。

   B. 從夜晚到黎明。

    i. 王菊琪小姐（音譯，Wang Jui-chih），是六周學校的教務長，兼任具有初、高中程度的學員班教師。她正在解釋慶典的意義。

    ii. 一些學員在讀《新約》選章。

    iii. 尼哥底母和亞利馬太城的約瑟從耶穌審判廳非常痛苦地返回來，他們恨自己是主的沉默的使徒，主叫他們學會去愛。尼哥底母決定讓人們知道，他是真正的使徒，雖然為時已晚。

    iv. 約瑟給了僕人一些錢，他是主的信徒，約瑟派他去盡其最大努力挽救主。

    v. 以斯帖，約瑟的妻子，她的男僕是個信徒，她想知道他們能否把主從十字架上救出。

    vi. 兩個僕人急忙趕來，說主正被帶上十字架受刑。最後，約瑟被說服，他必須去挽救主耶穌。

    vii. 以斯帖對耶穌之死痛苦不已。她來告訴她耶穌復活的消息，她倆一起去尋找復活了的主耶穌。

2. 一個現金救濟計畫。金陵的貧寒難民為學校草坪拔除雜草掙一點錢。

3. 金陵女子文理學院難民營的工作人員。除五人外全部來自難民，但其中大多數是應邀來的。

4. 王太太和她的女兒林珊（音譯，Lin-sang）。林在危險時期被擋在城外將近一個月，住在金陵的媽媽非常著急，她想盡種種辦法以確定她是否還活著。林打扮成一個小男孩，因而救了自己一命。

5. 一群難民在洗頭。

6. 負責發放救濟金的曾夫人付錢給拔草的婦女。

7. 施粥廠：由南京紅十字會管理，每天可以供應兩次稀飯，每碗三個銅錢，如果難民付不起就免費。

8. 從青浦和上海戰區來的十三名男孩和三個女孩在南京聖公會駐地避難，他們從11月份就住在那裡。五個月之後，通過國際紅十字會的努力，除一個人外，他們都與在上海的親屬取得了聯繫，雙方皆大歡喜。一切安排就緒後，他們將返回原地。這幅畫面拍的是在他們離開南京前，（聖公會）向他們贈送新約聖經的場面。

（此件背後有手書的「請歸還上海Jespeed路九百九十號福斯特夫人」字樣）

作者

陳 旻

•

　　1991 年起任南京金陵醫院政治部新聞幹事、宣傳科長、正團職政治協理員。2005 年 4 月任香港《大公報》江蘇辦事處主任，2007 年被聘為大公報駐江蘇首席記者、高級記者，2016 年至今為香港大公文匯傳媒集團江蘇記者站站長。曾出版隨筆集《我的手就在你手裡》（南京：江蘇文藝出版社，2013 年）。

國家圖書館出版品預行編目 (CIP) 資料

從南京到紐約 追尋馬吉影像 = From Nanjing to New York, looking for images of John Gillespie Magee/ 陳旻作. -- 初版. -- 新北市：喆閎人文工作室, 2025.03
　面；　公分. -- (時代人物 ; 6)
ISBN 978-626-99335-0-1(精裝)

1.CST: 南京大屠殺 2.CST: 史料 3.CST: 紀錄片

628.525　　　　　　　　　　　　114003299

時代人物 6

從南京到紐約　追尋馬吉影像
From Nanjing to New York, looking for images of John Gillespie Magee

喆閎人文

創 辦 人	楊善堯
學術顧問	皮國立、林孝庭、劉士永

作　　者	陳　旻
責任編輯	楊善堯
校　　對	楊善堯
封面設計	吳姿穎
編排設計	吳姿穎

策劃出版	喆閎人文工作室
地　　址	242011 新北市新莊區中華路一段 100 號 10 樓
電　　話	+886-2-2277-0675
信　　箱	zhehong100101@gmail.com
網　　站	http://zhehong.tw/
Facebook	https://www.facebook.com/zhehong10010

初版一刷	2025 年 3 月
精裝定價	新臺幣 NT$ 750 元
ＩＳＢＮ	978-626-99335-0-1
印　　刷	秀威資訊科技股份有限公司

版權所有 · 翻印必究 All rights reserved. Reproduction will not be tolerated.
如有破損、缺頁或裝訂錯誤，請寄回喆閎人文工作室更換
If there are any damages, missing pages or binding errors,
please send them back to ZHEHONG HUMANITIES STUDIO for replacement.